工商事業活動與法律風險管理

施茂林 主編

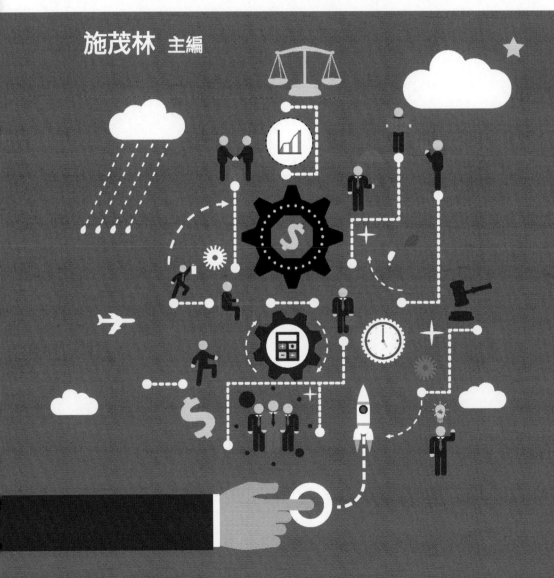

五南圖書出版公司 印行

施茂林

壹、生活風險

十里洋場的上海，以外灘揚名中外，從1845年劃爲租借地以來，歐美西式建築林立，形同建築博覽場，配合新建之現代風格大樓，備具懷舊與時尚交疊奇妙美學風華，而滾滾黃埔江，蜿蜒東流，在明代詩人「月照黃龍埔水黃」讚美詩句下，成爲旅遊重心。當夕陽西下，五彩繽紛之霓虹光暈與色譜，璀璨炫目，投射在四周高樓大廈，輝映出美姿圖景，令人目眩神迷，牽動遊人內心迷幻思緒與情愫。

2014年6月18日下午4時與友人在上海外灘喝下午茶，慢慢品讀新舊交織之河岸意象文化，窗外日影水氣，浮動於密葉疏枝中，潮流江水溶溶漾漾，悠閒雅致，體現舒緩浪漫風情，不經意中瞥見一位媽媽攜帶三歲女兒沿人行道循階梯而下，突然間，小女生掙脫母親右手奔跑，因階梯高低不平，未幾跌倒受傷，嚎啕大哭，旁觀民眾指其母親無風險意識，未能注意幼童好動容易失控行爲。旋又有一群高中男生在廣場蹓躂，中有二學子一時興起，取下身上皮夾，趨近江邊拋擲戲耍，一不小心未能接住，碰撞護欄，掉入江中，載浮載沉，一群人束手無策，又是一風險事例。

江畔涼風徐拂而來，令人心曠神怡，河上來往船隻，在江上畫出流動之弧線，偶爾傳來悠揚汽笛聲響，遙想當年洋場繁華相，而江邊雄偉渾厚之西洋建物，在晚霞夕照下，暗紅溢麗、繽紛多彩，遊客紛紛快速搶拍鏡頭，將刹那美色化爲永恆美景。當大夥正陶醉在黃昏美景中，忽聞有人跌倒在地，原來只顧拍攝前方，忽略身後階臺，跌個四腳朝天，醜態盡出。當談興正濃時，傳來一陣陣驚叫聲，抬頭一望，江水浪潮猛

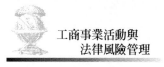

然吹向岸邊，瞬間淹水一、二十公分，江畔遊人來不及閃躲，濺濕衣物腳鞋，狼狽不堪，似此一幕一幕風險事例之顯像，這足以說明日常生活風險處處存在，稍一疏忽，生活風險就在身邊發生。

席間友人提及昨日（2014年7月17日）一馬來西亞航空公司MH17班機飛抵烏克蘭東部格拉波沃鎮墜毀，機上二九八名乘客及機組員均全罹難，觀察家從種種跡象推斷係被誤認為軍機（有稱是某領袖座機）而為俄製山毛櫸飛彈射中。令人遺憾者有高達一〇八位準備到澳洲墨爾本參加世界第二十屆愛滋病研究會之國際知名研究人員與社運人士，搭上此次死亡班機，其中愛滋病防治權威藍滋也在機上，諸多專家表示是「防治愛滋病運動痛失一位巨人」。對此事故，有稱是偏離航道，有認係為省油節費，又有認為未慎選航線，未遠離戰亂、軍演及危險地區所致，從風險管理角度，也是一件令人深思之事例。

四十年來臺灣地區每年颱風形成總數，每年將近二十七次，侵臺颱風亦在三至四次，政府年年提出應變與防範對策。本年（2014年）7月23日麥德姆颱風入侵臺澎地區，復興航空GE222班機下午5時多由高雄直飛澎湖馬公機場，約晚上7時6分偏離航道，再度重飛失敗墜機，造成48死10傷之重大空難，家屬悲慟莫名；八天後，高雄發生歷年最嚴重之氣爆事件，前鎮、苓雅區地下石化管線大爆炸，五處道路瞬間火焰沖天環爆，死傷慘重、哀鳴遍野，路面炸成六公里長峽谷，慘不忍睹，造成近28名死亡及285名以上市民受傷，引起國人上下惶恐與關注，愛心源源湧入高雄，發揮心手相連之同胞愛，政府也要求全國各市區地下管線應全面清查檢核，以保安全。

回顧臺灣地區重大災害頻傳，1998年2月16日華航大園空難死亡202名；1999年921大地震死亡2,735人，受傷10,002人，倒塌房屋不計其數，損傷慘重；2000年高雄旗山溪不肖業者傾倒有毒廢溶劑，引發大高雄地區超過200萬民眾飲水發生問題；2002年5月25日澎湖馬公外海飛機解體墜海，機上組員與乘客225人全數罹難；2009年莫拉克風災，造成

小林村滅村慘劇；2012年火災死亡146人，2013年火災死亡92人，財物損失達5億2千多萬元；2014年5月21日下午4時22分至26分，鄭捷於臺北捷運無差別殺人造成4死24傷慘案；7月間，中興大學環工系教授公布全世界最大臺中火力發電廠年排放細懸浮微粒864公噸，推算其污染可讓國人平均壽命減少15.4天。凡此揭示在現實生活中，吾人常暴露在各式各樣風險中，風險事故不定期發生在身旁，遠比電影場景及特效更為怵目驚心，提醒任何人均要有風險意識，有應變心理準備，平日瞭解防範做法，能適時發揮防控效果。

貳、企業法律風險

席間友人關心本人推動法律風險管理學識之歷程，乃特別引述曾發生之法律風險事例，例如非常規交易，被求處重刑；忽略利益迴避規範，裁罰巨款；處理結構債不當，判處多年徒刑確定；五鬼搬運侵吞公司財產，被判重刑入獄；借用他企業離職員工提出之技術，違反營業秘密法，致遭請求高額賠償；太陽能板反傾銷，將被課徵反傾銷重稅。凡此說明企業忽略一般風險，最慘局面頂多是閉門結束營業，但法律風險實現，法律責任經常接踵而來，是以企業界如認為企業須贏在起跑點，不如深刻體認要贏在不發生風險責任，更須認知到風險是企業流通之語言，對企業做好法律風險規劃，是企業生死命運之關鍵。

企業法律風險從一般性探討，包括法律禁制、法令變動、行政處分、法律解釋、主管機關監理，企業體重組、併購、經營權變動、不法責任、智慧財產、租稅稽徵、環保標準、司法作用等風險，而從行業屬性觀察法律風險，可謂全部在列，包括：工業機械、工廠產製、食品飲料、農產品、中西藥品、醫療業務、生物科技、化工、科技、電信、能源、半導體、電子製造、電器、鋼鐵、房地產、建築、工程、電器用品、國防、航空、汽車、航運、運輸、貿易、紙類產品、家庭生活用

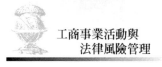
品、通訊媒體、商業、通路、零售、服務等，或多或少均涉有法律風險議題。

近二十多年來，企業負責人、經營群因未遵守法律規範，致觸犯法律規章，而被究辦或求償者，其數量逐漸加多，涉及金額加大，涉案人數加廣，分析其違法行為之內容，包羅萬象，舉其大者如：(1)收取賄賂，(2)不法報酬，(3)報銷舞弊，(4)收取回扣，(5)虛進虛銷交易，(6)奪取利潤，(7)境外連環套匯，(8)買地高價租賣公司，(9)賤賣土地機器，(10)利益輸送，(11)販賣營業秘密，(12)低價高買，(13)高價低賣，(14)高額貸款，(15)投資詐欺，(16)綁標舞弊，(17)盜取洩漏機密，(18)非常規交易，(19)營運舞弊，(20)掠奪研發成果，(21)廉售不良資產，(22)炒作股價，(23)交叉持股，(24)內線交易，(25)會計財務虛假，(26)惡意分割會計，(27)挪用掏空，(28)購併有關之不良企業，(29)逃漏稅捐，(30)洗錢等類型。

企業違反法律規範之原因多端，關鍵在於運用者之心態與動機，常因人而異，其一係對法律規範之無知不解，其二係誤解法律意涵，其三為未完整運用法律，其四為知法而違法犯法，是以法律風險不拘限違法風險而已，因此，企業主在經營企業時，必須具備完整之法律風險管理概念，不能自認只要不違法就是最好的法律風險控管。

當前臺商在中國大陸投資日益增多，從事投資、生產、通路行銷、房地產開發、水產養殖、農業產製、文創等事業，友人提及因業務原因，經常奔波於珠三角、長三角與北京，先後在北京、天津、上海、江蘇、安徽、福建、深圳、東莞、中山、香港等地接觸臺商，深刻體會臺商經營企業有諸多法律風險問題，本人也提及所悉信息及廣東工業大學粵臺法律風險研究中心調研之初步意見，經綜合以觀，臺商涉及之法律問題眾多，包括：(1)勞資關係，(2)社保處理，(3)廠房證照審批，(4)土地販售轉讓，(5)環保法令標準，(6)稅捐課徵裁罰，(7)報關程序，(8)關稅核定，(9)智慧財產權保護，(10)臺商與大陸企業糾紛，(11)行政爭

訟，(12)司法救濟等項。

參、法律風險與管理之連動

　　從二十世紀七、八○年代以來，風險時代的圖像愈來愈鮮明，考其特質，以劇變、複雜、競爭及風險為主軸，在這風險社會中，以能智慧展現其靈活應變為生存法則。昔陶朱公謂：「六歲穰、六歲旱，十二年一大飢。」道出農業社會之大輪迴，也透漏其變動之規則，運用在風險管理領域，需有透視、識別、掌握、應變之能力，巧妙把握變通與通變，以及機變與權變法則，靈活變則以通，通則以變，因機變化，深刻體會老子五十八章所言：「禍兮，福之所倚；福兮，禍之所伏。」之奧妙，方能減少風險之禍害與損失。

　　風險存在危險，是否會發生，就是危機，著名墨非定律強調該來的、該發生的總是會來臨，但要有應變意識與對策，如工廠為防發生職業災害，相當注意勞工安全衛生事項，也購買完備設施，嚴格實施訓練與演練，並充分注意防患，但仍會發生職業災害，因之，任何企業必須注重降低發生機率，避免可能性而成為突變性之風險。當然，莫非定律不僅是事物法則，亦為執行之態度，不能悲觀以對。古人有云：「無事常如有事時加提防，才可以彌意外之變；有事常如無事時鎮定，才可以消局中之危。」是以企業要有風險意識，以正向、樂觀的態度面對，研提法律風險管理具體策略，徹底實踐。

　　法律事務貫穿企業工商活動，有如身體之血液，但是否妥適運用法律，以及防控可能之法律風險責任，則與法律風險能否預防、處理、調控及復原有不可分之關係。常見企業忽視法律風險規劃、防範，未採取必要之預防管理對策，以致風險實現，束手無策，相關人員甚至企業負責人因而判處重刑，鋃鐺入獄，引起其他企業之警戒，但大多僅作浮面上之瞭解分析，幾分鐘熱度式檢視後，即停滯不防範，也不會對本身企

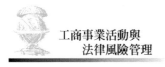
業從事風險檢測與治理，以致相近之法律風險在自己企業出現。

　　法律風險管理旨在做好法律風險之控管，避免風險實現，並設法減低風險造成之損失（害）。對企業界而言，謀取利益、創造利潤，乃企業經營之重要目標，法律風險管理正可達其目標之完成。蓋因企業面對之風險不外為商業營運風險與法律風險。前者商業風險，從實質探究，基本上係與法律風險牽連，或者最後以法律風險之形式體現，可知法律風險在整體風險管理中居重要變動。

　　當前社會運行軌跡，強調有機元素，對企業而言，應以有機成長管理為圭臬。蓋無機成長管理，重視併購、整合、增資、會計分割、策略聯盟等方法，使事業版圖能快速成長、蓬勃發展。然此種技巧性、技術性、膨脹式、手段式之處理方式，其內部不必然同步成長，外部績效也未必長紅，僅屬「形式大企業」假象，容易只有虛擬效益，內行人也洞識此僅誇浮成效，連帶而言，其涉及法律議題多，法律陷阱寬，法律責任風險也大。反過來說，有機成長管理，不似上述無機成長管理方法，係將現有人力、資金、設備、技術充分利用，強化技術研發，從管理、業務、行銷等開創企業實績與效能，其過程及成果，均真材實料，如此企業必能安全穩健成長，是以其健康真實發展，法律問題較少，連帶而來之法律風險亦相對為低。

　　過敏為現代常見文明病，許多人常因花粉、塵蟎、灰屑、細菌、黴菌等過敏原帶來生活上之困擾，嚴重者影響生活起居及工作之順利進行，應用在企業風險領域，能有風險過敏反應，正是啟動企業提早發覺，及時因應，適可降低風險發生率。同理，企業為因應當前及未來環境之變動，必須檢視自己企業之願景、目標、做法、策略等優缺點，藉由法律風險預測辨識、評估，採取法律風險管理對策，有效執行、監測等機制，融入企業運作中，發揮早期預警效果，降低法律風險實現，減少企業爭取利潤之衝擊力。

肆、法律風險管理心法

　　法律風險，為個人、企業或政府機關在法律事務上面臨之風險。就企業而言，係指從事工商經濟活動或法律行為，企業經營群、負責人或營運上違反法律，以及因法律有關之不確定因素或不可預測之疏漏等，以致引發生命、身體或財產之損失（害），包含人身危險、財產危險、財務危險、責任危險等；就其內容而言，涵容發生之可能性與不利之結果，揆諸其因果不外為：(1)與法律規範適用密合性不強，(2)非主事者所能掌握之結果，(3)發生不利之結果屬不確定狀態，(4)企業負責人或經營者有違反法令行為。

　　隨著時代進步，經濟活動日新月異，風險相對增加增快，其類別亦增多，包含生產風險、行銷風險、財務風險、稅務風險、資金風險、人事風險、創新風險、法律風險、經濟變動風險，以及國際情勢風險等。美國金融局將風險分類為市場風險、信用風險、流動性風險、作業風險、法律風險等，因此，風險管理之構造組件，必須正視法律風險元素，檢視遵守法律規範之預防損失之相關法律問題，履行義務與合約之法律強度等。另於處理損害善後後建工作時，亦當注意事故善後之賠償、復健照護與扶助，以及法律責任，使法律風險管理能完整執行。

　　風險管理之作業流程，簡單而言，可分為三個階段：(1)預防管理，(2)危機管理，(3)復原管理。有智慧之企業主絕對料敵在先，儘量做好預防管理，避免實施危機處理；而且萬一發生危機，則於妥慎處置後，認真檢討該事件之前因後果，施作防範措施；而復原管理，其實是預防管理之再開始，因之，法律風險預測，正是法律風險管理成敗之關鍵法門。

　　預防法律風險之程序包括：法律風險預測識別、法律風險評量（估）、法律風險策略等。法律風險之預測重在預擬某一營業、方略、文創、契約簽訂等有何法律風險之因子，可能出現狀況。法律風險識

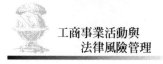

別，在於調整與掌握可能面臨之各類法律風險與責任，繼而評估法律風險發生機率及損害度，排出法律風險處理及資源分配順序，期以最少資源化解最大風險，進而研提法律風險策略，進行法律風險移轉、保險等，降免法律風險實現之損害。至於復原管理，則在危機處理後，檢討審視原委、發生之問題及預防對策等，事實上即在進行新的法律風險預防管理程序。

在預防法律風險管理做法中，訂定遵法機制及檢核程序最為具體，各企業應依公司之規模大小、組織運作、業務性質、營業繁簡、工廠管理等，擬定遵法之機制，規劃管理及執行之程序與作業準則，並設定督導考核主管及人員，各部門定期檢查自己遵循程序，改進缺失，督導人員除定期抽測外，並不定期查核各單位執行成效。各部門及督導人員發現有違法失職或有違法逾權或有缺失等情事，應即糾正、改善，視個案實際情況懲罰。

當法律風險出現，如食安事件、契約違約、貿易糾紛、交貨延誤、侵害智慧財產權……等，就必須作危機管理。首先最需理出危機之本質，進以解析其影響範圍及可能效應，採取正確對策或解決方案，防免傷害擴大，並且需掌握危機動態變化，審時度勢，調整方法，切忌以逃避責任為處理原則，否則企業不僅無法停損，甚且加大損害範圍，使公司商譽重大受損。

企業要做好法律風險管理工作，必須建立法律風險管理體系及機制，其成效決定於下列因素：在內部組織之健全與否？管理機制是否完備？企業經營權之態度是否正確？企業資源之分配是否適當？員工之水準是否高？企業文化是否優質？管理防範能量是否發揮？企業遵法意願是否強大？而外部因素則涉及協力廠商守法精神、法律顧問影響力、友軍企業之競爭壓力、外國企業之要求標準，以及主管機關之監理等。當外部力量之監督加大時，企業必受其影響，必然被影響以趨向正軌之崇法、遵法之途，進以減少法律風險之實現。

企業法律風險管理分工與合作，說明如下：

員工	法務部門	經營層	律師顧問
法律知識	法律專業	法律運用思維	法律諮詢
運用技術	法律相關題材	法律策略	法律服務
法律文化	法律風險預測	優質法律文化	法律預防
法律風險預防	基本法律管理	公司治理	法律風險管控
法律初級識別	紛爭初步處理	社會責任	紛爭解決
法律風險管理執行	與律師無縫接軌	系統性風險體系	訴訟攻防

伍、開展與宣導

法律風險管理（Legal Risk Management）為風險管理之一環，以法律與風險管理從事跨領域之理論與實務研究為目的，是一種跨領域、跨行業之研究，尚屬發展中之概念，將成為社會科學領域中逐漸開展成熟之重要學門。在國內也引發學者專家逐漸投入研究，提出學理見解，有則從實務案例微觀，推研法律風險管理之具體策略，同時學者專家在學術研討會、論壇上，開始發表論文，也在期刊上提出論文著作或出版專書，共同推動法學風險管理新學識。

本人主持之中華法律風險管理學會係在宣傳法律風險理念，推廣法律風險預測功能，進行風險識別、風險反應、風險控制等策略，增加預防風險處理能力，協助實踐公司治理目標，提升企業經營效能，並建立政府機關、企業及民間團體聯繫平臺，共同推動法律風險評量、迴避與解決機制，減少被害與損失，有效管理法律風險。

法律風險管理觀念，在目前仍為多數人不熟悉之領域，常將之視同保險上之責任保險。中華法律風險管理學會乃將宣導列入重要工作，積極傳送法律風險預測、評斷、控管，以及預防觀念，透過演講、座談會、論壇、研習及電視、廣播、網路、文宣、專書等方式，強力宣達法

律與風險管理之結合運用,並與企業合辦法律風險避讓系列法治教育活動,推薦本會理監事、講座團教授學者到各企業講演與研訓,並成立律師團,從事多樣化法律諮商服務,使大眾認知法律風險有跡可循,有方法可迴避及控管,真實體現預防法學功效。

有關學術研究,先後與臺北大學、中興大學、成功大學、逢甲大學、東吳大學、亞洲大學、朝陽科技大學、玄奘大學、中國醫藥大學、高雄大學、政治大學、中山醫學大學、大同技術學院及中華法務會計研究發展協會、公益信託誠品法務會計研究發展基金會,以及會計師、律師、醫師各公會等共同舉辦法律風險管理研討會及論壇,並與中國法學會、法律諮詢中心、法律風險研究會,在臺北、臺中、臺南、內蒙古、北京、河南、南京、上海、武漢、瀋陽、大連、廈門、重慶、昆明、大理及廣州、中山等結合當地法學團體辦理法律論壇、專題演講,強力介紹法律風險管理內容與精義,讓此學門在兩岸得以發光發熱。

又法學研討、論壇、會談、座談會、專題演講等活動及一般性法律風險之文章,經常登載於中華法律風險管理學會網頁中,其範圍涵蓋基礎性論述、一般性解說、行業風險、醫病關係、科技法律議題、社會活動風險等。舉例而言,包括:(1)企業經營之法律風險管理;(2)科技發展與法律風險評斷;(3)掏空舞弊傷害重大,企業重視文化與風險管理;(4)強化監理與風管機制,防範金融弊案發生;(5)法律諮詢與服務,掌控法律風險;(6)勞資關係底蘊流動地圖;(7)營建法規視野與體現;(8)商務經營實務與法律廣場;(9)免費法律諮詢與訴訟輔導管道;(10)醫院管理風險意識;(11)友善醫療互動,預防醫療糾紛;(12)醫療過失高額賠償法律解碼;(13)醫療法規經絡圖像;(14)藥害救濟,減少醫病訟累;(15)車禍事故掌握現場實況;(16)投資藝術品古董,提高風險鑑識;(17)當會計遇上法律;(18)企業發動合併,先找法寶護身;(19)看清商品標示,用的吃的才安心;(20)從風險管理思維推進柔性司法;(21)切結書、保證書的法律風險;(22)簽名蓋章指紋玄機多;(23)購屋風

險，實價登錄揭露；(24)鳥瞰行政法規脈絡；(25)發現法律風險光與影
等。

陸、專書宏論

風險管理於一九三○年代美國逐漸重視，諸多企業體紛紛採擇其精
神，進行風險識別、風險反應、風險控制等管理策略。臺灣企業界在最
近幾年也逐漸重視風險管理工作，強化其功能，協助企業優質經營。而
在學界，經學者專家用心專研，已成為顯學，其理論逐步奠基深耕，立
下堅實基石。

法律風險管理是跨領域之學科，其理論基礎及系統架構，需學術界
大力關注，從法律、管理、經濟、數學、統計、心理學門等不同觀點切
入深研，匯聚多元論述，異中求同，規劃相近之理論基礎，並從實際實
例與案例微觀，彙融其共通元素與原因，逐漸連通貫穿而成新體系與新
學門。

近幾年各學者專家與法律系所及法學團體，積極展開法律風險管理
新領域之探究，強調法律風險管理係跨越法律與管理學兩領域之觀念，
旁及數學、統計學、經濟學理論，乃由宏觀視野與高度思維從事科技整
合之理論與實務研究，藉由各學科相互連動、交互作用，彼此納容，重
新整合解析，改變門戶式之既定思維，作完整之專業異領融合，彰顯法
律風險管理之內涵，使之親密接合，發揮相互貫通、引導、調節及整合
效果，開創社會學科新方向。

當前工商企業對成本、行銷、技術、人力、會計、稅捐、保險等
議題鑽研有方，然而，法律風險無所不在，一般人容易忽略法律之元素
乃關鍵專業之一，為使一般人及公私部門認識法律風險及威力，透過演
講、座談、論壇、研習及電視、廣播、網路、文宣、專書等方式，強力
宣導法律風險預測、評斷、控管以及預防觀念，法律與風險管理之結合

運用，使大眾認知法律風險有跡可循，有方法可迴避。本人也在2011年8月出版《法律風險防身術——法律站在你身邊》，並解析介紹個人生活、權益保全、工商經營、科技應用等法律規範、實用守則及法律風險防範，增強風險迴避能力。

亞洲大學財經法律學系體認風險社會到來，法律風險造成之風險責任與損失不斷提高，乃鼓勵教授積極研究法律風險相關議題，於2011年7月出版《法律風險管理》一書，收錄多篇論文：第一章〈從風險預測談犯罪相關理論應用驗證——以預防被害與自我保護為題〉、第二章〈刑事妥速審判法草案之立法風險控管〉、第三章〈從臺灣高等法院高雄分院刑事九五年度上更（二）字第一六九號判決談校園法律責任〉、第四章〈不動產交易與風險管理之探討〉、第五章〈企業法律責任及法律控管之研究〉、第六章〈跨國投資與法律風險管理——以臺商在大陸投資盈餘匯出的租稅規劃為例〉、第七章〈美國2008年金融危機之成因與影響——以金融市場中之風險為重心〉、第八章〈政府作為與法律風險管理——以國家賠償為中心〉、第九章〈風力發電的法律風險管理〉、第十章〈論新興生物科技之法律風險——從「臺灣生物資料庫」建置之窘境談起〉，分別從不同面相，闡發法律風險管理發展與趨勢，論述企業經營風險評估與管理策略，健全資本市場法律風險機制，提升科技與智慧財產權保護。

近十多年來，國際間重視反競爭行為之規制，超過140個國家公布實施反托拉斯法、公平交易法、不正競爭法等，強力制裁及打擊價格壟斷行為，國內企業因DRAM、TFT-LCD價格操控案，被裁處鉅額罰款，令業界損失慘重。本人與賴清揚、顏上詠、陳義揚、劉尚志教授等合著《綁架市場價格的幕後黑手》一書強調企業法律風險意識之重要，未來需建制法律風險管理流程，積極踐行，強化企業體質，有能力迎接激烈市場競爭之挑戰。

2012年間，本人與中華法律風險管理學會同仁欣見研究風氣與能量

逐漸加強，著手彙集研討會、演講會與論壇之論文，編纂出書，名曰：《法律風險管理跨領域融合新論》，共有十三篇論文，分別爲：第一章〈法律風險管理體用矩陣與連動議題之研究〉、第二章〈定型化契約條款之法律風險舉隅〉、第三章〈企業法律風險之探討——健全中小企業風險管理〉、第四章〈公司負責人之公司治理義務與法律責任風險〉、第五章〈證券化商品風險之法律制度檢討——以次貸風暴後對臺灣資產證券化發展爲例〉、第六章〈美國2010年華爾街改革與消費者保護法的啓示：金融自由化時代的結束與新金融管制時代的來臨〉、第七章〈醫師之說明義務——以法院判決爲中心〉、第八章〈注意標準與醫療民事責任之變動與發展〉、第九章〈行政執行之法律制度與風險管理〉、第十章〈技術風險之法律研討與量化分析〉、第十一章〈以風險評估論兩岸保險法中告知義務之規定〉、第十二章〈電子商務風險管理與智慧財產權之民事賠償〉、第十三章〈智財訴訟之定暫時狀態處分——從美國禮來藥廠案例看實務之發展趨勢〉。

近兩年來，法律風險與管理防範之研究與論著增多，本書仍繼續蒐集兩岸法律風險管理研討會與各大學合辦之學術研討會發表之論文，商請各作者修正潤飾後，再聘請兩位專家教授審稿，然後送請原作者增修調整，過程嚴謹，品管要求嚴格，使此新學識之專業書籍更具參酌採用之價值。

本書以企業工商事業活動與經營關聯之法律風險管理爲主題，探討工商活動與經營之內部控管與外部涉及第三人之法律風險管理議題，首先以「企業經營與法律風險管理之綜觀與微論」開始論述企業經營法律風險圖譜；繼而研究「公司治理與企業經營責任的風險管控——股東代表訴訟與董事責任議題初探」；再探討「公司合法治理與風險規劃」，並兼論「德國董事之風險與責任」；而當前民眾權益意識抬頭，本書並羅列「企業經營者與消費者法律風險識別管理」解析之；對於目前最夯之文創流風，也論析「臺灣推動知識經濟之文創產業應防範法律

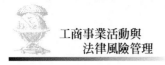
風險」；有關私募股權有諸多法律問題，則以「私募股權制度之風險與法律規範必要性」及「私募股權基金在臺灣之發展與風險」加以闡發；進而從事「金融機構販售衍生性金融商品監管機制與風險控管規範之探討」及「環境衍生性金融商品之法律風險」之剖繪；同時對信託議題，主談「特定金錢信託法律風險之研究」；也就「問題壽險公司強制退場之研究——以成立過渡保險機構爲論述核心」予以論衡；就智慧財產權之保護，收錄「智慧財產權濫用之控管——從美國角度談專利投機者爭議」；而關係一般人日常生活健康與安全之自來水，也以「自來水品質安全與法律風險防範對策」一文詳予探索；另在一般人與企業共有土地之處理上，論述「土地共有物分割案件中法律風險評斷」；末則就企業經營及工商活動涉及糾紛時，說明「從法律風險控管論多元化糾紛解決機制」，以利參擇。是本書雖無法就工商事務之方方面面充分解讀，但由書中收錄之論文，已可探析企業經營與工商事務相關法律風險管理課題之大要圖像。

柒、風險鯤鵬變

《莊子‧內篇‧逍遙遊》曰：「北冥有魚，其名爲鯤。鯤之大，不知其幾千里也。化而爲鳥，其名爲鵬。鵬之背，不知其幾千里也；怒而飛，其翼若垂天之雲。是鳥也，海運則將徙於南冥。」

「齊諧……言曰：『鵬之徙於南冥也，水擊三千里，摶扶搖而上者九萬里，去以六月息者也。』野馬也，塵埃也，生物之以息相吹也。天之蒼蒼，其正色邪？其遠而無所至極邪？其視下也，亦若是則已矣。」

「蜩與學鳩笑之曰：「我決起而飛，搶榆枋，時則不至而控於地而已矣，奚以之九萬里而南爲？」適莽蒼者，三飡而反，腹猶果然；適百里者，宿舂糧；適千里者，三月聚糧。之二蟲又何知？」

此導之於法律風險而言，能化解法律風險，解除法律危機，防止法

律責任風險，當如鯤鵬變，順利脫困而出，引導企業展翅高飛，業績長紅，再締創佳績。

反之，其若無法律風險意識，欠缺管理高度，法律危機必伴隨而來。尤其若不能順勢而為，審時度勢，化解法律風險危機，將使業績受挫，成長受限，甚而風險實現，終致陷於法律泥淖之中。

2014年8月11日本人遊歷俄國聖彼得堡，在參訪聞名中外之聖以薩大教堂後，轉往十二黨人廣場上。彼得大帝銅像雄立海濱，英姿煥發、目光如炬、信心滿滿，眺望海園。俄國著名詩人普希金以此寫下聞名之「青銅騎士」敘事詩，傳誦千古，而最奇怪的是彼得大帝駿馬坐騎下踩踏一條大蛇，立意深遠，蘊含當時國內外危機潛藏，內有社會與臣民忠誠風險，外則強雄成群，有如蛇體柔軟多變，能蜿蜒而行，無所不至，危機重重，需當機立斷、化解危機，明顯提醒世人隨時要有風險意識，常常提高警覺，才能克敵制勝，防範危機發生，避免風險實現。

印度哲學家泰戈爾有言：「讓我不要祈禱從險惡中得到庇護，但祈禱能無畏地面對他們。」指明應以正面積極態度面對困難與挑戰，並智慧思索以體認風險之原委與可能發展，因此，法律風險叢林存於企業經營中，企業應面對、正視而且正面接受處理，必能化之無形，防範風險責任於未然，進入企業無風險的桃花源地。

目　錄

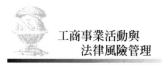

Chapter 1

企業經營與法律風險管理之綜觀與微論

施茂林

亞洲大學財經法律學系講座教授

摘要

在競業激烈的商場中，企業面對之風險類型甚多，其中法律風險居關鍵地位。當企業組織缺乏法律風險意識，常帶來風險責任，而企業經營階層、負責人漠視或忽略法律風險因素，必帶來法律責任，其違法濫權、不法舞弊，更飽受苦果，是以管理防範法律風險為企業正規安全經營之課題。

企業經營法律風險指依法律或契約，於企業經營過程中，因違反或不預期或不確定因素，增加經營成本，減損盈餘利潤，及帶來賠償刑事處罰與行政責任。分析法律風險之成因，主要為企業法制基礎薄弱，防範風險意識不強，營運過程欠缺法律專業參考，以及不顧法律約束，存心犯法等。

企業法律風險類別眾多，彼此會相互關聯，成流轉性、伴生性、發生轉化相互作用，本為以探討企業經營之法律風險樣態為主，包括企業設立成長、勞資關係、融資籌資、智慧財產權、契約簽訂履行、消費者保護、公平競爭交易、稅捐、涉外法律及仲裁等法律風險，並提出法律風險之特性與防制方向。

企業有法律風險需加以管理，從法律風險之預測、識別、評量，到分散、規避、轉嫁，直到修補復原，均有回應機制。而且各企業亦因組織結構、業務類別、營運規模、財務運轉、市場通路等不同，需研訂最合適之管理策略回應法律風險，建立管理體系與負責部門，引進法律顧問，扎根基礎性工作，建立風險文化並逐步朝精緻型做法，強化企業優良體質，開創佳績。

關鍵詞：法律風險、法律風險管理、預防法學、法律風險危機管理、法律風險文化。

企業經營與法律風險管理之綜觀與微論

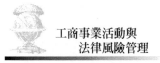

壹、前言

　　現代社會逐漸演變為風險社會，人類冀望有個安全而無風險之社會幾不可能，成為一種奢望。有識之士也體會如何與風險共存，計算出風險機率，有系統地予以控管防範，逐步成為管理風險之共識。而新科技帶來社會更多挑戰，產生多重風險，也實質對權利與責任重組[1]。就風險利益獲得者與風險利益喪失者如何有合理分配，關係法令規章衍生之法律風險，成為企業必須重視之問題，也是企業考慮安全營運之關鍵。

　　近年來經濟蓬勃發展，各類新型商業活動推陳出新，遠遠超過現有法律規範的範圍，例如，尖端科技與趨勢產業日益翻新、企業水平與垂直整合盛行、企業組織再造多樣化、策略聯盟與結合多角化、投資理財創新做法、企業併購多元性、財務運用趨極化、衍生性金融商品多層化、智慧財產權擴大保護、有形資產日益增多等，均涉及新法律之規整，其間存有相當複雜之法律風險，以近年來發生多起重大財經商業糾紛與爭端[2]，讓社會警覺法律規範約制力之薄弱、企業經營人法律意識之低弱，如何促發企業在法律規制下正規經營，強化企業優良體質，成為重要之課題。

　　由於多家企業發生掏空背信、不法舞弊情事，其金額動輒上億、十億、百億元，甚至達七百多億元，引發社會軒然大波，工商界激起大震撼，直接或間接影響投資與經營之疑慮[3]。就涉案之企業而言，經常抗辯：一向正派經營，是辦案人員未能查清；或諉稱：基於財務調度目的，在改善公司財務體質；或稱：公司未能賺錢，多年賠錢，純是工商環境改變；另稱：投資時已做充分評估，虧本實非戰之罪；有稱：是被人設計陷害，董事長實為被害人等情。衡諸實際情況，部分固屬實情，但卻有諸多案例則是不顧法律約制，存心違法違規而為，或者是欠缺法律風險意識所致[4]，例如，對不熟悉之事業交叉持股，作異業結合，爾

後因對手一再增資，無力跟進，經營權拱手讓人；又如不注意外國反傾銷規範，大量價格壟斷銷售，致被查辦核定為反托拉斯行為，被大量裁罰[5]；又如在他國被控違反該國法律，不正面處理，以為只要不再輸入該國，即可化免被究責，等販售第三國時，因第三國與該國訂有司法互助等條約協定，到頭來仍被處罰。

企業能否遵循法制行事，常繫於企業負責人或主要經營團隊之態度與觀念。從社會常見之事例，可看出當前部分企業之錯誤做法，例如，企業掌控者化身為總裁以操控公司，即可免責；又如董事不管事，不會有法律責任；又如成立虛偽之關係企業，以為可增強企業實力；再如魁儡董事長可使問題減少，他如監察人職權很小、董事會開會，方便行事等等。如再從已發生琳瑯滿目之非常規營運行為觀察，更令人歎為觀止[6]，凡此都與法律規範有違，甚至背道而馳。其涉及之法律問題多多，也可謂法律風險意識不高[7]。

當前世界大企業林立，有管理特色之大公司亦為數甚夥，能平順經營，獲取相當穩定利潤之企業，方為各方所推崇。對企業營運而言，發展組織應變本能（Corporate Instinct），提升優勢競爭力，乃共同願景。其中建制富有機動性之組織體，推動決策分權組織文化，有效率容納員工發揮所長、提升即時報酬率（ROT）、發揮正面勞資價值、帶動企業良心與社會責任感、培養積極靈活與應變能力等誠為具體作為[8]。而能穿透貫穿其中者，實賴法律規範與典章制度。簡而言之，正視法律規範、評量法律風險，必可促導企業更具反應力與適應力。

在二十一世紀數位時代，營運管理與危機管理為企業經營之兩大重點，如僅有營運管理，而無危機管理，容易使企業陷於危險困境，甚而倒閉結束營運，談不上永續經營之目標。是以企業危機管理是公司生存之關鍵要素，而且化解危機之來臨與發生，才是更重要之理念，其中風險因子之預測化解、法律風險之認識與控制，更是企業生存之生死門[9]。

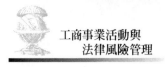

從企業經營管理過程中觀察企業經營過程的風險很多，有自然風險、市場風險、社會風險、政策風險、金融風險、法律風險等。其中尤為突出的就是法律風險，其具體表現就是企業家對法律瞭解甚少、依法保護自己合法權益的手段和能力欠缺。這一問題如果長期得不到解決，不但影響企業持續、健全、穩定發展，更會增加企業和個人觸犯法律的風險，也帶來麻煩之法律責任。

環顧世界各地與周遭環境，風險常存，逐步影響人類生存空間與環境，個人與家庭、公私部門、企業與團體均無法免除風險之困擾與危機。由於風險本具有不確定性，而在此不確定狀態下所發生之機率可以估算，是以風險就是可以估算之機率，以管理方式評估風險之發生，做好風險管理[10]。又在風險因素中，常伴隨法律風險與事件，法律責任也如影隨形，是以法律風險管理已為現代人生活與工作之重要理念[11]。

企業管理模式諸多，但仍重在防範風險實現，尤其防阻法律風險出現，是企業正常營運首要。傳統觀念認為情理為上，但在法治時代，法理情順序才是管理心法，將企業機制、營運行為、資金調度等在法規正道上運轉，創造利潤，減免法律風險之發生，因此，有正念之領導人必須體認企業之盈餘獲利，要依賴營運賺取利潤，以及內部有效控制減免風險。

企業只有對法律風險有充分之認識和防範，方能夠得到平穩、健全的發展和壯大。企業若期望透過政商勾結、人際關係、甚至暴力的方式解決問題，縱可一時奏效，但常常適得其反，觸犯法律及犯罪。對於一個成功的企業家而言，必須合理看待法律這一把「雙刃劍」。是以法律防範企業經營問題和解決企業經營問題，正是唯一經營企業之正規途徑，才能合理規避經營與管理法律風險。

貳、企業經營之法律風險概念

經濟學者如李嘉圖、奈特（F. H. Knight）一再強調，利潤中部分來自企業家冒風險之報酬，企業家也是風險之承擔者，可見企業原難離開風險，對於風險應有正確認識，包括經濟變動、法令修改、技術進步、人財損失、匯率變動等，更需進一步未雨綢繆，做好風險預測、規劃與迴避，一則追求公司最大利益，二則兼顧社會責任之實踐[12]。

全球社會、經濟、政治變化多端，自然災害之發生也日益增多，面臨之風險（Risk）也日漸增加，常令人們無法或無從防範[13]。從風險之圖譜觀察，風險來自事故發生之不確定性（Risk is Uncertainty）與非預期之變化，因該事故發生遭受損失之可能，此可能之機會即為風險之所生，可見風險是危險與機率之結合。風險的癥結在於內部，不必諉責於外部，而且風險的濃度，決定企業的命運，更是流通於企業之常用語言。再分析之，風險是客觀存在，非人類意志所能控制轉變，而且風險係相對現象，會流動轉變[14]。觀察周遭環境與日常生活事物，經常看到存在風險現象，對現代企業之經營環境正急速劇變，不確定之因素增高，包括社會變遷、政治變動、經濟發展變化、制度變革、科技發展、環保要求、天然災害等，企業若要生存，必須設法迴避風險，化危機為轉機，確保利潤目標之達成。

分析風險源頭，大致分成六大類：(1)自然環境，(2)社會經濟環境，(3)政治及法律制度，(4)經管群領導營運能量，(5)經管環境，(6)法律風險[15]，再由其各該因素交互作用，將使風險暴露，例如為籌措資金，乃提供不動產擔保，設定動產抵押，發行公司債等，使公司之財產資金狀況為外界所瞭解，其風險暴露自然形成。隨著經濟金融市場之變化，資產暴露風險，有可能帶來利益，亦有可能帶來損失。再者，企業經營過程之資金調度、財務分配處理等均有法律責任問題，並受當地國

家之法律約制，此等責任之束縛，亦為風險暴露，是故企業與其要做風險確認，其實更應早作風險之預測[16]。

有風險要做控管，積極做好風險管理工作。一般而言，風險管理乃各公私部門機構，經由風險之分析、衡量與確定，研提處理對策，進以選擇與執行，降低風險損害，爭取最大安全效益[17]，其行動包括風險識別（Identification）、評估（量）（Appraisal）、確認排序（Prioritization）及回應行動（Action）等內容。以識別而言，需作PEST分析（政治、經濟、社會、技術、生產、行銷、人事、研發、財務矩陣分析與供應鏈管理）；評量涵括風險機率、風險損失（害）、可能收益、企業因應能力減緩措施；排序則需注意風險類別、危險性、發生機率、衝擊力；迴避應考量保險、緩衝、移動、適當風險專案及化危機為轉機之替代方案[18]。

風險因事物之類別而有不同，企業亦因事務性質而有個別風險，其風險管理之方式亦各有做法，其風險管理策略亦有不同特色。而風險管理之做法，基本上為「風險分散、風險規避、風險轉嫁」等[19]。以產品行銷為例，從法律風險管理探測，本法律風險分散與規避原則，利用企業多角化、產品多樣化經營，注意法律上有關標示、驗證、品質、公平交易等要求，在契約有明確之約定，違約有適切之處罰條款以及督促契約履行的具體方法，減少法律風險之發生。

不同企業有不同之風險因子，也潛藏著危機，可能是結構性或偶發性，其傷害程度輕重亦有別。根據經濟部2007年公布之「2007中小企業白皮書」所示，臺灣在2006年有124萬4,099家中小企業，占總企業之97.77%，分析其結構性危機，有八項：有家族董事會一言堂、有決策失當、有產品品質欠佳、有維護國際商譽不足、更有對政府法規及公司法規認識不足，再深度分析，顯然與欠缺法律風險意識有關，當企業忽視法律規範之存在，又不能面對法律改變之趨勢，在自然市場法則下便危機重重[20]。

　　風險固然可能係突發而來，但深入研析，可說其來有自，有國際競爭波及，有可能是企業本身存在之因素，例如，體質弱、資產差、技術落伍等，有因決策之錯誤或失敗，有因漠視或忽略法律風險存在，導致重大法律責任伴隨而來，另有可能是外在環境之改變，如政府政策、法令規範、金融海嘯……等。若能預測風險之可能性，自可降低危險，減少不利局面。而法律風險之預測若精準與精實，更可事先防範其發生，減低損失。對企業經營者而言，重視法律風險與預防，在決策前諮詢與聽取法律專業人員之法律意見，當可保護企業，創造企業體最大利益[21]。

　　又企業主在企業發展策略上，常會運用關係企業、集團企業或關聯性企業等模式，以擴大業務範圍，強化行銷效能及展現其事業之版圖。就其形成過程，有水平發展、垂直發展及綜合型發展等型態；亦有已形成之集團式企業，因核心人物之變動或家族分產或業務重整等，而分裂成不同集團[22]。在各該類型之發展與分裂調整中，涉及諸多事務分配、事業整合、會計處理、智慧財產權分割、稅務調整等議題，所涉及之法律規範既多與複雜，必須從風險管理角度，作好調整與管理。

　　再者，企業經營涉及組織內部環境、市場環境、總體環境、超環境（Extra-Environments）等類，其中總體環境又分為經銷、技術、社會教育文化與政治法律環境。法律環境包括：民、刑法結構，財經工商法律、關稅、租稅法令，保護獎勵措施、公平競爭、環境保護法規、行政管制治理制度、智慧財產保護等，深入分析均與法律風險內涵息息相關。對中小企業而言，影響其營運之法令與大企業相近，尤其人民意識逐日提高，法律規範與環境亦常有更動，逐漸嚴格與複雜，威脅中小企業之利潤與生存，凡此法律之要求與法律環境之變動更帶來法律風險[23]。

　　又從保險角度分析，製造業、營造業、販賣業、運送業、休閒業、飲食業、醫療服務業、科技業及貿易、文創等行業，在營運過程

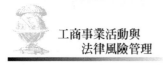

中，都會發生財產風險、人身風險、淨利風險及責任風險，包括火災、爆炸、交通、竊盜、醫療事故、食品中毒、工程事故、營業中斷等原因造成之損失[24]，其基礎事實或責任源都與法律因素有關，如能評斷法律風險，當可預防其發生或降低危害。

無論國內外企業，其壽命要超越一世代（紀）相當困難，而企業壽命在十年、二十年、三十年者已屬不易，其不到十年即消沉，更是常見之現象。解析其原因，常因經營過程忽視法律風險，或其他風險引發法律風險，以致風險實現，已回天乏術。從案例觀察，經常顯現發生機率高、隱藏性強、法律風險複雜重疊，人治勝於法治，未實現法律風險治理及智慧財產權管理弱等問題[25]。

企業經營法律風險係指依法律規定或契約約定，於企業經營過程中，因法律之規定、契約約定或違法之行為，導致不確定性，影響企業目標實現，而增加企業經營成本、減損獲利，以及帶來相關法律責任。此法律責任包括民事賠償、刑事犯罪處罰與行政責任[26]。

就企業經營法律風險而言，可分為以下三種情況：(1)法律本身產生的風險：包括法律制定和廢止對企業的影響。例如，土地稅提高，必將對企業的經營成本產生影響。此為法律規定產生之經營風險，對於法律規定本身產生的風險，企業比較無法抗拒，但仍可依社經發展趨勢與民眾需求預作評估。(2)企業經營行為違反法律法規產生的風險，如由於對法律關注程度較低，有意投機取巧，仿造知名品牌，觸犯了法律，乃受到法律制裁。(3)當法律風險發生時，不僅會產生實際損失，帶來重大損害，對本身商譽與信用，也會產生重大影響[27]。

法律風險發生之機率，為企業所重視。有關機率代表風險發生之概率，在衡量上係以數據顯示，翻轉成一般名詞，在企業成本上示意成本之高、低，當機率大則需要投入較多之成本；而在企業管理上，昭示管理力注意之強弱，當機率高時，管理政策、方法與力道需加大、加強。且風險機率也代表法律責任大小，機率高，提醒企業要提防高法律責任

之來臨。又在訴訟處理上，機率大小，顯現訴訟輸贏之比率，機率高，訴訟敗訴之機會相對增加。

企業經營者之天職，就是把握企業方向有效管理企業，贏取最大效益，創造公司最高利潤，其法門固多，仍以遵循法律規範爲軸心線，避免不法、違法、觸法，甚而要運用法律規範進行企業管理，有條理、有紀律、有秩序，使企業人、事與營運走在正軌上運轉，調節不合理、不公平與矛盾事情，增強穩定度，發揮長期性之綜合效應[28]。實質上，這就是運用法律風險管理之精神，亦即不僅是在消除風險或減弱風險，重要的是在於有效管理法律風險，主宰與主控企業法律風險之方面，發揮法律風險調控最大效能，強化市場競爭力[29]。

參、企業經營之法律風險的成因與種類

當風險事故發生時，一般常以其涉及之經濟結果來衡斷其危害性。此經濟結果即財務之增減，大部分以損失爲多，也是企業在評量其成本時，必須正視之問題。而風險（危險）因素，包括實質危險因素、道德危險因素、心理危險因素，以及法律危險因素，其法律危險因素所帶來之法律責任，常令企業擔負重大之損失與損害[30]。

法律風險（Legal Risk）逐漸被肯認，本文認爲，個人、企業或政府部門在處理個人事務、工商營運及公務實務上，面臨法律可能之損害（失）或法律責任，包括人身傷亡、費用增加、財產損失、稅捐負擔、法律案件成就、法律制裁之民、刑、行政責任等[31]，其中源於法律規範或契約之約定。

長期研究企業對於法律風險之運作，做法不一，有部分企業甚爲重視，內部有完整之法務管理部門，聘有法律專業人員及法律顧問，充分介入各部門業務，提供法律諮商服務，並參與重要決策；有企業則設置法務單位，選用法律系畢業生，處理公司法律事務；部分企業則指派

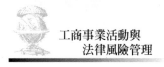

專人負責法律事件,必要時聯繫律師協助處理;其中有企業則無法律人才,亦忽略法律風險之存在與危害性。當然疏於法律風險防範,常造成企業重大損害,也是海峽兩岸諸多企業未作風險控管之結果[32]。

引致法律風險因素,可分正則法律風險與負則法律風險。前者與外來因素而存有隱性危險有關,蓋企業本身正面經營,仍因法律規定、契約責任、員工觀念、營運方式等,蘊藏有潛伏之法律風險。例如錯不在我,而在契約對方不履行契約責任;又如法令會變動,伴隨有法律修正之風險;再如員工罷工,增加成本風險;另如他人侵權行為產生法律風險,以及如同千面人之犯罪行為,致產品發生法律責任風險等。後者負則法律風險,導因於內部原因為多,如企業經營群掏空侵占、五鬼搬運、背信舞弊等,此等不法舞弊,常與主要負責人之遵法觀念有密切關係,企業主常要求員工需要守法行為,提倡遵法文化,但本人不一定有誠摯守法遵法之意願,形成企業法治是員工應遵行,其上位之本人則不守法,僅以企業法制及法令規範約制企業,要求員工配合,以致企業重大貪瀆不法經常出現[33]。又如非法營業,如違禁物製造販售、聘僱不法外勞;再如不遵循法令規定,如食品添加不合規定之添加物,均令企業因法律風險實現而負有民事、刑事或行政責任。

在風險社會中,企業面臨之風險林立,有戰略風險、技術風險、市場風險、營運風險、人事管理風險、財務風險,以及法律風險等。從許多法律風險事例中,明顯道出法律風險關係企業之生存與利潤,有時還會成為企業送行者。有識者可看出與其他風險之關聯,且從實例中更指明法律風險管理必須納採為經營與決策之重要思想指引。

法律風險在風險中相當特殊,逐漸擴散,呈現廣泛性、放射型能量,且與其他風險相互關聯,成流轉性、伴生性,在特定條件下,發生相互轉化作用,有時產生相乘效應。在作風險控管時,對於法律風險管理必須整體布局、綜合考量,方得其全貌。由於法律風險發生前提為違反法令規範與契約約定,具有相當客觀性,也容易衡量判斷,企業不難

掌握，加上其相對、科學、合理，員工易於體會認知，也能實際評量操作，效果比較明確。因之，法律風險管理不是狹窄、片面、一時性之管理，而應視爲一種全面性管理，形成一健全機制，徹底實踐，奠定企業堅實體質[34]。

　　企業法律風險類型態樣眾多，從定性、定量角度，列出其示意圖[35]：

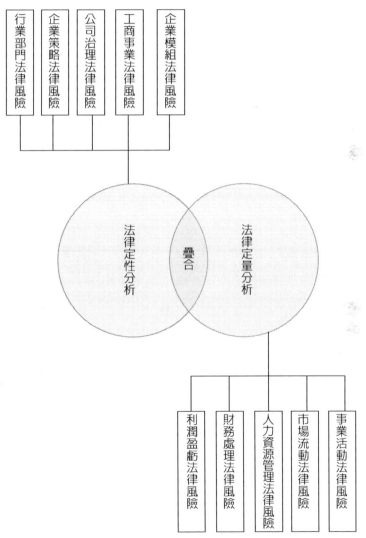

圖1-1　企業法律風險定性與定量分析

　　法律風險與各種風險均為風險之一，但兩者有其不同特性。法律風險源於法令規範與契約之約定，與其他風險之發生多樣性有所不同，而法律風險之實現，常與不遵法、不重法或違法違約相關。其他風險常來自環境變化、外在因素，而且法律風險導致需負一定法律責任，包括刑罰、行政處罰及賠償等。其他風險容易造成立即性之損失，如火災、倒塌、爆炸等，惟兩者仍依存互動關聯性，就損害結果以觀，法律風險責任可謂為其他風險之不可避免之後果，如同前述，謂為其他風險終結者，有其道理。

　　企業經營法律風險主要來自兩個方面：(1)法律環境因素，包括立法不完備、執法不公正、契約相對人失信、違約、欺詐等等；(2)企業自身法律意識淡薄，對法律環境認知不夠，經營決策不考慮法律因素，甚至故意違法經營等。前者或許非企業本身所能主導（但可適度預防）；後者由企業自身引起的法律風險比例較高，主因是企業法律意識和依法治理的能力與法律環境變化存在差距，謂其不易掌控與管理，實為推辭。

　　再就法律風險發生之情形分類，可大分為法律資訊未充分認識與掌握法律應用未有效處置，包括未有效掌握法律之風險、未有效避免受害損失，以及未能做適度法律風險控管防範等。前者包含知法不足、法令未備、契約疏漏、爭端解決失誤等；後者則有被害受損、犯罪受罰、訴訟失誤等。要有效管理法律風險，必須重視預測法律風險及確認法律風險因子，再鑑別風險發生率、危險之程度與危害之代價，進而評量風險策略，採擇風險決策分類與降阻風險危害，隨情境之變動調整風險趨勢，達到風險控制目標[36]。

　　企業自身法律風險成因，主要有四方面：(1)是部分企業法制建設基礎工作比較薄弱，企業法制建設不自覺、不主動，沒有充分意識到加強企業法制建設對防範企業經營風險的重要性；(2)是部分企業防範法律風險的意識仍然不強，主要表現在一些重大投資決策、重大經營活動

或企業重建工作等前期工作，而忽略法律之比重，或者疏忽大量法律規模或依憑主觀意識誤判法律情事；(3)營運或處理過程欠缺懂得法律之人員參與，有的企業雖設立了法律事務機構，但在對其運用上仍侷限於事後補救，以處理企業法律糾紛爲主，致企業法律事務機構沒有發揮應有之事先預防作用；(4)是部分企業依法經營的意識不夠，或因法律意識淡薄，不自覺地違法經營，或認爲只要是公司的利益就可以不顧法律約束，或者心存僥倖，或存在鑽法律漏洞的錯誤心理[37]。

企業規制主要以公司法爲主，在公司法領域內，法律規範之效力動輒牽涉龐雜之「權利森林」，涵蓋公司與股東之間、股東與董事會之間、股東與監察人之間、股東與經理人之間、公司與董事之間、公司與股東會之間、公司與債務人之間，均有相關之法律事項，已非僅以公司自治原則即能解決，當前公司法強制性規範已逐步增加[38]，公司經營者對於其法律規範力，應深刻體會實踐，滿足公司相關權利人之需求。

又公司負責人在經營上涉有諸多法律責任，可分成三大類：一是企業經營人對內之法律責任[39]、二是企業經營人對外之法律責任[40]、三是企業經營人對行政法規下之責任[41]。凡企業經營者對此法律責任，不能忽略或視而不見，其中對第三人之法律責任也要求愈來愈高，身爲公司負責人，必須有強烈之法律風險意識，以保護自我，免於陷入法律泥沼中。

又政府基於行政監理與管制之目的，常會制頒眾多之行政法規，從公司法、企業併購法，至消費者保護、市場競爭、營運規則、民生消費、商品安全、環境保護，以迄各種行業之管理等，琳瑯滿目，重重疊疊，並經常修正調整。其間各種法規固有其規範性與精神，常出現適用及解釋上之扞格與不協調現象，但對企業而言，都涉有法律上之風險機會，而且各種法律作爲義務與不作爲義務，都會出現法律風險。若政府法制作業前，未詳細評估，掌握實際狀況，忽略可能之危險，則其法律風險更易存在，企業不能不予重視。

肆、企業經營之法律風險樣態

　　企業法律風險諸多，本文主要探討下列在企業經營管理過程中發生之法律風險，包括：(1)企業設立與成長之法律風險，(2)勞資關係之法律風險，(3)融資之法律風險，(4)智慧財產權法律風險，(5)契約風險，(6)消費者保護法之風險，(7)公平交易法之風險，(8)稅捐之法律風險，(9)涉外法律風險，(10)仲裁風險等。

一、企業設立與成長之法律風險[42]

　　企業在設立過程中，企業發起人是否對擬設立的企業進行充分的法律設計，是否對企業設立過程有充分的認識和計畫，是否有能力完全履行設立企業的義務，以及發起人本人是否具有相當的法定資格，都直接關係到設立企業能否具有一個合法與良好的設立過程，也因此牽涉到未來企業經營的法律態度。

　　企業成立之初，事先能做好專業的法律設計及規範，往後碰到之法律問題應可大幅減少，可說設立過程已成功一半。企業設立之初，若存有法律上之瑕疵，必然會在日後運作過程中，埋下深遠法律風險隱憂，有可能連動到法律責任而未查覺。而且公司負責人對公司及第三人之責任[43]，法律規定趨於嚴格，有意擔任負責人者，需有正確認知，相信在未來營運上，也可提醒自己崇法、遵法及守法，減少法律風險責任發生。

　　企業設立過程中之法律瑕疵，固然不一定在短期內引發企業之法律危機，但未予察覺或排除，其法律風險仍然一直存在，一旦發生，對企業來說，仍可能成為致命打擊，造成公司無限法律夢魘，如有涉訟行為，更延長經營上之困擾。

　　公司章程為企業內部組織及業務活動之根本規範，亦是企業自治

立法權之所在，可謂公司組織之基本憲章，更是企業經營最高原則[44]。為釐清公司對內、對外關係，有關權利義務應在公司成立之初訂明在章程內，所謂慎之始也。在公司運作上，股東會常被董事會操控或流於形式，違背公司股東會與董事會職責之法定設計，為明確劃分兩者職責，規劃經營權之歸屬，宜在章程中載明[45]。常見企業於成立時，隨意抄襲或撰擬章程致與原來設計組織架構或運作模式不符，當股東有意見時，成為爭議源頭；再者，公司法有關業務之範圍與活動有所約制，如第13、16條等，於設立時，明確訂出，以減少困擾。

公司之治理機關董事會，是公司成立之靈魂重心，其成員是否健全適當，攸關公司成長與發展甚巨。一般而言，公司設立之初，對於董事人選常有內定或推舉或由投資者商定，期待在適合董事群策群力下，眾志成城，開疆闢土，為公司開展一條坦途，業績得以長紅。因之，設立之初有關人選問題，有其風險性，當選舉時，能否選出有能力之董事，亦是必須注意之風險。若不能順利選出或選舉有爭議，當為法律風險源，不能忽視。

另外，企業的股權結構是否合理、公司治理結構是否完備、監督控制機制是否健全、高階經理人員之間的權力如何制衡等，也需注意在企業運營過程中作妥適完備之安排，避免「禍起蕭牆」，不然企業內部出現爭端，將直接影響到企業之健全發展。

從企業常用SWOT來看，不論SWOT四端的優勢（Strength）、劣勢（Weakness）、機會（Opportunity）、威脅（Threat）等，都存有風險問題，當公司設立後，就必須重視之，評量公司當時組織、資金、財務調度、人力人才、營運方向及成本等因素，控管各類風險。而在作策略分析、構想與決策過程中，需重視市場、經營、技術、生產可行性以及法律規範之風險問題，強化競爭力，俾順利開展，實現好的開始是成功的一半之目標[46]。

企業為求永續經營，必須增長實績，促導企業成長，使公司奠定

厚實基礎，保障股東權益。在追求成長策略上，採多角化經營是一良方，包括跨業衝刺、轉投資、成立關係企業、控股公司以及併購等，加上擴大公司規模、引擎管理系統、結構大幅變革、延長企業生命週期[47]，是以連世界科技大咖臉書（Facebook）、谷歌（Google）、蘋果（Apple）與亞馬遜（Amazon）四大公司，從2013年以來，捧著手裡黃金，為在瞬息萬變的數位世界中保有領先地位，正掀起1990年代網際網路時代以來最大併購及投資浪潮，以掌握先機[48]。臺灣國內企業併購案件從2001年至2013年間，共三千三十件，總金額達九千兩百億元，已看到企業對併購策略之運用方向。

在全球化催化下，企業併購逐漸成為現代投資的一種主流形式[49]。此一複雜的資產運作行為，包括收購資產、購入股票、合併、三角併購、二階段併購、下市併購、策略聯盟併購、合資併購等類型，必須置於健全的法律控制之下，才可能充分發揮企業併購的積極效果，也才能避免法律風險責任之發生[50]。

公司併購過程常充滿危機與陷阱，或藉談判過程順手竊取對手公司之機密，或使用金蟬脫殼方式，移取有價值之技術、商業秘密或遮掩民刑事訴訟及鉅額賠償官司或財務不佳、背負高額債務或令組成新公司，將經營不善之公司脫手，或高估無形資產或房地廠房價值，或技術已過時，或利用價值不高或智慧財產權虛假不實等，其屬敵意併購（Hostile Merge），不論使用白馬騎士策略，訂定驅鯊條款、黃金降落傘保障、處分寶石策略或採焦土策略，也常帶來諸多法律風險，此在多件國內併購中展現龍爭虎鬥，各展神通等現象，是以企業購併時，必須非常重視法律風險調控[51]。其為敵意合併時，常帶來高交易成本，引發不當誘因，造成利害關係人間不當財富之移轉，更不能不防[52]。

又從法律風險的角度看，企業併購並沒有改變原企業的資產狀態，對收購方而言，法律風險變化尚小。因此，企業併購的法律風險主要表現在企業兼併中。企業兼併眾多涉及公司法、企業併購法、公平交

易法、稅法、智慧財產權法等法律法規，且操作複雜，對社會影響較大，潛在的法律風險較高[53]。同時，併購有關企業之股東會有法定表決權限制，會出現決議是否通過之不確定法律風險。有關勞工工作權之保障，也有法律上之約制。在稅法上，稅捐負擔也是要考量執行成本，而且結合行為也有公平交易法上之門檻限制，均有其法律風險存在[54]。

就價格壟斷而言，在企業併購過程中，也可能有法律問題，其為同類型、同產品、同系列或關聯性產品時，其併購是否必然沒有價格壟斷問題，尤其是產品企業為少數數家時，當併購時，出現對市場之占有率大幅提升，不能忽略其法律評價。若併購不成功，究否為真實併購或虛偽之併購，不免被懷疑，則價格壟斷之質疑，可能被提出檢視。

二、勞資關係之法律風險

勞工權利之保障乃當前最受關注之議題，從勞工生存權與工作權保障來看，法律應使勞工「具有尊嚴之人之生存」與「合乎人的條件之工作環境」，企業主於營運過程不能忽略其重要性，而由勞資爭議事件中分析，爭議行為當事人面臨工作位置風險、薪資風險、營運風險等[55]。因之，企業經營過程，需防範各該風險之發生。

近代強調公司所有權與經營權分離，建構三角模組，即由出資所有人集資委託專業經理人或CEO負責經營，並招募員工從事出產製造或服務之工作。此資本主、管理階層與員工組成事業體（組織），由於管理層常代表出資一方管理員工，事實上，管理階層同具有勞方與資方之角色，如何協調勞資雙方關係，成為企業之重要事務[56]。故企業在營運生產過程，資本與勞動兩者相輔相成，密不可分，具有唇齒相依的緊密關係，營造和諧勞資關係，是企業主努力之目標。近年來社會變化多端，自由化、民主化深化勞工權益運動逐漸發揮之影響力，維護勞工權益之聲音與輿論力道加強[57]，企業主更需有法律風險意識，設法穩定勞資關

係，減少勞資衝突帶來之困擾。

從勞資對等原則以觀，勞工三權，即勞工團結權（Right to Orga-nize）、集體協商權（Right to Bargain Collectively）與爭議權（Right to Dispute）是勞工爭取與資方地位和權力對等的權利，此三權間緊密連結，團結權爲集體協商與爭議權之根源，集體協商權爲三種權力之核心，透過與雇主之協商，以調整或改善勞動條件與權利，而爭議權爲集體協商權之手段，當三權併立行使，方足以確保勞工之生存權與工作權[58]，是以企業對於勞工三權需有明確認識，不能忽略勞工三權。

勞工三權與三法逐漸爲社會所重視，以當前權利意識高漲時代，此人力運用之法律風險不能不謹慎處理，否則企業有任何不遵守勞動法律的行爲，都有可能給企業帶來勞動糾紛，甚而是嚴重又複雜之法律事件，必將給企業造成不良影響。如有司法訴訟，勞方容易被視爲弱勢一方，將有訴訟輸贏之風險。

在我國，與人力資源有關的法律法規主要是勞動基準法和相關行政法規及部門規章。在企業人力資源管理過程的各個環節中，從招聘開始，面試、錄用、聘用、簽訂勞動合同、員工的待遇、調職問題，直至員工離職以及勞工退休等，都受相關的勞動法律規範。析言之，舉凡勞工僱用、解聘、勞動條件、安全衛生、勞工福利、勞工保險、就業安全、失業救濟、勞資爭議等都在內[59]。對於非典型工作（Non-Sandard Work），包括時間上、契約上、季節上、臨時替代工、人力派遣工等，需注意政府之態度與法令規定。

雇主爲實現企業營利之目的，常制定工作規則，以規範勞工之勞動條件，工作服務準則及維持企業內部秩序與紀律。但雇主有其優勢地位，勞工常處弱勢局面，如何得其衡平，關係重大。否則雇主違背合理性法則，侵害勞工權益，在司法實務上未必得到支持。是以勞資互動間之工作規則，需有法律風險意識，不得變更勞動契約之內容，亦不容許由雇主單方面變更損及勞工權益，企業必須注意法律規範與精神，使其

內容合適、適切[60]。

　　另一方面，企業爲達長遠發展目標，往往會花費大代價培養主要幹部與技術人才，彼等掌握企業大量客戶資料、商業秘密、技術秘密等核心機密，關係企業之發展與生存。不分傳統產業或高科技公司，也包括藍領階級、白領階級，都要求簽訂競業禁止契約，甚至延長至離職後競業禁止條款，影響員工權益甚大，司法實務上見解並不確定，也衍生法律風險問題[61]。因此，企業擬定之競業禁止條款需考量合理性、合目的性與公平性，注意勞資雙方衡平原則，避免過苛、過嚴，否則形同賣身契之競業禁止條款，而不爲法院所接受[62]，將如同具文，法律效果不大。

　　企業對營業秘密之保護，關係企業維繫競爭力之重要關鍵。常見員工離職後，自行創業或從事相同或類似工作，與原來企業進行競爭，令原來企業怨懟困擾不已，如何防範，也是風險控管之議題[63]。因此，企業在工商事務推展過程，應注意運用保密條款，保障企業利益。正如俗語：「預防勝於治療」，在新人進入公司時，訂明保密條款或簽立保密契約；如進用時未簽立保密契約，應予補訂。當然，簽訂之保密條款過分嚴苛，而不爲員工遵守，形同虛設，反不如內容務實合理，適當處罰制裁條款能發揮心理制裁力，讓員工願意遵守，也是風險評量應考量的問題[64]。

　　當企業併購時，對於勞工權益影響不小。現行勞動基準法第20條前段規定，事業單位改組成轉讓時，除新舊雇主商定留用之勞工外，其餘勞工應依第16條規定期間預告終止契約，並依第17條之規定發給勞工資遣費。而企業併購法第16條、第17條明定：併購後存續公司、新設公司或受讓公司應於併購基準日30日前以書面載明勞動條件之新舊雇主商定留用之勞工，勞工應於10日內通知是否同意留用，其未留用或不同意留用之勞工，應由併購前之雇主終止勞動契約，發給退休金或資遣費。兩法之上述規定發生解釋之歧異，爲保障勞工權益，企業併購法第16、17

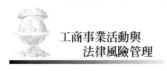
條應優先於勞動基準法適用[65]。

員工的高跳槽率與對企業的低忠誠度，是目前困擾很多企業最為突出之人事問題。跳槽幹部往往會帶走企業寶貴的客戶資源、商業機密、技術機密，這些幹部流向競爭公司，或者選擇自己創業，或者選擇性質相近的企業，很容易成為企業新的競爭對手，逐步蠶食企業的資源和市場。如何作好勞動契約管理，防範離職跳槽引發之法律風險危機，都應是企業重視之課題。當然，企業聘用同業公司之員工時，也必須有風險意識，該員工有無違背競業禁止條款及保密約定，必要時應向原來公司了解及查證，並對其職務與工作需注意有無涉及前手企業業務、秘密之問題，防免被前公司追究責任之機率，以降低法律風險責任[66]。

目前勞資有關法律已逐步建制，適用上大抵已有規律法則可遵循，但因企業與勞動間之利益有其本質上之衝突，從經濟能力及勞動契約之工作指示以觀，兩者存有不對等性。且企業希望勞工盡其忠實義務，服從企業經營群之指揮監督，而勞工盡心盡力工作，自然要求企業主盡其照顧義務，從工作環境、工作條件、身心健康維護、工資福利給付等能充分照護，兩者間固有法律規範，但重視勞資倫理，合法合理實踐，促進雙方和諧，正是解決勞資問題的根本方法[67]，也是企業管理中融納企業倫理元素必要考量問題，如此勞資爭議應可減少，法律風險責任也可降低預防。

三、融資之法律風險

企業為追求利潤，必須運用資金，所以，資金是企業的命脈，也是企業生存、發展的基石。各企業對於資金之取得甚為重視，也運用不同方式籌募，其中融資則是獲得資金快捷、有效的方式。由於不同的企業從不同的角度、在不同的階段所遇到的困難和需求均不相同，籌措資金也各有訣竅與法門，所涉及之法律問題各有不同。

將資金融通至企業之方式，不外有直接金融（Direct Finance）與間接金融（Indirect Finance）兩種型態，前者由資金提供者直接移轉交付與資金需求者，如發行有價證券；後者由資金提供者藉由金融機構仲介參與，移轉交付與資金需求者，如銀行貸款。目前國內企業籌措資金管道，兩者皆俱，依企業之需求決定之，包括向私人借貸，向銀行借貸，向中小企業信用保證基金、農業信用保證基金貸款，以及發行新股、發行公司債、私募有價證券、向國外發行海外存託憑證（Depositary Receipts，簡稱DR）、可轉換公司債（Convertible Bond，簡稱CB）等，各有其特色及優缺點。各企業應評量其性質、利息承受力、收回可能機率、影響企業營運與財務調度、對企業發展貢獻等因素，採取有利於企業之方式，審慎處理[68]。

企業融資分為金融機構與非金融機構兩類，前者各金融機構已有其定性做法與規範，有關法律風險容易掌握；而後者因非金融機構提供之資金，其金主、貸款方法、條件與需求、回收條款等各有不同，所存風險相對增高。本文僅就此非金融機構之融資方式論述其可能之法律風險。

(一)辨明貸與人特質與性質

現時有貸與人以放高利貸為主，常伴隨集團性暴力作為，或貸放為業之金主，其出借之條件嚴苛、限制多、追償緊，並且以多層式保障套住借貸人，當約定條款成就，每致借款人無法招架，全盤皆輸，有時整個企業體為貸款人接手，終至提出訴訟，往往徒勞無功，此種案件甚多，因之，出借對象有何特質，借與方式、綁架條款、失權約定等均需充分了解，避免誤上賊船。

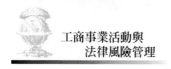

(二)注意防範借貸契約之效力問題

自然人與非金融企業之間的借貸屬於民間借貸，只要雙方當事人意思表示眞實就是有效的。但是企業之間的借款契約有法律限制，如公司法規定，基於此行爲而產生的抵押、質押、保證契約將發生法律風險，連帶放款企業對沒有擔保回收之貸款，有一定之難度。

(三)避免非法融資

非法融資是國家法律嚴格禁止的行爲。我國刑法規定以非法占有爲目的，使用詐騙方法非法集資，數額較大的，應追究融資者相應的刑事責任。另外，企業以借貸名義向職工非法集資、企業以借貸名義非法向社會集資，也是法所不許可之行爲[69]。又公司法第15條對於公司貸借有特別規範，企業與他公司融資時，需一併注意該法條第1項第2款之短期融通資金之限制。所謂短期，一般認爲係指一年或一營業週期爲準[70]，且融資金額不得超過貸與企業淨値的40%。

(四)增強法律認識，適度作風險調控

非自金融機構貸款，係因企業自金融機構貸款困難，或因財產擔保，或因債信，或因董事不願擔任保證人，或因手續複雜，或因應緊急調度等，也因此等原因，本身即屬經濟之弱者，在貸放過程及借貸條件容易陷於不利情況，常被迫接受。因之，企業融資人需要加強法律意識，了解現行民法、刑法、銀行法等規範有所不足，並做好法律風險調控工作，認知無法清償或一時困難不能立即償還，應如何緊急處置，減少風險實現，避免企業陷於倒閉或周轉不靈之險況。

(五)注意保證契約之法律問題

企業在融資時，債權人一般會要求債務人提供擔保。在提供保證時

要注意以下幾個方面：(1)要注意保證人的資格，法律有限制。法律規定國家機關不得爲保證人，企業法人的分支機構、職能部門不得爲保證人。企業法人的分支機構有法人書面授權的，可以在授權範圍內提供保證。(2)要注意區分連帶保證與一般保證，當事人在保證契約中約定，債務人不能履行債務時，由保證人承擔保證責任的，爲一般保證，其保證責任較連帶保證爲輕。

(六)慎選跨國融資

愈大型企業團財務調度，常作跨國融資，其工具有銀行貸款、聯貸、原股海外上市（IPO）、海外存託憑證（ADR、GDR）、海外公司債等。由於涉及不同國家之法律規範、外匯制度、租稅、擔保等利率上限法律問題，增加融資之複雜性，即使法律之文件契約書，也有諸多法律事務牽涉在內，連帶也有相當多之法律風險議題[71]。

四、智慧財產權之法律風險

由於科技高度發展，各種理工、醫療技術日趨精美準確，尤其半導體、光電、電腦、液晶體及生物科技等，更是日新月異，各企業爲求生存及突破，無不卯足全力從事研究開發，設法獨占鰲頭，而在競爭過程，常發生技術接近，相互參仿，彼此借鏡，甚而仿造冒用他人科技成果，以致侵害智慧財產權之事件層出不窮，發生無數訴訟案件，有和解言和，有經法院判決高額賠償，常造成企業成本之增加。

智慧財產權爲財產權之一，屬較新發展之財產權，自十七、十八世紀始由英、法、美等國逐漸發展而來，迄今尚未完全定型。一般認以著作權、專利權、商標權及營業秘密爲主軸[72]，但實質上還含新藥資料專屬權、植物品種權、積體電路布局權等，企業有所研發、創作、發明時，應充分做好智慧財產權之管理工作。

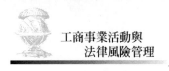

　　天價的和解與賠償金，常是企業不得不接受的苦痛。2014年2月
10日在美國國際貿易委員會（ITC）宣告諾基亞對臺灣H公司侵權終判
前，H公司與諾基亞先就雙方所有專利爭訟達成和解，並簽訂專利與技
術合作契約，預估H公司需支付的權利金額將在150億以上，換算每支
手機需支付760元權利金，可能影響市場競爭力[73]。

　　又IC封測大廠G公司與封裝IP公司Tessera於2014年2月間達成和
解，未來五年內需陸續支付1.96億美元，折合59億元臺幣和解金。該公
司去年每股盈餘不錯，將轉為每股虧損5.24元，且每股淨值從46.5元降
至38.7元，影響不小[74]。又臺灣一封測大廠S公司於2014年2月間與Tes-
sera的專利權訴訟達成和解，和解金為34萬美元，預計第一季財報認列
EPS減損0.11元。

　　2001年資策會曾對臺灣千家企業調查，發現有65%之企業未實施智
財保護措施，有70%之企業未做相關教育訓練，許多員工欠缺智財法律
知識，而且學者專家認為天價賠償竟未能撼動臺灣企業，實在令人擔
心[75]。

　　目前，我國很多企業對智慧財產權保護意識逐漸加強，常站在企業
生存之本，來認識智慧財產權的市場價值和經濟價值。智慧財產權是蘊
涵創造力和智慧結晶的成果，其客體是一種非物質型態的特殊財產（權
利），企業應體認此部分之相關法制已逐漸建立，並給予特別保障規
定，應善加運用。

　　智慧財產權由個人獨力完成，其法律關係單純，其由企業出資研究
開發或受僱在企業中所研發創作其成果之智慧財產權歸屬較為複雜。我
國專利法第8條、著作權法第12條及植物品種權即種苗法第8、9條等已
有規定，為杜爭議，企業宜在委託研究及僱用員工時，以契約明白約明
之。惟企業與受託人、員工間有利益上之衝突，基於利益共享原則，企
業宜兼顧受託人及員工之利益，避免涉訟，增加訴訟之風險[76]。

　　臺灣高科技舉世聞名，產業總產值逐年提高，隨著科技之研發與進

步，讓臺灣成為世界主要高科技產業團的競爭對手，已由商業戰進入法律戰，甚而進行訴訟戰，其中以智慧財產權之爭霸戰更是焦點之重心，在企業經營上，必須高度重視智慧財產之法律課題。其中為避免陷入侵權之泥沼，取得權利金，成為企業經營者必須考量的方式[77]。

臺灣近三、四十年對於新技術之開發與高科技之研發，可說是不遺餘力。但運用創新商品，從專利、商標、著作權、營業秘密、技術移轉、無形資產等交易，所獲得之交易金額不高，實質利益亦少，較之歐美先進國家明顯瞠乎其後。考其原因甚多，未能有效做好科技管理，而且科技技術商業化不足，形同「駝著黃金的騾子」、「別人吃肉，臺灣喝湯」，相當可惜。而且智慧財產權法律戰中，因未重視科技管理，也常敗陣。面對劇烈商場競爭，應提高科學管理績效，採取法律上之保護策略，強化智慧財產權交易效能，以提高世界競爭力[78]。

在智慧財產權領域裡，保護和侵權是一對孿生兄弟，企業稍有疏忽，本身之智慧財產權輕易地被別人侵犯，而稍有不慎，自己也侵犯了別人之智慧財產權。無論是侵權還是被侵權，都將面臨著巨大的法律風險。「阿里山」、「梨山」等臺灣知名農特產品在大陸被搶注為商標，觀之我國企業界則欠缺危機感，未能及早採取防範措施。

近年來，臺灣企業因侵害智慧財產權而在外國被訴之案件，逐日增多，甚且常有同類事件在多國訴訟，縱以和解收尾，其和解金或賠償金常為天價。識者認為許多智財案件避開臺灣，主因為對臺灣法院專業程度不認同，且損害賠償數額太少[79]，是智財案件具有濃厚國際性，企業對於可能涉及外國智慧財產權法律必須有正確法律風險認識；如再由企業自身找其原因，則決策層和法律管理欠缺風險防範意識，為重要因素之一。

科技進步神速，而在反映社會變遷以及規範新興活動方面，法律往往較為遲鈍，尤其對科技突破與發展之對應更是不足，即使科技法律之研究亦常落後，對於智慧財產權之保護，自然產生落差。因之，企業

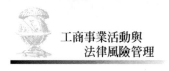

應認知到法律因應社會變遷以及科技之發展，有其困難[80]，在研發創作時，應同步思索其法律風險問題及其對策，預防法律風險發生。

五、契約之法律風險

契約爲企業從事商務活動時，最爲常見的基本法律形式。換言之，契約貫穿於企業經營之過程，凡有商務活動，必然會產生契約。其依約履行，契約當事人均可得到契約約定之利益；如未能履約，糾紛必生，交易也可能中斷，原預期利潤亦可能泡湯，對中小企業而言，其損失危機有可能嚴重影響到中小企業之生存[81]。

契約當事人在訂立契約之同時，考慮大多是契約利益而非契約風險。契約在避免交易行爲不確定性的同時，也可能由於契約約定的缺陷，而爲當事人埋下法律風險地雷。既然所有的企業都是在與各類不同的主體不斷的商業交易中獲取利益，加上契約在企業經營中的廣泛應用，各企業從決定訂立契約到履行契約過程，都必須體認法律風險無所不在，設法控管防範。

契約內容之完整周詳情形，攸關未來契約之履行與解釋，不能有所忽略。從當事人之性質、身分、年齡，迄至契約名稱、前文、雙方義務、價格與名件、包裝、檢驗、保險、智慧財產保障方式、制裁及處罰條款、保證、契約解除，各項營用負擔、附款等均需明確、肯定，即使筆墨書寫，契約份數、字句訂正等也不能忽視，並要防範具有危險性之內容，將之列爲重點事項[82]。若輕忽其事，不夠嚴謹、約定不明確，必然產生糾紛，其法律風險當然存在其間。

一般人在文書上，常以蓋章或捺按指紋表示是其本人意見，認爲簽名沒什麼用。即使是銀行、郵局、合作社等，皆於客戶開戶時要求客戶留下印鑑，存款、領錢時也依印鑑而判斷眞僞。但民法第3條規定，簽名居首，如用印章代簽名者，其蓋章與簽名生同等效力，其他以指印、

十字或其他符號代簽名者，經兩人簽名證明，亦與簽名生同等效力。可見工商活動的習性觀念，與民法規定不盡一致。

由於工商發達、經濟繁榮，近年來犯罪手腕高明，智慧犯罪增多，仿造、偽造之案件層出不窮，其間使用假章、盜用印章及偽造簽名者亦不少。當被侵害結果出現時，被害人受害情況亦各有不同。又如對方使用指印，屆時否認，也無可奈何。反而每個人簽自己姓名，都有其習慣、個性、喜愛，不容易造假，要鑑定其同一性並不困難。因此，為避免在簽章上生風波，最好簽名併用蓋章，最好蓋用印鑑章，並以砾蓋墨方式防止偽造[83]。

法律諺語：「有侵害，就有救濟；有救濟，就有求償。」但是當侵權行為發生時，已造成莫大損失，不如事先做好防範工作，印證俗語「預防勝於治療」。因此要保護企業秘密，必須做好預防措施，在契約上明訂保密條款，或者要對方簽立保密契約，減少洩密的危害。由於企業類別多，業務廣，各有不同類型與需求，現擇列保密條款或約定供參。例一：「買方對履行本合約而接觸的買方機密資訊，負有保密義務；如有洩密，罰以本合約價款三倍的賠償。」例二：「甲乙雙方對於本合約從接觸、商議、斡旋、商談、簽約及履約階段所涉及的機密訊息，均有保密義務；如有洩漏的事，應賠償對方三百萬元。」例三：「雙方對於因本合約而持有或知悉的他方秘密（包括且不限技術、配方、交易價格、數量、營業策略、智慧財產權等機密資料），負有保密義務，並採取必要的保護、防範措施，不得有洩漏或交付的行為。」例四：「本合約涉及高科技技術，雙方均有保密的義務。保密範圍包括設計圖樣、機器廠房設備、製造方法、電子程式、電腦資訊、光碟、錄音帶等紀錄、簡訊，以及產品型錄、報價、銷售方法、客戶資料等相關資訊訊息。凡有洩漏者，應賠償對方五百萬元以上損害。」例五：「本契約所訂保密條款，雙方的董監事、顧問、經理人、執行長、主管、員工、代理商等均有保密的責任；如有違反，應就對方的損害，負連帶賠

償責任。」[84]

　　近年來隨著法律意識的增強，很多企業已經重視契約的訂立問題，在要約、承諾過程中，都聘請律師參與，甚至請律師起草契約本文。對於很多商務契約而言，簽訂好契約固然是一個良好的開端，但契約之履行才是真正重要的環節，必須隨時注意督促對方當事人應照契約履行其義務。當發現有異狀或對方情況變化時，應立即調整契約策略，例如，行使同時履行、抗辯、檢索抗辯或請保全程序等[85]。

　　契約履行過程中，雙方的來往函件、備忘錄、會談紀要、傳真、簽單、字條、驗收紀錄、電子數據等都是寶貴的證據，都要注意整理和保存。相對於契約文本的法律風險，契約履行的法律風險類型更多，範圍更廣，管理和防範的難度更大。

　　有關價格壟斷問題，當契約成立時，其法律責任很容易證明；如訂明在契約上，則更為明確。同時，外國競爭法中，為防價格壟斷，對於其在價格上有所接觸、商談、默契或初步合意等，認涉有價格壟斷問題，顯見有其法律風險存在；其在我國公平交易法上，也有其相當規範。

　　儘管契約訂得嚴密，處罰事由明確，制裁條款奇重，是否必能督促對手遵守契約約定，誠心誠意履行契約，仍屬未知數。這牽涉到契約當事人之信用、財產、財務能力、擔保品，以及企業負責人之人格特質、誠信、魄力等因素。於簽約前即需徵信、調查、評估及裁斷，對於契約一方是否有選擇性違約之問題，更要有風險意識，加強觀察、監測，有力道督促以及及時處置，避免違約風險之發生。

六、消費者保護之法律風險

　　現代自由市場經濟體制下，生產與消費分離，連帶使生產者與消費者間之利益發生衝突，進而發生消費者權益保護問題。而從兩者經濟交

易互動過程觀之，消費者之經濟地位較為弱勢，消費者主權主義逐漸萌發，逐步加重生產者、供應者之責任，學者更從憲法層次之生存權保障及經濟公平與正義原則之維護，闡述建制消費者立基[86]。

我國之消費者保護法通過生效於1994年，其目的在於保護消費者，強調維護交易秩序與消費者利益，確保公平競爭。消費者保護法規範的是事業與消費者間關於商品或服務的交易行為，其基本政策在於確保消費者安全，提供消費資訊，促進消費選擇自由，尊重消費者意見，以及完備消費損害救濟制度[87]。因此，此消費者之保護法，企業界應有高度之風險認識，了解凡有消費關係，即有本法之適用。縱消費不花錢使用產品之行為，亦屬消費行為，任何與消費行為有關之企業，當做好法律風險管理工作[88]。

我國消費者保護法提供了消費者高度的保護。依照消費者保護法的規定，即使事業沒有任何過失，消費者仍然可以請求該事業賠償，因為使用其產品或接受其服務所肇致的損失或損害，設計者、製造者與服務提供者，都必須負擔無過失責任[89]；即使設計者、製造者或服務提供者，證明已盡應盡之注意義務，甚至於最高的注意情事，也無法免除法律責任（消費者保護法第7條）。

假設事業是商品或服務的銷售者，而非製造者，除非可以證明已盡相當的注意義務，否則就必須對消費者所受的損失負責。再者，為確保商品之安全瑕疵，可能是製造之瑕疵，亦可能為設計之瑕疵。製造之瑕疵有關產品之生產製造與設計不相符合，而設計瑕疵則對使用人或消費者造成危險有關，設計時，需注意產品之特色、優點與產品風險作衡量，在現制上，應將安全性給予優先考量，否則需負賠償責任[90]。

當有事實顯示企業有回收商品的必要時，企業就有責任回收已出售的商品，以避免危害到消費者的安全與健康（消費者保護法第10條）。主管機關基於權責及消費者保護法之規定，進行行政之調查及監督，命令廠商回收（消費者保護法第36條）。

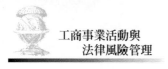

　　由於網際網路急速發展，企業透過網路販售商品演為潮流，消費者也逐漸接受此種交易方式購買各類商品。然因欺罔、詐騙不實交易及商品虛假、有瑕疵等爭議層出不窮，目前已發生諸多消費糾紛事件，包括交易錯標價格、寄交商品與原標貨物不符、網路拍賣齟齬，以及信用卡盜刷等，因與實體商品交易之型態不同，主管機關乃頒布相當多之保護綱領、定型化契約範本等予以規範[91]。從事此方面交易之企業應基於法律風險責任之防範，設法防止。

　　現實商業活動中，有不少「定型化契約」[92]。消費者對此事先預擬契約的條款通常不會被徵詢諮商，也沒有談判能力，無法要求變更契約內容[93]，因之，如何解釋定型化契約以維公平原則，成為重要課題[94]。

　　部分企業所訂之定型化契約對本身有利，對消費者不利。原因是消費者不太會注意其文字內容，再者以為有事故時，其責任因契約之約定而減輕。又由於不合理之條款，未必當然違反規範或公序良俗，解釋上宜以「誠信原則作為判斷是否合理之標準」[95]。但從最近法院判決來看，類似情形，法院會傾向採有利消費者之見解，防止契約自由原則之濫用，適足以遏阻企業對同類消費行為有不合理或不公平之侵害或者有剝奪消費者權益之條款發生。企業界不要心存僥倖，應具備正確觀念，遵循消費者保護法等法規辦理[96]。

　　消費者保護法對於從事設計、生產、製造商品或提供服務之企業經營，包括經銷、輸入者之法律責任甚重。但科技再進步，製程再嚴格，管理再嚴密，服務再周密，仍有其窮，有者限於科學技術之水準存在不能發現之致害危險，其全部責由廠商負責，常令廠商難以承受；亦有發展風險抗辯（Development Risk Defense）見解，乃廠商於生產流程中尚不能發現之致害危險，可作免責抗辯，此所稱：「於提供商品流通進入市場或提供服務時，應確保商品或服務，符合當時科技或專業水準可合理期待之安全性。」及第7條之1規定：主張前述符合當時科技或專業水準可合理期待之安全性負舉證責任，是否含有發展風險抗辯之意旨，尚

有探討空間。

又有關消費者保護之法律並不限消費者保護法或公平交易法，與食品、飲水、藥物、化妝品等之保護法規甚為齊備，諸如食品衛生管理法、健康食品管理法、自來水法、飲用水管理為例，藥事法、化妝品管理條例、商品標示法、商品檢驗法……等等。2011年4月爆發的塑化劑事件，2013年發生之毒食用油事件，令多數人聞塑毒色變，社會沸沸揚揚。檢視現行法律相當完整，只是公權力是否嚴格執行；再者是相關業者是否有循法守法信念，論者指明因置法於不顧，方導致事態嚴重，對業者而言，因不遵守法律也難逃法網，鋃鐺入獄[97]。

從既往發生之案例以觀，政府對於食品、藥物、化妝品、房屋等消費問題，較為關心，執法力道亦較大，其他部分則較小。當前臺灣汽車之消費，客車、貨車總數在七百萬輛，其本身品質與安全，關係駕駛人之生命、身體與財產之安全，如暴衝、火燒車、安全氣囊爆破等，而行車過程之安全，更攸關他人之人身財產安全，如行進中熄火車禍、剎車失靈撞人、電腦失靈肇事，目前已引起各界關注，主管機關對此應加強行政監理功效，各汽車業也應重視其涉及之法律責任險[98]。

七、公平交易之法律風險

企業經營以營利為目的[99]，配合自由經濟體制，企業經營者以賺取利潤為最大目標。當體型愈龐大、資力愈雄厚、競爭愈強大時，影響或操控市場之能力愈強，連帶引發居市場控制地位之濫用行為，嚴重者將導致影響產業秩序、經濟紀律與國家實力。因之，對於價格操縱、不正作為及濫用條款等濫用行為，應予限制規範[100]。即市面上通行之加盟產業，其加盟經營事項之權利義務條款皆由加盟業主單方擬定，此種定型化契約往往在締約地位不對等下，不得已接受。加上加盟業主常有濫用交易上相對優勢地位之行為，強迫加盟店接受不合理與不利益之交易條

件，加盟店對自身權利義務條款應有法律風險意識[101]，以確保權益。

　　我國有關維護交易秩序，確保公平競爭，維護消費者利益，促進經濟安全繁榮之規範，以公平交易法爲主軸（第1條參照），其規範主要爲限制競爭行爲與公平競爭行爲兩部分，各企業務需對其規定內容有所了解，才能避免違規、違法。

　　有關公平交易法所規範的四類主要限制競爭行爲：(1)第一種限制競爭行爲就是獨占事業市場力量的濫用。公平交易法並不禁止獨占的存在，但禁止獨占的濫用。(2)第二種公平交易法規範的限制競爭行爲則爲水平聯合。此種「聯合行爲」，舉例來說，假設兩個公司共同決定價格，或約定銷售區域，或甚至從事共同銷售或共同購買，都違反公平交易法之規定（公平交易法第14條）。

　　(3)第三種限制競爭行爲是合併及併購行爲。合併與併購行爲雖然不被禁止，但如果合併或併購的結果將會形成獨占或寡占，就會產生競爭政策的考量。當事業的營業規模超過某個門檻時，他們就必須向公平交易委員會申請核准結合，而公平交易委員會決定時，是依照公平交易法第12條所規定之標準，審酌結合對於整體經濟的利益是不是超過限制競爭的不利益再作決定。(4)第四類則是垂直限制。供應商採取之銷售策略，如約定維持轉售價格、搭售、限制交易對象或交易地區，均涉及違反公平交易法[102]。

　　公平交易法涵蓋了相當廣泛之不公平競爭行爲，包括價格壟斷，同時也禁止事業採取不正行爲。價格壟斷已逐漸成爲歐盟、美國制裁不公平競爭之利器，在我國也逐漸執行裁罰公權力，已先後有民營電廠被裁罰數十億元。另牛乳業裁罰千萬元，瀝青聯合漲價重罰六千萬元。再諸如第19條不當誘使交易、威脅結合與聯合、不當取得營業機密，第20條關於仿冒行爲的禁止、第21條虛僞不實的記載或廣告、第22條妨害商譽的禁止，又第24條有關欺罔與其他不正行爲的禁止[103]。至於多層次傳銷法已制定，經總統於2014年1月29日公布施行，此亦屬競爭法制之一

環。

市場經濟法則原再三強調自由競爭，由價格機能決定生產者與生產內容，但因大型企業興起，經濟力集中，產生獨立、壟斷等現象，致侵害農漁民、中小企業及一般消費者之經濟利益，引發學者專家積極研究其改善與防治之道。歐美國家也陸續制定不公平競爭法制，以保護市場交易秩序[104]。而臺灣企業因面板、車燈等被美國及歐盟裁處天價罰款，業界損失慘重[105]，是以企業對於國內外公平交易法必須有因應之策略與做法。

八、租稅之法律風險

租稅係國家或地方政府為財政收入目的，向人民強制徵收之貨幣或實物給付，本質上並非對等代價給付，為具有強制性之公權力作用，因之，企業對於租稅義務需有正確之認識。而且租稅法本有租稅法律主義與租稅公平主義，政府機關課稅時，課稅要件要法律明定，要件需明確，課徵具備合法性，稽徵必遵循正當法律程序原則。但實務課徵時，常依主管機關所訂頒之要點、注意事項、作業準則等為執行標準，甚而主管機關更頒布諸多解釋命令及行政規則供稅務機關稽徵參考[106]，此等行政規則與解釋函令，企業務需有風險意識，充分了解注意防控。又由於稅法規定有其窮，對於具體稅務案件發生法律漏洞，固然稽徵機關在填補漏洞時，不得超越法律之文字意義，不得限制人民減免稅捐之權利，亦不能擴張及創設稅捐構成要件[107]，但實務運作上，未必完全遵循此補充法則，企業需提高警覺，防範此法律風險出現。

近年來，企業涉及財稅案件大量湧現，遭補稅裁罰金額日增，企業在財務稅捐方面的法律風險日益增高。在我國目前的財稅政策環境下，雖可清楚合理避稅與漏稅的界限，但如果處理不當，企業很可能要蒙受不必要的經濟損失，甚至負責人需負刑事責任，帶來牢獄之災。另需注

意的是，稅捐機關對於稅捐稽徵甚為用心，平常處理會計稅務不當、不周、不法，法律責任風險甚高。有關稅捐法令趨向也要注意，如企業併購時，廉價購買利益將計入營利事業所得稅，企業如有重大違法行為可能修正產業創意條例，追回租稅減免優惠。

從憲法第19條之規定，明確揭櫫租稅法律定義，凡法律無明文，人民即無納稅之義務[108]。惟因納稅義務人會有租稅規避、租稅迴避或節稅等情事，以致實質存在之經濟事實不易課徵稅捐，有違公平原則。為確保國家租稅之稽徵，乃有實質課稅原則之適用，並以大法官會議第420號解釋為憑[109]，論者認為此解釋係租稅法律（構成要件）之解釋方法，並非構成要件，不能取代租稅法律主義租稅客體歸屬租稅主體立法規範[110]，但稽徵實務上既如此操作，即存有法律風險，不能不有所體認與因應。

在租稅案件中，常造成納稅義務人感到苦惱的是舉證責任問題。依民事訴訟法第277條之規定，當事人主張有利於己之事實，就其事實有舉證之責任，在租稅法上亦可本此原則辦理（行政訴訟法第136條參照）。凡租稅有利於稽徵機關者，應就構成租稅之具體事實負有舉證責任，但稽徵實務上，常以某特定事實之舉證對納稅義務人並不太困難，且負擔不大，如由稽徵機關舉證反不符成本效益或有窒礙難行，基於公益以及稽徵經濟原則之考量，則例外由納稅義務人負舉證之責任[111]，司法院大法官會議釋字第221號解釋、行政法院70年判字第117號判例採此見解。稽徵機關運作上，會本此例外情形，要求納稅義務人舉證，造成納稅義務人不利結果，是以舉證責任成為法律風險源。

目前，我國稅捐分成國稅與地方稅，已建制一套相當完整之稅捐法律，而且稅捐機關經多年執行與稽徵等經驗也有相當豐富之核稅、查稅與追稅之專業能力，企業必須有正確之認識。又從諸多租稅稽徵案件與租稅行政案件觀察，稽徵機關及其主管部會對於稅法經常有行政令釋，甚至事後發布解釋函令追溯課稅，如同前述，對於經濟交易行為合於稅

法規範，亦以實質課稅原則課稅，在稽徵作業上，以舉證責任倒置手法要納稅義務人舉證，逾越行政裁量權，認定違章行為及處罰，或以推理方式論述認定逃漏稅法……等等，可說財稅行政機關之觀念、公務員心態、執法技巧、方法等影響租稅法律之解釋與認定，因而產生無數法律風險，企業應有高度之風險意識[112]。

企業為追求利益，減少租稅支出，乃就未來之財產收益進行事前安排、規劃與設計。此種租稅規劃，原為納稅義務人之基本權，以達到減少租稅負擔之目的，但在觀念上，租稅規劃與脫法避稅或違法逃稅或違法漏稅有別，有其法律上之界線[113]。稽徵機關亦為設法防阻或以實質課稅原則、租稅公平原則等方式操作，以減縮其功效，因之，企業實施租稅規避需有法律風險認識，辨明法律禁制與界線，並了解稽徵機關實際運作帶來之法律風險，以免弄巧成拙，帶來無謂困擾。

現行租稅法律對於逃漏稅捐之行為，均有處罰規定，有部分為刑事罰，大部分為行政罰，即稅捐稽徵法對於未給予、未取得或未保存憑證、未設置帳簿，甚且拒絕調查均以罰鍰。再者同時違法逃漏稅捐之行為除本稅外，加徵滯納金，並得罰鍰2倍到10倍。若本稅100萬，罰10倍，即高達1,000萬元，常會令被處罰之企業深感意外。同時，稽徵機關並得為稅捐之保金措施，實施假扣押，限制出境及強制執行等[114]，對此，企業要有依法納稅之法律認識。

臺商在中國大陸投資已有一、兩年之久，部分企業或有盈餘，即涉有租稅問題。以中國近年來實施新的企業所得稅以來，稅負成本急遽增加，為減輕負擔，有意前往與中國訂有租稅之第三國設立控股公司，或經由第三國匯回臺灣，分別涉有租稅優惠，扣抵稅捐等問題。因之，跨國投資時，對於在中國以及其他國家，宜先有法律風險控管思維與對策[115]。

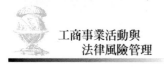

九、涉外事件法律風險

臺灣屬島嶼型經濟，本土之經濟規模不足，需大力向外拓展商務。經各企業鍥而不捨的努力，使我國出口貿易甚爲活絡，占國家GDP重要地位，因之，外國法律之約制與規範，在外銷業務上爲必須重視之母題。以近年來科技業因價格壟斷爲美國及歐盟高額裁罰觀之，明顯看出國內有諸多企業忽略外國法律之風險，值得外銷企業列爲首要法律風險。

企業工商活動涉及境外第三國時，要先了解該進口國之法律規定有何限制、處罰規範，如有問題，應請教律師或交由法務人員或洽經濟部國貿局、外貿協會等，釐清法律問題[116]。企業爲求生存與擴張，對外投資與貿易乃正常發展與成長使然，其涉及之法律常是跨區域性、跨國性或國際性，當法律爭端或事件發生，面臨法律之準據適用問題。當前臺灣企業跨國投資日增，投資型態日廣，有關跨國公司股權收購、合併購併、經營權移轉、國際連鎖經營等相當複雜，投資關聯性之法律架構也從國內法橫跨及當地國法規、貿易條約協定、國際條約、聯合國大會之規範性決議與國際慣例[117]。

爲拓展貿易，我國企業常在國外投資，足跡遍及五大洲。世界各國爲保護本國產業，規劃其國家經濟發展，以及管理與保護外國投資，通常均有特別規範，包括投資、外匯管理、智慧財產權、海關、租稅、交易、競爭、公司組織及民商實務等法律，而且對投資之業務、金額等均有審查、批准程序，企業有意投資者，必須對該國投資法律、命令、甚至潛規則有深入了解，以預防法律風險出現[118]。

再者，部分企業境外上市，不論直接上市、買賣上市、借殼上市、信託股款上市等，涉及之法律問題甚多，故對當地國家之法律需有充分了解，做好風險防範工作[119]。部分投資人爲規避租稅、避險、防火牆，增加營運或調度靈活度，常使用境外公司，但有其法律問題，應正

面思考是否符合現行法令制度，注意租稅天堂之法律環境的改變與其間稅法之變革。對中國投資與在中國行銷營運，也涉及兩岸法律適用問題。很顯然的是，跨越國家愈多，法律適用問題愈複雜，當中法律之相關風險相對增多，爭議之內容也愈來愈廣，且規模愈大，影響力愈來愈強，企業應充分注意法律風險相關問題[120]。

與德日等國家的規定相似，都允許契約當事人決定應適用的法律。因此，如果契約內容含有涉外因素，當事人可以在契約中約定準據法。當契約當事人一方是一個外國公司或自然人、或契約標的物在國外、或相關行為是在國外完成時，通常契約會被認為含有涉外因素。約定準句法的條文，例如：「本契約適用○○○○○」。

就實際運作而言，法院之審理方式與見解甚為重要，有時將涉外私法案件定位為內國私法案件；有時因國際私法案件至為複雜，常需要選擇外國法時，尚需研究比較民、商法，工程浩大，律師亦因實務成本，轉依法庭法，因此，涉外事件涉及國際私法問題時，必須注意其存在之法律技術風險[121]。

全球化帶來世界莫大的繁榮，引領企業跨海外投資及跨國經營，大力擴張事業版圖。臺灣企業為實現自由化、國際化之潮流，海外投資已成為臺灣經濟發展方向之一，且亦為政府積極鼓勵之經濟發展政策之一。惟海外投資經濟活動，碰觸投資國與被投資國間風俗、習慣、法令規章、經濟政策、財政政策之差異，以及市場調查不易等困難，並面臨政治危險、法律風險、信用危險、匯率變動危險等不利之因素，必須尋求解決措施，減降風險之發生[122]。又國際政治情勢經常變幻多端，強化國家間之競爭與擴大影響力，一再種下風險果實，隨著時空環境之改變而生諸多風險，在權力重新分配下，法律風險伴隨而來，對企業而言，亦不能忽視全球化帶來之繁榮及其風險。由於國家各項福國利民措施，需龐大經費，徵收稅捐成為主要收入，近年內已有諸多國家，對其國民或移民者開始調查其境外收入，課徵相關稅捐，造成投資者大震撼。

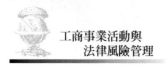

又外國法院之判決在內國能否承認？可否順暢執行？攸關企業權利與利益之維護，否則縱使取得外國勝訴判決，亦可能徒勞無功。有關外國法院之承認，有諸多見解，如「禮讓（Comity）說」、「正義（Justice）說」、「義務（Obligation）說」、「既得權（Acquired Rights）說」及「特別法（Lex Specialis）說」，近來學者原則上採折衷見解，在一定條件下予以承認[123]。至於外國法院之判決，一般認為在內國不能逕付強制執行，尚需經內國公權力之參與，如經重審宣告或再為判決或登記等程序始可執行。

外國法院之確定判決，依我國民事訴訟法第402條第1項規定，係探負面表列上，如外國法院無管轄權者、敗訴之被告未應訴者、判決內審違反公序良俗或無相互承認者，不承認其效力。承認外國之效力，其程序、名稱及程式，不必與我國民事訴訟法所規定者一致，只需依民事訴訟程序，就民事上之訴訟為終局裁判即可。又依外國法院確定判決聲請強制執行者，需經我國法院宣示許可，方得強制執行，宣告之程序，依通常起訴程序為之，此宣示許可執行之判決，並非執行名義，執行名義仍為該外國法院之判決[124]。

十、仲裁之法律風險

仲裁具有經濟、公正、快速、效率、平和、協調、保密及法律效力之優點，在現代民間事務活動，仲裁已為企業界廣泛接受。本仲裁意見自由原則，仲裁以仲裁協議（Arbitration Agreement）為依據。當事人將爭議提交仲裁，以當事人雙方自願為前提。依仲裁法第1條所定，仲裁協議一方面是當事人之一方將爭議提交仲裁之依據；另一方面為仲裁人及仲裁機構受理爭議事件之依據，而且有關爭議範圍甚廣，凡民事上不涉及公共利益或公序良俗，得予自由處分者，雙方當事人均得就現在或將來之爭議，訂立仲裁契約，提請仲裁。嘗見當事人否認有仲裁協議，

造成仲裁人相當困擾，而且最高法持續使用仲裁契約，與國際統一仲裁法之觀念對立，是以，當事人對仲裁涉及之相關問題，本維護自身權益，均應注意[125]。

古人有言，「訟者凶也」，指出發生爭端時，除非有必要，不要興訟。但糾紛仍需解決，訴訟外糾紛解決機制，逐步研究開展，已普遍被接受。按訴訟外糾紛處理機制（Alternative Dispute Resolution，簡稱 ADR），有仲裁、和解、調處、調解、協議、調協、裁決、破產、公司重整、公司清算、債務協商與評議等。有關仲裁，則有商務仲裁、勞資糾紛仲裁、貿易仲裁、勞資爭議仲裁等類，對企業而言，均有採用之機會。

契約當事人可能會約定如果有爭議產生，必須經由法院程序或仲裁程序解決爭端。假設當事人決定以仲裁方式解決爭議，必須明白表達出來。否則，當事人其中一方可能會對他方向任何仲裁機構提付仲裁當有異議。現提出兩個關於仲裁條款的範例供參考：

> 「任何與本契約有關的爭議如果無法和平解決，應由依國際商會的仲裁規則所指定的仲裁人，依照該仲裁規則作最終的裁決，並應在臺北提交仲裁。」

> 「任何與本契約有關，或因本契約而生的爭執或爭議，當事人雙方應和平解決之。如果爭議無法和平解決，當事人應依中華民國仲裁法在臺北提交仲裁。」

當訂定契約時，不宜在契約中同時約定仲裁條款與管轄法院條款，以免造成相互衝突，而且要約定明確，例如：「與本契約有關或因本契約所生的爭執，雙方同意以臺灣臺北地方法院為第一審管轄法院。」又當事人對仲裁條款及管轄條款同時約定在一份契約時，要注意

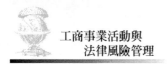
將意思約定清楚，避免發生當事人是否有意將爭議提請仲裁之爭執[126]。

　　企業活動擴及國內外，發生商事糾紛時，便捷方法即採行仲裁機制。但因國際商務糾紛之當事人大部分屬於不同國家，某國之仲裁判斷能否爲關係之另一國接受、承認與執行，涉及雙方利益，也關聯法律之執行效果，因之，國際仲裁要注意該國是否參與簽署相關國際仲裁公約或兩關係國家間是否簽屬仲裁條約，避免徒勞無功[127]。

　　又各國之仲裁制度並不盡相同，即中國與臺灣之仲裁規範也有不同。臺商到中國大陸投資金額龐大，涉及之法律事件也紛至沓來，欲進行訴訟解決，費時費事，又涉及裁判效力與執行問題，如採行仲裁不失爲快速便捷有效之途徑[128]。但因兩岸關係之特殊情況，調查證據有其困難性，加上兩岸對仲裁判斷等做法並非完全相同，如何承認仲裁判斷與執行，仍有待兩岸協同解決[129]。

　　依2012年兩岸投資保障協議第14條第4款之規定，商務糾紛之當事雙方可選擇兩岸之仲裁機構，亦可選擇雙方同意之仲裁地點，如經選擇香港爲仲裁地時，有關香港仲裁條例之規定涉及仲裁裁決之承認與執行，對兩岸之影響不小，需及早因應。又香港新仲裁條例（2010年11月11日），與最新國際慣例相互一致，適用上甚爲方便，臺灣企業如因商業爭端，可考量適用香港地進行仲裁[130]。

　　在WTO架構下，對於貿易爭端之解決，採認爭端解決小組及上訴機構之裁決報告，以及監督裁決案件之執行。析言之，對於貿易糾紛之解決採諮商、斡旋、調解、調停程序，提爭端解決小組審議，通過後，敗訴國可在60日內向上訴機構提出上訴，經判決後，當事國應無條件接受之。當個案判決後，即開始採行監督機制，敗訴國在開始執行後6個月，執行進度自動列入爭端解決機構例外會議之議程中，使各國了解是否切實執行該判決[131]。

伍、企業經營之法律風險管理

　　風險管理係以科學方法、技術，有系統、有條理評量、控管處理未來不確定之風險，減少或迴避風險造成之損失，以追求效益最佳狀態之平衡點。風險管理於1930年代美國逐漸重視，諸多企業體紛紛採擇其精神，進行風險識別、風險反應、風險控制等管理策略。臺灣企業界在最近幾年也逐漸重視風險管理工作，強化其功能，引導企業優質經營。

　　危險事故之不確定性，涵括發生與否不確定性（Whether）、發生時間不確定性（When）、發生狀況不確定性（Circumstance）及發生結果嚴重程度不確定性（Uncertainty as to Extent of Consequence）。由於事故引致風險，風險促發危機，危機可能導致實質損失，如成本增加、廠房機器使用降低、生產減弱、行銷困難、資金短缺，收益減低等，因之，風險需要管理。是以風險管理乃在於調整、控管對於未來不確定之各種結果，以及調節管理不確定未來結果需支付之代價大小，使風險有效降低或最小化[132]。申言之，掌握風險，進行風險管理，首在風險確認，繼而風險評估與衡量，再作風險決策，進而作有效風險控制[133]。

　　風險控制中，一般相當重視風險迴避（Risk Avoidance），其目的在作預防性風險迴避（Proactive Avoidance），期待將風險源頭消除。其實此迴避風險之觀念，乃在降低不確定因素之存在，以及防止風險之發生與引發之損失，如運用到風險確認階段，強化風險預測效果，設法作風險避讓，必能適度解決法律風險帶來之難題。

　　風險與不確定性有密切關係，但不確定性不等同於風險，如能有效預測風險進而防範，必可減少損害發生。因之，風險管理之控管，旨在分散風險，降低不確定因素帶來之風險。一般採用古典多角化（Classic Diversification）、對沖或保險等策略。古典多角化常採用策略組合模式，進行多量且獨立、相異之方式管理風險；對沖（Hedging）則透過

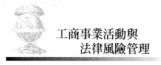

特定報酬結構負相關之有限處理模式，以分散風險；保險則爲最普遍方法，何者爲最佳選擇，視標的而有不同，也與不確定性高低有關，當風險愈高，風險管理策略所產生之實益相對爲高[134]。

由於法律風險無所不在，從實務案例觀察，幾乎各行各業均有法律風險之因子，包括：(1)工商經營、(2)投資理財、(3)科技產業、(4)金融保險、(5)地產開發、(6)營造建築、(7)物流行銷、(8)醫療衛生、(9)教育系統、(10)公務部門，甚而非營利事業團體、公益社團等亦均有法律風險存在之問題[135]。對企業而言，從企業之創立、開展、管理、營運、財務管理等不同階段事務，均與法律規範有關。要探測法律風險，應由公司法務人員、法律顧問全面評估，從發生案例探究法律風險源，並請法律專家以焦點團體法、深度訪查法，運用公聽查證、座談方式，辨識法律風險，進而整合運用[136]。再者，企業若疏忽或未能掌控法律風險，勢必危機重重，其未做好妥善回應，終將轉化爲法律責任，嚴重者，可能成爲拖垮企業之最後一根稻草。因之，法律控管機制實爲企業預防發生或降減法律責任之良好機制[137]。

法律風險管理簡單來說是指有效管理法律風險，亦即用管理方法解決法律問題。從過程來看，是運用科學評估所得之方法或結論，俾以採取管理策略，並執行之。進而言之是指運用科學方法，有效率衡量、控制與防範法律風險之發生或降低其發生之危害性，可說是涵蓋法律風險之預測、鑑別、規劃、控制與執行，直接或間接達成風險損失控管與降低目標之作爲，亦即用科學方法，管理可能發生危害之法律事件，而所執行之步驟與做法[138]。換言之，法律風險管理重點在於全面了解法律約制目的，全盤掌握法律風險，做好控管、調適、迴避等作爲，達到有效防制目的。因之，法律風險管理重在事先預防功能，不致依賴事後補救，致已緩不濟急，可謂係預防法學一環[139]，值得法律界大力推廣宣揚。

法律風險管理旨在做好法律風險之控管，避免風險實現，並設法減低風險造成之損失（害）。對企業界而言，謀取利益、創造利潤，乃企

業經營之重要目標，法律風險管理正可達其目標之完成。蓋因企業面對之風險粗可分為商業營運風險與法律風險，前者商業風險，固為企業主或經營團隊所重視，認為係最重要之課題，惟從實質探究，基本上仍與法律風險牽連，或者最後會以法律風險之形式體現，可知法律風險在整體風險管理中居重要變動[140]。

　　企業發生之法律風險類別繁多，幾乎所有工商事物都有可能發生法律風險事件，深研之包括採購法律風險、生產法律風險、行銷法律風險、市場法律風險、工程法律風險、人力管理法律風險、財務管理法律風險、公司策略法律風險、投資管理法律風險、多角化經營法律風險、公司治理法律風險、會計審計法律風險、智慧財產法律風險、行政監理法律風險、環境管制法律風險、訴訟法律風險等，各企業應依其事業種類、性質、繁簡、適用法規規範密度暨以往法律事件、同類企業法律風險事件等，採取必要之法律風險管理與防範對策。

　　經濟社會有不同分工，各別產業、千百行業，各有其特色與行規，適用之法律規範各有不同，可能發生之法律風險亦有類別性、差異性與獨特性，衡量其關鍵問題在於權利、義務責任之遵循、履行與實踐。法律風險管理即在預防法律風險發生、防範法律風險再次到臨，本旨上在解決權利、義務與責任之踐行與衡平，導引企業重視法律風險管理工作，增強企業優良體質，提升競爭力。

　　法律風險管理從組織體系與營運發展，有內部管理風險、製程風險、品管風險、結構風險、人生資源風險、競爭風險、災難風險等；涉及外部者有自然風險、社會風險、政治風險、產業鍵連動風險、市場風險、產品責任風險、生態環境風險、智慧財產風險等[141]。再從經營觀點，法律風險管理涉及經營權風險、投資風險、企業發展風險、購併風險等；又從企業經營層解析，法律風險管理指明需防範策略風險、治理風險、調度財務風險與經營理念風險等，凡此均足以說明法律風險管理逐步系統化、精明化、明確化，對企業之經營運轉，其穿透力逐漸加

深、加大。

　　大家都熟悉風險無所不在，對企業而言，自成立後之營運展業期間，法律風險無所不在，但法律風險有隱藏性與明顯式之分。就隱性法律風險而言，往往不易察覺，也不太會強烈感覺其危害性與威嚇性，以致常被忽略，而認無法律風險存在。事實上，此類風險實現不會造成企業重大損害，企業也不會花費太多人力、物力去控管。至於後者，其危機常是立即、明顯、急迫到來，不容企業忽略，如平時未能做法律風險之預測、識別、評估以及控管，其損害必大必多。是以企業對兩者之法律風險需全面檢測，採取法律風險回應，做好控管工作。

　　為使企業法律風險管理徹底實施，達到預定目標，應遵循下列原則[142]：

1. 企業主審慎管理規劃法律風險管理具體做法。
2. 企業應以高格局之戰略目標引導管理思路。
3. 企業策略與決策應導入法律風險與管理防範理念。
4. 企業應規劃法律風險管理與企業各項管理契合對應。
5. 企業將法律風險管理納容至各項管理之實質內容與過程內，便利施作。
6. 企業負責人、經營層及員工全員均參與法律風險管理體系。
7. 積極實施法律風險管理，培養優質企業文化。
8. 推動過程，隨時檢討改進，提升法律風險管理效能。

　　法律風險管理之步驟，或有不同之看法，一般可分成確認風險（Risk Identification）、評估風險（Risk Measure）、風險規避（Risk Avoidance）及執行風險管理策略[143]。而為明晰其進程，從實務操作而言，可再細分下列流程了解管理心法[144]：

1. 法律風險管理目標
2. 法律風險辨識（分析、預測）
3. 法律風險確認（鑑別、確認）

4. 法律風險評斷（衡量、評估、回應）

5. 法律風險決策（策略）

6. 法律風險避讓（移轉）

7. 法律風險控管執行（防阻）

8. 法律風險復原

為利於了解及操作，將法律風險與管理防範，以示意圖明之。

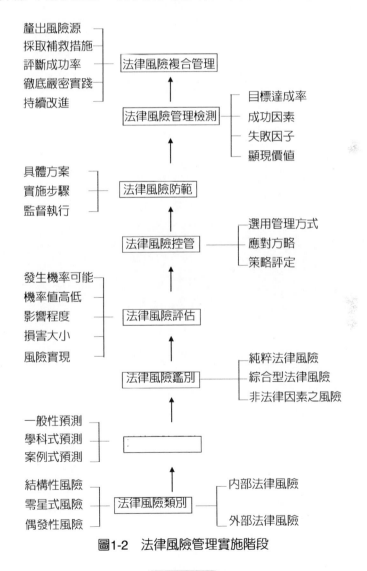

圖1-2　法律風險管理實施階段

又有關企業法律風險預防流程圖，列示如下：

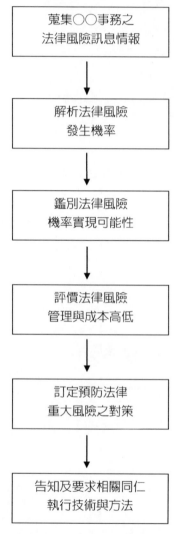

蒐集○○事務之
法律風險訊息情報

↓

解析法律風險
發生機率

↓

鑑別法律風險
機率實現可能性

↓

評價法律風險
管理與成本高低

↓

訂定預防法律
重大風險之對策

↓

告知及要求相關同仁
執行技術與方法

圖1-3　法律風險預測流程

　　企業法律風險之類型多，涉及各別企業事業類別、產製銷售方式、員工水準等原因，有些法律風險不見得能夠預測或精確評量，茲以示意圖分析之。

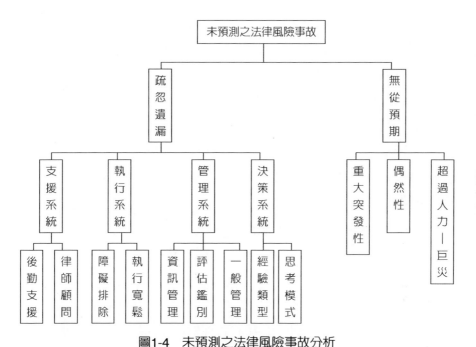

圖1-4　未預測之法律風險事故分析

　　法律風險為影響企業營運之重要因素，能否妥善處理法律風險，對企業營運居於關鍵地位。近年來，企業已逐漸對法律風險管理重視，體認、避免、控制為重要策略[145]。而企業因規模、行業、組織而有所不同，對於企業實施法律風險管理之模式，可分簡要型、開展型、深沉型，以至精細型、優質型等階段。蓋因任何管理，無法一次到位，採取漸進方式較為適當，先有簡要模組，讓員工認識法律風險，培養法律風險意識，再進至熟悉階段，對法律風險管理內涵能了然在心，熟悉操作，其後更深化，讓法律風險管理知識深入員工觀念中，逐漸成為工作習性，然後再精緻化，進至優質化，讓企業建制之法律風險管理體系更加完備，運用自如，可達整體預防、損害發生、防控，以及解決法律風險之程度。

　　有風險應予控管，而有法律風險亦應管理防範。但企業之經營重在謀取利潤，必須考量成本因素，本經濟效益原則，花費小成本固為法律

風險管理之上策，其若需支付高額成本以調控法律風險，卻得不償失，其實益不大。因之，企業之法律風險管理，當應考慮成本之高低，予以數值化與量化，透過風險值之計算，有助於解決損失與成本衡量問題。而風險資本與經濟成本模型之應用，相當重要[146]，需計算所投入之人力、物力、設備與時間、得到效益等條件，使成本之支出與損害之降低以及創造利潤三者能衡平，故在思維上，法律風險管理應引進經濟學觀念，以成本導向建構法律與管理之結合及運用，達到整合式、廣角式、跨領域結合之目標。

企業法律風險管理方略具體化，最重要在於紮實實踐，通過法律風險治理，結合製程、行銷、營業、催收、智財管理、契約履行等流程配合推動，由個別事務趨向融合，由部門治理導向整體管理，其方式由簡要走向精緻，由細項進至精準，由靜態步進動態，教育員工有風險管理觀念，培育優質文化，型塑法律風險管理程序化、規範化、條理化、標準化，奠定企業經營價值[147]。

有關法律控管力與衝擊效應，以圖例說明之。

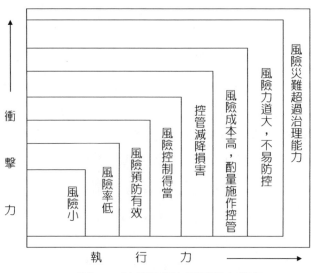

衝擊力

執　行　力

風險小
風險率低
風險預防有效
風險控制得當
控管減降損害
風險成本高，酌量施作控管
風險力道大，不易防控
風險災難超過治理能力

圖1-5　法律控管力與衝擊力效應

在風險管理階段中，預防管理可先行掌握先機，能在危機前提出應變防阻作為，最為重要。當急迫性、緊急性法律事件發生時，企業必須正面處理，採取必要性之危機管理，其過程包括辨認、成立處理系統、可運用資源之調查、制定處理內容以及執行等，務必能掌握變化與轉變之機會，快速處理及尋求解決[148]。例如，債權人對企業財產聲請假扣押時，企業必須立即了解事件發生始末，本身有無法律缺陷？假扣押造成之衝擊多大？如何回應？是否需提出反擔保避免假扣押？又如法院執行假處分裁定時，企業某項製程、行銷、營運等流程可能被迫停止，可能需終止某項契約行為，也可能財產不能有移轉等處分。此對企業之營運與財務調度，均發生重大影響，企業必須積極對應，提出風險調控措施。再如企業被法院或行政執行署（或分署）強制執行時，也需立即實施危機管理，提出有利於企業之應變對策。

職業災害為企業界最擔心，也最棘手的問題，但大大小小的職業災害卻常發生，從工作中被機器夾傷、切傷、跌倒受傷或由高處墜傷，到鍋爐爆炸、氣體外洩、溶劑外洩、機械倒塌，以迄礦場災變、廠房倒塌、化學廠爆炸、廠房火災等等，均為危機管理之對象，也與法律責任危險密不可分，企業需依事故大小、損傷高低，採取正確之危機管理對策。

目前交通事故頻繁，員工因執行企業工商活動，難免發生車禍，如司機送貨撞死他人，員工洽公碰撞路人，業務員急於趕路擦撞他車。被害人將依民法第188條規定，向企業要求負起連帶損害賠償責任，是以企業對於業務有關之車禍事件不能輕忽，於發生第一時間，立即派人處理，保全證據，釐清車禍事實，慰問當事人，然後接續採取調解、訴訟、賠償等解決對策。其中即使調解、和解進行中，也需審慎評估，衡酌事件侵害事實、對方損害程度、我方責任輕重等，預擬可以接受之和解條件，避免時程日久，發生枝節變化，以保員工權利，儘量設法早先解決爭端，防免事端擴大，造成更大的損害。

　　法律風險管理體系之建立旨在對法律風險全面、全程有效性控管，經由一系列作業、流程、機制、實施等達至預定目標。各企業因之業務不同，而有繁簡之差異，有關實施工作之方法及程序而有所不同，需將其過程區隔法律風險、類型與影響性，並分析法律風險控制與控制實施評估等[149]。但簡要區隔，基本上為兩個軸心重點：「法律風險預測」及「法律風險控管」，其他工作流程與要項，可收納在此兩核心議題內，各企業亦得如同前述，採取不同模組之管理系統，然後進以實施，達到風險控制與防範之目的。

　　企業因組織結構、行業類別、生產規範、員工數目、管理模式、財務運轉、市場通路等，而有不同類型，其實施風險管理之策略有所不同，在法律風險治理方面，亦因其需求與特性而有相差。本法律「有原則就有例外」之觀念，各企業實施法律風險管理之方案當有不同，其運行步驟容有變通，基本上以發生預防與防控效果為要。例如同為工廠，生產化學物品與食品，自有不同管理方略；其為營造業與運輸業本有差別；同為銷售事務，五金與日常用品、家庭衛浴與辦公用具、食材肉品與汽車機車，均有不同法律風險防控做法，各企業本其業務特性研訂法律風險管理策略，建立適合不同企業經營之法律風險控管制度，以保企業平順正常營運[150]。

　　再從社會上發生之風險事例觀察，一般人或企業對於風險管理之精髓，並未參透，事先既常忽略風險之預測，所作危機處理不高明又不作復原管理，實質上，風險預防才是危機管理之最高境界，應建制風險管理系統作業與機制，方為上策。此在法律風險管理上，其理相同，從靜態到動態，評量法律風險所在，早早作好防範措施[151]。

　　公開發行股票之企業，其公司營運、管理、財務等方方面面，備受注目，證券交易法等也明令企業對重大訊息及財報、財測等需適時公開揭露說明，例如，企業是否經法院實施假扣押、假處分？又負責人或經營群是否涉及刑事犯罪案件？法院或檢察官偵審結果為何？檢察官不起

訴處分或緩起訴處分或提起公訴？是否判決有罪？得否易科罰金？有無判決緩刑？其為民事事件，法院如何判決？有無和解？和解金額多少？以支付權利金和解其金額為何？又行政機關行政處分時，如何處分？裁罰種類與金額若干？凡此均涉及股東、債權人對企業綜合判斷因素，當有所隱瞞或未適時公開，致影響買賣股票之判斷，引發與投資者之爭端，可能衍生法律責任之風險。

由於企業之業務種類不同，各企業面臨之法律風險也相異，但法律風險管理工作必須建制，現綜合研究所得及實務操作經驗，法律風險管理工作包括：(1)企業業務涉及法律規範之識別，(2)法律意見之擬供，(3)法律文書之擬具，(4)契約之編擬審查，(5)參與審核規章制度，(6)參與企業重要經營決策，(7)參與企業重要經濟活動，(8)參加企業組織變革，(9)智慧財產權保護，(10)處理及排解企業糾紛，(11)研提參與爭端解決策略，(12)民刑事及行政訴訟之處理，(13)建制企業法律風險管理制度，(14)評量企業法律風險，(15)員工法律風險研訓等[152]。

企業對上揭法律風險管理之工作，可依企業規模、業務性質、法律事務多寡、營業規模等決定是否設立專業管理部門或指定專人負責，至少要有一員工兼辦處理法律風險管理事務，並聘請法律顧問參與、諮詢、法律服務、排難解紛或處理訴訟實務。

社會一般人對於預防管理欠缺重視觀念，在企業界，部分負責人亦常存此心態，認為自己公司不會有事的，有事再處理，有關法律風險之預防作為，常付之闕如。即使重視危機處理，在危機處置後，也未復原追蹤，任令原來之法律風險事項存在，留下再度復生之危險源，甚至衍生新風險源。例如，職業災害發生，企業趕緊危機控管，處置及善後，解決人員傷亡、機件受損等問題，但發生職業災害之因由，未深入檢測，找出關鍵性問題，未幾再度發生同類型之職業災害；又如科技業被控侵害專利，經多方交涉折衝，對手終於願意原諒和解落幕，但對侵害專利之原因不正面應對，俟開發新產品時，又發生雷同侵害情事，其問

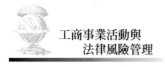

題在於製程之創新，很難避開對手關鍵性技術，應作復原管理，或以支付權利金、策略聯盟等方式對應，防免再陷法律困境。

整體而言，法律風險管理之圖像為：在本質上注重事前預測；在功能上保障人身財產安全；在思路上考量利弊得失、快慢緩急；在程序上擬定完備之計畫流程；在做法上需全體人員普遍有風險認識；在控管上有專人負責操作控制；在應對上要有敏銳度，有效防阻；在範圍上涵蓋所有風險；在時間上連續不斷管理；在願景上容納在組織文化中。

陸、企業經營應建立法律風險防範機制

眾所周知，法律風險涉及層面甚廣，有關之法律課題亦多，其關鍵問題，不外為：(1)法律規範之認知，(2)處理公私事務之法律意識，(3)各社會經濟活動行為之責任與損失之預測，(4)糾紛預防準則，(5)爭端解決評量，(6)善後處理與法律復原作為等項。若能作好預防工作，當可免除法律風險之實現，因之，本文一再強調法律風險預測，實為法律風險管理成敗之不二法門[153]。

又分析法律風險變成實際損失之原因，至少包括：(1)企業經營人對於本身法律義務之誤認、輕忽、缺乏意識，(2)蓄意違反法律之投機心態，(3)對於下屬員工的管理與訓練不確實。因此，未雨綢繆，要設法避免法律風險變成企業損害並減低企業損失，建立法律風險管理機制，斯乃企業不得不重視之課題，也是管理階層與CEO責無旁貸之責任[154]。基本上，要提高視野高度，正視法律存在，儘量認清法律規範，評估法律風險頻率，採取法律風險避讓作為，借重法律專業人員，體現風險控制真言，即：金錢處理注重多少，權位職務衡量大小，法律風險掌握深淺[155]。

企業為確保企業經營之安全，避免法律風險實現，需建立法律風險管理系統與機制，採取下列做法，積極實踐之：

一、加強法律風險意識與認識

各類風險中，不論生產、營運、製造、行銷、人事、會計等風險，一旦不幸發生，都會以法律風險型態，帶來法律責任。因之，要建立健全法律風險防範機制，首先必須強化風險意識。企業必須要認識到：風險一旦發生，會給企業帶來嚴重的後果，所幸大部分法律風險事前是可防範的。

近年，風險管理已成為顯學，廣為工商企業與政府機關採行推動，風險管理學識逐漸奠基深耕，使個人或企業能做好風險評估，進而防範風險實現。多年來，風險管理對成本、行銷、技術、人力、會計、稅捐、保險等議題鑽研有方，卻忽略法律元素。事實上，法律風險無所不在，一般人容易忽略法律乃關鍵因素之一，企業界更不將之視為重要事項，以致法律風險出現方醒悟：「代誌大條了！」[156]事實上，公司負責人與經營團隊，對自身之法律責任，必須有明確之認識，同時股東票對公司得以主張之權益，也必須充分認識，包括：股東檢查權、盈餘分配、歸入權、股份收回權等，應正面重視，可以減少股東行使少數股東權之機率[157]。

企業為使員工有正確法律風險觀念，需定期或不定期透過教育訓練、組織學習、引進學者專家，實施教育訓練，培養法律風險管理技術，提升法律風險管理意識，進而型塑優質之法律風險管理組織文化[158]。尤其在組織發展與變革過程，在結構中加入法律元素，建立具有法律意識的職權關係，並在有關知識、態度與群體行為變革中，強化法律約制觀念，遵循法律規制，逐漸建立合現代化、法治化之新文化，相信對於企業免於陷入不易掌握之法律風險泥沼，助益宏大[159]。

近年來，臺灣發生諸多上市上櫃公司非法舞弊，利益輸送，掏空侵占，圖利自肥等案件，政府部門也將企業貪瀆列為反貪行列[160]，檢調受理此類案件常大動作搜索、扣押、查證及羈押，造成社會大轟動，企業

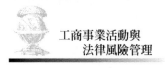

負責人及主管對此不法行為，需有正確觀念，避免違法沾身。

不可諱言，法律多如牛毛，法條百千條、千萬條，要一一認識、了解，難如登天。各企業不妨訂立計畫，分年分期教育，依業務之需求程度，擬定一套詳實計畫方案，按表操作。其中當以對企業本身事業最有關之法律問題列為首要重點，先行教育同仁，建立同仁有正確之法律風險意識。近年來，有多家大企業因價格壟斷問題，被美國祭出反托拉斯法重罰，原因之一是欠缺法律風險意識，是以有關價格壟斷之意涵、成立要件、處罰等，應加強說明。尤其是業務所及之當地國家相關規範，尤應介紹清楚，深刻體會各國對於價格壟斷之定義與規範，存有明顯不同之差異性。

二、建立法律風險管理體系與負責部門

企業為合理有效控制企業所面臨之法律風險，必須有戰略目標，以建立企業風險管理體系，藉由系列制度、機制、作業流程、實施步驟、構築系統體之機體運作，全面動員、有對策之管理，提高法律風險管控能力、降低風險機率，提高管理成效[161]。

又企業一般職員或主管往往不重視法律風險問題，為強化員工具有法律風險意識，企業內部有風險管控機構，必須設立一精實有效之法律風險管理體制；再者，逐步進行識別、評析、控制、效果測評等工作[162]。而要一般員工研究法律風險議題或深入探究更是難上加難，企業經營者應建置簡明扼要之管理步驟，供同仁參用，並在相關會議或訓練中多加提示，使同仁隨步建立法律風險意識。

為利於認知法律風險管理實施步驟，以圖1-6明之[163]：

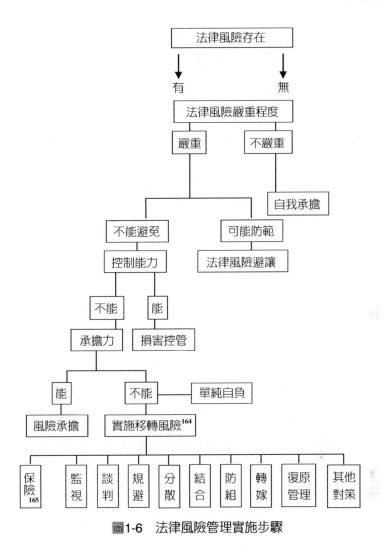

圖1-6　法律風險管理實施步驟

　　為建立系統性之法律風險管理體系主司法律風險控管之事，需成立專責之法律風險管理部門，至少有專責之人員（層級不能過低），可依企業之規模、發展、成長能量、營業性質、行業法律關聯度、法令約制及法律風險管理對企業之貢獻度等，設置管理部門，可為一級單位或二級層次，其名稱依企業之需要與喜愛而定。最重要的是能衡量法律風

險，計算出風險調整報酬率，加強與生產、設計、營業、銷售等部門合作與聯繫，將法律風險管理觀念納融在企業文化或經營理念中，進而如同中樞神經貫穿企業，成為營運之成分。再者，現行法律如公司法、證券交易法等對公司負責人之法律責任逐漸加重[166]，身為公司負責人如體認其法律效果，相信對法律風險之管理必視為要務，並願設立法務管理專責部門。

三、訂定完備法律風險管理計畫或手冊，徹底執行

為因應社經發展趨勢，商業環境變化，各企業都非常重視變革管理。但法律風險管理事涉企業體之成敗，更應列為首要，藉由法律風險辨識、法律風險分析、法律風險評量、法律風險決策及法律風險監測控制等，將法律風險管理與危機管理融入企業經營體系與工作流程中，建立預警機制，進而得採取必要控管措施，有效降低法律風險發生之可能性，避免發生重大衝擊，使企業營運績效與利潤達到預計目標[167]。

推動法律風險管理工作，需有舵主及企業經營人，另一即為計畫或手冊。前者，由企業領導人擔任總領導，指導、督導企業全力推動既定工作及事務，並指定專門部門與人員負責實施計畫之規劃推動、協調、管控、檢驗等事務，並應全面了解法律風險事項，分析危險因子，探求可能風險機率，督促主辦單位重視，採取預防措施，隨時提供經營團隊參考決策及應變[168]。有關負責法律風險事務之主管，稱之為法律風控長或法律風控經理或其他適當之職稱，均無不可。重要的是如何與法務管理部門結合或容納成一系統，以各企業自有需求為斷。同時，法律風控主管與負責工作之同仁或為專任或兼任，由企業依其規模、業務特性、法律風險機率等定之。但企業董事長、總經理、執行長等掌握企業權力之人，千萬不能將此部門及員工僅視為組織體可有可無之單位，不予重視，甚且武斷謂：「有沒有法律風險，我說了才算數。」

　　有關計畫或手冊方面，首先研析各類法律風險、評量法律風險圖像，依風險因子編定法律風險類別區劃參考表、風險評量基準表，提供法律風險防範對策，訂定單位法律風險管理避讓方法與控制目標，由相關單位負責執行。同時定期檢討法律風險管理成效，擇定重要業務進行對策之驗證，必要時修正因應對策。

　　企業能重視法律風險之嚴重性，有效建立健全法律風險防範機制後，更要加快建立現代企業制度、完善公司治理結構、涵容企業管理決策與職能，使法律風險防範成爲企業內部控制體系的重要組成部分，隨時發揮法律風險避讓與控制之效能[169]。更重要的是，企業經營群必須正視風險管理定律（The Rules of Risk Management）。申言之，運用並發揮此定律三大原則，其一不要冒企業無法承擔之法律風險，其二考慮法律風險實現之可能性，其三不要因小失大，儘量評量法律風險之水深，設法做好最佳的法律風險管理工作[170]。

四、將法律風險管理落實在企業活動中積極實踐

　　從諸多企業法律風險實現之案例中觀察，一般企業明顯欠缺法律意識，經常認爲法律非經營之元素，在決策與執行過程中，沒有法律之問題，以致法律規範不能在業務中運用，留下不少法律風險。同時，企業負責人或經營群也常認爲法律繁雜，囉囉嗦嗦，不僅不方便業務推展，反而礙手礙腳，等到有法律問題時，已來不及處置；另有企業主不重視法律，認爲有問題才處理，大不了請律師協處或訴訟辯護代理，在在顯現企業對法律規範欠缺正確之觀念。

　　其實，誤認有糾紛發生再行處理，亦常欠缺管理法律風險能力，以致法律問題發生時，也不知如何因應或作妥善處理，事態發展愈來愈惡化，終至無法收拾。即使進入民刑訴訟，既乏風險管理作爲，對訴訟亦無良好策略，官司屢再敗陣，損害更加慘重。

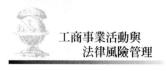

在傳統律師之法律服務工作，以民刑事訴訟為主，企業鮮少向律師諮詢、諮商或溝通。現情況已有改善，就人事組織、機構運作、人力資源管理、重大決策、產品責任，以及常規法律諮詢、法律疑難解答、契約審核、工作規則、人事管理法令等，請教律師，即使律師服務擴大，而且當企業營運過程中發生法律問題時，立即洽商律師提供法律意見，必要時需求提供法律策略，進而監控民事、刑事行動，均契合法律風險預防精神[171]。

企業大幅成長準備擴張事業版圖時，常思考增資、減資、發行新股、舉行私募或變更組織、合併、併購等，並進行募集、調查、規劃、決定等工作，目前已出現借重律師參與策劃、提供法律意見等，又發生契約爭議、產品瑕疵、行政監理及智慧財產權問題，引進律師從事法律服務，減少法律風險發生，甚且僱請律師或法律專家向公司經營群、主管、重要幹部、員工從事法治教育、法律知識宣導，培育企業員工有正確法律知能。

民刑訴訟與行政訴訟涉及事實之認定、證據之調查及法律之適用，加上訴訟當事人雙方攻防劇烈，會形成類同案件而有不同判決，對企業影響深邃，是以重視訴訟風險，為企業訴訟輸贏之關鍵。從事實、證據與法律適用之關聯性，對己方有利可能性，敗訴之機率，對方攻防之傷害度，鑑定結果之採認，承辦檢察官、法官之心證態度等，均需作風險識別、評斷及採取有利及有用之訴訟策略。必要時，採取訴訟外解決機制進行爭端處理，省時省力，亦屬法律風險危機處理之做法。

在上述各類預防法律風險、控管與防範法律風險，以迄降低法律風險損害等，不能只仰賴律師，必須向前推進，在企業內部設立法務（律）管理部門或有專人、專組主司其事，遇有重大或重要法律事件時，洽商律師，先做好法律風險預防管理工作。

在風險時代，法律服務工作已逐步在蛻變中，從早期單純糾紛之解決，進入法律諮商階段，並逐步介入企業正常營運，開啟主導企業減少

錯誤、快速成長之功能，可預期未來將朝向戰略層面之法律風險管理趨流[172]，是以企業應將法律風險管理工作落實在企業成長之運行中。

五、強化智慧財產權管理

隨著自然科學之發達與社會科學之進步，在企業管理上也帶來諸多改變，例如，管理之變革、創新之採擇、科技之導入，大大調整企業本身之體質。科技契合（Technology Alignment）也逐步盛行，引領諸多管理與領導運作之調整，其中資訊科技進入企業管理系統建立知識管理體系，統合企業管理機制，使企業管理與營運更能系統化與效率化[173]。在這些科技運用中，有諸多法律議題，也涉有智慧財產權之利用問題。更重要的是，當企業將網路管理工作委外處理時，如何防範企業機密、營業秘密洩漏，也是企業必須面對的問題。

在當前社會中，企業與企業之競爭日益激烈。晚近，競爭型態已從有形商品轉向無形商品，其中科技與技術已成為關鍵，尤其電子、半導體、生醫技術等產業之存續，恆以技術為導向，各科技企業無不以確保其技術為唯一、獨特領先為目標，使智慧財產權之保護成為科技業之重要策略[174]，並因各企業之重視，促發法律界之重視，吸引優秀法律人才投入研究，使智慧財產權之範圍逐漸加大，除著作權、專利權、商標權外，有關積體電路布局權也逐漸受到重視，形成智慧財產權在法律研究領域占有重要地位。

又科技日新月異，涉及龐大的智慧財產權，有效管理成為科技業的重要策略。科技公司愈大，愈需建立完善的智慧財產管理制度，否則重要發明與創作一旦被侵害仿冒，嚴重損及企業利益。再以需註冊登記之商標專利而言，一有發明、創作，即需註冊登記，甚且與研發過程同步思考，以免被惡意搶註，將付出高價協議金、權利金或鉅額買賣價金。90年代此種惡意搶註之圈地運動，造成歐美大企業如可口可樂、麥當勞

等深惡痛絕的經驗[175]，同時企業不重視管理或管理不完備，不免抄襲仿冒他人技術專利，更造成企業重大損傷。

對企業而言，建立智慧財產權管理制度，誠為重要課題。所謂智慧財產權制度，即運用法律與管理以保護企業自己研發之技術，避免被侵害仿冒，進以確保因技術所獲取之利益。首先，企業負責人與經營群要具備智慧財產權觀念，培養優質智財管理文化，培育員工有正確觀念，在健全管理制度下運作，而且鼓勵研發創新，給予獎勵，對員工之研發有明確之權益分配辦法，訂定合理報酬機制，同時，有完整之智財資訊網絡，建立資料庫，防範涉及內外智慧財產權之侵犯仿冒[176]。有關技術移轉，研擬具體作為，增強轉移之誘因及移轉與本企業之條件，開創雙贏局勢。

在科技產業中，如同IC設計、製成封裝流程等，都是集企業大量人才、財力，經長期性反覆研究、實驗、檢討、試驗等階段，方能成熟以迄實用，可說是智慧結晶，屬智慧財產權之範圍，具有高度獨占性，需強化保密機制，減少接觸人員，採嚴謹加密措施，一則以確保市場之優勢地位，二則保護上下產業權益[177]。

近年來，智財攻防戰劇烈，從訴訟戰到法律戰，到商業戰，到殲滅戰，各種手法無所不用其極。臺灣科技業面對智財攻勢，更是節節敗陣，嚐到高額賠償金、權利金之苦果[178]。而擁有眾多產業專利，可在全球攻城掠地，大肆壟斷智慧財產市場，對於侵權者，提出強大之訴訟攻擊策略，企業未注意智慧財產權之法律風險，將得不償失，背負賠償之責任[179]。同時，當使用他人之各類智慧財產時，最好與該擁有智財權之人接洽、商談授權之事，以免後患無窮。因此，企業必須有健康觀念，支付智財權利金或協議金，可說是法律風險避讓之良方。當然，付出權利金必然增加經營成本，則於產品估計鑑價時，自需將此權利金納入，作整體成本與行銷之規劃，以便採取最有效之經營策略。

回顧十年來臺灣企業被國內企業或外國公司控訴侵害智慧財產

權，有相當多之案例，件件有不同風貌，有為國內企業間提出訴訟，有為國外企業對臺灣公司訴訟，亦有部分為國內公司控訴國外企業，其中有民事事件，有為刑事訴訟案件，有則民、刑事訴訟一起提起。例如，2001年9月英代爾控訴國內A公司P4系列、晶片組侵害其專利權，A公司也告英代爾，2003年4月達成和解，雙方撤回五國二十七項專利，共十一件訴訟案，由A公司支付權利金，雙方簽訂十年交互授權協議。又如美商卓然（Zoran）與國內B公司於2006年1月涉訟，雙方和解，B公司付出27億元，簽立專利授權合約；2007年3月惠普在美控告國內C公司侵犯五項科技專利權，要求高額賠償金以及禁止C公司在美出售有爭議之電腦，C公司也反控惠普侵權，要求鴻海、廣達、緯創代工廠同負保證責任。

蘋果在科技智財戰中，也常控告國內企業，國內企業也常反擊，控告蘋果侵權。在2010年5月至2012年11月間，蘋果與國內D公司有多起爭訟，蘋果先後在美、德控告D公司侵害專利權，D公司也反擊，後雙方發現市場逐漸流失，三星壯大得利，雙方認有制衡之必要，終而達成和解，蘋果撤銷二十多項專利訴訟，給予D公司十年授權契約，成為科技業一件相當有名的侵權案例。

在各侵權訴訟中，國內企業常輸多贏少。以前述H公司為例，諾基亞在歐洲、英國、德國等各國，控告H公司的侵權判決，大都贏少輸多。參照前面各該爭訟常以和解收場來看，在勝算不大或不明時，採取和解，不失為一明智之舉。

2001年資策會曾對臺灣千家企業調查，發現有65%之企業未實施智財保護措施，有70%企業未做相關教育訓練，許多員工欠缺智財法律知識，而且學者專家認為天價賠償竟未能撼動臺灣企業，實在令人擔心。

不論業者是否經歷侵權官司，都必須將智慧財產權問題列為經營之重要事項，深刻體認新設計或新流程通常需要取得專利保護權益，其他智慧財產權也是保障企業良好發展之利器，而為得到法律保障，需支

付昂貴之法律服務,在諸多國家申請智慧財產權保護[180],作好法律風險評估,是否值得冒此法律風險實現之衝擊,連帶在研發或開始規劃生產線前,必須作好法律風險評斷,不要有抄襲、侵害他人智財的技術或行為,以免陷入法律風險泥淖中。

六、重視及引進法律顧問制度

我國企業法律顧問制度與國外特別是歐、美等國家相比,有相當大之差距。目前全國企業法律顧問已超過千人,但大多數企業法律顧問專業人才相對短缺,有的企業甚至連一名專職的法律專員都沒有,要期待企業面臨法律問題時,能正確有效處理或解決,談何容易。

有識之士曾說,一個企業是否正規經營、能否逐步壯大、可否順利晉級、是否未發生不可料之法律問題等等,就看該企業是否重視法律專業人才。當面臨法律相關事項時,有無考量法律規範,是否請教法律顧問、律師或法務專業人員等,或許此種見解無法代表全貌性,然不能忽略其實際影響力。

以近年來發生多件重大民商刑事案件而言,有部分企業家忽略法律之規劃,尤其是企業經營中涉及之刑事責任,更不能忽視,例如,職務侵占、詐欺、背信、收取回扣與賄賂、逃漏稅捐,甚至內線交易等,應釐清其法律界線。由於企業不一定有法律人力,可商請法律顧問、律師等深入評量企業可能面臨之刑法問題,提出解決因應策略,使企業與負責人得以遠離刑法危險之境[181]。

各企業對於法律風險議題逐漸重視,自需先正視法律之存在,不以直覺判斷法律效果,亦不以個人主觀認知解釋法律之意涵,應謹慎以對,了解法律之真正意涵。其次,應重視法律專業,建立法律諮詢系統,借重法律人才。總之,企業最好加快建立以企業總法律顧問制度為核心的企業法律顧問制度[182]。

七、扎根基礎性工作，建立良好風險文化

隨著科技之發達、經濟事務之進步、社會環境之變動，各企業面臨更多、更複雜之競爭。在激烈之市場戰、商場戰、行銷戰場上，碰到之競爭法律事務也必加倍，例如，公平競爭、消費者權益、智慧財產權、契約內容等相對重要，任何企業不能視而不見，務必積極做好契約管理、智慧財產權管理和授權管理、不公平競爭等問題。

企業要獲取利潤，必須有效控制成本，當成本降低，可能之利潤相對增高。又商業會計法規範商業會計事務之處理，依第2條之規定，凡以營利為目的之事業均適用。所稱商業會計事務之處理，係指商業從事會計事項之辨認、衡量、記載、分類、彙總及據以編製財務報表。對企業而言，商業之資產、負債或業主權益發生增減變化之會計事項，均與本法有關。會計事務處理程序、入帳基礎與做法、損益之計算等如不依法處置，將涉有民事、刑事、行政責任[183]。在司法實務上，有不少財經案件，常以違反商業會計法起訴判刑，企業經營權就此法律風險必須正視及採合法程序處理。

從增加利潤考量，防免法律風險發生，當可減少成本之支出，但風險常在，要管理風險，不免要有控管作為，亦需要了解此方面之成本。因之，法律風險管理過程，必須在防阻或減少結果之發生與所支付之代價上衡量，亦即在結構與代價中尋得平衡點，此在公司營運中必須積極處理[184]。

財務會計是企業基礎性之工作，企業生產、行銷、售賣、營運等均需透過財務周轉調度與商業會計之處理，健全財務會計制度，能使企業正常經營，締造佳績。但如存有不法犯意或領導階段、主管有職務上違法犯罪行為或者財務會計人員無意行為，會使不法舞弊情事發生。因之，會計人員要深刻其職務之執行容易捲入法律責任之風險，促使企業建立完善保護財務會計人員之制度。會計人員千萬不能附從、盲從或聽

命行事，甚而成爲共犯團體成員，做好把關工作。而且企業對於財務會計機制之健全，應有健康理念，積極推動內審、稽核與外控機制[185]。

當前各大企業均力倡員工與公司有生命共同體的親密觀念，由各種策略與具體措施，推動共同企業語言與信念，同心協力向上發揚，型塑優質之企業組織文化。而從預防風險及控管風險角度，有共同風險語言（Risk Language），推動法律風險管理文化[186]，有效評斷風險、控制風險及配置，足以堅實企業管理體系，讓企業進入桃花源之地。

公司治理（Corporate Governance）是當前正夯議題[187]，公司治理在調和主要構成員（包括董事、監察人、經理人、股東）之間利益、成本與風險上之相互制衡關係，使企業得以成長。其目標爲股東權益之保障，少數股東權利之保護，利害關係人利益平衡，資訊透明揭露，誠信紀律守法，使公司營運順暢，締造良好績效[188]。企業經營團隊不能不踏實實踐，否則以股東愈來愈重視權益，主管機關愈來愈注意企業營運、調度財務、分配盈餘時，必會被提出檢驗，一有違法犯規時，將被追究責任。因之，企業應將公司治理視爲營運領域之核心問題，並加強公司之內外監控機制之效能，其重點在於事先預防性之功能，運用風險管理，防範法律風險之發生[189]。

公司治理重要原則即在設立獨立董事，但獨立董事積極深入了解公司業務及財務狀況，且在董事會中表達其客觀之意見，在實務運作上並不多見。且企業對獨立董事並不重視，也未必尊重，加上常由董事長推介，其「獨立性」不強，功能亦未發揮，因之，企業及負責人應體會獨立董事對公司正派經營有其作用與貢獻，給予寬廣空間，使其能獨立執行職權[190]。

又企業社會責任（Corporate Social Responsibility，簡稱CSR）逐漸受到重視，濫觴自美國亞利桑那州立大學Keith Davis教授，強調CSR之內涵，至少係部分超越企業直接或間接利益的決定及行爲，後逐步演進，主要內容有三：其一爲環境永續（Environment Sustainability），其

二為社區參與（Community Involvement），其三為「合乎倫理」的行銷作為（Ethical Marketing Practice）。喬治亞大學Archie Carrol教授以金字塔模型詮釋逐級所構成的CSR，為經濟責任、法律責任、倫理責任及慈善責任。

晚近，有國家認為企業需盡社會責任，開始立法規範，企業應體認其重要性，採為經營理念之一環[191]。事實上，其也是在實踐公司治理之目標，換言之，能做好公司治理工作，履行企業社會責任，必能充分尊重與執行法律規範，也是法律風險管理之重要支撐與引導力量。在具體做法上，納融利害關係人參與，規整企業之利益，有要領地調節股東、債權人、經營群、公司利益及社會利益，定出自發性做法，確實執行，減少利益衝突之風險，使公司在追求利潤的同時，也能對整體社會盡一己之力，提升公共福祉[192]。同時，踐履企業社會責任也是企業主之另項義務，必須接納採為經營理念之一環。事實上，能做好公司治理工作，履行企業社會責任必能充分尊重與執行法律規範，也是法律風險管理之重要支撐與引導力量[193]。

柒、結語

企業風險管理已成為現代企業熱門課題，國內企業經由國內外經濟、科技及法律等衝擊，開始重視風險管理，強化企業之風險管理能力，經由對風險之認知與衡量，釐訂處理策略，據以執行，其以最少成本，達到風險管理之最大功效[194]。其中部分企業也更深刻體認法律風險管理之重要性，部分企業大幅度僱用法務人員，成立法務部門，引進律師、顧問等。

在此變化多端的社會中，風險常存，無論公門部、企業或社會團體，必須有避險的觀念。對企業而言，同業必有競爭者，讓企業人員認識風險所在，而得以提高警覺。但風險常是隱性，不明確顯現，以致許

多企業不察而陷於風險泥淖中。對個人而言，也要有風險意識，才不至於在日常生活中受到人身財產之損傷。對投資而言，需注意系統風險與非系統風險，進而要有風險規避做法，採取分散風險、降低風險與消除風險方式，作好風險分析，減少損失，開創利潤[195]。

　　近八年來，各地方法院檢察署執行裁判確定有罪之經濟犯罪人數，2005年為182人，2006年為168人，2007年為603人，2008年為377人，2009年為445人，2010年為376人，2011年為474人，2012年為599人。值得注意者乃違反銀行法（125條、125條之2、125條之3、127條之2）於99年躍居經濟犯罪裁判確定有罪人數之首位，而證券交易法從2005年之19人逐年增加至2012年為74人，違反證券投資信託及顧問法確定人數，由2005年至2008年均掛零，至2009年竄升為28人，迄至2012年已有36人[196]。可見金融機構或是外部人員犯罪或是內、外部人員共同犯罪，而上市、上櫃公司則逐漸增加違法亂紀之人，顯示其間存有許多風險因子，也有法律上約制力低之風險，主管機關應予正視強化監理，金融機構與企業則應加強風險控管。

　　分析各項商事、經濟與企業犯罪行為，除少數企業是運用複雜多變新手法，從事有計畫之不法行為外，大部分是對於法律精神與法規內容不熟悉或不了解，甚至有所誤解，造成難以挽救之損害。因之，企業界應正面思考法律風險管理之重要性，加強企業行政制度措施，以提升企業防治效能。

　　法律風險之產生，部分因法律有不足之處，或雖有法律但政府執行不力，導致鑽營法律漏洞者乘虛而入，造成法律正義外表之挫傷，更重要的是司法之威信喪失。就經濟層面而言，法律可為經濟發展創造出一個公平競爭、保護消費者的市場機制，倘若法律之不周延造成法律風險，由於經濟是一體的，則受害者不只是大眾，也包括自認得利鑽營法律漏洞者。因之，法律風險管理顯然是攸關經營團隊心態、營運行為法律關係及利潤追求之合法性等。當內部管理系統發生問題時，外部監督

機制必須介入，各主管機關如：金管會、經濟部、檢察機關、法院等必須行使其法定職權，防範或防阻法律風險發生[197]。

　　企業領導者之價值觀或經營理念，主導著企業之發展方向，主事者應有正確之企業倫理觀、道德規範觀，而且有強烈意願建立社會責任機制（Social Responsibility），至少能做到恪遵法律（Legal Compliance）之層次[198]，明確認識職權與職責法律意涵，防止角色易位、體視法律規範、應用法律賦予空間、豐富管理內涵，讓企業行正道、走坦途、開創新績效[199]。更重要者，企業負責人更需認知到：董監事受公司委任處理業務，如經營不善而未忠於所託，盡其知能完成，顯然違背信任本質，依民法第544條及公司法第23條規定，難辭經營不善責任，將有損害賠償問題[200]。所以，領導者需具備有「主動引領者」性格，至少也要有「積極遵法」觀念，其如為「被動」、「被迫」、「消極」領導者，法律風險容易發生；如為「忽視」、「無視」法律之領導人，則企業必忙於應付法律風險之處理。同時，企業願遵守法規及擔負社會責任，必能建立正面形象，贏得社會肯定與良好聲譽，也更有助於吸引優秀人才，穩定員工情緒，使員工願忠誠貢獻，既不至於人才流失，並能有更好的效率與績效[201]。

　　又企業領導者或經營團隊之領導風格與信念，至為重要。具有倫理領導特質，常為關鍵。若能有正向價值，誠實正直品德，開闊心胸，關懷利他情懷，公正決策，獎懲分明，而且能遵循法律規範，不違法，不做貪瀆違法之管理，必可減阻法律風險之發生[202]。同時，經營者應站在自願基礎下，在生產、營運、行銷過程中，表達對社會與環境之關心，且對供應鏈有關之上、下游廠商行為也有負責之認識與誠意[203]，必能體視法律風險意識之重要性。

　　從法律風險管理之角度而言，企業不能忽略法律與企業之依存性，應設法將法律規範融入企業經營理念，以提高企業經營績效，切忌以鴕鳥心態，隱瞞真相實情，坐視危險到來；再從藍海策略觀察，

企業如能有效結合法律要求，將之提升為經營之助力，必可開創更好之利潤；又從預防性司法觀點，企業應充分了解司法之作為，當可防範不法行為之發生，法律人亦可藉之協助企業正當正規經營，達致多贏局面。對於行政機關依法行政之訊息與能力，需有正確認識，尤其行政調查（Administrative Investigation）或稱行政檢查（Administrative Inspection）職權加大，法律賦予權力增強，此在食品管理、公平交易、租稅稽徵、環保稽查等愈來愈明顯，其伴隨而來常有裁處罰鍰等行政罰[204]，企業需依據所經營之業務，密切注意法律之修正及主管機關檢查、調查之力道，以及法律效果。

企業的經營管理中，愈來愈需要建立一套完整系統的法律風險防範機制，對於存在於潛在法律風險的事項，應採取事先預防、事中控制、事後補救的方法，減少法律風險的發生，避免造成不必要的損失，從而使企業得以健康、穩定、快速的發展。為使法律風險能深入公司內部，形成企業內部由上而下之共同語言，需由全體同仁在企業活動、商業行為與事物表象、表達、外顯文化之圖景，進而在企業組織、曲章、制度上，表現中介之實體文化，再提升為企業內部、深層之共同價值，相信必能使法律風險管理之文化，有無相生，虛實兼備，利於企業之發展成長[205]。

另一方面，為避免企業鑽營法律漏洞而引發法律風險，政府應教育企業建立正確的法律觀，提升人民的法治觀念，才能建立有秩序的市場經濟，使投資者有信心投入資金，有創造力的人確信其創造物的經濟效益受法律之保障，法律風險降得愈低則愈有利於企業之發展。

總而言之，古老法諺：「有社會必有法律，有法律斯有社會。」在社會活動中之企業必須在法律制度下營運開拓商機。企業務必重視法律風險管理工作，作好法律風險預測、防範、避讓與控管，必能引導企業體質之優良化，降低企業風險損害。而且隨著企業之規模化、多元化、國際化與全球化，企業面臨之法律風險之類型，數量將急遽增加，法律

風險管理將影響企業利潤目標，更是未來企業之核心，企業對於法律風險精緻化管理，應列為重要策略[206]。

註 釋

1　顧忠華，社會學理論與社會實踐，允晨文化，1999年2月初版，頁
　　144、145、171。

2　從2008年以來陸續爆發諸多駭人聽聞之財經金融案件與商業糾紛
　　事件，讓社會大眾警覺到美麗的企業外表下，藏有許多地雷，不
　　僅暗中侵吞企業資產、巧取豪奪股東權益，影響整體經濟共生，
　　甚而腐蝕經濟發展：其中博達案、宏達科技案、國產汽車案、台
　　鳳案、東隆五金案、訊碟案、新纖案、大同股權爭奪案、陞技電
　　腦案、SOGO股權爭奪案、太電茂矽案、台開內線案、華新軟體
　　案、華象科技案、開發金併金鼎證券案及力霸東森弊案等，凸顯
　　主管機關監理能力無方、法令齊備健全度不足，以及經營者欠缺
　　循法、守法之誠意。

3　企業併購目的相當複雜，優質之併購可收經濟效益、財富極大
　　化、公司正義之功效。由於併購涉及企業體、組織、營運、財產
　　等問題，不論營業或財產購併有相當法律問題，也存有諸多法
　　律與事實陷阱，有關不良債權受讓亦有許多法律效應，從實際併
　　購案例觀察，有成功或失敗事例，不能不深入評估，掌握完整
　　資訊，作最正確性之決策，詳見協同國際法律事務所林進富等合
　　著，A+企業制勝法律，書泉出版，2006年1月初版，頁59-121。
　　王志誠，企業組織再造法制，元照出版，2005年11月初版1刷，頁
　　4、13。劉俊海，現代公司法，中國法律出版社，2011年6月2版，
　　頁585-587。

4　施茂林，金融犯罪司法實踐力之建構與實務，刑事法雜誌56卷2
　　期，2012年4月，頁34、35。

5　近幾年來，臺灣及中、日、韓等國企業，遭受美國反托拉斯價格
　　壟斷（Price Fixing）處罰之案例日益增多，包括液晶面板、動態

隨機存取記憶體（DRAM）、光碟機、副廠車燈、汽車零件等。
2002年的動態記憶體（DRAM）反托拉斯案件，亞洲企業三星以
及海力士半導體，總共被美國裁罰約4.8億美金，以及十名高級主
管認罪，判處個人罰金25萬美金，以及5至14個月不等的刑期。
2006年液晶面板（LCD）案件，更是橫掃亞洲企業包含三星、夏
普、樂金飛利浦、友達、奇美、中華映管、瀚宇彩晶、日立等面
板大廠，經統計至目前為止，被調查公司共九家，高階經理人共
二十二人，其中除了三星轉為污點證人，享有免除刑罰的優待
外，目前已有七家公司認罪協商，認罪協商罰金總計高達8.92億
美金。2011年9月底，又傳出日本汽車零件（Auto Parts）廠古河電
氣工業株式會社（FURUKAWA ELECTRIC CO. LTD.）因為操縱
價格和圍標，被美國司法部調查後，同意認罪協商支付2億美元罰
款，三位公司高階主管分別判刑12到18個月徒刑。2011年9月底，
日立樂金資料儲存公司（HITACHI-LG DATA STORAGE INC.）
也因光碟機（Optical Disk Device）產品涉嫌反托拉斯及圍標，被
美國司法部調查，也已認罪協商，同意罰款2,100萬美金，另為
歐盟、韓國裁罰之金額亦甚高。如此眾多案例之發生，又被裁罰
如此之重，令有識者扼腕，解析其原因與企業對外國法制認識不
足，或輕忽其重要性有關。參見賴清陽、李芄曉，美國司法部反
托拉斯價格壟斷案例介紹，發表於財團法人資訊工業策進會、中
華法律風險管理學會於2011年11月17日在臺灣金融研訓院舉辦之
美國價格壟斷訴訟策略培訓課程，以及課程所列案例摘述。

6 企業常見之非常規行為多樣而複雜，從實務經驗所得，包括：
(1)賄賂，(2)不法報酬，(3)報銷舞弊，(4)收取回扣，(5)虛進虛銷
交易，(6)低價高買，(7)高價低賣，(8)非常規進銷貨，(9)營運舞
弊，(10)高額貸款，(11)綁標舞弊，(12)投資詐欺，(13)利益輸送，
(14)挪用掏空，(15)交叉持股，(16)賤售不良資產，(17)掠奪研發成

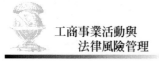

果，(18)炒作股價，(19)內線交易，(20)逃漏稅捐，(21)洗錢。

施茂林，會計鑑識與司法實務，發表於中華民國會計師公會全國
聯合會鑑識會計委員會主辦之鑑識會計高峰論壇研討會，2011年
12月6日。

7 上開事例，事實上常見「董事不懂事，代誌大條」、「總裁無法
律豁免金牌」、「成立關係企業避免虛胖」、「企業貪瀆，黑金
現形記」、「魁儡董事會，藏鏡人最愛」、「監察人，你被看扁
了」、「公司責任，經營者得扛」、「股東董事鬧翻，法律保平
安」、「董事會開會，魔鬼藏在細節裡」，參見施茂林在《法律
作後盾」》、《法律簡單講》、《法律站在你身邊》三書中詳細
說明（聯經出版，2007年5月初版、2008年4月初版、2011年8月初
版）。

8 庫洛普拉斯（Thomas M. Koulopoulos）、史賓洛（Richard Spinel-
lo）、湯姆斯（Wayne Toms）著；李金梅譯，企業求生本能——
解除企業衰亡的致命之癌，商業週刊，1998年11月初版，頁253、
254。

9 朱延智，企業危機管理，五南圖書，2012年3月4版1刷，頁6、7。

10 熊秉元、胡春田、巫和懋、霍德明，經濟學2000：跨世紀新趨勢
〈上冊〉，雙葉圖書，2009年9月4版8刷，頁315、316。

11 施茂林，法律風險管理體用矩陣與連動議題研究，發表於中國法
律諮詢中心、中華法律風險管理學會、內蒙古法學會主辦2011兩
岸法律風險管理研討會，2011年7月31日。

12 解宏廣，實用企業管理學，三民書局，1995年2月增訂再版，頁
58-61。劉立倫，管理概論，三民書局，2002年8月修訂2版3刷，
頁422-423。

13 于樹偉，全球風險管理發展趨勢，2010年永續產業發展雙月刊第
53期。

14 李小海，企業法律風險控制，北京法律出版社，2007年10月初版，頁2。

15 蘇文斌，風險管理，發表於亞洲大學、中華法律風險管理學會主辦法律風險管理專題研究發表會，2009年11月25日。

16 施茂林，創業投資與法律風險預測初論——兼論私募基金法律圖像，發表於2009年12月18日北京仲裁協會主辦兩岸創投基金與法律風險管理研討會，2009年12月18日。

17 鄧家駒，風險管理，華泰文化，2005年6月4版，頁48。陳雲中，保險學要義，三民書局，2004年9月修訂7版，頁6。

18 錢為家，企業社會實務全書，商周出版，2009年7月初版，頁451-452。

19 吳松齡、陳俊碩、楊金源，中小企業管理與診斷實務，揚智文化，2004年3月初版1刷，頁558、559。

20 朱延智，同前註9，頁26、27、39。

21 唐青林、項先權主編《企業家刑事法律風險防範》乙書中，摘述中國大陸二十年來發生之三十九件企業家重大經濟犯罪案例，指出各案企業家忽視法律之存在，欠缺法律風險做法。參見上述書，北京大學出版社，2008年11月初版，頁3-20。

22 中華徵信所企業股份有限公司臺灣地區集團企業研究，中華徵信所，2007年1版，頁1212、1213。

23 吳松齡、陳俊順、楊金源，中小企業管理與診斷實務，揚智文化，2004年3月初版1刷，頁499、500。

24 鄭輝堂，風險管理理論與實務，五南圖書，2010年10月3版1刷，頁541-543。

25 陳曉峰，企業投資融資法律風險管理與防範策略，北京法律出版社，2009年3月1版1刷，頁2-5。

26 臺灣對企業法律風險尚無官方看法；中國方面，在國家標準化管

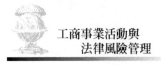

理委員會編著之《企業法律風險管理指南》中則有說明（2012年2
月1版，頁1）。

27 陳嘉霖，授信與風險，台灣金融研訓院，2006年3月初版，頁
135。

28 MBA核心課程編輯組，哈佛談經營管理，讀品文化，2004年4月
初版，頁214-219。

29 陳錦村，風險管理概要個案與實務，新陸書局，2004年9月再版，
頁73、91。

30 凌氚寶、康裕民、陳森松，保險學理論與實務，華泰文化，2008
年3月6版，頁10-12。

31 施茂林，法律風險管理體用矩陣與連動議題之研究，收錄於氏編
法律風險管理跨領域融合新論，五南圖書，2013年9月初版1刷，
頁10。

32 中國龍龜論壇主辦單位曾對中國上市公司2009年訴訟仲裁案件
1341件（金額為人民幣639.4342億元）分析，怠於行使權利占
1.21%、對方侵權占1.91%、對方違法違規占2.32%、對方違約占
17.12%、己方侵權占1.83%、己方違法違規占2.42%、己方違約占
52.91%、疏於法律風險防範占14.28%、行為不當占2.69%、其他
風險占3.31%。而且上市公司自身原因導致之訴訟涉案金額比例高
達75.35%，值得注意的是，疏於法律風險防範占到了上市公司自
身犯錯的18.96%，此為一相當大的比例，顯然上市公司之法律風
險管理仍有不足；再從2010年上市公司法律風險行為類別分析，
己方違約占34.97%、對方違約占21.18%、疏於法律風險防範占
19.16%、己方違法違規占5.82%、行為不當占3.80%、其他風險占
5.22%、對方侵權占3.50%、己方侵權占3.06%、對方違法違規占
1.72%、怠於行使權力占1.57%。顯示上市公司違約類（包括己方
違約和對方違約）高居法律風險發生頻率的56.15%，疏於法律風

險防範的頻率達到了19.16%。疏於法律風險防範的主要原因在於上市公司不知道有法律風險，或是知道有，但不知道確切的損失大小。詳見中山大學法學院、中華法律風險管理學會等主辦2013年第三屆中國龍龜論壇法律風險管理論壇暨2013中國上市公司法律風險實證研究成果發布會出刊2013年中小企業法律風險管理論壇法律服務專業行業化手冊，2013年11月30日。

33 古來中國法律由皇帝制定，以約束臣民，管仲即曰：「生法者，君也；守法者，臣也；法於法者，民也。」韓非子曰：「君無術則蔽於上，臣無法則亂於下，此不可二無，皆帝王之具也。」明太祖朱元璋則指明：「法令者，防民之具，輔治之術耳。」援引至企業主以此理念管理企業，其不發生貪瀆舞弊，難矣！

34 葉小忠，企業法律風險管理發展十大趨勢，發表於中國法學諮詢中心，雲南大學、中華法律風險管理學會等主辦2013年兩岸法律風險管理研討會，2013年9月3日，頁65、66。

35 參見中國龍龜法律風險管理論壇主委員等主辦第二屆中國龍龜法律風險管理論壇暨2014中國上市公司法律風險實證研究成果發布會手冊，頁12、13。

36 施茂林，法律風險與預測控管總説，發表於大同技術學院，臺灣嘉義地方法院檢察署，中華法律風險管理學會主辦之2011年企業法律風險學術研討會，2011年12月2日。

37 黃新宗、劉美芳、李國賓，企業法律風險之探討，發表於大同技術學院、嘉義地方法院檢察署、中華法律風險管理會主辦2010年企業法律風險管理學術研討會，2010年2月18日，頁47、54。

38 林恩偉，論公司法中強制性規範的識別與適用，中國文化大學法律學系，華岡法萃，第49期，2011年3月，頁206、257。

39 企業經營人對內之法律責任，主要探討企業經營人（董事、經理人）與公司間存在著「委任」契約關係，在此契約關係下，其若

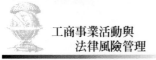
受有報酬者，應負有善良管理人注意義務（民法535條）。經理
人在執行職務時，若未善盡其注意義務，致公司受有損失時，應
對公司負債務不履行之損害賠償責任。就經理人方面，則具體
規定：(1)經理人因違反法令章程或股東會決議或董事會決議，
或逾越其權限，致公司受有損害時，對於公司負賠償之責（第34
條）；(2)除非經董事或執行業務股東過半數同意，經理人不得兼
任其他營利事業之經理人，並不得自營或為他人經營同類之業務
（第32條）。就公司負責人方面，若其使公司從事違反公司法所
禁止之行為，例如，違反轉投資比例限制、以短期債款支應增加
固定資產所需資金、將公司資金貸與股東或任何他人、違反公司
不得保證（除非章程許可）之規定等，負責人需對公司所受損害
負賠償責任（第13至16條）。另就董事會方面，董事會執行業務
若未依法令、章程及股東會決議，致公司受有損害時，參與決議
之董事，除非有書面得證明其表示異議，應對於公司負賠償之責
（第193條）。此外，與經理人相同，除非經股東會決議許可，
董事亦不得為與公司競業之行為，否則公司在一年內得行使歸入
權，將董事競業行為之所得，視為公司之所得（第209條）。

40 企業經營人對外之法律責任主要探討公司負責人，在業務執行
上，如有違反法令致他人受有損害時，對他人應與公司負連帶賠
償之責（公司法第23條）。公司負責人，在有限公司及股份有限
公司，係指公司之董事（不限於董事長）；經理人在執行業務範
圍內，亦為公司負責人（第8條）。所以，企業經營人除董事外，
公司經理人在執行業務範圍內，如有違反法令致他人受有損害
時，對他人應與公司負連帶賠償之責。在關係企業方面，控制公
司（母公司）直接或間接使從屬公司為不合營業常規或其他不利
益之經營，而未於營業年度終了時為適當補償，致從屬公司受有
損害者，應負賠償責任。此時，若控制公司負責人使從屬公司為

前述經營者，應與控制公司負連帶賠償責任（第369條之4）。

41 企業經營人在行政法規下之責任，則是就企業經營人所需遵守之許多行政法規，如稅法、環保、勞動安全、公平交易等，加以探討。對於違反強制規定者，或處罰公司負責人，或採取兩罰規定（即同時處罰公司與公司負責人），使企業經營人極有可能因下屬之違法疏失，致受到鉅額行政罰鍰，甚至刑事處罰。例如，企業於給付授權金予國外法人或自然人時，應辦理扣繳，若未扣繳，則扣繳義務人即負責人，應補繳稅款甚至被課罰鍰；水污染防治法第36條：「事業不遵行主管機關依本法所為停工或停業之命令者，處負責人一年以下有期徒刑。」

42 公司股東會、董事長、監察人各有其權責，其召集程序、決議方式、決議效力等各有不同規範，在公司主權、治權之爭奪戰中，涉及現金增資、股息紅利等分配方式、合併等事，各項會議時，應注意之事項均有不同，本文不予闡述。請參見郭宗雄、吳慶榮，企業股東會及董事會運作實務，實用稅務出版社，2004年12月4版1刷。

43 公司負責人對第三人之責任，在民法、公司法均有規定。近來公司法修正時，第23條及第369條之4對第三人責任之要求愈嚴格。詳見王麗玉，我國公司法上有關公司負責人對第三人責任法制諸問題，收錄於賴英照大法官六秩華誕祝賀論文集──現代公司法制之新課題，元照出版，2003年8月初版1刷。

44 廖大穎，公司法原論，三民書局，2012年8月增訂6版1刷，頁69。

45 伍忠賢，事業經營策略實戰全書，商周出版，2014年8月初版，頁25、255。

46 方嘉麟，論股東會與董事會權限之劃分──對經營權爭奪之影響，收錄於政治大學法學院財經法律中心主編財經法新課題與新趨勢，元照出版，2011年5月初版1刷，頁44、45。

47 潘秀菊，企業的擴充與多角化經營策略，永然文化，2002年8月初
　版，頁15、17。

48 參見經濟日報2014年3月29日國際企業A9報導內容。

49 企業併購之原因有：(1)有效資源整合，(2)強化企業國際競爭力，
　(3)彰顯企業潛在價值，(4)國際化布局，(5)企業集團化，(6)產業秩
　序洗牌。

50 林進富等，公司併購法律實戰守則，永然文化，2002年12月3版，
　頁57-60。王志誠，企業組織再造法制，元照出版，2005年11月初
　版1刷，頁23-25。王沁，企業併購之研究，國防管理學院法律學
　研究所碩士論文，2002年6月，頁數23-25。

51 李智仁、王乃民、康復明、陳明祥，企業管理與法律，元照出
　版，2011年9月3版1刷，頁292-295。又黃日燦在「看併購II──台
　灣產業轉型升級的關鍵」（經濟日報，2014年3月初版）中對併購
　眾生相有詳細解說。

52 王文宇，公司與企業法治(二)，元照出版，2007年1月初版1刷，頁
　47、48。

53 企業購併所涉及之法律問題有：內線交易之禁止（證交法第175條
　之1）、債權人之保障（公司法第73-75條；企併法第23條）、少
　數股東之保護（股份收買請求權）（公司法第186及317條、企併
　法第12及19條），以及下市規定（臺灣證券交易所股份有限公司
　營業細則第51條第1項）。

54 謝易宏，昨是今非：企業與金融的法思拾綴，五南圖書，2012年3
　版1刷，頁524-532。

55 楊通軒，集體勞工法律理論與實務，五南圖書，2007年11月初版1
　刷，頁211-213。

56 張緯良，人力資源管理：本土觀點與實踐，前程文化，2008年1月
　3版2刷，頁424、425。

57 吳家聲，勞資關係與產業發展，華泰書局，1997年4月初版，頁68、329。

58 曾光榮、魏鸞瑩、黃金印，人力資源管理──新時代的角色與挑戰，前程書局，2009年9月4版，頁383、384。

59 馮寰宇，企業管理的法律策略及風險，元照出版，2003年4月初版，頁16-23。

60 許必奇、絲鈺雲，論勞資爭議類型與處理機制，司法研究年報第二十三輯第一篇第一版，司法院，2003年12月版，頁273、321、335。

61 參見林發力，競業禁止近期實務見解再釐清，萬國法律第137期2004年10月，頁64、65。林坤賢，從近期實務見解再探討離職後競業禁止約定之審查基準，中律會訊，第14：2期（2010年），頁17、29。

62 參見臺灣高等法院2000年勞上字第32號、臺灣高等法院、臺南分院2004年上乃字第152號、臺灣臺北地方法院2000年勞訴第76號民事判決，採五條件判斷競業禁止條款之合理性：(1)企業需有一競業禁止特約保護之利益存在；(2)勞工在原企業之職務及地位，得參與營業秘密；(3)限制勞工就業對象、期間、地區及職業活動合理、平等性；(4)代償措施合理；(5)明顯背信或違誠信原則。

63 吳松齡、陳俊碩、楊金源，中小企業管理與診斷實務，揚智文化，2004年3月初版1刷，頁21、490。

64 曾勝珍，智慧財產權論叢第壹輯，五南圖書，2008年8月初版1刷，頁108、113。

65 陳明輝，論股份收購與勞動關係之維持──臺灣臺北地方法院95年度勞簡上之字第62號民事判決評釋，銘傳大學法學論叢，2010年12月出版，頁213、221。

66 劉江彬，智慧財產法律與管理案例評析(二)，華泰文化，2004年11

月初版，頁243。

67 簡良機，勞基法實務爭議問題之研究，蔚理法律事務所，1998年7月修訂2版，頁164、170。黃培鈺，企業倫理學，新文京出版，2007年4月2版，頁126、127。

68 李智仁、王乃民、康復明、陳明祥，企業管理與法律，元照出版，2011年9月3版1刷，頁207、208、231。

69 銀行法第29條第1項、第2項規定：「除法律另有規定外，非銀行不得經營收受存款、受託經理信託資金、公眾財產或辦理國內外匯兌業務。違反前項規定者，由主管機關或目的事業主管機關會同司法警察機關取締，並移送法辦：如屬法人組織，其負責人對有關債務，應負連帶清償責任。」第29條之1規定：「以借款、收受投資、使加入為股東或其他名義，向多數人或不特定之人收受款項或吸收資金，而約定或給付與本金顯不相當之紅利、利息、股息或其他報酬者，以收受存款論。」違反第29條第1項之規定，處以三年以上，十年以下有期徒刑，得併科新臺幣1千萬之以上，2億元之以下罰金。其他罪所得達新臺幣1億元以上者，處七年以上有期徒刑，得併科新臺幣2仟5佰萬以上，5億元以下罰金。近年來已有公司收受員工、廠商、第三人之存款遭追訴之案例。

70 陳連順，公司法精義，一品文化，2007年11月修訂7版，頁64。曾淑瑜，公司法實例研究，三民書局，2006年3月修訂2版1刷，頁38、39。

71 劉瑞霖，企業跨國融資之法律規劃，收錄於李念祖，企業財經法律導引：企業經營必知的法律思維，元照出版，頁211-234。

72 謝哲勝，從法律的經濟分析論智慧財產權之保護政策，收錄於氏著「財產法專題研究」，三民書局，1995年5月初版，頁199、202。

73 自由時報，2014年2月9日A7版財經新聞，2014年2月11日聚富版，

目前國內抗體藥品公司泉勝研發新藥Anti-Cemx，有國際大廠正洽辦授權生產，期前權利金有機會達150億元，為國內少見之案例（參見經濟日報2014年3月18日A18產業進點報導）。

74 自由時報，2014年2月26日C1聚富版、2月28日C1聚富版。

75 徐宏昇，高科技與智慧財產權，資訊出版社，1992年5月初版，頁184。

76 謝銘洋，研究成果之智慧財產權歸屬與管理，收錄於氏著「智慧財產權之基礎理論」，翰蘆圖書，2004年10月4版，頁58、59。

77 榮泰生，企業管理概論，五南圖書，2003年10月初版1刷，頁460、471、531、536。施茂林，科技發展與智慧財產權保護法律議題，逢甲大學經營管理學院科技管理研究所演講，2014年5月31日。

78 張保隆、伍忠賢，科技管理，五南圖書，2010年10月初版1刷，頁460、471、531、536。

79 劉江彬，智慧財產法律與管理案例評析(二)，華泰文化，2007年9月初版，頁8。

80 徐國禎，科技與法律，五南圖書，2011年1月初版1刷，頁5、6。

81 梁鴻民，中小企業經營管理，高立圖書，2006年2月3版，頁393。

82 李永然主編、張吉人、林裕山編著，契約書製作範例，五南圖書，2008年12月4版1刷，頁53-54。徐錦昌，契約簽訂與履行，書泉出版，2007年5月10版1刷，頁10-15。劉清景，新編契約實用寶鑑(一)，學知出版，2000年6月初版，頁30-31、38。

83 施茂林，簽名、蓋章、指紋玄機多，聯合報系作家部落格（udn部落格）：法律簡單講，網址：http://blog.udn.com/thelawofring/article，最後瀏覽日：2014年8月30日。

84 施茂林，商業機密外洩如同商機喪失，金融保險論雜誌32期，2012年11月1日，頁72-75。

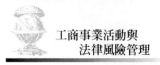

85 趙廷凱,企業領導人法律策略,北京法律出版社,2011年6月1版1
刷,頁48、49。

86 林瑞德,從消費者主權論我國消費者保護法之規範,收錄於行政
院消費者保護委員會編印,消費者保護研究(第八輯),2003年3
月,頁205、217。

87 參見行政院消費者保護委員會編印,消費行政資訊第二輯(1997
年12月版)。

88 黃明陽,消費者保護法入門,商務印書館,2006年3月1版,頁
6-9。

89 蔣大中,消費者保護與產品瑕疵責任,收錄於理律文教基金會叢
書,企業財經法律為導引——企業經營必知的法律思維,元照出
版,2003年9月初版,頁306-308。邱聰智,類型趨勢下之侵權責
任為中心,收錄於法學叢刊50週年——跨世紀法學新思維,元照
出版,2006年1月初版1刷,頁271。

90 姜志俊、黃立、范建得,消費者權益保護,空中大學,2001年6月
初版2刷,頁26、30。

91 邱惠美,網路交易之法律面面觀,收錄於行政院消費者保護委員
會編印,消費者保護研究第16輯(2010年12月),頁122、160、
161。

92 消費者保護法公布施行以來,內政部、交通部、財政部、教育
部、行政院衛生署、新聞局等主管機關先後公告各類定型化契約
範本、定型化契約範本應記載及不得記載事項,並經行政院消費
者保護委員會審查通過,將之編輯成定型化契約範本彙編供參
考,並登錄在該會網站www.cpc.gov.tw供查詢。

93 馮震宇、姜志俊、謝穎青、江炳俊,消費者保護法解讀,元照出
版,2000年9月初版1刷,頁103。

94 有關定型化契約的解釋,有兩項規定特別值得一提:1.定型化契

約內容如有疑義時，應該作有利於消費者的解釋。2.定型化契約中的條款如果違反誠信原則，或者對消費者有失公平，該條款將被認為無效。而在下列情形，法律推定定型化契約條款顯失公平：(1)契約條款違反平等互惠原則；(2)條款與其所排除不是規定的立法意旨顯示互相矛盾；(3)契約的主要權力或義務因未受該條款的限制，導致契約目的難以達成。

95 王澤鑑，定型化履行契約的司法控制，收錄於代著民法學說與判例研究第七冊，1999年10月初版，頁66。

96 楊淑文，新型契約與消費者保護法，元照出版，2006年4月2版1刷，頁218。

97 施茂林，塑化劑事件談法律自閉症候群，收錄於亞洲大學法治教育宣導手冊，2010年10月2版，頁19-23。

98 參見賴鼎元，如何保護台灣六百多萬的汽車消費者權益，收錄於行政院消費者保護委員會編印，消費者保護研究第12輯（2006年12月版）。

99 公司法第1條明定：「本法所稱公司，謂以營利為目的，依照本法組織、登記、成立之社團法人。」

100 何之邁，控制企業經濟濫用之研究，收錄於氏著「公平交易法專論」，三民書局，1993年10月初版，頁388、389、480。

101 林益裕，從濫用相對優勢地位之觀點論競爭法對於加盟經營關係之規範，發表於行政院公平交易委員會主辦2010年11月30日競爭政策與公平交易法學術研討會。行政院公平交易委員會訂頒公平交易法第24條案件處理原則第1、3點。

102 范建得，公平交易法第一冊，獨占結合、聯合，漢興出版，1999年3月2版3刷，頁27。

103 廖義男、謝銘洋、范建得、黃銘傑、石世豪、吳秀明，公平交易法之註釋研究案例(二)，第18條至24條，行政院公平交易委員會

企業經營與法律風險管理之綜觀與微論

委託研究報告，2004年10月，頁414-417。

104 汪渡村，公平交易法，五南圖書，2011年3月4版2刷，頁1-4。

105 賴清揚、陳義揚、劉尚志、顏上詠等合著，綁架市場價格的幕後黑手，書中有詳細介紹與說明，請參見該書（五南圖書，2012年9月初版1刷）剖析之內容。

106 張進德，租稅法與實例解說，元照出版，2006年6月5版1刷，頁8、9、16、17。張進德，從行政程序法論依法課稅，元照出版，2013年1月初版1刷，頁108。

107 陳清秀，稅法總論，翰蘆圖書，2001年10月2版，頁168、169。

108 大法官會議釋字第151、161、198、173、217、257、267、309、413、460、597、620、635、651、660號解釋，在闡釋租稅法律主義之精神與內容。

109 大法官釋字第420號解釋：「涉及租稅事項之法律，其解釋應本於租稅法律主義之精神；依各該法律之立法目的，衡酌經濟上之意義及實質課稅之公平原則為之。」

110 陳貴端、張沐雲，租稅法律主義v.s.實質課稅原則——兼論租稅客體對租稅主體之歸屬，建智聯合會計事務所，En Vise 103年3月期，頁5、11。

111 林進富，租稅法新論，三民書局，2002年2月增訂2版1刷，頁56、57。

112 張進德，企業租稅法律風險管理實例分析，元照出版，2013年6月初版1刷，頁3、15、23、53、99。

113 葛克昌，稅法基本問題——財政憲法篇，元照出版，2005年9月2版1刷，頁4-6、181-184。

114 黃淑惠，租稅法規理論與實務，新陸書局，2004年9月1版，頁28、41、42。

115 謝如蘭，跨國企業與法律風險管理——以台商在大陸投資盈餘匯

出的租稅規劃為例，收錄於亞洲大學財經法學叢書——法律風險管理，2011年7月2版，頁229、230。

116 陳榮昌，國際貿易實務，新文京出版，2006年1月初版，頁325、350。

117 易建明，企業跨國經營購併與國際投資法，冠順出版，2009年3月初版，頁37。

118 易建明，同前註。

119 潘峰、刁芳遠，企業境內外上市的法律風險及防範，中國法制出版社，2007年7月1版，頁172、186。

120 錢衛清，企業重大商事爭議法律風險的防範，發表於臺北大學法律學系，中國法律諮詢中心、中華法律風險管理學會主辦2010年兩岸法律風險管理論壇，2010年10月20日，頁94-97。

121 賴來焜，基礎國際私法學，三民書局，2004年6月初版1刷，頁67-71。

122 簡宣博，海外投資之風險管理，發表於中國法律諮詢中心，雲南大學、中華法律風險管理學會等共同主辦2013年兩岸法律風險管理研討會，2013年9月3日，頁166。

123 劉鐵錚、陳榮傳，國際私法，三民書局，2010年9月修訂5版1刷，頁682、683。

124 王甲乙、楊建華、鄭健才，民事訴訟法新論，三民書局，2000年11月版，頁505。

125 吳光明，商事爭議之仲裁，五南圖書，2002年10月初版2刷，頁3、36。藍瀛芳，仲裁協議的書面形式，法學叢刊第212期第53卷第4期，2008年10月，頁89、111。

126 洪銘勳，實用商務法律，元照出版，2003年2月初版1刷，頁312。

127 康惠芬，張錦源，國際貿易實務新論，三民書局，2009年9月9版

1刷，頁516、517。

128 陳煥文，兩岸商務糾紛仲裁實務，永然文化，1993年12月初版，頁280、281。韋玉龍，大陸台商法律保護，城邦文化，2001年5月初版，頁4。

129 吳光明，仲裁法理論與判決研究，翰蘆圖書，2004年11月初版，頁437、438。

130 邱錦添，香港新仲裁條例之特色及其對兩岸仲裁之影響，收錄於第三屆海峽律師（彰化）論壇論文集編輯委員會主編，第三屆海峽律師（彰化）論壇論文集，2012年12月8日版，頁123、124。

131 陳麗娟，國際貿易法精義，新學林出版，2006年9月1版1刷，頁14、42、43。

132 朱愛群，政府風險管理與危機處理：實例系統分析，中央警察大學出版社，2011年8月初版，頁4。

133 鄧家駒，同前註17，頁60-63。

134 休‧考尼（High Covrteng）著、黃佳瑜譯，企業策略家的遠見：在不確定中尋找最精準的RU策略理論，商智文化，2003年第1版，頁150、152、160。

135 參見中華法律風險管理學會會務簡介，2011年7月，頁4。

136 宋明哲，法律風險面面觀，發表於中華談判管理學會，中華民國全國商業總會等於2013年2月23日在臺灣大學管理學院舉辦之「風險管理與談判(1)：法律風險與企業風險管理」研討會。

137 方國輝，企業法律責任及法律控管之研究，收錄於唐淑美主編法律風險管理，亞洲大學2011年7月2版。

138 施茂林，同前註11，頁10。

139 賴源河，學習商事法與經濟法須有宏觀的企劃能力，收錄於賴源河教授六秩華誕祝壽論文集，五南圖書，1997年8月初版1刷，頁8。

140 陳曉峰，企業知識產權法律風險管理，中國檢察院 2009年初版，頁5-7。

141 陳瑞、周林毅，風險評估與決策管理，五南圖書，2007年3月初版1刷，頁493。

142 參見中國國家技術監督局等2011年12月30日發布企業法律風險管理指南所制頒企業法律風險管理原則。

143 風險管理學會，人身風險管理與理財，智勝文化，2001年10月初版，頁211-212。

144 李文雄，策略管理理論實務與診斷分析，全成圖書，2002年10月初版，頁211-212。宋明哲，現代風險管理，五南圖書，2000年10月5版，頁52。周吳添，CFP認證系列課程——風險管理與保險規劃，宏典文化，2007年10月3版1刷，頁2-11～2-19。鄧家駒，同註17，頁17、21。

145 陳瑞、周林毅，同前註141，頁207、227。

146 宋明哲，風險管理新論全方位與整合，五南圖書，2012年10月6版1刷，頁239-241。

147 施茂林，工商企業活動與法律風險治理防範，發表於逢甲大學、中國法學會、香港法律論壇、澳門科技大學等合辦兩岸四地法律學術研討會——經貿合作與司法互助，2014年5月15日。

148 宋明哲，同前註146，頁378、383。

149 陳麗潔主編、葉小忠執行主編，企業法律風險的創新與實踐——用管理的方法解決法律問題，北京法律出版社，2012年4月1刷，頁140-142。

150 方國輝，同前註136，頁199。

151 施宗英，管理風險因應變遷的施政環境，收錄於梁元本、魏彩鶯，研習論壇精選第二集：公共治理的新視野，行政院人事行政局地方行政研習中心，2008年12月，頁81-86。

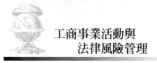
152 陳麗潔，企業法律風險管理的創新與實踐：用管理的方法解決，北京法律出版社，2009年7月1版，頁40、41。

153 施茂林，變與不變，轉念間——開創矯正工作的新紀元，法務部，2008年5月版，頁16-17。

154 方國輝，同前註137，頁199。

155 施茂林，法律風險管理之層理剖繪與發展，2013年5月23日，淡江大學演講。

156 中華法律風險管理學會簡則，2010年9月，頁2。永然律師事務所，投資商業活動教戰守則，花田文化，2000年6月2版，頁64、72、83、97、105。

157 施茂林，同前註7，法律站在你身邊，頁158-160。

158 鄭芬姬，管理心理學，新陸書局，2007年10月3版，頁338-341。中山大學企業管理學系，管理學——整合觀點與創新思維，前程文化，2010年3月3版2刷，頁491-493。

159 王正志、王懷，公司法律風險防範與管理，法律出版社，2007年10月，頁36。

160 施茂林，我國金融犯罪之具象與刑事司法析論，朝陽商管評論特刊，2012年5月期，頁17。

161 葉山忠、薄勇、蕭謹、夏添胤、張桂萌，企業法律風險管理的創新與實踐，法律出版社，2009年7月1版，頁138、140。

162 任伊珊，企業法律風險概念界分及法律風險管理體系構建，發表於臺北大學法律系、中國法律諮詢中心、中華法律風險管理學會主辦2010年兩岸風險管理論壇，2010年10月20日，頁84-86。

163 蘇文斌，現代風險管理，私立朝陽科技大學，2009年11月教材，頁602。
葉秋南，美國金融業風險管理，臺北金融聯合徵信中心，1998年1月初版，頁6、7。施茂林，同前註11，頁11。凌氙寶、康裕

民、陳森松，保險學理論與實務，華泰文化，2008年3月6版，頁
31。

164 管控法律風險有其必要性，但也需要管理成本。從經濟學角度，
強調風險貼水（Risk Peremiam），即迴避風險、排除風險而願
意支付之費用。當風險愈高，付出之風險貼水愈大。參照楊雲
明，個體經濟學，智勝文化公司，1996年11月初版，頁386。詹
中原，危機管理──理論與架構，2004年1月初版，頁482-484。

165 宋明哲，保險學純風險與保險，五南圖書，2003年2月2版2刷，
頁40。

166 我國公司法第23條對公司負責人之忠實義務與責任甚為嚴格，並
需遵從法令、公司章程、股東會決議，其擔負責任奇重，如有侵
權行為，賠償責任亦高，實施風險管理對策，以降低風險。參見
蘇文斌、歐仁和、詹子德、姚昭誠，公司重要經營者侵權行為與
責任保險關聯性，發表於2007年7月廈門大學第十屆中華文化與
經營管理學術研討會。

167 李旭，民營企業法律風險識別與控制，中國經濟出版社，2008年
3月，頁26-31。

168 葉小忠等，同前註149，頁225、226、233。

169 施茂林，法律風險管理在劇變競爭社會之調控心法，發表於大同
技術學院、嘉義地方法院檢察署等主辦之「2010企業法律風險管
理研討會」，2010年6月18日，頁1。

170 Emmett J. Vaughan，Therese Vavghan合著，Fundamentals of Risk
and Insurance，賴麗華、洪敏三譯，保險學──風險與保險原
理，臺灣西書出版社，2001年4月出版1刷，頁38-40。

171 施茂林，法律風險預測與管理──兼論律師職場運用心法，發表
於臺中律師公會，2011年4月23日。

172 葉小忠，企業法律風險管理發展十大趨勢，發表於中國法律諮詢

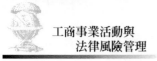

中心、雲南大學與中華法律風險管理學會等於2013年9月3日在雲南大學舉辦之2013年兩岸法律風險管理研討會，頁64、70。

173 蕭瑞麟，科技創新與組織變革：科技福爾摩斯，麥格爾：希爾頓公司，2008年1月初版1刷，頁3-6。

174 袁建中、陳坤成，科技管理——以科技服務透視技術移轉與智慧財產權，華泰文化，2005年9月初版，頁8、342。

175 賴清揚、冷耀世，美國商標案例解析，五南圖書，2008年2月初版1刷，頁11-14。

176 黃俊英、劉江彬，智慧財產的法律與管理——美日智慧財產權管理制度與技術移轉模式之研究，1996年6月初版，頁I、IV、287、287、288。

177 胡政源，企業管理綜合個案研究暨企業實務專題研究，新文京出版，2006年6月2版3刷，頁412。

178 陳歆，美國專利訴訟關鍵案例解讀，元照出版，2012年9月初版1刷，頁1-3。

179 楊長峰，產業專利策略實物，全國律師月刊，2001年7月15日，頁19、30。

180 大前研一著，顧淑馨譯，全球舞台大未來，培生教育出版社，2005年11月初版2刷，頁246。

181 楊蓉昌，企業管理，五南圖書，1999年6月2版4刷，頁27。又劉濤在《民營企業刑法風險及其防範》（中國檢察出版社，2009年7月第1版），列舉企業營運過程方方面面之刑事犯罪行為。

182 施茂林，企業決策運用法律風險管理心法，2010年12月10日在逢甲大學臺北市校友會與逢甲EMBA基金會主辦之企業專題講座專題演講。

183 商業會計法第71條對下列行為科以刑責，最重可處五年徒刑：1.明知不實登入帳冊、憑證，2.滅失毀損帳冊、憑證報表，3.偽

造變造帳冊、憑證報表，4.毀損帳冊、憑證頁數，5.遺漏會計事項不為記載，6.利用不正當方法致生不實，亦論以刑責。

184 陳建勝、鄒政下、陳聰賢、徐璧君、張婉玲、楊和利，保險學理論與實務，華立圖書，2008年5月3版1刷，頁7。

185 張國峰，法律風險可以防範，中國財經出版社，2008年3月1版，頁數5-9、261。

186 陳嘉霖，同前註27，頁16。

187 公司治理的主要議題：(1)獨立董事（Independent Directors）或外部董事的問題；(2)併購與公司治理績效的問題；(3)國際之間有關公司治理體系的「匯合」（Convergence）問題，包括在東亞金融危機之後的相關調整；(4)公司融資法制與公司控制之間的關係；(5)從公司治理角度探討國營事業、民營化，以及金融制度等較具體制層面的問題；(6)從債券發行、企業破產與重整、改組等角度探討公司治理的問題；(7)從市場競爭的角度觀察競爭機制如何迫使公司加強內部的組織與運作的健全性，如何加強公司治理與公司績效，以及如果市場競爭程度不足，因為享有獨占利益以致腐化公司治理的機制的情形。

188 陳定國，高階策略管理，華泰文化，2009年6月初版，頁18、19。易明秋，公司治理法治論，五南圖書，2007年2月初版1刷，頁1、6。

189 陳志龍，財經發展與財經刑法，元照出版，2006年12月初版1刷，頁200。

190 吳光明，證券交易法論，三民書局，2006年7月增訂8版1刷，頁25。

191 賴英照，評企業社會責任立法，經濟日報2014年3月19日A4版。劉連煜，現代公司法，新學林出版，2008年7月增訂4版，頁17、43。

顏慶章，企業豈可欠缺社會責任，財訊雙週刊 446期，2014年3月13日，頁32、33。

192 陳彥良，由企業社會責任看企業利益，收錄於趙宗博教授七秩華誕祝壽論文集編輯委員會主編刑事司法社會公平暨勞動正義，元照出版，2011年4月初版1刷，頁481-483。

193 陳彥良，公司治理變遷——台灣地區學者的研究視角，收錄於甘培忠、樓建波主編，公司治理專論，北京大學出版社，2009年3月1刷，頁135。錢為家，同前註15，頁73、86。

194 鄭輝堂，同前註24，頁351、352。

195 陳安斌，總編著《新金融實驗教學之財務金融資訊系統與投資管理》乙書，對避險做法有詳細說明，參見該書（新陸書局，2006年10月修訂版）頁397以下。

196 法務部司法官學院，犯罪狀況及其分析（中華民國101年），法務部司法官學院，2013年12月，頁11、23。

197 曾宛如，公司管理與資本市場法治專論(一)，元照出版，2007年10月2版1刷，頁106、107、168。

198 劉典嚴、劉立倫，管理學概念——思考與實務，新文享出版，2004年9月初版2刷，頁105-107、110-112。劉立倫、Airthu Shribery, David L. Shribry, and Richan Kumari著，吳秉恩審訂，領導學——原理與實踐，元照出版，2006年6月初版，頁34-50。

199 趙延凱，企業領導人法律策略，法律出版社，2011年6月初版，頁18、20、22。

200 廖大穎，銀行法制之變革，收錄於氏著「公司制度與企業金融之法理」，元照出版，2003年3月初版1刷，頁362。

201 英涵纖、陳定國，有效管理學，中華企業研究院，2012年2月1版，頁41。

202 黃俊英，企業研究方法，東華書局，2006年4月3版，頁381。

203 蘇怡慈，由國光石化爭議案談公司治理中之企業責任，發表於南臺科技大學財經法律研究所主辦2010企業及財經法律學術研討會。

204 郭介恆，行政檢查與基本權保障，法學叢刊，第59卷第2期（2014期），2014年4月，頁47-49、70-71。

205 楊先舉，老子管理學，遠流出版，2002年7月初版7刷，頁68-70。

206 葉曉華，企業法律風險精緻化管理，發表於亞洲大學財經法律系、中國法律諮詢中心、中華法律風險管理學會合辦2010年兩岸法律風險管理研討會，2010年10月26日，頁37、38。

※ 本文係從本人與李禮仲教授合撰《企業經營法律風險管理與遵循競爭規範》中，節錄其部分內容再予詳細論述、闡釋，使其圖像有更完整之論述。

Chapter 2

公司治理與企業經營責任的風險管控——股東代表訴訟與董事責任議題初探

廖大穎

國立中興大學法律學系教授

摘要

國際經濟合作發展組織（OECD）頒布公司治理原則（OECD Principles of Corporate Governance），呼籲各國政府應正視企業法制對股東權益保護與公平對待股東的兩大議題觀之，相關股東代表訴訟所扮演的角色，不僅是提供遇有權益被侵蝕之股東，得依規定請求損害賠償，實現法律救濟之社會正義外，這亦是一種有效的公司治理手段之一，藉由股東實際的提訴行動，間接落實企業監控與保護股東權益的良策。

惟企業活動的大環境是隱藏眾多非理性的變數，常常無法預測，亦無法假設所選任的董事或經理人，「必然」是一個成功的企業經營者，尤其是在現代企業管理上，所追求的積極創新與企業風險正是最好的寫照。在實務上，股東代表訴訟所追究的是因企業經營者錯誤的經營決策或執行，所致生公司的損失，通常是訴請賠償鉅額的損失，如此的鉅額賠償責任，反而引起社會對企業經營風險與責任的高度重視。

關鍵詞：股東行動主義、代表訴訟、董事責任、商業判斷

壹、前言

從一般社會上的認知，董事是公司經營者，而在法制上，董事所組成的董事會，公司法第193條與第202條亦明定董事會不僅是法定的業務執行機關，且相關公司業務職權，原則上亦由董事會決議行之。因此，董事是依法由股東會所選任，實質參與董事會運作的企業經營者。

就公司與企業經營者的法律關係而言，董事與公司間是一種（委任）契約關係，這依法由股東會選任董事，組成董事會（公司法第192條第1項），由董事會執行公司業務；易言之，這基於公司委任董事處理公司業務經營之法律構造下，董事執行其職務，如因過失或逾越權限

之行爲，致生公司損害者，董事對公司負有民事賠償責任是理所當然耳。就此，如公司法第23條第1項所明文：「公司負責人應忠實執行業務，並盡善良管理人之注意義務，如有違反致公司受有損害者，負損害賠償責任。」然，就我國企業責任的議題，相關公司對董事賠償責任之求償，嚴格言之，其並非屬於公司目的事業之業務範疇，但就公司運作與依法請求損害賠償之法律救濟而言，其亦屬於公司對外所應爲的行爲態樣之一，在解釋上當然是公司法人權利能力所涵攝的範圍之內。依現行公司法的規定，董事會不僅是法定的業務執行機關，而相關公司業務，原則上現行法亦明文由董事會決議行之。當然，董事是依法由股東會所選任，實質參與董事會運作的企業經營者；基於公司委任董事處理公司業務經營之法律構造下，董事執行其職務，如因過失或逾越權限之行爲，致生公司損害者，董事對公司負有民事賠償責任是理所當然耳。雖然公司法第212條明文股東會決議對於董事提起訴訟，而公司法第214條第1項亦明文股東得以書面請求監察人爲公司對董事提起訴訟之規定，但其法規範的實際效益如何，恐無法期待。因此，政府在立法政策上，仿照美國與日本之立法例，特別允許股東得依自己名義，爲公司對董事提起之股東代表訴訟，有別於公司訴追董事之制度[1]。

其次，在法制的設計上，股東代表訴訟制度是實現公司治理的最後一道防線[2]。然，如此的立法政策是否亦潛藏著其他負面的效應，即一般社會大眾所質疑致力活化股東訴訟法制的同時，恐將發生企業經營上決策萎縮之可能？且在實務上，股東代表訴訟所追究的是因企業經營者錯誤的經營決策或執行，所致生公司的損失，通常是訴請賠償鉅額的損失；惟如此的鉅額賠償責任，引起社會對企業經營責任的高度重視，即其賠償額度恐不僅遠遠超出董事與公司間所給付企業經營報酬的比例？然而，較嚴肅的問題是該董事是否有能力償還如此鉅額的賠償？如此似乎逾越一般正常人的想像。基於此，本稿先針對商業判斷原則與企業經營責任，再針對限制董事賠償責任之問題，做法理上的基礎分析與外國

法制的檢討。

貳、股東意識高漲的究責時代

一、股東行動主義的代表訴訟

關於董事對公司損害賠償責任之求償，我國公司法第212條特別明文股東會決議對於董事提起訴訟時，公司應於一定的期間內提起；而第213條亦明定此時除法律另有規定外，應由監察人代表公司或由股東會另選之。然，針對公司法第212條所定股東會決議對董事提起訴訟，法規範效益如何？在資本多數決的前提下，除非是經營階層內鬨，否則恐無法期待；因此，政府在立法政策上，仿照美國與日本之立法例，特別允許股東得依自己名義，為公司對董事提起之股東代表訴訟，有別於公司訴追董事之制度。在法理上，一般認為我國股東代表訴訟制度之創設，這與保護公司及少數派股東權益有關；易言之，我國公司法第214條第2項的股東代表訴訟係民國55年公司法修正時所增訂的制度之一，其乃主管機關有鑑於公司股東會決議與追究董事責任間之微妙關係，不僅難以期待公司自行或由監察人召集股東會決議訴追該董事外，甚至亦無法期待公司法第214條第1項請求監察人為公司對董事提起訴訟之疑慮所致[3]。

當然，吾人簡就1999年6月國際經濟合作發展組織（OECD）所頒布的公司治理原則（OECD Principles of Corporate Governance，2004年修版），呼籲各國政府應正視企業法制對股東權益保護與公平對待股東的兩大議題觀之，相關股東代表訴訟所扮演的角色，不僅是提供遇有權益被侵蝕之股東，得依規定請求損害賠償，實現法律救濟之社會正義外，這亦是一種有效的公司治理手段之一，藉由股東實際的提訴行動，間接落實企業監控與保護股東權益的良策之一[4]。

二、損害與賠償之企業經營責任

在法制的設計上，如同司法是維繫社會正義的必要手段之一，股東代表訴訟制度亦是實現公司治理的最後一道防線；然，如此代表訴訟的立法政策是否亦潛藏著其他非法制上的負面效應，此即一般社會大眾所質疑的，在致力活化股東訴訟法制的同時，反而導致企業經營上決策萎縮之虞？純從法理上演繹，董事乃接受公司委託企業經營職務之人（公司法第192條第4項），甚至是董事會一章程所選任的經理人（公司法第29條第1項、第31條第2項），董事或經理人是被期待為一個有誠信、有企業經營能力、為公司管理事務之人。因此，公司法第23條第1項所明定的損害賠償立法，亦即假設相關企業經營上應具有一般誠實、勤勉而有相當經驗之人的注意能力，如未能盡其注意，所致生的過失是對公司損害賠償之可歸責事由所在；質言之，在法律上的模型，乃不容許企業經營者之過失存在的。問題在於現實的企業經營狀況，恐事與願違，而一般所常見到的，肇因於企業活動的大環境是隱藏眾多非理性的變數，常常無法預測，亦無法假設所選任的董事或經理人，「必然」是一個成功的企業經營者，尤其是在現代企業管理上，所追求的積極創新與企業風險正是最好的寫照。在實務上，股東代表訴訟所追究的是因企業經營者錯誤的經營決策或執行，所致生公司的損失，通常是訴請賠償鉅額的損失；惟如此的鉅額賠償責任，引起社會對企業經營風險與責任的高度重視[5]。

參、企業經營的法律風險——民事法上的損害賠償立法與商業風險

一、股東訴訟與商業判斷原則之適用

　　眾所周知，企業經營的成敗是常常無法預測的，其間隱藏著眾多非理性的變數，進而在公司與企業經營者的委任上亦無法假設所選任的董事或經理人，「必然」是一個成功的企業經營者；尤其是在現代企業管理與經營上，鼓勵企業應勇於積極追求的創新，這創新所創造的榮景，正是企業風險最好的寫照。因此，這在企業法制的建構上，論者認為法律應給予企業經營者更廣泛的商業判斷裁量權，同時縱其企業決策是錯誤的，無法達成原先所預期的目標時，在一定的前提下，仍應減免其在法律上的損害賠償責任；申言之，這在英美法系，尤以美國公司法制的歷史上，隨著社會上自由放任的思潮，發展出減免企業經營者的法律責任與促使發揮企業經營的功效間是必要的，而若能使公司擁有商業上的外在競爭力，這即是為公司帶來最大的利益。當然，倘若公司的經營決策是在董事或經理人的權限範圍之內，該判斷如能證明董事係本於誠信，且依據充分合理的企業資訊，為公司最佳利益所作成的決定，但最後仍不免致生公司營運上的損害或不利之結果，如此對該董事追究其企業經營責任，是否過苛？從而「針對企業經營責任之爭議，法院宜尊重企業經營者的專業判斷，無須介入」的如此立論，終為法院所肯定，此即企業經營者的商業判斷原則之淵源[6]。

　　「商業判斷原則」是美國判例法上「Business Judgment Rule」的譯稱，或譯為經營判斷法則，在美國德拉瓦州最高法院於1985年著名的代表性案例——*Unocal Corp. v. Mesa Petroleum Co.*與*Smith v. Van Gorkom*，相關判決有如下的扼要說明：「The business judgment rule is a presumption that in making a business decision, the directors of a corporation acted on an informed basis, in good faith and in the honest belief that the action taken was in the best interests of the company. ... A hallmark of the business judgment rule is that a court will not substitute its judgment for that of the board if the latter's decision can be attributed to any rational business purpose.」[7]；另依*Smith v. Van Gorkom*判決，承審法官認爲檢驗符合商業判斷原則的準則有五項，即董事的行爲應該符合如下：

1. act in good faith（誠信）；
2. act in the best interests of the corporation（符合公司最佳利益）；
3. act on an informed basis（充分資訊的基礎）；
4. not be wasteful（符合經濟的或不浪費）；
5. not involve self-interest（不涉及自己利益）。

當然，在美國司法實務上，一般指稱忠誠義務的概念（Duty of Loyalty Concept），因而被認爲在這「不涉及自己利益」一點上，具有重要性[8]。依德拉瓦州最高法院Randy J. Holland法官的說明，其法院肯定商業判斷原則的意義，在於「公司訴訟所涉股東質疑董事會之不當企業決策，乃是致生公司受損原因之所在，該州法院認爲若屬無利害關係之董事，誠實且謹愼評估企業活動事項之相對風險與報酬，這即是對公司、對股東利益之最大化之商業判斷」[9]。惟商業判斷原則在訴訟程序上，並非「董事的行爲標準」，而是「司法機關應否審查董事行爲的基準」，並藉此避免事後諸葛，重予評斷公司負責人當初所爲的經營決定；質言之，使公司擁有商業上的外在競爭力，即是爲公司帶來最大的利益，倘若公司的經營決策是在董事或經理人的權限範圍之內，該判斷如能證明董事係本於誠信，且依據充分合理的企業資訊，爲公司最佳利益所作成的決定，但最後仍不免致生公司營運上的損害或不利之結果，如此對該董事追究其企業經營責任，是否過苛？從而「針對企業經營責任之爭議，法院宜尊重企業經營者的專業判斷，無須介入」的如此立論，終爲法院所肯定，此即企業經營者的商業判斷原則之淵源[10]。

　　當然，論者謂美國法制上的商業判斷原則是衡平企業管理與法律秩序的一種再思維；然，就其法理內涵，實寓有促進企業積極進取，容許在公司經營上或多或少的冒險，但其與股東責任風險間，如何取得衡平的模式基礎，形成司法實務上的共識，尊重企業經營的專業判斷，緩和公司營運上錯誤與嚴格的法律責任追究，試以減低法律對企業經營的負面牽制效果[11]。就此，雖然股東所選任的企業經營者是董事，並將企業經營權委任於董事，因而董事在法理上當然負有企業經營的最終責任，但商業判斷原則立論，其主張的依據是反射於股東之企業所有人，與其他股東共同承受企業的風險，所選任董事並無使該董事的企業行為一定成功之假設。職是，美國法上的商業判斷原則，是衍生於股東代表公司訴追董事的經營責任模型，針對錯誤的經營決策與企業行為，而致生公司損害者，先推定該董事是誠信的，基於企業經營上的充分資訊所做成之判斷，原告如無反證推翻時，即應尊重董事的判斷，公司經營上的損害則應由股東自行承擔，進而否定董事對公司的賠償責任[12]。

　　相較於歐陸法系之於「商業判斷原則」的認識與理解，此美國判例法上的「商業判斷原則」（Business Judgment Rule，或譯經營判斷原則），充作衡平企業管理與法律秩序的一種新觀念。就商業判斷原則的法理內涵，其寓有促進企業積極進取，容許在公司經營上或多或少的冒險，但其與股東責任風險間，如何取得衡平的模式基礎，形成司法實務上的共識，尊重企業經營的專業判斷，緩和公司營運上錯誤與嚴格的法律責任追究？簡言之，就美國司法實務上所肯定的商業判斷原則，作為推定企業經營者的判斷或決策是誠信、合理的假設，而司法判決是不予介入的，除非是原告提出可資證明，足以推翻該假設。

二、股東訴訟與企業經營責任之減免 —— 合理務實調整損害 與賠償責任間的關聯性

在美國判例法上的商業判斷原則，傳統上用於保護董事，以免於其特定的商業上決定，導致公司的損失時，因而可能的賠償責任，其可當作爲董事爲其決策而負責任的保護傘。若商業判斷原則有適用，對於董事的決策，法院即不應該干涉或者扮演事後諸葛；反之，如商業判斷原則不適用，法院對董事的決策，即應就其對公司及公司的少數股東之內，在公平性詳細審查。作爲程序上問題，商業判斷原則擔任一項可反證推翻的推定（rebuttable Presumption; widerlegbare Vermutung）[13]；惟相對於上述商業判斷原則，就企業經營之法律風險控管的另一種立法，即是務實的妥協，承認損害賠償責任與否得以減免的思考。這實際的案例，例如發生在日本1999年大阪地院大和銀行判決一案，此即大和銀行的股東提起代表訴訟案[14]，因董事會違反法令之企業經營決策，導致公司高達十一億美元的鉅額損失，訴請董事賠償之主張被大阪地方法院所採，依商法第266條第1項董事連帶賠償責任之規定，諭知大和銀行相關董事鉅額賠償之判決，但如此的判決是否逾越董事的賠償能力範圍，在企業界引起相當的爭議；當然，如此的董事責任是否包括所謂的外部董事？若是一體適用，恐又將造成另一波的震撼。

從董事賠償責任的務實面觀之，在法理上是否應設有董事賠償責任之合理限額，以符合董事接受公司委託經營與風險之比例原則？同時，相關董事賠償責任，是否在技術上得以分割，以緩和現行法上嚴格的連帶賠償共同責任制？[15]這個議題，論者質疑董事之企業經營責任，其價值判斷是否必然等同於民法上侵權行爲之損害賠償責任概念？就此，有謂若是因董事之經營決策錯誤，所導致的董事賠償責任，其責任範圍應考量企業從事活動之風險與董事所獲得之報酬間，合理計算該董事責任之賠償限額；否則如依一般民法上賠償責任之立法思維，恐將董事之企

業經營責任導向一種不合比例原則，萬一造成悲劇式的結果，反而是不利於企業積極的開創新局，保守的企業經營，不僅無法提升現代有效的企業經營，亦因此造成企業延攬經營長才的困境，嚴格的法律責任恐將使部分的企業深陷泥淖，無法展開，不見得對企業發展是有益的[16]。

(一)合理限縮企業經營的賠償責任

■ 依企業自治的調整設計

相較於美國德拉瓦州公司法第102條b項第7款明文規定公司章程得規定限制董事責任之事項，即允許董事因違反信賴義務（Fiduciary Duty），致生對公司或對股東之損害賠償責任時，得依章程規定予以排除或限制之。但有下列情事之一者，則不在此限：(1)董事係違反忠實義務，對公司或對股東之責任；(2)董事非善意的或有意識的違法作為或不作為；(3)董事違反第174條所規定之事項（違法的盈餘分派、收買或償還股份等）；(4)董事個人取得不當利益之交易行為[17]。日本商法第266條第7項與第12項（會社法425-427條），亦分別明文規定董事賠償責任之最高限額制度：

(1)股東會決議減輕董事責任範圍

日本商法第266條第7項（會社法第425條）規定董事執行職務違反法令或章程，致生公司損害時，若係善意或無重大過失者，依股東會之別決議得減輕董事之賠償責任，惟其所免除董事責任之額度，設有上限，即得以減輕董事責任之計算，係從董事應負責損害賠償總額扣除法定額度後之餘額為上限。例如，一般董事之法定額度，最高為一會計年度報酬額之4倍，代表董事為年報酬之6倍，亦即扣除董事年薪之4倍或代表董事年薪之6倍後之餘額，始為公司得免除董事賠償責任之最高限額[18]；易言之，依股東會決議減輕董事賠償責任，即便有免除董事部分責任之效果，但亦限制該董事至少應負年報酬額4倍或6倍之損害賠償責

任。

惟相關上述股東會決議減免董事責任之事項，日本商法第266條第9項（會社法第425條）亦要求其前提是經公司監察之同意，使得認為有減輕董事賠償責任之必要，且得以減輕責任之事由亦排除董事故意或重大過失之行為，當然如違法的盈餘分派、董事與公司間之自我交易行為，乃至於違反忠實義務所致生對公司之損害賠償責任，亦不得免除之。

(2)章程授權董事會決議之減輕董事責任範圍

日本商法第266條第12項（會社法第426條）亦明文相關上述部分免除董事責任制度，如章程特別訂有授權董事會「於就該責任發生之原因、事實，並考量董事執行職務之狀況及其他情事後，認為有必要時，依其決議部分免除該董事責任」之規定者，得直接依董事會之決議，是否減輕該董事之損害賠償責任。依董事會決議限制董事責任規定，其部分免除賠償額度與商法第266條第7項的範圍相同，且在程序上亦應先經過監察人同意之先行要件，使得提案至董事會議決之；惟基於本條項所作成限制董事賠償責任之董事會決議，依法應即通知股東，其所減輕董事責任之事實、理由、部分減免額度及其計算基準等依據，倘於指定期間內，遇有超過百分之三的股東提出異議時，則上述董事會決議不生效力（商法第266條第15項，現會社法第425條）。

(二)依法律所定的責任範圍

一是外部董事之職權設計觀之，外部董事或獨立董事之於企業經營的角色安排，截然不同於一般的董事。理所當然的，董事在法律上因違反法令所致生的企業經營責任態樣，將因之間的角色差異而有所不同是吾人所理解得到，但依現行法，就企業經營責任的原則係所有董事的共同責任設計，是否因此剛好造成股東變相「利用」代表訴訟制度，向企

業經營者請求損害賠償的誘因之一。

二是關於企業經營與董事責任分割的議題上，例如，日本商法第266條第17項（會社法第425條）特別明文代表董事之限制責任不同於一般無代表公司權限的董事，前者是年報酬額的6倍，後者為4倍，而同條第18項（會社法第425條）亦規定外部董事的限制責任，不同於上述董事責任的最高限額；關於外部董事之責任制度，如上所述，公司得以部分免除之，基本上是以其年度報酬額之2倍為限，且公司與外部董事的責任限制應依章程規定為限，以契約約定的方式為之，為該外部董事如有擔任該公司之子公司董事時，則該契約失其效力。雖然如此的立法例，有助於局部實現董事責任分割法理之主張，但論者亦有謂其立法政策上係在於考量外部董事的到職意願，而特別明文減輕外部董事責任相較於一般董事企業經營共同責任之高風險。

肆、檢討與分析──外國法制發展對我國法的影響

一、適用商業判斷原則

相關商業判斷原則之適用於股東代表訴訟制度，亦謂為美國法制上的一個特色；申言之，股東代表訴訟制度雖是活化公司監控的一種利器，但亦因寬鬆的立法政策，導致美國股東代表訴訟的氾濫，企業經營者為此不僅疲於奔命，浪費公司在應訴上的時間，甚而重挫企業勇於營新、接受挑戰的士氣。如法院能尊重上述董事在職權範圍內的商業判斷，其結果當然是抑減無制約的訴追企業經營責任之效。雖著名的 *Smith v. Von Gorkom* 案，肯定企業經營者賠償責任的判決[19]，但在法院肯定適用商業判斷原則之前提下，其亦僅屬鳳毛麟角之特例而已[20]。惟就商業判斷原則，我國司法判決其實不多，但新近似乎有增加的趨勢，如前所列舉。依司法院法學資料全文檢索全國各級法院判決，其中較具

體、詳細的，如本文所列三個判決，但其對適用商業判斷原則的推定效果與民事舉證責任之司法態度，似與美國法院裁判呈現不同之見解：

一是臺北地院92年度訴字第4844號民事判決的「陸特公司案」[21]，承審法官明白表示，美國法上的商業判斷原則是不適用於我國現行法的規定。其謂程序法上的推定免責，應以法律明文規定者為限，即相關我國公司法並無推定免責的規定，不能採用美國判例法上的商業判斷原則；若認為有該法則適用，而使被告等人可推定為善意且對公司經營已有相當的注意，仍應按原告的舉證情形，分別予以審酌，因而否定美國法上的商業判斷原則，直接適用於我國現行的民事訴訟程序。

二是臺北地院93年度重訴字第144號民事判決的「中工電訊案」[22]，以及臺南地院96年度金字第1號民事判決的「官田鋼鐵案」[23]。就此兩件判決，前者「中工電訊案」的承審法官，則積極肯定商業判斷原則於我國法上的適用，就董事的企業經營責任議題上，本案承審法官認為我國法在判斷公司負責人所為的營業決策，是否符合商業判斷原則，可採取與美國法院所持的相同標準，亦即「1.限於經營決定（a business decision）；2.不具個人利害關係且獨立判斷（disinterested and independence）；3.盡注意義務（due care）；4.善意（good faith）[24]；5.未濫用裁量權（no abuse of discretion）」之要件該當時，適用美國判例法上的商業判斷原則，乃我國本土案例的第一宗，不同於先前的「陸特公司案」判決。相較於後者的「官田鋼鐵案」，承審的臺南地院法官雖無特別表示商業判斷原則與否適用於我國法的見解，但直接否定此個案是不適用的，即該案被告「為有利公司」而決議轉投資設立公司的行為，不得援引美國判例法上商業判斷原則，藉以「推定」「免責」之辯護。

持平而論，從上述的判決，觀察我國司法實務是從積極否定、消極不否定，到積極肯定的態度均有，此乃近年國內學者相繼介紹美國法制的具體影響；在經營法制上，如此「推定」效果的商業判斷原則，亦不啻是一種「正面」務實的面對企業經營，而這將是日後促使公司負責

人更積極有為、勇於承擔經濟活動風險，開創事業新局，有助於釐清企業經營裁量與法制規範間的灰色地帶[25]。的確，我國實務見解似與美國司法判決不一，這如德拉瓦州最高法院Randy J. Holland法官所述，當此「商業判斷原則」的假設推定，被原告舉證推翻時，法院所再審究的是系爭交易的公平性原則，始由被告董事負責舉證。惟就此商業判斷原則與程序訴訟法上的舉證責任，似宜透過民事訴訟法的學理論證，以明商業判斷原則推定的假設及其舉證責任的分配，是否合理。

二、責任減免、限額與分割的新思維

我國現行法不僅將公司業務的決策與執行委由董事會，公司法第193條第2項亦明文規定董事會之決議，如違法令、章程及股東會決議而致公司受有損害者，參與決議之董事，對公司負損害賠償之責，但經表示異議之董事，有紀錄或書面聲明可資證明者免其責任。這是一種集團的企業決策制，因此所致生的公司損害，參與決議之董事全體，依公司法第193條第2項規定，負損害賠償之責，其性質應屬於董事的共同責任設計之一。當然，就上述如此共同責任的規定，吾人不難理解到，其係為強化保護受害相對人求償效果的特別設計；易言之，藉由共同的團體責任制度，例如所謂連帶責任即為典型，其效力即為民法第272條所規定者乃各債務人對債權人負全部給付之責任。

然，如此之共同責任制於董事之企業經營責任部分，是否致生董事責任過重而失衡的現象？雖在我國股東代表訴訟案件不多，且亦鮮見任何追究董事企業經營責任之實例[26]，但於重視股東權保護的今日，追究董事的企業經營責任，恐無法再將之視為杞人憂天的想法。惟在思考企業經營過失與董事賠償責任之調整，就企業自治與股東同意免除董事責任的議題上，民法第343條明文債權人，向債務人表示免除債務之意思者，其債之關係消滅的規定觀之，公司得基於如此拋棄債權之意思表

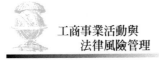

示，免除債務人即董事之賠償責任，以緩和嚴格的企業責任追究。至於公司與董事間之責任免除契約，在法理上，一般認為使公司負擔免除董事因企業經營上過失所致生的損害賠償責任，依契約自由原則，以減輕董事之企業經營責任，亦非法律所明文禁止之謂。

相關公司免除董事責任是單方之意思表示？亦或是契約的意思表示？或有爭議之處。惟論其形成的機制，在理論上本於股東會是公司最高意思機關的設計，應由股東會決定是否免除董事之企業經營責任，但公司法第202條亦特別明文公司業務之執行，除公司法或章程規定應由股東會決議之事項外，均應由董事會決議行之；換言之，凡屬公司業務執行之事項，原則上理應由董事會決定之，然，相關董事會免除董事責任的不妥處在於董事會為董事自己決定責任免除與否，性質上屬於董事自己交易的行為，實為一種典型的利益衝突樣態。相較於公司法第196條規定董事之報酬，其未經章程明訂者，應由股東會議定之，其間的道理不難理解；當然，我國法未明文規定，或屬於立法上的闕漏之一。其次是承上所述，公司如依股東會決議，決定是否免除董事之賠償責任者，依我國公司法第174條所明文係「股東會之決議，除本法另有規定外，應有代表已發行股份總數過半數股東出席，以出席股東表決權過半數之同意行之」的多數決機制，惟其如此所凸顯的問題不僅是在我國實務上，如論者所指是否由公司大股東結合人頭持股的優勢，將可藉股東會的多數決，免除董事責任之浮濫外，尚且就多數決的免除董事責任機制，其與股東代表訴訟的少數股東權，甚至是單獨股東權之於代表公司追究董事責任制度的立法設計間，在某種意義上是相互衝突的[27]。

職是，針對上述法制的矛盾，我國實應有一套明確的立法，較為妥當。惟依法理嚴格言之，如我國法所承認股東代表訴訟制度，一旦有股東提起代表訴訟追究董事責任時，公司則不宜有免除該董事責任的意思表示，反之亦同，即公司如已免除董事責任之意思表示時，則不宜有為公司代為提起訴訟，追究董事責任之謂[28]。當然，如日本商法第266條

第5項（會社法第424條）「股東全體同意」之規定，的確與股東代表訴訟制度的立法制度得以相配合，但其門檻過高，在企業自治與調整經營者責任之實踐上，恐或遺有再檢討的空間。

　　※　本文是2012年中國法學會法律諮詢中心、中華法律風險管理學會與國立中興大學共同主辦「2012年度法律風險管理論壇（興大場）」的報告。

參考文獻

一、中文（依作者姓名筆劃排列）

(一)專書（包括譯著、論文集等）

1. 柯芳枝，公司法論（下），五版，三民書局，2003年3月。

2. 柯菊，「股份有限公司股東之代表訴訟」（「公司法論集」論文集），初版，臺大法學叢書，1996年4月。

3. 施茂林等十一人，商業判斷原則與企業經營責任，初版，新學林出版，2011年12月。

4. 廖大穎，論公司治理的核心設計與股東權之保護──分析股東代表訴訟之法理（收錄於「邁入21世紀之民事法學研究」論文集），初版，元照出版，2006年7月。

5. 廖大穎，企業經營與董事責任之追究（收錄於「公司制度與企業組織設計之法理」），初版，新學林出版，2009年1月。

6. 劉連煜，公司經營者之裁量權與公司社會責任（收錄於「公司監控與公司社會責任」），初版，五南圖書，1995年9月。

7. 劉連煜，董事責任與經營判斷法則之運用（收錄於「公司法理論與判決研究（五）」），初版，元照出版，2009年4月。

(二)期刊論文（包括學位論文、研討會論文等）

1. Randy J. Holland，劉怡婷翻譯、王文宇審訂，An Introduction to Delaware Corporation Law Directors'Fiduciary Duties，月旦民商法雜誌，第19期，2008年4月，頁92-110。

2. 李維心，從實務觀點談商業判斷法則之引進，中原財經法學，第22期，頁129-211。

3. 林國彬，董事忠誠義務與司法審查標準之研究──以美國德拉瓦州公司法為主要範圍，政大法學評論，第100期，頁135-214。

4. 邵慶平，代表訴訟的復活之外——投保法第十條之一增訂後可能的意義與思考，2013年12月16日，政大公司治理法律研究中心主辦，2013年公司治理法制學術研討會。

5. 洪令家，以投保法第十條之一為中心論我國股東權保障，2013年12月16日，政大公司治理法律研究中心主辦，2013年公司治理法制學術研討會。

6. 陳錦隆，美國法上董事「經營判斷法則」之概說（一），會計研究月刊，第194期，頁69-75。

7. 陳錦隆，美國法上董事「經營判斷法則」之概說（二），會計研究月刊，第195期，頁125-130。

8. 陳錦隆，美國法上董事「經營判斷法則」之概說（三），會計研究月刊，第196期，頁133-139。

9. 陳碩甫，英美法商業判斷法則概述，萬國法律，第158期，頁40-46。

10. 陳啓垂、廖大穎，論我國法適用「商業判斷原則」與舉證責任之分配，興大法學，第9期，頁1-48。

11. 曾宛如，我國代位訴訟之實際功能與未來發展——思考上的盲點，台灣法學雜誌，第159期，頁27-33。

12. 葉銀華等，「公司治理與金融監管之界線」綜合座談會議記錄，台灣本土法學特刊，101特刊期，2007年12月，頁100-110。

13. 廖大穎，企業經營與董事責任之追究——檢討我國公司法上股東代表訴訟制度，經社法制論叢，第37期，頁103-151。

14. 廖大穎，論證券投資人保護機構之股東代表訴訟新制，月旦民商法雜誌，第32期，頁5-20。

15. 戴志傑，公司法上「經營判斷法則」之研究，月旦法學雜誌，第106期，頁157-176。

公司治理與企業經營責任的風險管控——股東代表訴訟與董事責任議題初探

二、英文

(一)書籍

1. Robert C. Clark, Corporate Law (1986).

2. James D. Cox & Thomas L. Hazen & F. Hodge O'Neal, Corporations (I) (1995).

3. Robert W. Hamilton, The Law Of Corpoations (5th ed., 2000).

(二)期刊論文

1. Alfred F. Conard, *A Behavioral Analysis of Directors' Liability for Negligence*, Duke Law Journal Vol. 1972, No. 5 (1972).

2. Audrey A. Wakeling, *A Proposal to Limit the Civil Liability of Corporate Directors and Officers*, 1976 Ins. L. J. 608 (1976).

3. Bernard Black & Brian Cheffins & Michael Klausner, *Outsider Director Liability*, 58 STAN. L. REV. 1055, 1060 (2006).

三、日文

‧書籍

1. 大隅健一郎、今井宏，會社法論（中），有斐閣，1992年。

2. 龍田節，會社法，有斐閣，2003年。

註 釋

1 廖大穎，「企業經營與董事責任之追究——檢討我國公司法上股東代表訴訟制度」，經社法制論叢第37期103頁。

2 關於公司法上的股東代表訴訟制度，源於民國55年公司法部分條文修正草案，增訂第214條的立法說明，謂其乃參酌美國與日本股東代表訴訟之立法例，請參閱立法院公報第37會期第13期180頁；繼而於民國90年公司法部分條文修正時，調整百分之十股東請求監察人對董事提起訴訟之門檻，改為現行的百分之三；民國90年公司法部分條文修正第214條，請參閱商業司「公司法及修正條文對照表」（經濟部，2002年）119頁。

惟令人矚目的是民國98年證券投資人保護法（證券投資人及期貨交易人保護法）第10條之1增訂保護機構辦理業務時，發現上市或上櫃公司之董事或監察人執行業務，有重大損害公司之行為或違反法令或章程之重大事項，得依規定為公司對董事或監察人，提起訴訟等規定。相關立法說明，請參閱立法院公報第98卷第24期188頁；就此，保護機構的股東代表訴訟制度的法理上分析，請參閱曾宛如，「我國代位訴訟之實際功能與未來發展——思考上的盲點」，台灣法學雜誌第159期31頁；廖大穎，「論證券投資人保護機構之股東代表訴訟新制」，月旦民商法雜誌第32期10頁。而相關保護機構的實作檢討，請參閱邵慶平，「代表訴訟的復活之外——投保法第十條之一增訂後可能的意義與思考」；洪令家，「以投保法第十條之一為中心論我國股東權保障」會議論文，發表於2013年12月16日政大公司治理法律研究中心主辦的2013年公司治理法制學術研討會。

3 柯芳枝，公司法論（下）（三民書局，2003年），286頁。柯菊，「股份有限公司股東之代表訴訟」，公司法論集（臺大法學叢

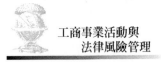
書，1996年），78頁，陳指公司監察人和董事間，在職務上接觸頻繁，關係密切，恐礙於情面，或原與董事朋比為好等，恐亦不能期待監察人為公司提起訴訟之謂。

4　廖大穎，「論公司治理的核心設計與股東權之保護──分析股東代表訴訟之法理」，邁入21世紀之民事法學研究（元照出版，2006年），391頁。

5　廖大穎，前揭註1，頁103。

6　相關我國企業經營者的商業判斷與董事責任的議題，請參閱施茂林等十一人《商業判斷原則與企業經營責任》（新學林出版，2012年）一書。

　另，司法實務界部分，如我國各審級的法院判決外，李維心，「從實務觀點談商業判斷法則之引進」，中原財經法學第22期129頁，請參。

7　關於美國法上商業判斷原則（Business Judgment Rule），請參閱Robert C. Clark, Corporate Law (1986), at 123；James D. Cox & Thomas L. Hazen & F. Hodge O'Neal, Corporations (I) (1995), at 10.2；Robert W. Hamilton, The Law of Corporations (5th ed., 2000), at 453等。

8　*Smith v. Van Gorkom* 488 A. 2d 858 (Supreme Court of Delaware, 1985).

9　Randy J. Holland，劉怡婷翻譯，王文宇審訂，An Introduction to Delaware Corporation Law Directors' Fiduciary Duties，月旦民商法雜誌，第19期，2008年4月，頁97。

10　葉銀華等，公司治理與金融監管之界線（座談會），台灣本土法學特刊，2007年12月，頁101（賴源河發言）。

11　廖大穎，企業經營與董事責任之追究，收錄於氏著「公司制度與企業組織設計之法理」，新學林出版，2009年，頁209。

12 相關商業判斷原則的國內文獻介紹，請參閱劉連煜，公司經營者之裁量權與公司社會責任，收錄於氏著「公司監控與公司社會責任」，五南圖書，1995年，頁151；陳錦隆，美國法上董事「經營判斷法則」之概說(一)—(三)，會計研究月刊第194期，頁69；林國彬，董事忠誠義務與司法審查標準之研究——以美國德拉瓦州公司法為主要範圍，政大法學評論第100期，頁51；戴志傑，公司法上「經營判斷法則」之研究，月旦法學雜誌第106期，頁157；陳碩甫，英美法商業判斷法則概述，萬國法律第158期，頁40；劉連煜，董事責任與經營判斷法則之運用，收錄於氏著「公司法理論與判決研究(五)」，元照出版，2009年，頁19。

13 陳啓垂、廖大穎，「論我國法適用『商業判斷原則』與舉證責任之分配」，興大法學第9期第31頁。

14 大和銀行株主代表訴訟，大阪地裁平成12（2000）年9月20日判決，請參閱資料版商事法務199號248頁。如此鉅額的損害賠償，當然是超乎賠償當事人（董監事）之能力以外，最後則是和解收場；據東京新聞2007年2月27日「1995年9月23日大和銀損失、トレーダー米で逮捕、日本企業の隠ぺい体質に厳罰」報導，本事件是被告支付總額2億5000萬日圓和解之結局，http://www.tokyo-np.co.jp/article/economics/anohi/CK2007061502124495.html。

15 例如柯芳枝，公司法論（下）（三民書局，2003年）282頁，認為公司法第193條第2項宜解釋為連帶責任。

16 早在70年代美國公司法學界，例如，Conard, A Behavioral Analysis of Directors' Liability for Neglience, Duke Law Journal (1972) 895; Wakeling, A Proposal to Limit the Civil Liability of Corporate Directors and Officers, Insurance Law Journal（1976）等，主張尋求合理的董事責任。

17 Delaware General Corporation Law, Sec1.02 (b)(7).

18 依日本商法第266條第7項（日本2005年新會社法425條）明文所應扣除董事年度報酬的法定額度，包括該董事於職務關係所獲得之年薪及為遂行職務所得之財產上利益，均屬之；至於例如董事退職金、員工兼任董事時之員工酬勞，甚至是董事之股票選擇權行使部分，因所取得之利益，亦包括在內。

19 *Smith v. Van Gorkom*, 488 A.2d 858 (Del. 1985).

20 See Bernard Black/Brian Cheffins/Michael Klausner, *Outsider Director Liability*, 58 STAN. L. REV. 1055, 1060 (2006).

21 臺北地院92年度訴字第4844號民事判決，參閱司法院法學資料全文檢索，http://jirs.judicial.gov.tw/FJUD/。

22 臺北地院93年度重訴字第144號民事判決，參閱司法院法學資料全文檢索，http://jirs.judicial.gov.tw/FJUD/。

23 臺南地院96年度金字第1號民事判決，參閱司法院法學資料全文檢索，http://jirs.judicial.gov.tw/FJUD/。

24 「good faith」一詞，筆者認為在法律上宜譯為「誠信」，遠較「善意」為妥。

25 陳啓垂、廖大穎，前揭註13，頁16。

26 惟值得矚目的是財團法人證券投資人及期貨交易人保護中心，繼財團法人證券暨期貨市場發展基金會，肩負起提起股東代表訴訟的公益角色，向違法失職的公司董事，請求損害賠償之重責大任，例如，正義食品案、立大農畜案、紐新實業案、楊鐵工廠與南港輪胎案、訊碟科技案、博達科技案等著名訟爭，有待後續觀察。

27 大隅健一郎、今井宏，會社法論（中）（有斐閣，1992年）260頁；龍田節，會社法（有斐閣，2003年）88頁，陳指依股東多數決免除董事責任的機制是得以成立者，股東代表訴訟制度將無任何意義可言。

28 以日本法為例，商法第266條第5項（會社法425條）特別明文公司
免除董事賠償責任之規定，為配合股東代表訴訟制度，日本法嚴
格要求股東全體同意，始得減免該董事對公司之賠償責任。

然，為考量股東代表訴訟制度之於公司監控的設計，提高公司免
除董事責任之門檻，或如上述日本商法所示，如此將是條件相當
嚴苛的規定。

Chapter *3*

公司合法治理與風險規劃——談勞工保護與爭議調解

朱從龍　律師

摘要

勞雇關係的穩定是社會安定、經濟發展的磐石，也是公司治理或事業永續經營的基礎。

本文介紹臺灣之勞資爭議調解程序，以及調解實務常見之實體爭議事項。最後則針對上開常見爭議，提出四項消弭爭議之淺見：(一)依法為勞工投保，(二)擬定合法勞動契約，(三)維護勞工安全，(四)健全內部管理制度。

關鍵詞：勞資爭議調解

壹、緒論

勞雇關係的穩定是社會和經濟發展的磐石，也是公司永續經營的基礎。因此，本文將從公司治理的角度，簡述臺灣勞動法令保障勞工的實體規範，並介紹勞資爭議調解的程序機制，最後提出有關避免勞資爭議風險之規劃意見。

公司治理的範疇，除了公司的管理中樞外，應包括勞工的實質保護與勞雇爭議的解決，因為無論在國際組織所頒布的規範、學者見解及國內法令中，均肯定其為公司合法治理的基礎：

一、依據經濟合作與發展組織（OECD）的定義，公司治理（Corporate Governance）是公司的管理階層、董事會、股東和其他利益相關者（Stakeholders），例如，公司員工或勞工之間，有關管理、監控及合作的整體關係。公司治理提供了一個合乎法令規範的框架，可以用來確立公司的目標、揀選實現目標的措施和監控績效[1]。公司治理的成功，或是經營具有競爭力，應該歸功於全體投資者、員工、勞工、債權人和供應商的聯合貢獻。包括勞工在內「利益相關者」的貢獻，是最有

價值的資源，可以創造富有競爭力和盈利能力的企業。因此，促成公司
與利益相關者之間，共同合作創造財富，才符合公司的長期利益[2]。職
是，一個兼具勞工權益保護與解決爭議機制的公司治理體系，不但能夠
合法有效治理公司，也能為市場經濟的運行提供信心，從而促進經濟成
長。依據OECD的公司治理原則，必須經由制定法律或成立協議，來確
立勞工及其他各個利益相關者所應享有的各項權利，藉以構架公司治理
的框架，並鼓勵公司與利益相關者共同創造財富和工作機會，進而在促
進企業財務的持續穩健性等方面展開積極合作。OECD的成員國，多以
法律（如勞工法、商法、貿易法和破產法）或契約來規範利益相關者的
權利。如果利益相關者的權益，已經有法律的明文保障，則當其權利受
到侵害時，應該要能夠獲得有效賠償。而且此種法律框架和程序應該透
明，並且不妨礙利益相關者進行溝通或取得其權利被侵害時所應得的賠
償。至於在缺乏法律明文規定利益相關者的利益之領域，則公司往往會
向利益相關者作出承諾，以保障其權益。相對地，利益相關者本於對公
司聲譽和經營績效的關心，也常常要求公司肯認其對公司享有更廣泛的
利益。此外，OECD建議公司應建立允許有利於業績提升的員工參與公
司治理的機制。例如，美國及德國實務上有「受僱人參與」（Employee
Participation）之機制，受僱人可以主動參與公司之決策，而非單純被
動接受指示履行職務。

　　二、公司治理之探討，固然一般均著重於公司經營管理階層之誠
信、董事會之組織等，有關公司法及證券交易法之範疇。然而，勞工是
公司生產力的來源，攸關公司之營利，因此，勞工或員工的穩定性、向
心力，自屬公司合法治理所不可忽略的一環。學者亦認為跨國公司治理
的範圍，應包括公司法、證券交易法、稅法及勞工法等剛性法律及柔性
的自律規範[3]。

　　三、依據我國對申請上市公司之審查規範，有關勞工法令之遵循查
核，為廣義合法公司治理之範疇。詳言之，我國公司如欲申請上市，必

須遵守勞工法令，合法執行公司治理。倘若發生重大勞資爭議、重大職業災害等情事，則有不能上市之風險。

臺灣證券交易所股份有限公司有價證券上市審查準則第9條規定：「申請股票上市之發行公司雖符合本準則規定之上市條件，但除有第8、9、10款之任一款情事，本公司應不同意其股票上市外，有下列各款情事之一，經本公司認為不宜上市者，得不同意其股票上市：

(一)遇有證券交易法第156條第1項第1款、第2款所列情事，或其行為有虛偽不實或違法情事，足以影響其上市後之證券價格，而及於市場秩序或損害公益之虞者。

(二)財務或業務未能與他人獨立劃分者。

(三)有足以影響公司財務業務正常營運之重大勞資糾紛或污染環境情事，尚未改善者。……」

而所謂重大勞資糾紛，依據2014年6月18日修正後之「臺灣證券交易所股份有限公司有價證券上市審查準則補充規定」第9條：「本準則第9條第1項第3款所規定『足以影響公司財務業務正常營運之重大勞資糾紛』，係指下列情事之一：

1. 發生重大勞資爭議者。

2. 未依法提撥職工福利金，組織職工福利委員會者；或未依法按月提撥勞工退休準備金專戶儲存者。

3. 因安全衛生設施不良而發生重大職業災害；或違反勞工安全衛生法被處以部分或全部停工者；或設置危險性機械、設備未檢查合格者。但經申請由檢查機構複查合格者，不在此限。

4. 積欠勞工保險保費及滯納金，經依法追訴仍未繳納者。」

職是，注重勞工權益之保護及勞資爭議之調解，顯然已經成為執行公司治理，避免法律風險的重要一環。

貳、勞資爭議調解機制

　　勞資爭議的處理程序[4]，一般有調解、裁決、仲裁或訴訟，究應適用何種處理程序，與爭議事項的性質息息相關。勞資爭議事項的性質，可分為權利事項[5]或調整事項[6]兩種不同的勞資爭議[7]。權利事項的爭議可以調解、裁決、仲裁或訴訟的程序處理[8]，調整事項的爭議則可以調解或仲裁的程序處理[9]。茲就勞資爭議調解機制[10]的法令依據、調解程序及調解效力，介紹如次：

一、法令依據

　　依勞資爭議處理法第9條第1項規定：「勞資爭議當事人申請調解時，應向直轄市或縣（市）主管機關提出調解申請書。」同條第3項規定：「主管機關對於勞資爭議認為必要時，得依職權交付調解，並通知勞資爭議當事人。」準此，發動調解程序之途徑，有由勞方或資方申請調解、或由主管機關依職權交付調解兩種。所謂申請調解（亦稱自願調解），係由爭議當事人（勞工、雇主任何一方均可）向直轄市或縣（市）主管提出調解申請書；至於交付調解，則是主管機關主動依職權將勞資爭議事件交付調解，並通知爭議當事人[11]。勞動部並依勞資爭議處理法第11條第4項訂定勞資爭議調解辦法，規定調解之受理、調解委員之遴聘及義務、調解人之資格、認證及義務、民間受委託調解、及其他應遵行之事項等。

二、調解程序

　　勞資爭議當事人向主管機關申請調解時，得就調解方式進行選擇。調解方式有兩種，一種是組成調解委員會（3或5人之委員會）進行調解，勞資雙方當事人並得自行委任或由主管機關指定調解委員參與調

解。另外一種是由主管機關（或由主管機關所委託之民間團體，例如，勞資關係協會、勞資和諧促進會、促進勞動力品質發展協會或勞雇關係協會等）獨任指定之調解人（單獨1人）進行調解。茲分述如次。

(一)調解委員會之調解[12]

1. 調解委員會之組成

(1)勞資爭議先由勞方或資方向主管機關提出調解申請書。

(2)勞資爭議之調解係由直轄市或縣（市）主管機關及爭議雙方當事人所選任之調解委員所組成的勞資爭議調解委員會負責。

(3)勞資爭議調解委員會設置委員3人至5人，由主管機關自所公布調解委員名冊中指派1人或3人，以及當事人（勞工、雇主）雙方各自選定1人組成，並由直轄市、縣（市）主管機關所指派代表中1人為主席。

2. 調解之程序

(1)主管機關受理勞方或資方向主管機關提出調解申請書後，爭議之當事人（勞工、雇主）應於接到主管機關通知之日起3日內各自選定調解委員，向主管機關具報；逾期不具報者，主管機關得依職權自其所公布之調解委員名冊中代為指定。

(2)勞資爭議調解委員會應於勞資雙方選定調解委員後14日內組成，並立即召開調解委員會議，依委員會議決議指派委員調查事實，除有特殊情形之外，調查委員應於指派後10日內，將調查結果及解決方案於委員會議中提出。

(3)委員進行調查時，主管機關得通知雙方當事人或有關人員到會說明或提出書面說明，或經主管機關同意向爭議事件有關之事業單位調查，爭議當事人對事實調查時為虛偽之說明、拒絕答覆、無正當理由不到會說明或不提說明書者，得經勞工行政主

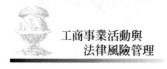
管機關認定後處以罰鍰。

(4)勞資爭議調解委員會應於接到前述調查結果及解決方案後15日內，召開調解會議，但於必要時或經雙方當事人同意者，得延長至7日。

(5)委員應親自出席勞資爭議調解委員會議，不得委任他人代理，調解委員會議應有調解委員過半數出席，始得開會；經出席委員過半數同意，始得決議，作成調解方案。

(6)調解人於調解進行事實調查時如同調解委員會之運作，需經主管機關之通知或同意，並應於開始調解之10日內提出調解方案。

(二)獨任調解人之調解

1. 獨任之調解人，僅主管機關或其所委託之民間團體有選擇或指派之權，故由主管機關指派或由其所委託之民間團體指派調解人進行調解[13]，申請人不得指定或選任調解人。

2. 受指派之獨任調解人應於受指派之日起7日內開始進行調解工作，並應進行事實調查。

三、調解之效力

(一)調解不成立

1. 勞資爭議當事人對於勞資爭議調解委員會之調解方案不同意，或經調解委員會主席召集會議兩次，均不足法定人數，或無法決議作成調解方案時，皆屬調解不成立[14]。

2. 調解不成立之爭議，若是「權利事項」者，得循司法程序向管轄法院提起訴訟或依仲裁法之仲裁解決。

(二)調解成立

1. 勞資爭議當事人對於勞資爭議調解委員會所作成的調解方案表示同意，並在調解記錄上簽名者，調解即成立[15]。且該調解方案之內容，自動成爲爭議當事人間之契約；當事人一方爲勞工團體時，則自動成爲當事人間之團體協約。

2. 勞資爭議經調解成立者，當事人之一方不履行其義務時，他方當事人得向該管轄法院聲請裁定強制執行並暫免繳裁判費及強制執行費[16]。且除有法律規定之情形外[17]，法院不得駁回當事人聲請之強制執行。而若經駁回者，視爲調解不成立[18]。

參、勞資爭議調解事項

勞資爭議事項，依爭議所涉及的事件性質可分爲權利事項或調整事項的勞資爭議，兩者均得經由調解之機制解決紛爭。茲就調解實務上常見勞資爭議之主要實體爭議，介紹如次：

一、勞動契約關係或僱傭關係存在與否

勞動基準法（勞基法）第2條第6項規定，勞動契約：謂約定勞動關係之契約。實務上有些個人或企業主張雇主另有其人，而否認是雇主，或否認與勞工間有勞動契約，此時，調解人除需明瞭法律上「雇主」的定義，並可參考法院認定有無勞動契約之標準，例如，有判決認定勞雇間只要具備部分從屬性，勞務契約縱兼具委任、承攬等契約之性質，亦應屬勞動契約[19]。

實務上也常見終止勞動契約之爭議，而必須探究勞工是否自願離職？雇主解僱勞工是否合法？若勞工並非自願離職，則依據勞基法之規定，雇主或勞工得終止勞動契約的情形主要有下列兩種：

(一)不需經預告而終止勞動契約

有關資方或勞方可以不經預告而終止勞動契約（如由雇主終止，不需支付資遣費）之情形，簡述如次：

1. 雇主（即資方）不需經預告，即得終止勞動契約之條件，規定於勞基法第12條[20]，例如，勞工違反勞動契約或工作規則，情節重大者。所謂情節重大，實務上認為：「屬不確定之法律概念，需勞工違反工作規則[21]之具體事項，客觀上已難期待雇主採用解僱以外之懲處手段而繼續其僱傭關係，且雇主所為之解僱與勞工之違規行為在程度上需屬相當，方屬上開勞基法規定之情節重大。舉凡勞工違規行為之態樣、初次或累次、故意或過失、對雇主及所營事業所生之危險或損失、勞雇間關係之緊密程度、勞工到職時間之久暫等，均為判斷勞工之行為是否達到應予解僱之程度之衡量標準[22]。」

2. 勞工得不經預告而終止勞動契約之條件，規定於勞基法第14條[23]，例如，雇主不依勞動契約給付報酬、違反勞動契約或法令而損害勞工權益者。

(二)需經預告後，始能終止勞動契約

有關勞基法規定：應經過一定期間之預告後，始能終止勞動契約[24]（如由雇主終止，則另需支付資遣費），否則如未經一定期間之預告而立即終止勞動契約者，應給付預告期間之工資（並另需支付資遣費）之情形，簡述如次：

1. 雇主（即資方）必須有法定事由始能終止勞動契約，並且應該經過預告期間之後，始能終止[25]。

2. 勞工不需有法定事由，即能終止勞動契約，但需經預告後終止勞動契約，依據勞基法第15條之規定：「特定性定期契約期限

逾三年者，於屆滿三年後，勞工得終止契約。但應於三十日前預告雇主。不定期契約，勞工終止契約時，應準用第16條第1項規定期間預告雇主。」

二、終止勞動契約關係時之預告工資與資遣費

(一)預告工資

舉凡雇主或公司業務性質變更，有減少勞工之必要，又無適當工作可供安置時；或是勞工對於所擔任之工作卻不能勝任等情形時，雇主得依勞基法第11條預告勞工終止勞動契約[26]，至於預告期間則應依勞基法第16條之規定為之[27]。雇主如未經一定期間之預告而立即終止勞動契約者，應給付預告期間之工資。惟若雇主應預告卻未預告而立即中止勞動契約，其所為解僱之效力如何？有不同之見解，例如，無效說、相對無效說、有效說、勞工選擇權說。惟考量到預告期間之設計係為使勞工有尋找新的就業機會，且勞工在此情形原則上並無所謂的就勞請求權，因此應認為應預告卻未預告的解僱，仍發生立即終止勞動契約的效力[28]。此外，雇主原不得在勞工遭遇職業災害之醫療期間或女工分娩前後應停止工作之期間終止勞動契約[29]；但如因不可抗力致事業不能繼續，經報主管機關核定者，得終止勞動契約，惟仍需依第16條預告終止勞動契約，否則應給付預告期間之工資[30]。

(二)資遣費

雇主或公司於應預告始能終止勞動契約時，應發給勞工資遣費[31]，其資遣費之計算方法，於2005年勞工退休金條例（勞退條例）生效前，係依照勞基法第17條為之[32]。如於2005年勞退條例生效後，則依勞工退休金條例第12條之方法計算[33]。但勞工如係因定期勞動契約期滿而離職者等情事，則雇主無須支付資遣費[34]。

三、工資（加班費）與休假

(一)工資（加班費）

　　勞基法規定工資[35]由勞雇雙方議定之，但不得低於基本工資[36]。工資之給付，由當事人約定，實務上有按月計薪、按日計薪或按件計酬者。原則上，勞工每日正常工作時間不得超過八小時，每兩週工作總時數不得超過八十四小時[37]。如雇主延長勞工工作時間者，需支付加班費[38]。實務上有關工資或加班費之爭議，常係雇主因倒閉而未給付工資，或勞資雙方對於勞工是否確屬加班，工作是否因責任制或業績制，而無須支付加班費之認定不同所導致。

(二)休假

　　勞工每七日中至少應有一日之休息，作為例假。至於每週例假日之外，遇有其他紀念日、勞動節日及其他由中央主管機關規定應放假之日，均應休假，勞基法第36條及第37條定有明文。有關第37條所定其他之紀念日、勞動節日及其他由中央主管機關規定應放假之日，在勞基法施行細則第23條均有明定，每年約有十九日。此外，尚有依工作年資而給予之特別休假[39]。上述勞工例假、休假及特別之休假，應由雇主照給工資。雇主經徵得勞工同意於休假日工作者，工資應加倍發給[40]。但如勞工自願放棄特別休假者，實務上認為不得請求雇主加倍給付工資[41]。

四、職業災害補償

　　所謂職業災害，勞基法雖未定義職業災害，但實務上參酌其他法律之相關規定，例如，職業安全衛生法（即原勞工安全衛生法）第2條第4款之規定：「職業災害：指因勞動場所之建築物、機械、設備、原料、材料、化學品、氣體、蒸氣、粉塵等或作業活動及其他職業上原因引起

之工作者疾病、傷害、失能或死亡」，用以認定職業災害之範疇[42]。職業災害包括職業傷害及職業病在內[43]。

雇主依勞基法第2條第2款之定義：是指僱用勞工之事業主、事業經營之負責人或代表事業主處理有關勞工事務之人。但實務上認為，勞基法第59條有關職業災害補償規定所稱之雇主，應認限於勞工於勞動契約之相對人，亦即僅指同法第2條第2款所謂僱用勞工之事業主，而不包括負責人或代表事業主處理有關勞工事務之人[44]。

五、競業禁止

公司或雇主為保障業務機密或防止競爭者挖角，常與勞工簽署競業禁止協議或條款，因此，實務上常發生競業禁止條款效力之爭議。實務上參酌學說及外國法，有認為競業禁止約定之有效要件，包括：(1)企業或雇主有依競業禁止特約保護之利益存在，即雇主之固有知識、營業秘密確有保護之必要；(2)勞工或員工在原雇主或公司之職務及地位，如無特別技能、技術且職位較低，非企業之主要營業幹部、處於弱勢之勞工，縱離職後至相同或類似業務之企業任職，亦無妨害原雇主營業之可能，此時之競業禁止約定應認拘束勞工轉業自由，乃違反公序良俗而無效；(3)限制勞工就業之對象、期間、區域、職業活動之範圍，需不超逾合理之範疇；(4)需有填補勞工因競業禁止之損害之代償措施等[45]。因此，競業禁止條款若有不符要件者，有被法院認定為無效之風險。

肆、避免勞資爭議風險之規劃

主管機關辦理之勞資爭議調解案件數量有日漸增加之趨勢，例如，臺中市政府勞工局目前即每日均有勞資爭議之調解。實務上，爭議之調解，多數由勞方所申請，所主張之權利多屬於權利事項，但因調解

之受理機關為主管之政府機關，對於違法之公司享有處罰之權利，因此，雇主或公司可能會因為違反勞工保護之法令而受到處罰。因此，雇主或公司應依法規劃有關勞資關係及勞工權益之事項，避免產生勞資爭議之風險。本文謹提出幾項淺見如次。

一、依法為勞工投保

實務上常有勞工因為積欠卡債，擔心受到金融機構或債權人之追償，而與雇主協議不加入勞保，但若發生職業災害或勞動契約終止後，勞工可能向雇主或公司主張權利，因此，公司應依法投保強制性質之就業保險[46]或勞工保險[47]。就業保險之給付包括：(1)失業給付，(2)提早就業獎助津貼，(3)職業訓練生活津貼，(4)育嬰留職停薪津貼，(5)失業之被保險人及隨同被保險人辦理加保之眷屬全民健康保險保險費補助[48]。而勞工保險之給付則包括：(1)普通事故保險：可分為生育、傷病、醫療、殘廢、失業、老年及死亡七種給付；(2)職業災害保險：可分為傷病、醫療、殘廢及死亡四種給付[49]。

二、擬定合法勞動契約

擬定合法勞動契約，是避免勞資爭議風險之有效方法。合法勞動契約必須遵守勞動基準法及其他強制性之勞動法規或勞工保險法規。實務上不符合法令規定之勞動契約，例如，勞工假日不足、以各種名目課扣勞工薪資、加班費、工時過長等，多係由雇主所單方擬定，其常見違法之處，勞基法於2011年6月29日修正公布加重違反勞基法之處罰，因此，雇主或公司應注意規避違法風險。此外，與勞工簽署競業禁止協議時，亦應注意符合協議之有效條件。

三、維護勞工安全

雇主或公司依據職業安全衛生法，於使勞工從事工作時，應在合理可行範圍內，採取必要之預防設備或措施，雇主對於勞工就業場所之通道、地板、階梯或通風、採光、照明、保溫、防濕、休息、避難、急救、醫療及其他為保護勞工健康及安全設備應妥為規劃，並採取必要之措施，使勞工免於發生職業災害[50]。且雇主應依其事業之規模、性質，實施安全衛生管理[51]。雇主違反上述規定者，會受到刑事或行政處罰[52]。

四、健全內部管理制度

良好的公司治理有自律及他律的機制。在自律方面，透過健全公司治理架構、工作規則、申訴管道及嚴謹的審查制度等內部控管機制，除可使公司經營效率最大化外，更可有效地減少勞資爭議，緩解勞資對立。職是，勞資關係如可先透過公司內部之溝通、意見交流、申訴及內部稽核或檢查等等措施，對勞資雙方間之衝突與糾紛，先進行調查、協商與檢討，或許能將勞資雙方的誤解、或者因不了解法規而引起之勞資糾紛，即刻釐清並把握取得共識之契機。因此，健全雇主內部勞工事務管理制度，將使勞資雙方在公司體制內消弭紛爭，既可增進勞資關係，又能節省雙方訴諸他律所必須投入的人力、時間和費用，而且還能防止衝突擴大，更可避免勞工大規模抗爭，耗費社會資源。公司如可透過內部健全之管理及稽核程序，迅速因應公司違法所引起之勞資爭議，亦可避免在被勞工舉發或違法行為，提起訴訟後，面臨遭行政或司法機關處罰或不利判決之風險。

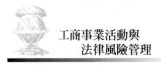

伍、結語

　　勞資爭議調解在實務上能有效紓減訟源，尤其針對小額之勞資爭議，更能充分發揮替代性紛爭解決機制（Alternative Dispute Resolution，簡稱ADR）之功能，節省訴訟所可能消耗的時間、勞力和金錢。勞資關係之健全是公司合法治理之基礎，如能健全相關控管機制並遵守國家法律規範，必能使勞資關係和諧，減少對立，並避免勞資爭議之法律風險。

 註 釋

1 OECD公司治理原則2004，經濟合作與發展組織著，張政軍譯，張春霖校對，頁9，網址：http://www.oecd.org/daf/ca/corporategovernanceprinciples/49200756.pdf，last view:2013/8/15。

2 同前註1，頁26-28。

3 "The transnational law of corporate governance encompasses the hard law that governs the corporation through domestic company law, securities regulation, tax law, or labor law, on the one hand, and the soft law of voluntary codes of conduct, corporate governance codes, human rights codes, and core labor standards, on the other."參閱，< The Parallel Worlds of Corporate Governance and Labor Law>，Peter Zumbansen，頁268，2006年1月1日，網址：http://www.repository.law.indiana.edu/cgi/viewcontent.cgi?article=1327&context=ijgls，last view:2013/8/15。

4 世界各國在處理勞資爭議的方式上各有不同，一般而言，有協調、調解、實情調查、仲裁、訴訟等機制。參閱鄭津津，我國勞資爭議處理制度之現況與檢討，國立中正大學法學集刊第6期，2002年1月，頁69-71。

5 權利事項之勞資爭議乃指勞資雙方當事人基於法令、團體協約、勞動契約之規定所為權利義務之爭議。因解決此種爭議需適用相關法規、勞動契約或團體協約，故又稱為「法律上之爭議」。

6 調整事項之勞資爭議則指勞資雙方當事人對於勞動條件主張繼續維持或變更之爭議。此種爭議係對將來之權益進行調整，故又稱為「利益上之爭議」。

7 參見勞資爭議處理法第5條。

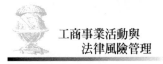
8 參見勞資爭議處理法第6條。

9 參見勞資爭議處理法第7條。

10 依民事訴訟法第403條第1項第8款規定，勞資爭議如係雇用人與受雇人間因僱傭契約發生爭執，於起訴前，除有民事訴訟法第406條第1項所定事由外，應先經法院調解，無該條項所定事由而逕行起訴者，視為調解之聲請（民事訴訟法第424條第1項），係採調解前置主義。

11 參見勞資爭議處理法第9條第3項。

12 參見勞資爭議處理法第9至第17條。舉例言之，臺中市勞工局之勞資爭議聲請人多選擇調解委員會，並多勾選由主管機關指定調解委員。

13 參見勞資爭議處理法第11條第3項。

14 參見勞資爭議處理法第18、19條。

15 參見勞資爭議處理法第17條。

16 參見勞資爭議處理法第37條。

17 參見勞資爭議處理法第38條及第60條。

18 參見勞資爭議處理法第39條。

19 臺灣高等法院101年重勞上字第32號判決：「按勞動基準法所規定之勞動契約，係指當事人之一方，在從屬於他方之關係下，提供職業上之勞動力，而由他方給付報酬之契約，就其內涵言，勞工與雇主間之從屬性，通常具有：(1)人格上從屬性，即受僱人在雇主企業組織內，服從雇主權威，並有接受懲戒或制裁之義務。(2)親自履行，不得使用代理人。(3)經濟上從屬性，即受僱人並不是為自己之營業勞動而是從屬於他人，為該他人之目的而勞動。(4)組織上從屬性，即納入雇方生產組織體系，並與同僚間居於分工合作狀態等項特徵，初與委任契約之受委任人，以處理一定目的之事務，具有獨立之裁量權者迥然不同（最高法院96年度台上字

第2630號判決、81年度台上字第347號判決意旨參照）。至於是否具備使用從屬關係，則需以提供勞務時有無時間、場所之拘束性，以及對勞務給付方法之規制程度，雇主有無一般指揮監督權等為中心，再參酌勞務提供有無代替性，報酬對勞動本身是否具對價性等因素，作一綜合判斷（最高法院97年度台上字第1908號裁定、92年度台上字第2361號判決意旨參照）。又按勞動契約之勞工與雇主間具有使用從屬及指揮監督之關係，勞動契約非僅限於僱傭契約，關於勞務給付之契約，其具有從屬性勞動性質者，縱兼有承攬、委任等性質，亦應屬勞動契約（最高法院89年度台上字第1301號判決意旨參照）。又基於保護勞工之立場，一般就勞動契約關係之成立，均從寬認定，只要有部分從屬性，即應成立（最高法院81年度台上字第347號判決意旨參照）。」

20 「勞工有左列情形之一者，雇主得不經預告終止契約：(1)於訂立勞動契約時為虛偽意思表示，使雇主誤信而有受損害之虞者。(2)對於雇主、雇主家屬、雇主代理人或其他共同工作之勞工，實施暴行或有重大侮辱之行為者。(3)受有期徒刑以上刑之宣告確定，而未諭知緩刑或未准易科罰金者。(4)違反勞動契約或工作規則，情節重大者。(5)故意損耗機器、工具、原料、產品，或其他雇主所有物品，或故意洩漏雇主技術上、營業上之秘密，致雇主受有損害者。(6)無正當理由繼續曠工三日，或一個月內曠工達六日者。雇主依前項第1款、第2款及第4款至第6款規定終止契約者，應自知悉其情形之日起，三十日內為之。」

21 最高法院88年度台上字第1696號判決：「在現代勞務關係中，因企業之規模漸趨龐大，受雇人數超過一定比例者，雇主為提高人事行政管理之效率，節省成本有效從事市場競爭，就工作場所、內容、方式等應注意事項，及受僱人之差勤、退休、撫卹及資遣等各種工作條件，通常訂有共通適用之規範，俾受僱人一體遵循

此規範及工作規則。勞工與雇主間之勞動條件依工作規則之內容而定，有拘束勞工與雇主雙方之效力，而不論勞工是否知悉工作規則之存在及其內容，或是否予以同意，除該工作規則違反法律強制規定或團體協商外，當然成為僱傭契約內容之一部。雇主就工作規則為不利勞工之變更時，原則上不能拘束表示反對之勞工；但其變更具有合理性時，則可拘束表示反對之勞工。」

22 最高法院97年度台上字第2624號判決意旨及臺灣高等法院102年勞上第22號判決參照。

23 勞基法第14條：「有左列情形之一者，勞工得不經預告終止契約：(1)雇主於訂立勞動契約時為虛偽之意思表示，使勞工誤信而有受損害之虞者。(2)雇主、雇主家屬、雇主代理人對於勞工，實施暴行或有重大侮辱之行為者。(3)契約所訂之工作，對於勞工健康有危害之虞，經通知雇主改善而無效果者。(4)雇主、雇主代理人或其他勞工患有惡性傳染病，有傳染之虞者。(5)雇主不依勞動契約給付工作報酬，或對於按件計酬之勞工不供給充分之工作者。(6)雇主違反勞動契約或勞工法令，致有損害勞工權益之虞者。勞工依前項第一款、第六款規定終止契約者，應自知悉其情形之日起，三十日內為之。有第1項第2款或第4款情形，雇主已將該代理人解僱或已將患有惡性傳染病者送醫或解僱，勞工不得終止契約。第17條規定於本條終止契約準用之。」

24 勞基法第11條：「非有左列情事之一者，雇主不得預告勞工終止勞動契約：一、歇業或轉讓時。二、虧損或業務緊縮時。三、不可抗力暫停工作在一個月以上時。四、業務性質變更，有減少勞工之必要，又無適當工作可供安置時。五、勞工對於所擔任之工作確不能勝任時。」

25 勞基法第16條：「雇主依第11條或第13條但書規定終止勞動契約者，其預告期間依左列各款之規定：一、繼續工作三個月以上一

年未滿者，於十日前預告之。二、繼續工作一年以上三年未滿者，於二十日前預告之。三、繼續工作三年以上者，於三十日前預告之。勞工於接到前項預告後，為另謀工作得於工作時間請假外出。其請假時數，每星期不得超過二日之工作時間，請假期間之工資照給。雇主未依第1項規定期間預告而終止契約者，應給付預告期間之工資。」

26 同前註24。

27 同前註25。

28 參閱林更盛，勞動法案例研究(二)，五南圖書，2011年7月，頁324。

29 勞基法第13條：「勞工在第50條規定之停止工作期間或第59條規定之醫療期間，雇主不得終止契約。但雇主因天災、事變或其他不可抗力致事業不能繼續，經報主管機關核定者，不在此限。」

30 同前註25。

31 資遣費之法律性質，約有以下五種學說：(1)失業保險與退休金之補充與替代說，(2)勞工喪失職位之補償說，(3)過渡時期補助說，(4)延期工資說，(5)恩惠性給與說。詳參吳姿慧，我國資遣費給付制度之檢討——以德國「勞動契約終止保護法」與「企業組織法」之規定為參照，中原財經法學第15期，2005年12月，頁12。

32 勞基法第17條：「雇主依前條終止勞動契約者，應依左列規定發給勞工資遣費：一、在同一雇主之事業單位繼續工作，每滿一年發給相當於一個月平均工資之資遣費。二、依前款計算之剩餘月數，或工作未滿一年者，以比例計給之。未滿一個月者以一個月計。」

33 勞退條例第12條：「勞工適用本條例之退休金制度者，適用本條例後之工作年資，於勞動契約依勞動基準法第11條、第13條但書、第14條及第20條或職業災害勞工保護法第23條、第24條規定

終止時，其資遣費由雇主按其工作年資，每滿一年發給二分之一個月之平均工資，未滿一年者，以比例計給；最高以發給六個月平均工資為限，不適用勞動基準法第17條之規定。(第2項)依前項規定計算之資遣費，應於終止勞動契約後三十日內發給。(第3項)選擇繼續適用勞動基準法退休金規定之勞工，其資遣費依同法第17條規定發給。」

34 勞基法第18條：「有左列情形之一者，勞工不得向雇主請求加發預告期間工資及資遣費：一、依第12條或第15條規定終止勞動契約者。二、定期勞動契約期滿離職者。」

35 從勞基法第2條第3款之文義（經常性只是法律例示的一種工資型態）、其立法目的（擴大立法當時狹隘之工資概念）以及體系（勞動契約為雙務契約、工資係勞務之對價）的觀點，認為應以對價性作為主要的標準，僅於對價性不明顯時，方以經常性作為輔助判斷是否為工資的標準。參閱林更盛，勞動法案例研究(二)，五南圖書，2011年7月，頁146。

36 勞基法第21條：「工資由勞雇雙方議定之，但不得低於基本工資。前項基本工資，由中央主管機關設基本工資審議委員會擬訂後，報請行政院核定之。前項基本工資審議委員會之組織及其審議程序等事項，由中央主管機關另以辦法定之。」

37 勞工每日正常工作時間不得超過八小時，每兩週工作總時數不得超過八十四小時。前項正常工作時間，雇主經工會同意，如事業單位無工會者，經勞資會議同意後，得將其兩週內兩日之正常工作時數，分配於其他工作日。其分配於其他工作日之時數，每日不得超過兩小時。但每週工作總時數不得超過四十八小時。第一項正常工作時間，雇主經工會同意，如事業單位無工會者，經勞資會議同意後，得將八週內之正常工作時數加以分配。但每日正常工作時間不得超過八小時，每週工作總時數不得超過四十八小

時。第2項及第3項僅適用於經中央主管機關指定之行業。雇主應置備勞工簽到簿或出勤卡，逐日記載勞工出勤情形。此項簿卡應保存一年。

38 第24條雇主延長勞工工作時間者，其延長工作時間之工資依左列標準加給之：一、延長工作時間在兩小時以內者，按平日每小時工資額加給三分之一以上。二、再延長工作時間在兩小時以內者，按平日每小時工資額加給三分之二以上。三、依第32條第3項規定，延長工作時間者，按平日每小時工資額加倍發給之。

39 勞基法第38條：「勞工在同一雇主或事業單位，繼續工作滿一定期間者，每年應依左列規定給予特別休假：一、一年以上三年未滿者七日。二、三年以上五年未滿者十日。三、五年以上十年未滿者十四日。四、十年以上者，每一年加給一日，加至三十日為止。」

40 勞基法第39條：「第36條所定之例假、第37條所定之休假及第38條所定之特別休假，工資應由雇主照給。雇主經徵得勞工同意於休假日工作者，工資應加倍發給。因季節性關係有趕工必要，經勞工或工會同意照常工作者，亦同。」

41 臺灣高等法院101年度勞上易字第73號民事判決：「按勞動基準法第38條規定，勞工在同一雇主或事業單位，繼續工作滿一定期間者，每年應依一定規定給予特別休假，其目的乃在確保勞工有休息、娛樂以及發揮潛力之機會。因此，勞工在同一雇主或事業單位，繼續工作滿一定期間，始發生特別休假之權利。次按勞基法第39條規定：雇主經徵得勞工同意於休假日工作者，工資應加倍發給。依上開規定可知，如雇主因有工作需要且經勞工同意，始可要求勞工於休假日工作，且工資應加倍給付。特別休假之目的既係在提供勞工休憩之機會，並非用以換取工資，如勞工未依規定休畢應休日數，自屬權利之放棄，不得請求雇主加倍給付

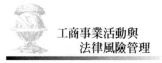

工資。是以，當勞動契約終止時，勞工尚未休完之特別休假，如
係勞工應休能休而不休者，則非屬可歸責於雇主之原因，雇主可
不發給未休完之特別休假日數工資；換言之，勞工因可歸責於自
己之事由而未休假者，即不得請求雇主發給特別休假之不休假工
資，此有行政院勞工委員會82年臺勞動二字第44064號函示意旨可
資參照。」

42 臺灣臺北地方法院101年勞訴字第229號民事判決：「按職業災
害，係指勞工於執行其業務上之工作時，因工作的意外事故，而
致使勞工發生死亡、殘廢、傷害或疾病的災害。惟勞基法第59條
就『職業災害』並未加以定義，依同法第1條後規定：本法未規
定者適用其他法律之規定，則比照勞工安全衛生法第2條第4款之
規定：『本法所稱職業災害，謂勞工就業場所之建築物、設備、
原料、材料、化學物品、氣體、蒸氣、粉塵等或作業活動，及其
他職業上原因引起之勞工疾病、傷害、殘廢或死亡』及勞工安全
衛生法施行細則第3條、第4條規定：『本法所稱就業場所係指於
勞動契約存續中，由雇主所提示，使勞工履行契約提供勞務之場
所；所稱工作場所，係指就業場所中，接受雇主或代理雇主指示
處理有關勞工事務之人所能支配、管理之場所。……』『本法第2
條第4項所稱職業上原因，係指因隨作業活動而衍生，於就業上一
切必要行為及其附隨行為而具相當因果關係者。』所闡明職業災
害之內涵，自得於認定勞動基準法第59條所指職業災害時依法援
用。」

43 臺灣臺北地方法院101年勞訴字第86號民事判決：「按勞工因遭
遇職業災害而致死亡、殘廢、傷害或疾病時，雇主應予以補償，
勞動基準法第59條前段定有明文。是勞工因執行業務所受職業災
害，除職業傷害外並包括職業病在內。而關於職業病之認定，依
勞工保險被保險人因執行職務而致傷病審查準則第19條至第21條

規定，凡勞工因執行職務而罹患中央主管機關依據勞工保險職業病種類表第八類第二項規定核定增列之職業病種類或有害物質所致之疾病，或經行政院勞工委員會職業疾病鑑定委員會鑑定為執行職務所致者，或勞工疾病之促發或惡化與作業有相當因果關係者，均應視為職業病。因此，如勞工罹患疾病或其疾病的促發與執行職務有相當因果關係者，即應屬職業病，雇主依勞動基準法第59條以下規定，即應給與職業災害補償。」

44 臺灣高等法院101年度重勞上字第32號判決：「按勞工因遭遇職業災害而致殘廢或傷害時，雇主應予以補償。而勞工受傷時，雇主應補償其必需之醫療費用。又勞工在醫療中不能工作時，雇主應按其原領工資數額予以補償。但醫療期間屆滿兩年仍未能痊癒，經指定之醫院診斷，審定為喪失原有工作能力，且不合第3款之殘廢給付標的。準此，雇主得一次給付40個月之平均工資後，免除此項工資補償責任。勞工經治療終止後，經指定之醫院診斷，審定其身體遺存殘廢者，雇主應按其平均工資及其殘廢程度，一次給予殘廢補償。殘廢補償標準，依勞工保險條例有關之規定，勞動基準法第59條第1項第1、2、3款定有明文。次按事業單位以其事業招人承攬時，對於交與他人承攬之工作所生職業災害，事業單位、承攬人及中間承攬人，均應與最後承攬人負連帶補償責任，勞動基準法第62條第1項定有明文。又所謂事業單位，依勞工安全衛生法第2條第3項規定，係指『本法適用範圍內僱用勞工從事工作之機構』，依勞動基準法第2條第5款規定，亦係指『適用本法各業僱用勞工從事工作之機構』。又勞動基準法第2條第2款雖明定雇主之定義，謂僱用勞工之事業主、事業經營之負責人或代表事業主處理有關勞工事務之人，亦即採行雇主職能分離之概念，將非屬勞動契約之相對人之『功能性雇主』亦納入。其主要目的不外為使事實上執行、實施雇主權限者，在該定義之範圍內

於有違反勞動基準法情事而應受處罰時，應共同負雇主之責，藉以貫徹勞動基準法藉處罰規定所要達成保護勞工之旨。然尚無由藉此推論除法人外，法人之負責人、代表事業主處理有關勞工事務之人，亦同時為雇主。故解釋勞動基準法各條所謂『雇主』，如非涉及上開目的時，而係基於勞動契約所生之權利、義務關係，則應為目的性限縮解釋，否則將使非屬勞動契約當事人之事業經營負責人、代表事業主處理有關勞工事務之人亦負履行勞動契約之義務，自非所宜。是勞動基準法第59條既係勞工因履行勞動契約而生之職業災害，雇主所負之補償責任，則所謂之雇主，仍應認限於勞工於勞動契約之相對人，亦即僅指同法第2條第2款所謂僱用勞工之事業主，而不及於事業經營之負責人或代表事業主處理有關勞工事務之人。」

45 臺灣臺北地方法院99年勞訴字第4號判決（節錄）：「……就競業禁止約款於何種情況下應認為顯失公平或違反公序良俗而無效一節，我國法上並無明文規定，實務上曾參照學說及外國法，認為競業禁止約定之有效要件，包括：(1)企業或雇主有依競業禁止特約保護之利益存在，即雇主之固有知識、營業秘密確有保護之必要；(2)勞工或員工在原雇主或公司之職務及地位，如無特別技能、技術且職位較低，非企業之主要營業幹部、處於弱勢之勞工，縱離職後至相同或類似業務之企業任職，亦無妨害原雇主營業之可能，此時之競業禁止約定應認拘束勞工轉業自由，乃違反公序良俗而無效；(3)限制勞工就業之對象、期間、區域、職業活動之範圍，需不超逾合理之範疇；(4)需有填補勞工因競業禁止之損害之代償措施等（臺灣高等法院95年度勞上字第32號、臺灣高等法院臺南分院93年度上易字第152號、86年度勞上字第39號判決參照）。德國商法對競業禁止約款設有原則性規定，規定競業禁止約款需以書面為之，雙方簽名各執一份、禁止競業期間每一

年之補償，其數額不得低於員工離職時依約所能取得之報酬之半數，否則該競業禁止之約定無效、雇主需有值得保護之合法正當營業秘密存在，為此而約定競業禁止、於斟酌雇主補償數額下，競業禁止約款所限制之地域、期間、內容應合理相當，不得對勞工之未來發展構成不正當之障礙、競業禁止期間不得逾兩年、不得違反公序良俗、約定者不得為未成年勞工。美國絕大多數州均認為競業禁止係對貿易所加之限制而對競業禁止約款採取較不歡迎之態度，對競業禁止約款之內容進行嚴格審查，除普通法（Common Law）上對契約之審查標準外，法院另發展出各種針對競業禁止約款之審查標準，大致可歸納為以下列三者為核心：(1)限制不得超過保護雇主合法利益之必要範圍（restraint cannot be greater than necessary to protect the employer's legitimate interest），(2)對勞工所造成之不利益超過對雇主之利益（the employer's /interest is not out-weighted by the hardship on the employee），以及(3)對公眾造成損害之可能性（likelihood of injury to the public）。對照上開外國實務、立法例，可知前述我國實務所採審查標準與美國、德國就此問題之處理原則大致相符，惟美國、德國除就約款本身之審查外，尚納入兩造利益權衡與公共政策（public policy）之考量。本院將以上開我國實務向來所採之標準審究本件競業禁止約款之效力，參酌外國實務見解，審查本件競業禁止約款有無違反民法第247條之1第3款而顯失公平，或有無違反民法第72條之情況，以認定其約款之有效性。2.本件競業禁止約款之審查系爭約定書第5.2條內容為：『本人了解若於離職後從事或投資與甲公司營業相同或相類之業務，勢難避免對甲公司構成不公平之競爭，本人特保證自離職日起壹年內不得直接或間接在甲公司及其關係企業所在之國家及地區從事任何與甲公司業務（含計畫中的業務）或其業務有關之事務相競爭之行為，包括但不限於提升、

改善或調整甲公司競爭者競爭力或業務經營之行為，為甲公司競爭者提供勞務，接觸、拜訪甲公司客戶（含交易洽商中之客戶）或向甲公司客戶要約、銷售相同或相類甲公司產品之產品，或向甲公司競爭者銷售或授權與甲公司產品、技術相同或相類之產品或智慧財產權。但經本人具體明確舉證及甲公司核認本人所從事之行為確未與甲公司構成競爭且未利用甲公司營業秘密、智慧財產權及本人從甲公司環境所獲得之知識、工藝或經驗者，則甲公司得以書面免除本人依本項所負之義務。』」

46 就業保險法第5條第1項：「年滿十五歲以上，六十五歲以下之下列受僱勞工，應以其雇主或所屬機構為投保單位，參加本保險為被保險人：一、具中華民國國籍者。二、與在中華民國境內設有戶籍之國民結婚，且獲准居留依法在臺灣地區工作之外國人、大陸地區人民、香港居民或澳門居民。（第2項）前項所列人員有下列情形之一者，不得參加本保險：一、依法應參加公教人員保險或軍人保險。二、已領取勞工保險老年給付或公教人員保險養老給付。三、受僱於依法免辦登記且無核定課稅或依法免辦登記且無統一發票購票證之雇主或機構。（第3項）受僱於兩個以上雇主者，得擇一參加本保險。」

47 勞工保險條例第6條第1項：「年滿十五歲以上，六十歲以下之左列勞工，應以其雇主或所屬團體或所屬機構為投保單位，全部參加勞工保險為被保險人：一、受僱於僱用勞工五人以上之公、民營工廠、礦場、鹽場、農場、牧場、林場、茶場之產業勞工及交通、公用事業之員工。二、受僱於僱用五人以上公司、行號之員工。三、受僱於僱用五人以上之新聞、文化、公益及合作事業之員工。四、依法不得參加公務人員保險或私立學校教職員保險之政府機關及公、私立學校之員工。五、受僱從事漁業生產之勞動者。六、在政府登記有案之職業訓練機構接受訓練者。七、無一

定雇主或自營作業而參加職業工會者。八、無一定雇主或自營作業而參加漁會之甲類會員。（第2項）前項規定，於經主管機關認定其工作性質及環境無礙身心健康之未滿十五歲勞工亦適用之。（第3項）前兩項所稱勞工，包括在職外國籍員工。

48 就業保險法第11條：「（第1項）本保險各種保險給付之請領條件如下：一、失業給付：被保險人於非自願離職辦理退保當日前三年內，保險年資合計滿一年以上，具有工作能力及繼續工作意願，向公立就業服務機構辦理求職登記，自求職登記之日起十四日內仍無法推介就業或安排職業訓練。二、提早就業獎助津貼：符合失業給付請領條件，於失業給付請領期間屆滿前受僱工作，並參加本保險三個月以上。三、職業訓練生活津貼：被保險人非自願離職，向公立就業服務機構辦理求職登記，經公立就業服務機構安排參加全日制職業訓練。四、育嬰留職停薪津貼：被保險人之保險年資合計滿一年以上，子女滿三歲前，依性別工作平等法之規定，辦理育嬰留職停薪。（第2項）被保險人因定期契約屆滿離職，逾一個月未能就業，且離職前一年內，契約期間合計滿六個月以上者，視為非自願離職，並準用前項之規定。」（第3項）本法所稱非自願離職，指被保險人因投保單位關廠、遷廠、休業、解散、破產宣告離職；或因勞動基準法第11條、第13條但書、第14條及第20條規定各款情事之一離職。

49 勞工保險條例第2條參照。

50 參見職業安全衛生法第6條（即原勞工安全衛生法第5條）：「（第1項）雇主對左列事項應有符合標準之必要安全衛生設備：一、防止機械、器具、設備等引起之危害。二、防止爆炸性、發火性等物質引起之危害。三、防止電、熱及其他之能引起之危害。四、防止採石、採掘、裝卸、搬運、堆積及採伐等作業中引起之危害。五、防止有墜落、崩塌等之虞之作業場所引起之

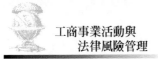

危害。六、防止高壓氣體引起之危害。七、防止原料、材料、氣體、蒸氣、粉塵、溶劑、化學物品、含毒性物質、缺氧空氣、生物病原體等引起之危害。八、防止輻射線、高溫、低溫、超音波、噪音、振動、異常氣壓等引起之危害。九、防止監視儀表、精密作業等引起之危害。十、防止廢氣、廢液、殘渣等廢棄物引起之危害。十一、防止水患、火災等引起之危害。（第2項）雇主對於勞工就業場所之通道、地板、階梯或通風、採光、照明、保溫、防濕、休息、避難、急救、醫療及其他為保護勞工健康及安全設備應妥為規劃，並採取必要之措施。（第3項）前兩項必要之設備及措施等標準，由中央主管機關定之。」

51 職業安全衛生法第23條第1項：「雇主應依其事業之規模、性質，訂定職業安全衛生管理計畫，並設置安全衛生組織、人員，實施安全衛生管理及自動檢查。」

52 職業安全衛生法第45條等條文參照。

Chapter 4

董事法律風險責任
——德國法之分析

陳彥良[*]

摘要

　　本文主要藉由德國相關法制規定，闡述董事的責任與風險，前部分重點在董事相關義務的介紹，尤以經營判斷原則為中心；後部分則對董事風險加以探討，擬於架構中勾勒出完整並最新的董事在德國法制上應受之規範體系，以條理分明方式提供做我國修法及實務之參考。

關鍵詞：董事責任、經營判斷法則、注意義務、忠實義務、D&O保險

壹、前言

　　董事之風險有所謂法律風險、市場風險、聲譽風險等等，但在法學界的討論中，特別是德國董事風險問題是聚焦於董事之責任，即法律上之風險。德國有關董事之責任於股份有限公司規定於德國股份法第93條第1項，該條係對董事會成員之注意義務和責任（Sorgepflicht und Verantwortlichkeit der Vorstandsmitglieder）有詳細之規定。德國股份法第93條第1項第一句規定：「董事會成員執行業務時應負一般認真業務執行人之謹慎注意義務。」若董事未做達到法條上所規定之謹慎注意義務，而損害到公司，必須對公司負損害賠償責任[1]。而股份法第116條規定，監事亦準用股份法第93條之規定，故監事亦等同於董事有其謹慎注意義務[2]。在有限公司對於董事責任則是規定於有限公司法第43條，其要件其實與股份法第93條相似[3]。另外與股份法93條一樣，同時亦應參考德國民法第276條第2項所明文之「行為時所必要有之謹慎注意[4]」之涵義，因彼此內涵相近[5]。而德國學界討論董事風險責任多集中於股份法，因此，本文將主要針對德國股份法第93條討論。

　　股份法第93條第1項規定董事有三個重要義務，即謹慎注意義務（Sorgfaltspflichten）、忠實義務（Treuepflichten）和守密義務（Ver-

schwiegenheitspflichten）。根據通說股份法第93條第1項第一句具有雙重性標準的功能，其一，其為過失之標準；其二，其為概括一般化條款中之客觀行為標準[6]。

我國公司法第23條規定「公司負責人應忠實執行業務並盡善良管理人之注意義務，如有違反致公司受有損害者，負損害賠償責任。公司負責人對於公司業務之執行，如有違反法令致他人受有損害時，對他人應與公司負連帶賠償之責」，其中對於公司負責人規定有忠實義務與善良管理人注意義務[7]。但是德國股份法中並未有明文忠實義務（Treuepflichten），但在實務上仍認為董事對於公司有其忠實義務，其理由在於董事於公司當中居於「機關之地位」（Organstellung），故自然對公司亦負有忠實義務[8]。也就是說，董事經由選任而成為公司法人之機關，此時因其機關之地位而對公司負有義務，而非僅僅為受託人之關係而生之信賴關係所產生之注意與忠實義務。在股份法第88條有關競業禁止之規定，則是忠實義務之明文化[9]及具體化。當然除了法律明文規定外，董事相對於公司有一個對公司忠實和實現公司利益的責任[10]。

依上述股份法第93條規定，董事必須在其委任期間內達到一定程度之忠實和注意義務之標準。此為對董事責任一般性之規定，此規定係源自於1937年舊股份法第84條以及商法典第241條。對於該條之效力不但及於一般選任之董事，亦及於依股份法第85條在急迫狀況下法院依當事人申請所任命之董事會成員，以及依股份法105條第2項監事代理董事會成員之代理董事。

注意義務之要求，首先在於合法執行業務（Rechtsmäßigkeit der Gesäftsführung）之要求。而根據德國公司治理法典DCGK 3.1.4規定，「董事會必須確保法令上之規定均被遵守並使關係企業致力於規範之遵從。」此處之法令所指除股份法外，亦包括競爭法[11]、稅法[12]、環境法[13]等等整體性之法規。另外，注意義務要求有一般業務執行人之標準，即與一般善良管理人標準近似但有程度上之不同，要有正確的領導

和監控公司之業務，其有義務使公司組織上必須制定建立良好的組織系統，使得將來得以即時獲得正確資訊。此於91條第2項便已明文董事會應建立良好之風險管控系統，以完善風險管理和風險控制。此於公司治理法典DCGK 4.1.4明文，「董事會確保企業中之適當的風險管理及風險控制」，也就是說，此處之注意義務包括了有無事前建立風險管控體系。也就是說，此處董事之注意義務與一般民法上之善良管理人注意義務已有不同。特別是董事會係為他人所利用之利他性，且於執行業務時，商事行為較一般民事行為更有其特殊性和技術性，故更需小心謹慎。

董事之注意與忠實義務，特別是在經濟性之業務執行以及領導決策之合目的性（Zweckmäßigkeit der Leitungsentscheidung），董事會所作所為以及處分經營者皆為他人之財產，而非自己之財產，故其不得去浪費、減損公司整體財產價值，不得做出有違公司利益之行為，也不允許在沒有足夠檢驗合理借貸需求的情況下舉債而增加公司負擔[14]。對於善盡企業社會責任之公眾性、慈善性目的之捐款，原則上是允許的，並未違反董事之注意義務，但是仍必須符合企業利益取向[15]。至於對公司完全無利益之捐款得否為之，德國仍有爭議；而且捐款必須係在適當範圍內不得危及公司存續，且不得僅依個人喜好為之，如前所述必須以企業利益[16]為考量。

貳、舉證倒置和少數股東權

此忠實義務與注意義務具有強行法之性質（zwingender Natur），不得以章程、監事會決議，亦或利用委任契約加以免除或做有利於董事會成員之減輕[17]。至於在立法政策的討論上，在董事責任是否得以透過章程加以減輕，依拉丁法諺de lege ferenda原則——法應有之形樣，當然是可用立法論的討論加以立法明文修改，允許以章程減輕[18]。根據德

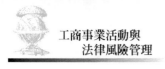
國股份法第92條第2項，若董事會成員違反義務致生公司損失，董事會成員對於公司負有損害賠償之義務[19]。

　　所有董事都有自主之企業決策權限，但都有其界限和義務，此兩者皆不得有所逾越。此項義務亦及於關係企業之中控制公司之董事會成員。有關於從屬公司董事會成員之忠實、注意義務，則是規定在股份法的其他特別條文當中[20]。值得注意者在於股份法第93條第2項第二句之董事之說明責任及舉證責任之倒置，其規定董事對其是否有盡到一般業務執行人之謹慎注意義務和忠實義務負有舉證和說明之義務，也就是說，此說明與舉證的負擔（Darlegungs-und Beweislast）係在於董事[21]，而非提出訴訟之一方。而此處之舉證倒置（Beweislastumkehr）責任不單單在於義務違反（Pflichtverletzung），在有無過失方面（Verschulden）亦包括在內。也就是說，此處在文義上會使得德國董事的法律上之風險大為提升；當然，由另一個面向來看，因董事的企業決策應負之責任加重，對公司也有較大之保障。而德國法界對於此項立法所持見解在於，有關於企業之決策董事相較於外部人或股東，更為清楚瞭解決策過程和事實，所以能對該決策的制定和執行加以清楚述明，故董事必須加以說明和舉證其並未有違反義務或並沒有過失[22]。且立法者為了保障投資人及股東，亦有簡化加速少數股東得以提出訴訟之可能性，故於2005年透過企業完善暨撤銷權現代化法[23]（UMAG），其中做出了不少的變革。該法修訂了股份法，在股份法第148條中對於少數股東提起訴訟加以放寬，其中第1項中有明文，原先規定擁有資本額1%股份之股東方得提出訴訟，但修法後擁有資本額1%股份之股東亦或達到十萬歐元之股東得提出訴訟之申請，此係少數股東訴訟權之規定。但同項第二句第3款有規定，應有存在懷疑之事實係透過不誠實可靠或重大違反法律或破壞章程之情事而造成公司之損害時為限[24]。故此處其實已能對少數股東之濫訴加以限制。而股份法第148條之規定，係取代舊股份法第147條第3項之規定。此項之放寬，係為保障少數股東和投資人，於

第63次德國法律人會議（63. Deutsche Juristentag）中已有所決議[25]，該意見其後亦被德國公司治理法典政府委員會[26]所繼受。其後被放入德國聯邦政府擬改善資本市場法制之十要點計畫（10 Punkt-Programm[27]）當中[28]。

除了董事之一般的注意和忠實義務責任之外，德國股份法亦有明文規定董事會成員和董事會其他具體之董事責任，例如，股份法第83條第2項之規定，「董事會有義務執行股東大會依其職權範圍所決議之措施。」以及股份法第88條之競業禁止，未經監事會允許，其不得經營相關業務行為[29]。董事會應向監事會提出報告，若有重大事項亦應通知監事會主席[30]。

此外，於股份法第91條第2項亦有規定董事會對於建立監控系統應採取適當措施，使能早期發現危及公司存續之情事發展（Früherkennung bestandgefährdender Entwicklungen），此即現今時常提及之風險管控。此項規定係於1998年因透明度加強法（KonTraG）之規定而納入股份法當中[31]；除此之外，股份法第93條亦有規定董事會於公司發生虧損財產不足支付債務及公司支付不能的情形時，董事會之特別義務。以上皆為股份法中明文規定之董事會特別義務，董事會成員有義務和責任加以執行。

除了法律規定之特殊明文規定以及一般的董事責任（§ 93 I AktG）外，董事會也必須遵守股份法中機關分權之規定，以及不得從事超越章程規定經營範圍以外之業務、生產行為，其必須遵守章程之規定從事業務執行行為以及其他機關在其職權範圍內所作成之決議，特別是股東會之決議；反面言之，也就是其不得執行股東會和監事會所做之逾權無效之決議。也就是說，如果董事會之作為係根據股東會合法且有權之決議，即依股份法第83條第2項之規定執行，此時董事會無須負擔任何之責任。惟股東會之決議係違反之決議，此時董事並無法免責，且監事會也無權決議減免董事會之責任。

參、經營判斷原則之明文化

　　德國企業及資本市場法制之現代法的全速發展，可從2003年2月
25日由德國聯邦政府所公布之「加強企業完整和投資人保護措施要點
目錄」（Maßnahmenkatalog zur Stärkung der Unternehmensintegrität und
des Anlegerschutzer）得知，此要點目錄也被簡稱為「十要點計畫」
（10-Punkte-Programm）。所謂十要點計畫內容包括：

1. 董事會及監事會成員對於公司個人責任，即改善股東的訴訟權
   利。

2. 加強改善投資人之集體執行其權益或請求權之可能性，也是加
   重對於董事會或監事會成員因故意或重大過失而給予投資人錯
   誤資本市場資訊的個人責任。

3. 德國公司治理法典之持續發展，特別是有關董事會成員報酬透
   明度之加強，於2003年3月21日之對公司治理法典的修正中，其
   中第4.2條中亦有初步明文規範。

4. 對於內國之會計準則和原則應相對於國際會計準則之發展加以
   調整和修正，以符合國際潮流。

5. 加強會計師及企業內部審計人員之角色。

6. 透過獨立之單位對企業具體會計報表等之合法性監控。

7. 證券及交易所改革的持續進行，以及監理權（Aufsichtrecht）之
   持續發展。

8. 在各級交易市場中對於投資人保護之加強，特別是在有些法
   規較不明確的資本市場（灰色資本市場領域，Graue Kapital-
   markt）。

9. 透過具公信力之財務及評等機構加強對於企業評等、評價之可
   靠性。

10.加重對於資本市場領域中之刑事、民事侵權法規責任。

也就是根據這十個要點，德國進行了一個大規模之企業與資本市場法制的修改與現代化。「股份法」相關法規的修正與變革，特別是公司治理法典持續修正和2005年9月22日「企業完整暨撤銷權現代化法」（UMAG）公布施行後對股份法之改變，其中很重要之部分是機關責任（Organhaftung）和相關之賠償請求權，直接引入了英美法之經營判斷原則（Busniss Jugdment Rule）。德國股份法第92條第1項第二句規定，「當董事基於適當且足夠之資訊理性為公司利益所為之企業決策，此時義務違反（Pflichtverletzung）並不存在。」至於為何引入經營判斷原則，主要因在於其實德國實務界早於1997年已有相關之判決確立此項原則，而非一味仿效美國之制度。而所謂經營判斷原則和董事之行為之準則並不相同，而多是作為司法審閱之標準，而當作有利於董事之原則。依學者之見解，此即於訴訟上，假設董事所作之商業決定係於充分被告知資訊下所作出之決策，即可推定董事係善意相信其決策係為公司最佳利益所為作為[32]。

此項判決即德國極為著名之ARAG案[33]，該案中關係企業（康采爾Konzern）之控制公司其中一員董事（同時為董事會主席），其亦兼任該關係企業外國子公司之經理，係為有代表權之負責人，而這個國外子公司又與一家名聲不好之公司做業務之來往，最後造成該子公司巨大損失。故該公司為此員董事與此一家名聲不好之公司為業務之往來之決策，違反本身應有的注意義務，此時必須賠償公司之損失。德國聯邦最高法院的見解認為，董事在執行公司業務時，仍應有一定行為決策裁量空間，這也是經營公司所必須。在檢視董事之損害賠償責任時，應先認董事會僅有在未有仔細調查事實獲得適當資訊，未依公司利益為依歸，逾越權限，造成企業風險和損害時方得視為義務違反，此時，董事會方有損害賠償之責。

董事會之成員雖有所謂企業裁量決策空間，但是各成員之權利並不

能逾越一定之空間，該判決雖是確立了企業決策裁量空間之存在，但是
並未明文化此空間形成和界限之標準，而僅有抽象的企業決策裁量權之
限制原則。且此處所負之損害賠償責任亦只有在明顯的逾越其應所注意
之範圍，特別是在風險防範極度不足時方有產生之可能，並非做出錯誤
之決策便生損害賠償之責。判斷上在於董事會成員在執行業務的本質上
所「必須」應有的作為卻未行之[34]，此時就較易認定為存在有「義務違
反」。

　　德國股份法第93條第1項第二句所規定之經營判斷原則可以有效降
低董事的風險，使董事在執行業務時能致力追求公司利益，而不會擔心
因決策之錯誤而致生鉅額損害賠償之風險。因為如果董事擔心過大之風
險，反會造成不敢積極任事，但是經營判斷法則所給予之空間僅在於注
意義務的彈性調整空間，只要董事做出符合義務之行為，就有免責之效
果，對於忠實義務而言並無經營判斷原則之適用。另外一問題在於如果
董事過於不敢任事，致生公司利益損失，董事之不作為是否亦有義務違
反之可能性，當不能排除其可能性，但證明上又更為困難，最後造成之
結果反而是公司受害。所以，企業完整暨撤銷權現代化法規定股份法
納入一個具免責效果之規定，將自1997年便已存在之企業裁量空間明文
法，即以股份法第93條第1項第二句規定經營判斷原則。通說認為於該
條中構成要件主要有以下各項：

1. 企業決策（Unternehmerische Enscheidung）

2. 公司利益（Wohl der Gesellschaft）

3. 無過大風險（kein übergroßes Risiko）

4. 基於適當之資訊（auf der angemessener Informationen）
　　以上為經營判斷原則之構成要件，根據絕大多數之見解還要再
　　加上

5. 無利益衝突（frei von Interessenkonflikten）

此項規定也是有再次聲明之意義，因為在聯邦最高法院之判決中

早已多次肯認，董事會成員有一個廣泛的企業行為判斷空間（Spiel-raum），若無此空間之存在，不可能有企業之執行業務作為的可能性。而以往之相關判決亦得作為股份法第93條第1項第二句之具體化案例適用。

董事之作為在符合第93條第1項第二句時，便不存在有所謂義務違反，此處並非認為董事並無過失，而只是說並沒有違反義務。這裡並不是一個舉證責任負擔（Beweislastregel）之規定，而是一個實體法上的法規範。此處僅要達成客觀的義務便符合了第93條第1項第二句之要件要求。法院亦不得對董事之決策過度強調是否具有可達成目的性和效益性加以審查。且不應以同樣之情形下，他性質類似之公司董事所可能採用之決策加以比較作為義務違反之標準，因比較基準難以認定，例如取得資訊有所不同，判斷面向也不一。也因為經營判斷原則之明文化，使得認定股份法第93條第2項之董事損害賠償義務（Schadensersatzpflicht der Vorstandmitglieder）已近同於股份法第84條第3項撤銷對董事之選任，需有重大之事由方有可能成立[35]。經營判斷原則給予了所謂企業決策自由空間（Freiraum），此處所要達到的不單單是一個免責，而是有了一個企業決策之安全港（sicher Hafen）。而立法者所使用之文字亦是有意的運用消極負向文字羅列規範（negative Textfassung），也就是說，如果沒有達到經營判斷法則規定之要件，便存在有義務違反，此時根據股份法第93條第2項第二句，原則上便生舉證責任倒置之效果。

股份法第93條第1項第二句在法釋義學上之理解，其為一個不得以反證否定之法律推定（unwiederlegbare Rechtsvermutung）[36]，只要上述五個構成要件存在，董事便不會面對違反注意義務之法律風險。但是此處並不得作直接的反面解釋，也就是說，若董事達到股份法第93條第1項第二句的五個要件，並不會直接推論出董事已違反注意義務，仍要以個案來判斷之。依第93條第2項第二句之規定，由董事自己舉證並未違反董事責任[37]。以下將就各個要件作進一步的闡述。

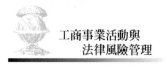
一、企業決策

經營判斷原則係保障董事的企業裁量之可能性，故其僅適用於
「企業決策」。而企業決策所指的是根據一個合乎企業目的性觀點
（nach unternehmerisch Zweckmäßigkeitsgesichtpunkt）所作成之決策，
而在作此決策時，董事有其自由度。而經營判斷原則並不適用在董事所
必須達成董事會任務的義務，例如，股份法第83條（董事會有義務執行
股東會權限內所作成之決議）、第90條（董事會應向監事會進行報告）
等等[38]。此外，董事措施決策亦必須遵守根據法律、章程、任命契約、
業務規則所規定，不得逾越所生界限[39]，以及遵守章程所訂之企業營業
項目（Unternehmengegenstand），上述兩種義務並不存在有裁量，董事
不得恣意爲之。違法之行爲亦不得適用經營判斷原則，但是在法律的適
用上若判斷未違法的多個行爲決策，仍有自由選擇決策之自由。如果是
違反契約義務而侵害到第三人權益之企業決策，仍有可能適用經營判斷
原則[40]。企業決策亦有可能侵害到忠實義務，此時因經營判斷原則僅運
用於注意義務，便不得以符合經營判斷原則五要件而推定董事未有義務
侵害。

二、基於適當之資訊

因條文中規定，董事必須基於適當之資訊而理智的採取有利於公
司利益之作爲。主要是因爲董事作出一個針對符合企業利益未來之決
策，本就是對於將來的臆測，此合理的決策自然必須基於已掌握有必要
（nötig）之資訊。也就是在審查有無符合經營判斷原則時，準備過程
是否周全，取決於有無適當之資訊，此資訊是否充足適當則在於質而非
在於量。此處所稱之資訊，係指董事會在通常執行業務之情形下於作決
策之時間點所應有之資訊，而董事會基於適當資訊所作之決策裁量方爲
合理之決策[41]。另外，適當的資訊亦不用是所有業務執行決策相關情形

的詳盡資料，而是在具體決策情形下，在取得資訊的時間考量、成本考量和運用範圍考量下都有所關照到，此即符合「適當」之構成要件基礎。

三、公司利益及無過大風險

公司利益之要件標準，一般而言在於董事會決策能維持公司存續、促進獲利性之持續、提升公司的價值，此時，董事會之決策便是符合公司利益。而董事會是否應達成獲利極大化之目標，還是有持續性獲利即可？公司根據私法上結構和自治目的，其主要之任務在形成公司與股東之利益，而董事會於經營領導企業時應實現公司營利性之利益，照顧到全體股東利益，股東也必須承受企業風險（Unternehmenrisiko），董事會經營裁量空間也被限縮於其中。董事會在執行經營裁量權時，亦必須保障企業的存續和注意到持續性的獲利[42]。此被稱之為企業存續經營原則，亦或是適當獲利性原則。如果沒有一個安全的穩固經濟基礎地位，公司並無法存活下去。如果公司無法存活，更不用說債權人利益、勞工利益、亦或是股東利益都不可能保障。於德國股份法第91條第2項亦明白的規定董事會應採取適當之措施，特別是設置監控體系，及早發現危害公司存續發展之情形。也就是說，董事會有義務設置風險管理系統以保障企業之永續經營，也是存續保障義務（Bestandssicherungspflicht）的具體化條文，也將組織需求加以具體化[43]。此等存續建立在公司應有長期性的獲利。但是事實上很難去預見何謂對企業具體化長期獲利目標之情形，因為就長期而言，公司之部分作為或至少一些未能獲利之作為，整體而言並不一定會使公司喪失經濟基礎。

短期或長期之獲利極大化（Gewinnmaximierung）與有獲利性（Rentabilität）兩者並不相同。對於獲利最大化之標準，以時間點區分而言，最大獲利係指結算後之盈餘或是用會計估算盈餘也沒有一定的標

準[44]。

　　而德國股份法中所謂之利潤（Gewinn），與利用會計制度技術性計算出之實際利潤數額並未有不同，所以在此等理解之下，並不存在有長期獲利極大化的可能性。因為在會計制度上之利潤都是限制在一年的期間，以一年來結算並編製財務報表，故董事會必須在一年內獲得最多的利潤方符合獲利極大化原則。此處堅持獲利極大化未必是真正有利於公司。也就是說，企業的獲利收關股利之分派，董事會之決策空間必須受到企業獲利性之限縮，但此獲利性應指持續性之獲利，故相對於獲利極大化，董事會則有較大之決策空間。若董事會決策有過大之風險，就算有高獲利之可能性，此時也未必符合公司利益，特別是可能有害於公司之永久存續，故將此等過高風險決策排除於董事決策受經營判斷原則保護特權之外。

　　而真正的審查重點並不僅僅在於基於適當資訊和為公司利益而決策，而是在於允許董事能合理明智的採取適當之決策。特別是在作成決策之時間點的當時，該措施能展現出一般執行業務時所期待之正常決策觀點。董事會基於公司利益，根據經選擇的重要資訊，其決策時即有明確之裁量空間以促進公司利益。

　　至於董事若在作決策時有重大過失，是否仍有經營判斷原則之適用問題，在UMAG的立法草案中，並未將具重大過失之決策完全排除於經營判斷原則之外，但在解釋上若有重大過失，則法院會增加審查強度。特別是經營判斷法則所形成之決策自由特權並非毫無界限，而重大過失就是一個界限，法院會對客觀基準加以嚴格審查，當然對企業經營也會給予一定之彈性。

四、無利益衝突

　　根據德國一般觀點，以美國為借鏡的經營判斷原則必須在董事與公

司無利益衝突時，方有此安全港之適用[45]。再者亦有一個未明文的規範存在，就是董事之行為必須是具有善意而有利於公司利益，若沒有善意之存在，是不可能將本身決策趨進於有利於公司利益之合理正當決策，也就是董事會必須基於善意作出決策。再者在有利益衝突的情形下，是否董事仍能作出能達成公司最佳利益之行為，也是值得懷疑。故在結果上，多數學者仍是將無利益衝突視為經營判斷原則之未明文要件。利益衝突一定是會被拿出來檢驗，這是無庸置疑的。當然，董事於衝突時，商業的判斷是無法完全被排除，但只有在法院極嚴格的審查下，方能確認該決策是否已盡注意之責，以及是否在內容上合理正當，故若有利益衝突之情形，自不適宜適用經營判斷原則而排除法院對實質內容之審查[46]。

肆、忠實義務

董事會成員對公司有忠實義務，法律基礎在於其機關地位（Organstellung）[47]。而一般性規範，係由德國民法242條誠信原則中可得出[48]。股份法第88條之競業禁止原則，董事非經監事會同意不得兼任他公司之董事或業務負責人，亦不得與公司有競業之行為[49]，此是法律的特殊化之具體明文。由此點出發亦可推導出董事對公司有一個概括性的義務，必須忠誠（Loyal）的對待公司，並實現保障公司利益。董事會成員不得因個人私利而濫用其機關地位[50]。特別是在對公司的營業機會（Geschäftchance）不得為私利而擅加利用，或公司營運機會在違反公司利益下讓與第三人。至於有關董事會成員本身與公司之董事任命契約的利益商議，此處，董事並無須對本身的利益加以退讓[51]。除此之外若董事與公司有其他商業關係，則仍必須以公司利益為優先，以保障公司利益。

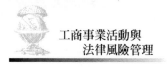

伍、保密義務

根據德國股份法第93條第1項第三句對於廠場（Betrieb）及營業秘密皆有保密之義務，此為法律之強制規定。此保密義務及於所有種類之董事，亦包括法院依德國股份法第104條所指派之董事。此強制規定不得透過章程、董事會運作規則或是任命契約加以限縮。而保密之範圍包括公司內部受信賴保護之業務、內部報告和機密，亦有學者認為此範圍係固定範圍，故亦不得加以擴張。釋義學上可將之歸類於機關體的忠實義務之明文[52]，亦有學者將之納入注意義務的補充[53]。受信賴保護之業務、內部報告並不限於該董事曾有經手，亦包括由第三人蒐集整理而於董事會中曾參考諮詢，該文件亦不用標明「機密文件不准外流」等字樣[54]。

■保密內容和效力

保密義務之期限不單單是限制於任職董事的期間，亦可能在卸職之後亦有其保密義務。保密義務原則上是針對所有人，董事應保密對象包括了股東、勞工和員工代表會等等都有[55]。而董事之間並無保密義務之存在，主要是因董事會為一個合議之機關，若資訊無法共通，則難以作成最妥適之決策。董事對於監事會亦沒有保密義務，理由在於若監事會無法得到充足資訊，就無法達成其監控的功能，也有違公司治理之原則。

除此之外還有其他的例外情形，例如，通說上認為董事對關係企業的控制企業也例外的不用對其保密，根據股份法第311條以下之規定則有其他如適當補償之責任等作配套。董事對於清算人和檢查人亦沒有保密義務。另外在法令規定之情形下，董事也沒有保密義務，特別是在資本市場法制中有關特定公開揭露（ad-hoc Publizität）的規定，例如，證

券交易法第15條之規定，以及證交法第21條以下對利害關係人之通知義務的相關規定[56]。

保密義務與董事是否有意圖利用公司資訊獲取本身利益無關，重點在於董事之緘默義務（Verschwiegenheitspfllicht），而非競業禁止之部分，兩者有很大之不同。

根據一般概括忠實義務亦可導出進一步的保密義務，董事在處理私人取得有關公司之資訊，當此資訊有關公司利益亦應對公司忠實之處理，並非因非由公司工作取得而可任意處置。

當公司的資訊揭露利益存在且此利益較保密利益更重大時，董事得將公司機密和信賴資料加以公開。另外在例外的情形下，董事得爲了法律防禦上爲了保護自己之法律權益而將公司內部資料加以公開，例如在被請求損害賠償之訴訟情形下，亦或是被公司以基於重大理由解任董事之時，都可以運用本身所知之公司內部資料爲自身辯護[57]。

若董事違反保密義務，此時便符合股份法第84條第3項第一句得以解任董事的重大理由，以及得終止該董事之任用契約（德國民法第626條）。若公司因此受到損害，公司亦得根據股份法第93條第2項請求損害賠償。另外，董事若將不得公開之機密公開，根據股份法第404條亦有刑事責任。若該公司爲公開上市公司，若公開了不得公開之內線消息，根據德國證交法第38條第1項第2款結合證交法第14條第1項第2款，該董事亦有刑事責任。

■ 陸、董事對於股東及第三人之責任風險

一般之股東對於董事並不得以股份法第93條第2項爲請求權基礎[58]，因股份法第93條並非德國民法第823條第2項所謂保護股東利益之保護性條款，而董事任命契約其保護效力亦不及於公司之股東，除非是因違反其他保護股東法條致生之損害，股東方得引用民法第823條第2項

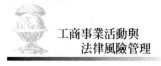

請求損害賠償。在雙重損害（Problem des sog. Doppelshadens）的情形下，公司和股東同時受到損害，股東所受間接之損失，係因公司由於董事不當之業務執行行為受到直接之損害，此時，股東應是向公司請求損害賠償給付，而非直接向董事請求[59]。

至於對於第三人之損害，例如，公司之債權人亦無法由股份法第93條第2項，亦或是民法第823條第2項結合股份法第93條第2項導出損害賠償請求權基礎，因第93條並非保護第三人利益之條款。

董事對於第三人之風險，多在於契約責任，例如，董事在公司的商業契約中擔任保證人，亦或於契約中規定負擔共同清償之責任[60]。另一種情形是如果董事違反了股份法第92條第2項之在公司支付不能之情形下的破產申請義務，致使債權人受到損害，因股份法第92條第2項屬於德國民法第823條第2項之保護第三人利益條款[61]，所以，債權人得以依股份法第92條第2項結合德國民法第823條第2項向董事會成員請求損害賠償。

柒、董事風險的減免和事前防範──D & O保險

如前所述，董事之主要法律責任風險──忠實義務與注意義務，具有強行法之性質，故不得以章程、監事會決議、亦或利用委任契約加以免除或作有利於董事會成員之責任減輕，除非是立法明文允許以章程減輕，故對於董事之風險防範減輕則是要利用保險制度為之。

德國的股份有限公司在近年對於負責人經營階層之財產損害責任義務保險，即所謂的D & O保險（D & O Versicherung）的締結有一直增加之趨勢。德國使用D & O此字眼，係直接援引美國之用法。董事暨高階職員責任保險（Directors' and Officers' Liability Insurance，簡稱D & O責任保險）起源於1929年美國經濟大恐慌所引發之金融危機，而第一張D & O保單是在1930年左右，由英國勞依茲保險人（Lloyd's underwriters）爲一家美國公司所承保，主要係爲因應當時美國華爾街股市全面崩盤後，引發投資人對公司董事或重要職員等提起訴訟，請求賠償投資人損失的浪潮而興起的新興保險產品。而關於D & O責任保險首次於法制上被引進，則在於1933年之證券法及1934年之證券交易法之制定[62]。但是由於當時核保較嚴格且保費亦高昂，加上該保險又相當複雜，是故在市場上並未受到重視。到了1980年代，董事會以及董事之個人責任愈趨增加，其中最爲具體之發展即是董事會與個別董事被訴之可能性大爲提升，且需負擔之責任範圍與程度，亦有愈來愈超越依其股權所應負責任之限度[63]。由於董事被訴所衍生應承擔之財務責任，往往逾越其持股或職權所應擔負之責任限度之外，是故，提供這種保險的保險人一直陸續增加，有些已經試著對D & O責任保險加以分門別類，或依不同地區提供不同的保障。待進入1990年後，D & O責任保險市場始呈現穩定發展現象。而德國對於是否允許該種保險之締結並沒有任何之疑問，特別是該保險並未違反股份法第93條第4項。在學界仍是有一些擔心之處，認爲D & O保險仍是有可能會減弱了對董事的責任風險壓力，使得董事採取作爲時會降低謹慎度[64]。所以基於這個理由，在德國公司治理法典3.8第2項[65]便建議，若公司爲董事會締結D & O保險，董事會成員仍應與公司約定最少由10%之損害數額至固定年薪酬一倍半之損害賠償自負額。而股份法上並無這樣的要求[66]。究竟多高之數額才是所謂適當之自負額也是很難認定。德國實務上之認定大約是認爲15%～100%之間的年酬爲較適當之自負額[67]。

比較有爭論之問題在於，是否可以把此類保險爲股份法第87條中所謂之董事（實物）報酬，而依該條之規定，董事之報酬應由監事會決定。故是否此處如果公司要爲董事保險需有監事會之同意，不得自行決定之。有學者認爲爲公司董事保險仍是對公司有一定之財務負擔，且此處未必不能把D & O保險歸類爲對董事之實物給付報酬，故仍應得到監事會之同意才可以爲董事締結D & O保險[68]。另有學者見解是認爲，D &

O保險並不具有薪酬性質，主要仍是在保障公司的財產利益[69]。此等看法亦為稅務財政機關所接受，公司支付D & O保險費用並不被財政機關當作應有賦稅義務之工資或是個人收入[70]。由此可導出決定是否締結D & O保險之權限在董事會本身，而非在監事會[71]。但是由這個結果是否也能導出董事會亦有可能與董事會成員協議出適當之損害賠償自負額，此時由於有利益衝突之情形，難以期待產生適當之自負額度[72]。此時由於存在明顯的利益衝突情形，故比較好之方式仍應是由董事會決議後，再交由監事會表決。股份法第111條第4項規定，業務執行措施不得移轉由監事會為之，但章程或監事會決議可以規定特定的措施必須經由監事會同意後方得為之。此時由於締結D & O保險為董事會職權事項，故監事會必須依股份法111條第4項第二句先行規定，此時便能對董事會的D & O保險締約內容有所監控。就算是監事會事前沒有規定，如果董事會所締結之D & O契約內容有不適當之利己條款，此時亦有可能構成義務違反，此時因為有利益衝突之情形，故亦不適用股份法第93條第1項第二句所規定的經營判斷原則。

董事法律風險責任——德國法之分析

註 釋

* 德國Mainz大學法學博士，國立臺北大學法律學院教授。

1 Schmidt/Lutter, AktG, 2008, § 93 Rn. 25 ff.

2 Clausen, Über die Vertaulichkeit im Aufsichsrat, AG 1981 S. 51 ff.

3 Baumbach/Hueck, GmbH-Gesetz, 18. Aufl., 2006, § 43 Rn. 8.

4 Palandt/Heinrichs, BGB, 68. Aufl., 2009, § 276 Rn. 12.

5 Baumbach/Hueck, GmbH-Gesetz, 18. Aufl., 2006, § 43 Rn. 8.

6 Hüffer, Aktiengesetz, 8. Aufl., 2008, § 93 Rn. 3a.

7 王文宇，公司法論，元照出版，3版，2006，頁117以下。

8 BGHZ 13, 188, 192.

9 Schmidt/Lutter, AktG, 2008, § 93 Rn. 16 ff.

10 Kübler in FS Werner, 1984, S. 437 f.

11 Kreiger/Uwe H. Schneider (Hrsg.), Handbuch Manageerhaftung, 2007, § 21

12 Kreiger/Uwe H. Schneider (Hrsg.), Handbuch Manageerhaftung, 2007, § 30

13 Kreiger/Uwe H. Schneider (Hrsg.), Handbuch Manageerhaftung, 2007, § 32

14 BGH v. 16.02.1981, WM 1981, 440, 441.

15 BGH v. 6.12.2001, AG 2002 S. 347 ff.

16 有關德國企業利益概念，得參見：陳彥良，企業社會責任與公司治理於股份有限公司中交錯實踐之可行性——德國股份法中企業利益對董事會職權影響之初探，台灣法學雜誌，第111期，2008.09.01，頁49以下。

17 Schmidt/Lutter, AktG, 2008, § 93 Rn. 3.

18 Schmidt/Lutter, AktG, 2008, § 93 Rn. 3.

19 Hüffer, Aktiengesetz, 8.Aufl., 2008, § 93 Rn. 11.

20 §§ 310, 318, 323 Abs. 1 Satz 2 und 3 AktG

21 Schmidt/Lutter, AktG, 2008, § 93 Rn. 31.

22 BGH v. 4.11.2002 ZIP 2002,2314, 2315 f.

23 BGBl. I 2005, 2802.

24 § 148 Abs. 1 Satz 2 Nr. 3 AktG

25 Baums, Gutachten F zum 63. Deutsche Juristentag Leipzig 2000, F 239 ff.

26 有關德國公司治理法典及公司治理政府委員會，請參見：陳彥良，股東會、董事會、監事會於德國公司治理法典中法規範地位之探討，政大法學評論，第89期，2006.02，頁143以下。

27 Pfitzer/Oser/Orth, Reform des Aktien-, Bilanz- und Aufscihsrechts, 3. Aufl. 2008, S. 92 f.

28 Schmidt/Lutter, AktG, 2008, § 148 Rn. 4.

29 Armbüster, Wettbewerbsverbot im Kapitalgesellschaftsrecht, ZIP 1997, S. 1269 ff.

30 § 90 AktG

31 Schmidt/Lutter, AktG, 2008, § 91 Rn. 6.

32 王文宇，公司法論，元照出版，3版，2006，頁119。

33 BGH v. 21.4.1997 ARAG/Garmenbeck, BGHZ 135, 244, 253.

34 Hüffer, Aktiengesetz, 8.Aufl., 2008, § 93 Rn. 4.

35 Hüffer, Aktiengesetz, 8.Aufl., 2008, § 93 Rn. 4c.

36 Hüffer, Aktiengesetz, 8.Aufl., 2008, § 93 Rn. 4d.

37 Schmidt/Lutter, AktG, 2008, § 93 Rn. 11.

38 此處董事應達成董事會任務的義務包括例如：§§ 83, 90, 91, 92 Abs. 1 und 2, 124, Abs. 3, 131, 161, 170 Abs. 1 AktG

39 Begr. RegE UMAG BR-Drucks. 3/05, S. 18.

40 Lutter, Die Business Judgement Rule und ihre praktische Anwendung, ZIP 2007, 841 ff.

41 Hüffer, Aktiengesetz, 8.Aufl., 2008, § 93 Rn. 4g.

42 OLG Hamm AG 1995, 512, 514.

43 Hüffer, Aktiengesetz, 7. Aufl., 2006, § 91, Rn. 6.

44 Großmann, Unternehmensziele im Aktienrecht, 1980, S. 72 ff.

45 Begr. RegE UMAG BR-Drucks. 3/05, S. 20; Lutter, Die Business Judgement Rule und ihre praktische Anwendung, ZIP 2007, 844.

46 Lutter, Die Business Judgement Rule und ihre praktische Anwendung, ZIP 2007, 841 ff.

47 Schmidt/Lutter, AktG, 2008, § 93 Rn. 16.

48 Hüffer, Aktiengesetz, 8. Aufl., 2008, § 84, Rn. 9.

49 Schmidt/Lutter, AktG, 2008, § 88 Rn. 6 ff.

50 Mertens in KölnerKomm. AktG, § 84, Rn. 61 ff.

51 Mertens in KölnerKomm. AktG, § 93, Rn. 70.

52 Hüffer, Aktiengesetz, 8. Aufl., 2008, § 93, Rn. 6.

53 Mertens in KölnerKomm. AktG, § 93, Rn.75.

54 Hüffer, Aktiengesetz, 8. Aufl., 2008, § 93, Rn. 7.

55 Hefermehl/Spindler in MünchKomm AktG, § 93, Rn. 51.

56 Assmann/Schneider, WpHG, 5. Aufl. 2009, Vor § 21 Rn. 1 ff.

57 Hüffer, Aktiengesetz, 8. Aufl., 2008, § 93, Rn. 8.

58 LG bonn v. 15.05.2001, AG 2001,484, 486.

59 BGH NJW 1985, 1900.

60 Schmidt/Lutter, AktG, 2008, § 93 Rn. 68.

61 BGHZ

62 Seth Van Aalten, *D&O Insurance in The Age of Enron: Protecting Of-*

ficers and Directors in Corporate Bankruptcies, 22 Ann. Rev. Banking & Fin. L. 457, at 460-461 (2003).

63 許士軍、林建山，企業統理與公司法制議題，經社法制論叢，第 30期，2002.07，頁62-63。

64 Hopt in Großkomm. AktG, ＄ 93 Rn. 519; Pammler, Die gesellschafts-finanyiert D & O Versicherung im Spannungsfeld des Aktienrechts, 2006, S. 47 ff.

65 DCGK (in der Fassung vom 18. Juni. 2009) Ziffer 3.8 Abs. 2, "Schließt die Gesellschaft für den Vorstand eine D & O-Versicherung ab, ist ein Selbstbehalt von mindestens 10% des Schadens bis mindestens zur Höhe des Eineinhalbfachen der festen jährlichen Vergütung des Vorstandsmitglieds zu vereinbaren"

66 Hüffer, Aktiengesetz, 8. Aufl., 2008, ＄ 84, Rn. 16.

67 Schmidt/Lutter, AktG, 2008, ＄ 93 Rn. 70.

68 Hüffer, Aktiengesetz, 8. Aufl., 2008, ＄ 84, Rn. 16.

69 Schmidt/Lutter, AktG, 2008, ＄ 93 Rn. 70.

70 BMF v. 24.01.2002, AG 2002, 287

71 Schmidt/Lutter, AktG, 2008, ＄ 93 Rn. 71; a.A. Pammler, Die gesell-schaftsfinanyiert D & O Versicherung im Spannungsfeld des Aktien-rechts, 2006, S. 167 ff.

72 Hüffer, Aktiengesetz, 8. Aufl., 2008, ＄ 113, Rn. 2a.

Chapter *5*

企業經營者與消費者法律風險識別管理

劉喜　律師

壹、為何企業經營者應重視風險識別及管理

　　企業以追求利潤為原則，以永續經營為目標；然而，不論企業曾否創造輝煌經營史，甚至曾經高居股王地位，如果未能有效控管未來風險，則面對危機處置不當時，將可能使企業銷聲匿跡地退出市場。以臺灣為例，新設中小企業的生命週期，能夠經營超過二十年以上者約占18.73%，顯見永續經營之不易，故業者允宜注重風險識別與管理。而企業危險管理是跨領域的系統學問，其中法律部分即包含民法、刑法、智慧財產權、消費者保護法等法律，故如何防患及控管法律風險，即為重要課題。

一、以日本雪印乳業株式會社為例

　　以日本雪印乳業株式會社為例，其產業在生產製造過程中，因使用過期乳品製造新貨，導致品牌破產，究其原因如下：

(一)未對原料衛生作風險控管

　　日本雪印乳業株式會社為具有七十五年歷史的企業，全日本有20%乳酪品是由雪印乳業株式會社所承接，市占率甚高，為日本知名品牌。但於2000年6月27日，因該會社使用過期乳品製造新貨，致低脂肪乳品遭黃金葡萄球菌感染，而造成超過一萬名消費者集體中毒[1]。雪印乳業株式會社對於「過期乳品」本應予銷毀，卻冒險作為新貨乳品之原料，導致黃金葡萄球菌感染，此為對「原料衛生」未予控制所造成，係屬於內在的人為危機所致，亦即係品管缺失所導致企業危機。

(二)缺乏危機處理措施

　　危機並非等於轉機，必須妥適正確及迅速的排除，始能化險為

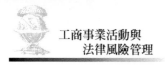
夷。上述日本雪印乳業株式會社在發現消費者中毒後，未有立即明確有效的處理措施，且在數日後才說明可能是生產線活塞未定期清洗所造成[2]，則係「未誠實說明乳品受細菌感染」之真正原因，係未妥善處理「承認」缺失之原因，使消費者及政府機關誤判其成因。

(三)未即時有效回收

因該會社未能確實承認感染細菌之原因，且未能將產品迅速回收，致流入消費者手中，擴大發生損害，受害人數直線攀升到達一萬三千人。直至2000年7月12日，該會社才正式承認，將該會社在全日本的二十一家牛奶工廠停止生產，及將便利商店產品下架，惟已導致至少造成營業額短收110億日圓及該產品遭通路商拒絕銷售而損失達220億日圓，雪印品牌破產且信用墜地[3]。該公司係因未作出迅速回收，導致損害加大，信譽喪失，係在危機已發生後未能防止擴大所造成加重損害，導致危機一發不可收拾，產業因而陷入破產窘境。

二、以盛香珍食品公司為例

以盛香珍食品公司為例，其產業未針對使用者年齡層，適當規劃設計產品大小，因疏忽而造成鉅額賠償之危害。

據報載，美國加州聖塔克拉拉郡高等法院，就盛香珍食品公司所生產的蒟蒻果凍造成美國一名九歲女童蜜雪兒噎死案，判決盛香珍食品公司賠償美元1,670萬（約折合新臺幣5億7,800萬元），係鉅額賠償。究其原因為疏忽而未注意設計大小適中之果凍所引起。

蒟蒻果凍雖然易於咬碎及咀嚼，但柔軟有彈性，小孩在吸食時，易於被吸入口中、甚至堵塞喉嚨及氣管，極易造成不可預測之損害。且蒟蒻果凍之消費群係以年幼小孩居多，因此在設計時，寬度不宜過寬、過大，長度不宜過長，此係設計製造上可控制的風險，且稍加注意，應可

避免。因盛香珍食品公司未加注意設計以防止危害發生，故判決賠償，應屬合理且可預見。

三、以麥當勞熱咖啡燙傷案為例

以麥當勞熱咖啡燙傷案為例，其對商品所可能造成之損害，都應注意防止。

美國著名的產品責任訴訟案，婦人里貝克因不小心以熱咖啡燙傷自己，對麥當勞餐廳請求賠償。陪審團表決賠償290萬美元，主審法官裁判賠償額減至60萬美元，其後雙方達成庭外和解，賠償金額保密。

餐廳提供的熱食，本有燙傷消費者的可能，然縱使如此，仍需防患，更要適度作警告提醒。以目前臺灣餐飲而言，對員工訓練已有成果，幾乎所有餐廳業員工送來熱食熱飲時，都會溫馨的提醒說：「請注意，很燙唷！」

四、產業應注重辨認風險，期能永續經營

因產業漠視商品瑕疵所引起風險危害，致造成危險事故發生，可能造成金錢上的損失，稱為貨幣損失；也可能造成精神上或身體上的傷痛，稱為非貨幣損失。因此應注重認識產業風險的來源與所在，藉助於各類方法，盡量尋求風險能被完整地辨識出來，故不論產業特質為何，辨識風險重點工作有三：(1)檢視經營業務的範圍與項目，尤其是正在進行的工作與新的業務項目，例如，施工中的工程；(2)檢視製造過程或管理過程的純熟度；(3)檢視人員訓練與相關資源是否充足。其次，風險與時間是銅板的兩面，有未來就有風險，則辨識風險需持續且有制度、有系統，以減少未可知的風險[4]，期能減低損害，防患未然，俾產業得以永續經營與發展。

貳、如何加強消費者風險辨認

按經營產業之企業經營者本有注重及維護商品合於安全衛生之義務，並有告知商品資訊之義務，消費者亦有安全使用商品及接受服務之權利。但因現代商業市場上，產品多樣複雜、廣告泛濫誇張，因此，加強消費者教育，充實消費者知識，以協助其從事合理消費，重視自身權益，殊關緊要[5]。為貫徹保護消費者權益，促進國民消費生活安全，提升國民消費生活品質之立法目的（參閱臺灣消費者保護法第1條第1項），消保法第4條及第5條均明白宣示，企業經營者應提供充分與正確之消費資訊，俾消費者得參考運用。在郵購買賣及訪問買賣，消保法更進一步於第18條規定企業經營者之告知義務。

但現實生活中，消費者權益常受忽視。以臺灣而言，自1994年1月13日消費者保護法生效，經2003年1月22日修正及增訂、2005年2月5日增訂條文以來，對消費者保護固有強化作用，且臺灣消保法係仿國外商品責任法的無過失責任制度，並為保障弱勢消費者權益，將範圍擴及「服務」，可謂先進的立法。但從經濟社會觀之，企業經營者不論提供商品或服務，其本質上均在獲取一定的利益，並滿足社會需求。既是如此，就人類基本權利而言，即應有其安全性。倘若商品或服務欠缺安全性，則已與滿足社會需求之目的背道而馳，商品或服務造成消費者損害，雖有賠償責任，惟如果能在消費者受害之前，提供安全衛生之商品或服務，並提供詳實之消費資訊，使傷害斷絕或消弭，始可謂已達成商品或服務的安全性[6]。

按人人都是消費者，消費問題本應人人關心，可是消費者保護並非政府施政重點，多年來忽視消費大眾權益。依消保法規定，政府雖設立行政院消費者保護委員會，但限於預算與人力，消保機關抱負難以施展；另一方面，民間消費者保護團體經營困難，在商品檢驗部分受限於

設備，倍感吃力。而消費者是主體，在知識迅速擴充的新世代，消費者處在資訊不透明的環境下，如何獲得業者提供詳實的資訊，及提升加強消費者「知的權利[7]」，是刻不容緩的課題。

以近年來消費問題而言，可謂五花八門，極其多樣，舉例如下：

1. 臺灣在2011年引爆食品含工業用塑化劑危機，因塑化劑雖可促使食品呈現美感、美味，卻有害人體及環境健康，則使用塑化劑作為食品添加物的廠商有遭受求償危機，消費者則面臨如何證明係因使用該產品致身體造成受損害之困境。

2. 海蜇皮、鬆餅含超高限量「鋁」成分，吸收過量，恐有罹患老人癡呆症、失智症風險。

3. 手機電磁波可能致癌，臺灣通訊傳播委員會因而要求在各式手機公布SAR能量比吸收率值，並且要求業者在明顯處加註警語。

4. 抽樣檢測之進口藥品、進口食品、未依商品標示法標示中文。

5. 「亞力山大」健身中心因財務危機而全面停業，對預付（款）型的消費形式造成莫大威脅與不安。

6. 日本豐田汽車暴衝事件，危害生命及身體安全，造成轟動新聞的事件，廠商召回汽車行動。

7. 房屋買賣面積中，建設公司將雨遮等納入出售面積，使購屋消費者多付不必要的價金，影響民眾購屋權益。消費者文教基金會要求內政部修改購屋定型化契約，不得將雨遮等納入出售面積。

8. 染髮劑成分，消費者使用後可能造成頭部、臉部產生過敏反應，但業者廣告行銷卻標榜洗髮兼染髮的泡沫染髮，致使消費者誤會是洗髮乳，而忽略作過敏測試。

9. 2011年4月，日本富山、福井縣等地連鎖店所銷售之生牛肉（拌生蛋）菜餚，造成66人食物中毒，數人死亡，成因為感染O111

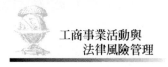
型腸管出血性大腸桿菌致死[8]。

10.在大陸有近九成食品都含有添加濟，生活中「食品添加劑」高
達兩千多種，不管是直接添加或間接添加，每個成人每天大概
吃進約90種添加劑，但一般消費者對此可能不知情或認為不必
重視。

11.海砂屋、幅射鋼筋屋有害人體健康，結構安全堪虞，減損交易
價值，欲轉手出售卻乏人問津。

12.食品誇稱具有醫療效能，誤導消費大眾，主管機關未能及時稽
查及取締。

13.2008年大陸地區三鹿乳品公司於鮮奶中添加三聚氰胺，其乳製
品銷售至各食品業，攝入人體進入腎細胞後，恐導致腎結石及
腎衰竭而死亡。

14.醫生開立治療感冒處方藥劑，未向病患說明服用後易嗜睡，導
致患者開車途中睡著而碰撞安全島。

以上受害事件或所生危險，林林總總，與消費者生命安全、人身
健康及財產損失均息息相關，然消費者往往忽略日常生活中常見的危
險[9]，致本可輕易避免的危險竟不幸發生。故如何加強消費者對風險的
認知，亦屬極重要課題。

參、消費者權利

在廠商和消費者互動的過程中，消費者權利是確保消費者滿足的最
低條件，亦是必要條件，也是消費者滿足的基本出發點。故對以行銷導
向和永續經營的廠商而言，應尊重與支持消費者權利，這亦是最基本和
必要的先決條件，則產業經營者對消費者的基本權利應主動積極瞭解，
以促使其產品及服務能符合法令之要求，更能因滿足消費者需求而獲得
肯定、信任，而願意或習慣使用該產品或服務，則消費者權利不僅係消

費者本身所關注的事項，更是企業經營者應熟知、配合及訂出合宜因應之策，以達各取所需並互蒙其利的雙贏局面。所以，消費者權利事項，廠商甚至應比消費者更加用心地瞭解及實踐。茲就消費者主要權利[10]略述如下。

一、隱私的權利

由於電腦與零售商店相關科技進步（例如，條碼、POS系統等），廠商可藉由分析大量消費者資料，而能夠更容易掌控消費者，並發展出資料庫行銷的形式，經由信用卡資料、電話紀錄、網路交易紀錄，清楚獲得消費者的消費型態及習慣。然企業經營者在未經消費者同意以前，並無權以該資料濫用於其他用途，應主動作好安全措施，以避免四處外流，資以保護消費者隱私權利。例如，Google街景3D技術，在提供服務的同時照到人臉、車牌號碼、門牌地址等而遭質疑係不當揭露個人隱私。2011年7月13日許，臺灣亞東醫院護士將病患切腹肚破腸流照片PO上自己的臉書，不僅引發網友群起撻伐，且因其罔顧醫德、洩露傷患隱私，亞東醫院決議：根據醫院倫理規範重懲、利用公開會議重申倫理規範，並作全面教育訓練，針對該員工護士進行再教育及心理輔導。新北市衛生局以違反護理人員法處該護士新臺幣一萬兩千元罰鍰、護士停業一個月處分。

二、安全的權利

消費者有免於遭受危害身體、健康、生命之權利。例如，美國牛肉有引發狂牛症疑慮時，主管機關應否命令停止進口販售；基因改良所生產的玉米對人體有無傷害；手機電磁波太強，使用太久是否會引起腦癌病變；三聚氰胺毒奶粉有害腎臟、食品添加物塑化劑危害人體引起恐慌等，均應自維護消費者立場予以評估改進或停止製造販售，或明白告知

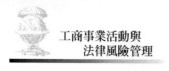

消費者係屬何種基因改良食品。

三、被告知的權利

從積極面言之，企業經營者應提供正確資訊給消費者（臺灣消費者保護法第4、第5條）；從消極面言之，業者不得給予誤導、欺騙的訊息。例如，以白木耳假冒而廣告號稱燕窩、房屋仲介業者銷售發生凶殺案之房屋時刻意隱瞞而未予標明為「凶宅」（按臺灣內政部房屋定型化契約條款規定為應予記載及說明是否為凶宅）、售屋廣告稱距離火車站僅需5分鐘（事實上車程需15分鐘，業者抗辯稱因一大早開車時全部遇綠燈號誌，且假設並無時速限制可開到時速120公里之狀況下，可在5分鐘內抵達；但臺灣公平交易委員會仍依公平交易法第21條規定不得再為該內容廣告，且亦另有構成臺灣消費者保護法第22條、第23條等廣告不實之責任）。

四、選擇的權利

在競爭的價格下，消費者得以接觸到各式各樣的產品與服務，而能在評估後自由選擇。

五、申訴的權利

消費者得要求業者對產品瑕疵進行更換、補償，則業者宜設立申訴部門及0800免費申訴電話，以解決消費爭議。

六、享受乾淨與健康環境的權利

綠色消費時代已經來臨，消費者不僅注重自己及家人健康，同時注重環境維護，故廠商應有綠色行銷與生態行銷之概念與做法，以獲得消費者認同。臺灣消費者保護法第26條對包裝規定為按商品性質及交易習

慣作防震、防潮、防塵或其他保存商品所必要之包裝，以確保品質與消費安全，但不得誇張其內容或為過大包裝。此規定僅針對包裝，然對生態環保方面未能規範，故太過保守。

七、弱勢但免於受傷害的權利

不可對低收入戶銷售價廉卻過期商品或劣質商品[11]。

基於以上，企業經營者應體認消費者上述基本權利，始能及早規劃並適度控管，庶免陷於無窮盡之申訴泥沼，並可免於訴訟及賠償之苦。

肆、案例略析

【案例一】星際風火輪缺乏安全保護措施致消費者癱瘓

事實：A農牧花卉遊樂場公司，設置星際風火輪遊樂設施，B參加中學所舉辦校外教學活動，與同學購票快樂進入設施內，在滾動中，因B無法承受機械設施滾動力，自座椅上摔落並碰撞掉落星球設施內的面板上，因面板未以充足軟墊保護掉落之B，使B感到暈眩，送醫檢查後發現受有創傷性腦傷、水腦症，頭部開刀治療後，呈現四肢行動不便之癱瘓、意識受損等狀態。

判決：臺灣苗栗地方法院92年度重訴字第92號判決A遊樂場公司係屬臺灣消費者保護法第2條第2款之以提供服務為營業之企業經營者，B學生係屬同條第1款接受服務之消費者，就B乘坐星際風火輪所發生之法律關係為同條第3款之消費關係，所生爭議為同條第4款之消費爭議，所提起訴訟為同條第5款之消費訴訟，故B不必負擔證明A公司對於星際風火輪之設施缺失有何故意或過失，且因B所受傷勢與自星際風火輪座椅上摔落碰撞受撞擊間具有相當因果關係，A公司抗辯係B個人體質不

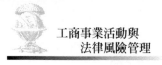
佳所造成並不足採信。又該遊樂設施雖經主管機關定期檢驗且合格，然依消保法第7條第1項、第2項規定，企業經營者之義務在於確保其所提供之商品或服務，符合當時科技或專業水準可合理期待之安全性，及依同條第2項規定商品或服務具有危害消費者生命、身體、健康、財產之可能者，應於明顯處為警告標示及緊急處理危險之方法。同條第3項規定企業經營者違反前兩項規定致生損害消費者或第三人時應負連帶賠償責任等，而認：消費者使用遊樂器材，目的係在尋求刺激及快感，以獲致娛樂效果，但絕不期待其將伴隨生命、身體、健康或財產之危險或危害，系爭遊樂設施未提供乘客配載安全帶，而以輪盤水平或傾斜快速旋轉、夾以震動顛簸方式運轉，使乘客易於摔落並從中獲致刺激及快感，而達娛樂效果。但乘客在摔落後，身體因物理力學法則，將大力撞擊系爭遊樂設施之任何部位，有肇致身體受傷害之可能，卻欠缺安全設置，復又缺乏安全帽及護具等防護，顯有並不具可得合理期待之安全性，且對於發生危害之可能未為明顯警告標示，及未提供適當之安全帽、護具以防止或減輕身體危害，且未將摔落時應如何自保之方法予以說明，故A公司之遊樂設施不具有可合理期待之安全性，因此判決應賠償就診車資、醫療費、看護費、喪失勞動能力損失、慰撫金（民法第184條、第193條第1項、第195條），共應賠償B新臺幣12,729,743元。另認消保法第51條之懲罰性賠償金，係在處罰業者之故意、過失，因業者有由專業技師定期檢查，並非對消費者安全漠不關心，故無以懲罰性賠償金用來嚇阻業者之必要。在A公司上訴二審後，雙方達成訴訟外和解，由A公司賠償B新臺幣800萬元。

分析：業者只注重娛樂效果，卻未考慮可能造成消費者損傷而帶來高額的賠償責任；業者雖有警告標示，卻無告知消費者摔落時仍可能造成損傷，以充足資訊供消費者選擇是否乘坐。故消費者對業者所提供乘坐遊樂設施，仍需評估其危險性，因所獲得之賠償仍不足彌補失去的寶貴健康。

【案例二】糖果罐割傷童手

事實：B小孩（幼稚園小班）打開A公司所產製糖果罐，欲取出裡的糖果，因糖果罐口未採內捲裝置，致罐口之鋒利金屬割傷童指，直冒鮮血。B之父C打電話向A糖果公司反應，A公司值班人員未受申訴訓練，回應態度不佳，C怒而向消費者文教基金會中區分會申訴。

協調會結果：業者表示雖然糖果罐是委外製造，但仍承認其品管人員疏失，未能及早發現鋒利金屬罐口未採內捲裝置，以致割傷童指。協調結果為：(1)業者賠償醫療費，(2)業者與消費者達成數額秘密的精神慰撫金賠償，(3)業者承諾在三天內全部回收市面上該型糖果產品，(4)業者主動表示願意改進罐口採取內捲裝置之安全設計用以排除罐口缺點，(5)業者承諾以醒目字體作警告標示「消費者在使用時仍需避免大力抓拉罐口」等文字，(6)業者願意設置0800免費申訴電話，並由專人耐心傾聽消費者的申訴。

後續發展：業者在七天內即已改進罐口安全性，並製造新罐，且以紅色大字體作警告標示，並在糖果罐外註明免費申訴電話0800等等，因而獲得記者肯定，再發晚報新聞，評為願意改善之良心廠商。

分析：業者迅速承認缺失及表示道歉，係屬明智處理[12]，獲得消費者家屬肯定，圓滿解決消費爭議；且事件雖小，但卻值得作為良好的宣導題材。

【案例三】不實廣告夾層屋

事實：A公司隱匿B房屋係未以合法夾層設計向工務局申請取得建築執照，猶以不實廣告宣稱可為合法夾層之興建，使C陷於錯誤而向A公司購買。C事後發現違反法令規定，主張受詐欺訴請撤銷買賣。

判決：依臺灣高等法院89年度重上字第223號民事判決（最高法院91年度台上字第1642號裁定），A發現被詐欺得依民法第92條撤銷買賣

意思表示，並得依不當得利法律關係請求返還已付價金及法定遲延利息。最高法院89年度台上字第1027號民事判決認得撤銷不實夾層屋廣告之買賣契約。

　　分析：臺灣約於1990年至2000年期間，常見建築業者或其代銷公司為促銷房屋，屢以該房屋可以在取得使用執照後作二次施工，神奇增加房屋坪數（例如，廣告：將30坪房屋部分作二次施工，使一層變兩層後，達到45坪之可使用空間），以不實廣告誘使消費者購屋，則業者係隱瞞二次施工夾層屋將遭主管機關拆除及被罰鍰之後果，而被法院認定構成詐欺，得撤銷買賣。

【案例四】借牌營建，地震時屋毀人亡

　　事實：A建設公司為節省開銷，未將營建房屋工程交由B營造公司承攬施工，A公司向B公司借牌使用，獲工務局核發建築執照後，由A公司自行招商僱工營建地上十二層、地下一層樓之大樓D1、D2、D3棟，因A公司工地主任C不諳建築技術規則，混凝土澆置時滲入大量水分致水灰比過高，握裏強度不足，接縫面未清除木屑等雜物，致水泥純漿不足，每層樓間都有無法接合之冷縫現象，使建物抗剪力降低，結構失去整體性，且箍筋數量太少致其間隔距離過大，箍筋彎度不足致圍束力與抗勢力不夠而不符耐震規範，鋼筋搭接在同一斷面、搭接使柱筋間距不足、混凝土無法進入等缺點，使抗震力減低，於1999年9月21日臺灣中部地區發生921地震時，D1棟樓房在地震發生後7秒即倒塌，D2棟、D3棟受損，造成42人死亡及多人受傷。

　　判決：刑事部分：臺灣高等法院臺中分院93年度上訴字第420號、93年度重上更字第246號、94年度重上更字第120號等刑事判決，A公司負責人E、總經理F、工地主任C構成刑法第216條、210條行使偽造私文書、214條使公務員登載不實，刑法第276條第2項之業務過失致死、第

284條第2項前段、後段業務過失傷害及重傷害等罪，E判決有期徒刑四年確定；建築師G未確實監造判處有期徒刑兩年，緩刑五年確定；總經理F判處三年十個月，遇罪犯減刑條例減爲一年十一個月；工地主任C判處有期徒刑兩年四個月，遇減刑條例減爲有期徒刑一年兩個月，緩刑五年。

　　民事部分：建設公司、工地主任、建築師有與大部分住戶達成賠償，但因建商不願以更高額金額達成和解，故民事賠償含部分，僅簽立收款證明，而非和解。就此部分，在後來刑事判決理由中均有交待係部分賠款，而非成立和解。受災戶（購買房屋者）多達一百多人，不易集合開會，更不易全體一致和解，故律師僅能就願意和解的受災戶部分爲代理行爲，以免日後爭議。少部分受災戶原有授權律師和解，期間變爲不願和解，律師就此部分不宜代理，以免糾紛。

　　影響：在921地震後，臺灣建築法規進行大修改，並全面針對中小學校舍進行補強，對橋樑、建物等工程加強耐震設計規範。

　　據估計，全臺灣約75萬棟老舊房屋，無法耐五級地震，宜以都市更新方式改善老屋安全。建築業對鋼筋不敢隨意綁紮，混凝土工人不敢隨意澆灌，建築師不敢隨意蓋章，營建技師不敢任意借牌給他人。

　　2005年修改建築技術規則耐震設計，修定建築技術規則建築構造篇第42、43、43條之1、47條之2、48條之1、49條之2、50條之1、55條，另定建築物耐震設計規範與解說，增加建築物整體結構設計規範，以及增加建築物隔震消能設計規範[13]。

伍、結語

　　在現今全面消費時代，消費爭議多元而複雜。2009年6月至9月，發生兩起令人囑目之網路消費事件，分別是戴爾公司與和樂家居館網站標錯價事件，其中臺北市政府援引消費者保護法第33條所規定政府認爲企

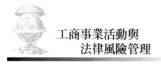
業經營者提供商品或服務有損害消費者財產之虞者，應即進行調查。依第36條調查結果，確有損害之虞，應命限期改善、停止經銷。依第58條規定處新臺幣100萬元罰鍰。兩週後，戴爾公司提出「眞心卡」優惠補償方案，對消費者有利，臺北市政府表示不再依消保法爲連續處罰，是網路消費者權益保護的重要里程碑，更是臺灣網路交易秩序建立之重要案例[14]。由此事件顯示業者需對企業內部所有環節加以重視及研究風險控管之流程，以免賠償、受罰又損失商譽。能妥善處理，企業必能獲得永續發展與奠立良好信譽。

又業者亦宜注重不良商品對消費者健康不利影響之程度，量化風險並加以控制，避免危害產生[15]，並應評估損失的頻率與幅度，以決定風險管理決策[16]。又業者之風險管理人員除與企業組織內其他部門溝通外，並應與外界人士交往，如律師、會計師、風險管理顧問、損失控制專家、財務專家及統計專家等，以蒐集不同來源資料，以免遺漏新風險[17]。

另業者對於產品或服務創新，避免過度而造成消費者無法接受[18]以外，因新型、新式樣、新設計、新材質亦可能帶來難以預測之損害與賠償，故宜充分評估、測試後再量產銷售。

且業者如何透過產品保險以轉嫁縮小危害，亦值探討及適度投保，以減低賠償殺傷力，期能降低風險於控管之內。

註 釋

1 朱延智，企業危機管理，五南圖書，2007年10月3版，頁353。

2 朱延智，同前註1。

3 朱延智，同前註1。

4 宋明哲，現代風險管理，五南圖書，2007年10月5版，頁81。

5 王澤鑒，消費者的基本權利與消費者的保護，民法學說與判例研究，頁28。

6 謝天仁，預警保消費，財團法人中華民國消費者文教基金會出版躍進，頁165、166。

7 邱清華，衝出困境，躍進，頁186、187、188。

8 中國時報，2011年5月5日。

9 Otto Lerbinger著，于鳳娟譯，危機管理，五南圖書，2010年3月初版，頁254。

10 林建煌，消費者行為，華泰文化，頁21。

11 林建煌，同前註10。

12 朱延智，企業危機管理，五南圖書，頁355。

13 陳長庚，臺灣地區921地震後建築結構工程造價解析與省思、第六屆臺灣建築論壇──921震災10週年回顧與展望日。

14 向明思，消費者保衛戰之戲碼是否完美落幕？戴爾標錯價事件之省思，月旦法學雜誌第176期，2010年1月。

15 許惠悰，風險評估與風險管理，2009年1月10日2版，頁180、189。

16 許文彥，保險學保險管理與保險，2011年3月，頁14。

17 張春雄主編，李國賓、張麗娟、周惠珍、劉美芳編著，風險管理，2011年5月2版，頁82。

18 沈大白，企業風險管理，新陸書局，2010年1月。

Chapter *6*

臺灣推動知識經濟之文創產業應防範法律風險[*]

李禮仲[**]

摘要

1996年OECD對「知識經濟」定義：「直接建立在資訊的激發、擴散和應用之上的經濟，創造知識和應用知識的能力與效率，凌駕於土地、資金等傳統生產要素之上，成爲支持經濟不斷發展的動力。」由此可知，人類智慧不僅用於判斷個人天生資質，亦可將人類智慧產物商業化成爲經濟發展主力。而擴大知識經濟的適用範圍可提升國家競爭力。

「知識經濟」改變了強國需擁有自然資源之說；相對的，資源貧乏的國家若能致力發展「知識經濟」，充分運用知識與資訊，也可使該國成爲一個具競爭力之經濟強國。

本文主要重點在強調漠視法律風險，將危害臺灣推動知識經濟文創產業上所做的努力。因爲法律若無法保障知識經濟文創人員之智慧與創意之經濟成果，將使國人不願投入研發，造成臺灣文創產業缺乏創新之動力。是以，爲了確保知識經濟能在臺灣生根，建構一個能保障文創成果經濟效益的法律環境，將是臺灣政府當務之急。

關鍵詞：知識經濟、文創產業、智慧財產權、創新動力、法律風險

壹、前言

「知識經濟」（Knowledge Economy）概念的提出[1]，可追溯到美國社會學家Daniel Bell在1973年出版之《後工業社會的來臨》（*The Coming of Post-Industrial Society*）。該書中論述以知識和資訊爲基礎的「服務業」正超過「傳統的工業」，並成爲美國經濟發展的主軸。至今，美國知識經濟的高度發達是有目共睹的。但，將「知識經濟」概念散布至全球的則是經濟合作暨發展組織（Organization of Economic and Cooperation Development，簡稱OECD）。

　　1996年OECD對「知識經濟」賦予了一個定義：「直接建立在資訊的激發、擴散和應用之上的經濟，創造知識和應用知識的能力與效率，凌駕於土地、資金等傳統生產要素之上，成為支持經濟不斷發展的動力。」由此定義可知，人類智慧不僅用於判斷個人天生資質，亦可將智慧產品商業化成為經濟發展主力。而擴大知識經濟的適用範圍可提升國家競爭力，更重要的是，「知識經濟」改變了強國需擁有豐富自然資源之說；相對的，資源貧乏的國家若能致力發展「知識經濟」，充分運用知識與資訊，也可使該國成為一個具競爭力之經濟強國。此一轉變宣示了無形的知識產業亦可超越有形的工業而成為一國的主要經濟（Weighty Economy）。

　　1999年OECD估計表示，OECD主要會員的GDP有50%以上與知識的生產、擴散和應用有關。根據OECD的定義，臺灣知識密集型產業已經很發達，在1991年到1996年間，臺灣知識密集型產業名目產品之附加價值平均增加率達12.6%，高於同期間全體產業的9.9%及非知識密集型產業的8.9%，顯示臺灣經濟在快速轉型中，知識密集型產業已成為推動臺灣生產力成長與競爭優勢重要來源與基石。

　　為了進一步發展國內知識經濟，行政院於2000年11月4日至5日召開「全國知識經濟發展會議」，以知識經濟作為擬定未來經濟的發展方向，並以Taiwan Double為口號，期望在十年內發展成高成長、高所得、低物價及低失業率的經濟國家。緊接著行政院院會於2001年1月17日通過總經費高達364億元的「知識經濟發展方案具體執行計畫」，以落實「知識經濟發展會議」之決議。

　　知識經濟歷久不衰，只是以不同形式呈現於世。在現今最時興的文化創意產業（Cultural and Creative Industries），亦屬知識經濟產業之一[2]。根據聯合國教科文組織（United Nations Educational, Scientific and Cultural Organization，簡稱UNESCO），「創意」是人類文化定位的一個重要部分，可以「產品」或「服務」等不同形式表現。「文化產業」

是指「那些以無形、文化為本質的內容，經過創造、生產與商品化結合的產業」。UNESCO認為，文化產業的概念包括印刷、出版、多媒體、聽覺與視覺、攝影與電影生產，亦等同於工藝與設計。對某些國家來說，這個概念也包括建築、視覺與表演藝術、運動、音樂器具的製造、廣告與文化觀光。[3]文創產業來自體認、來自想像，更來自文化；它的取材是就地、現在，或是未來予以產業化與商業化，不僅將文化賦予新生命廣傳於世，綿延文化生命，亦可以創造就業人口活絡經濟。

　　文創產業既是文化又是產業。成功的文創產業涉及到行銷，與經營有關，可知文創產業是否發展成功，施力的重點則大有關係。[4]

　　本文乃摘要式的論述臺灣在推動知識經濟之文創產業時，所應建立之「平臺」（Platform）及可能面臨之瓶頸，尤其是在法制面上。國人長期對法律之尊重與服膺性不高，才使行政機關在執行政務時被打了折扣；而司法機關長期為執政者服務，在步向民主社會的同時，臺灣的司法威信已受斲傷，公信力也受質疑。司法是正義的最後一道防線，但在臺灣卻是可望而不可求，導致爭執訴訟不斷，寧願私了也不願至法院，造成人與人之間互不尊重，忽視他人經濟上的權益，例如對他人之智慧財產權也持著拿來用再說之心態，認為一切都可私了，法律根本不具約束力。

　　漠視法律風險將危害臺灣在推動知識經濟文創產業上所做的努力。因為法律若無法保障知識經濟文創人員之智慧與創意成果，將使國人不願投入研發，造成臺灣文創產業缺乏創新之動力。是以，為了確保知識經濟能在臺灣生根，建構一個能保障個人文創成果經濟效益的法律環境，將是當務之急，亦是本文著墨的重點。

貳、臺灣架構知識經濟文創產業平臺應有之策略

　　一個有效率的知識經濟發展環境，需政府協調公部門與私部門共

同努力構策一個「平臺」，以充分提供知識經濟發展所需之環境；一個有效率的知識經濟環境，需有「訓練有素與技術性高的勞力資源（Increasing Capacity）」、「宏觀的工業政策及充裕的研究資源（Industrial Policy and the Support of Research）」、「公平的競爭環境（Competition）」、「活絡的資本市場（Financial Markets）」，以及「稅賦的誘因（Tax Policy）」。茲將針對上述各點分別論述。

一、訓練有素與技術性高的勞力資源

知識經濟成功的秘訣之一，就是要擁有精良的勞力資源。也因此很多知識經濟產業發達的國家，例如美國，都有一個完整高效性的教育體系來培育精良幹練的勞力，以供發展知識經濟之用。

由於知識經濟之發展，除了擁有傳統的職業技能外（Basic Skills），更需要有創造性（Creativity），以及發展對高科技產業技能極高的認知性（Higher Order Cognitive Skills）。除此之外，知識經濟中的勞力尚需具備良好的高科技技能之培訓。在此一概念下，教育體系應以培育訓練有素與技術性高具競爭力的人力資源，以達成國家所制定的知識經濟政策。

二、宏觀的工業政策與充裕的研究資源

由於全球化的來臨，知識經濟之工業政策著重創新部分，並以全球市場為目標。例如，全球網際網路、全球物流等，因此，研發費用將比往昔更鉅，政府所扮演財力之支持角色會更加倚重。

而當一個國家由農業化走向工業化，即說明了其產品將由馬鈴薯片（Potato Chips）轉化成電腦晶片（Computer Chips），但此一轉變的背後主要是一個國家工業發展政策之轉變。由於工業政策之制定影響一國工業之成敗甚鉅，因此，制定工業政策又被稱為「選贏家」（Picking

Winners）的一個工作，工業政策之制度好與壞攸關國家經濟之發展。

制定一個好的工業政策需有好的研究基礎。因此，工業政策之釐定需瞭解本國產業界實際概況與國際發展情勢，即工業政策需與全球整個工業發展大環境之需求相結合，全球產業供需之間需緊密結合，並要具有宏觀與未來性，才能使一個工業政策之釐定具有可行性。

在論及研究發展方面，政府與私人企業之合作是成功的必要條件。尤其政府對私部門研究輔導與協助已被認為是不可或缺的。美國政府與私人部門的研究模式可以「合夥人」來相稱。私部門需承擔一部分研究不成功的風險，而非完全由政府以納稅人之錢財來承擔；另，政府需以政策來強化研發成功後之競爭策略，以基礎建設來提供研發產品及全球行銷網路之建構。

三、公平的競爭環境

公平的競爭環境是知識經濟市場重要的法則及永續發展的推動力。今日的貿易競爭不再是侷限於一國之內，而是跨國境的。因此，國際的競爭法則，因各國不斷的爭端而誕生，而競爭法則之確定，就如同遊戲規則將使各國因有所依循而得利。另，為避免不必要競爭衍生之爭議，各國應更密切的合作，共同創造有利全球貿易發展的競爭環境。更重要的是，各國將不可再任意設置非關稅障礙來妨礙自由貿易的規範，如傾銷稅（Dumping Duties）或補貼（Countervailing Duties），如此一來，全球經濟環境將因公平交易環境之出現，而更有利於全球知識經濟發展。

四、活絡的資本市場

活絡的資本市場才能提供源源不絕的資金投入新創事業，是知識經濟成功最重要的因素之一。美國活力無限的創業投資基金（Venture

Capital Funds），使美國新創事業無財力缺乏的問題，而新創事業之成功不僅創造獲利，也擴大了資本市場，提高投資人對新創事業之信心。再加上政府稅制之鼓勵使投資人更願意投入新創事業，進而使以新創事業為導向的知識經濟取得了成功之基礎，更加地奠定美國在全球知識經濟發展上的領導地位。

五、稅賦的誘因

稅賦不僅可以鼓勵新興事業，亦可抑制不具發展優勢的產業退出市場。由於新興事業承受極高失敗的風險，若無政府適當的稅負鼓勵或財力之補助，常會使投資人卻步。因此，稅制上之鼓勵將正面促使知識經濟之發展。相對的，不符一國產業政策之產業或高污染之工業，政府則可課予較高之稅率，讓其因無法獲利而拓大發展，並促使投資人尋求其他產業來投資發展。

參、臺灣推動知識經濟文創產業之挑戰──法律風險

由知識經濟之性質可知，欲深化一個有利「知識經濟」發展之環境，臺灣需以「建立創新與創業機制」、「推廣資訊科技與網際網路應用」及「發展創意產業」為動力，以加速知識轉變為實際運用的過程，使研發成熟之成果可迅速商品化，進而建立新興創意事業；並使既有（傳統）產業因降低成本、提高附加價值而提升競爭力，使知識之運用成為孕育新興產業的搖籃，帶動知識密集型產業之經濟發展。

為使「知識經濟」發展之經濟成果全民共享，需防範其所可能帶來的負面影響。因「知識經濟」的發展會導致知識差距之產生、智慧權之剽竊，且會造成高科技犯罪（網路犯罪、金融犯罪）以及公司與個人惡性倒閉之社會問題，此皆有賴於政府加以「事先防制、事後處置」。因

此，在發展「知識經濟」之同時，政府對工業基礎面、法制面、人才供給面、資金供給面及政府行政效率面，需隨時加以檢視與因應。

知識經濟是直接建立在知識與資訊的激發上，並以創新與創造之特性支持經濟不斷發展，勢必會對傳統價值造成衝擊，特別是「知識經濟」發展中，因違法亂紀之法律風險，所引起個人與社會成本之損害需加以重視。因為智慧財產權之剽竊會導致創新力之誘因受斲傷，高科技犯罪可能癱瘓網際網路之暢通，金融犯罪（如內線交易、內部人放款）可能打擊金融體系之安全性，將會減低投資人投資之意願，因而影響社會繁榮發展。而公司與個人惡性倒閉所引起的骨牌效應，亦會引發經濟和社會問題。因此，建立一良好法規環境，健全金融體系與一個有秩序的經濟環境，將是成為發展「知識經濟」中不可或缺之一部分。

經濟發展之成果是人類運用智慧所創造的，除可造福人類外，及對創作人回以經濟效益為回報，使更多人願為創新而努力。今日，若新創物與經濟效益未能歸屬創作人，創作人將失去創作之誘因，影響創作之意願，損失不只是個人，而是全人類及生活品質之提升。因此，如何確保創作人享受其創作所帶來之經濟效益，將是知識經濟能否成功之關鍵。是以，政府之決心、法律是否嚴謹、百姓是否尊重、執法是否徹底，則扮演著重要的角色。

臺灣政府維護智慧財產權的心是無庸置疑的，且臺灣擁有全世界數一數二嚴厲保護智慧財產權的法規，然臺灣百姓長期忽略對法律之尊重，成為臺灣發展「知識經濟」最大的挑戰。臺灣人民藐視法律之影響層面既廣且深，例如，日常生活中不遵守交通法規，使得大家在尖峰時刻有行不得也之苦；夜市隨處可見盜版CD與非法下載使用之電腦軟體，而曾發生成大校園學生非法下載MP3軟體，則說明了教育學生重視智慧財產權之不足，亦引發外國智慧財產權人的不滿而來臺興訴，更使得臺灣創作者之創作力受到打擊。

另外，對法律之尊重，不僅是民主政治之基石，也為大眾生活秩序

之準則，但臺灣立法院衝突打架、社會的環保抗爭時有所聞，展現的是民眾對體制的不尊重，對法律之踐踏，而這些不尊重法律的舉止，正一點一滴的在摧毀保護個人權益之法律尊嚴。今日，國人對法律之不尊重所衍生社會秩序失調與侵害智慧產業權之法律風險性，多是撿眼前便宜造成的！面對伴隨「知識經濟」發展而來的法律風險，法律（與政府）究竟應扮演何角色，不啻對傳統法律典範與政府形成挑戰。

以美國的發展經驗為例，其旺盛的冒險文化與鼓勵東山再起的價值觀扮演重要角色，而法律則是促使此一精神得以發揮得淋漓盡致的推手。按新創事業，每百家即有九十家（甚至更多）會失敗；在此情況下，一個社會如何看待這些失敗者，當然影響到創業者的冒險意願，以及其他人是否會前仆後繼投入新產業之開發。如果社會對於失敗者（與失業者）存有打落水狗之心態，而不給予重新再起之機制，投資者將背負沉重的社會壓力而裹足不前。

反之，如社會強調雖敗猶榮，期待他日再捲土重來的價值，其結果自然不同。尤有甚者，如法律對失敗者採取嚴苛制裁，也會阻卻創新活動。例如，我國債務清理法（以及研擬中的修正案）和公司法中之重整，如何規範企業風險使債權人可能之受損減至最少，也會對企業風險活動產生實際影響。

美國對新創事業與新發明事物用法律予以鼓勵與獎勵。美國以反托拉斯法（Antitrust Law）構築公平競爭之市場，並以智慧財產法嚴格禁止盜用他人智慧財產權，使創新事物得以一再出現，創造無限商機，並使得美國創新事物市場得以蓬勃發展，生生不息。由美國的例子可看出政府之政策及執行決心，加上完備的法律制度，更可建立一個完全競爭市場以鼓勵創新事業之進入；對於不符市場需求之產業或企業則有退出市場機制，完整保障投資人之權益。而市場永續發展對新事物的發明及商業化是不可忽視的，因此，保護創作人經濟利益之法規需完備，政府需有徹底執行之決心。

　　知識經濟產業的風險，需仰賴政府之輔導與法律的協助與抑制。傳統的法律規範來看，高風險、高利潤的經濟活動未必受到鼓勵。例如，對新創的高科技公司股票的上市，目前雖有二類股市場的機制，但為了保障投資者的風險，法規對新上市上櫃公司仍設有許多限制，而這些傳統法律保護規範卻可能對知識經濟的發展造成阻礙。

　　另因高風險、低成本之金融操作交易，促使金融市場充滿了風險。儘管許多金融交易具有高度不確定性，但當事人雙方仍願意放手一搏並爭取商機。舉例言之，金融市場中的衍生性商品交易其實就是以「分散風險」為目的，進而博取最高利潤。此外，在網路世界中，也充斥著各種無形資產（如資訊）的交易和犯罪的死角。整體而言，在知識經濟架構下，創新事業有益於經濟發展，然而，法律之進展常落後於現實發展，使市場交易常出現空窗期而產生很多潛在風險，亦有投機份子透過法律之漏洞或不足之處來攫取個人獲利之機會，此亦為一種「法律風險」。

肆、確保知識經濟文創產業之成果──防範法律風險

　　「法律風險」可能成為個人及企業獲利之捷徑，但卻也成為臺灣發展「知識經濟」之絆腳石。法律風險之產生乃因法律規範有不足之處，或雖有法律但政府執行不力，導致鑽營法律漏洞者乘虛而入，造成法律正義外表之挫傷，更重要的是司法之威信喪失。就經濟層面而言，法律可為經濟發展創造出一個事業間公平競爭的環境，保護消費者的市場機制，倘若因法律之不周延而造成法律風險，則因經濟是一體的，受害者將可能不只是大眾，也可能包括鑽營法律漏洞者。

　　為避免法律風險導致知識經濟發展受阻，我國應盡力消弭法律風險。據此，政府在發展「知識經濟」時，應強化與發展「知識經濟」相關法制之建構，防範法律風險以確保知識經濟之成果。僅將有利「知識

經濟」發展應建構之法規，臚列如下：

1. 健全智慧財產權法規與智慧財產局執法，確保智慧財產權人權益，以利創新。

2. 健全「不動產證券化」與擴大資本市場，特別是債券市場，以利企業資金之取得。

3. 消除「人頭戶」或「假名」之濫用，以利個人金融信用之建立及金融市場之穩定。

4. 公司法中之「重整篇」與債務清理法之修正，以利債權人之權益確保與債務人財務之重建。

5. 健全「電子簽章法」及速定「電子支付機構管理條例」，以利網際網路金流業務和電子商務之推動，進而建立一個無紙化的交易環境。

6. 落實「資源回收再利用法」，以確保經濟的發展與生活環境保護，以利國家永續發展。

7. 強化「電腦及網路犯罪」之執法，以打擊網路犯罪、保護個人隱私權及抑制未成年色情圖像之傳布。

8. 防範金融弊案（非法超額貸款、內線交易、內部人貸款及金融經營跨業風險等），以避免衍生金融風暴。

知識經濟之發展並非全然帶來有益之成果。在知識經濟的新時代中，有一個很重要的議題需要去面對，即是財富分配不均拓大對社會的衝擊。由於創新商品創造了鉅額的財富，造成社會的財富分配為一金字塔型的形式在發展。因此，傳統產業必須不斷創造其附加價值與競爭力，以分享「知識經濟時代的果實」，否則只得屈就於所得分配的底層。

由於知識經濟下的新產業發展過程需龐大資金，常有賴政府以納稅人之稅金給予獎勵輔助或吸引大眾資金投入，而新商品之市場流通也有賴社會大眾消費。是以，知識經濟下之創新事業成就於社會大眾和政府

之資助，但卻會導致所得分配不均的惡化。因此，政府應努力思索如何透過法律使知識經濟之成果由全民共享。

伍、結語

經濟成長需有賴政治制度、人才、法治及社會倫理等方面的配合，而知識經濟之文創產業發展過程中所要求的配合更為嚴格，文創產業之發展需有一個有效率的平臺，結合勞力資源、工業政策、資本市場及稅制誘因來推動知識經濟之文創產業。美國的經驗訴說了知識經濟提供豐富的經濟誘因，使得善於利用知識者、富有創意者及富有冒險進取精神者投入打拚，若成功，則有豐碩的經濟報償，並成為社會的新貴。由於知識經濟主要由市場機能來決定經濟活動，因此，過度仰賴僵化法規的傳統典範，反而不利知識經濟之文創產業發展，宜隨時配合調整。雖然如此，在五花八門的市場風險性活動中，政府身為市場秩序維護者，乃應就其中應受管制者，選擇適當介入的時機與方式，以免破壞市場機能。

另一方面，為避免人民鑽營法律漏洞而引發法律風險，政府應教育人民建立正確的法律觀，提升人民的法治觀念，才能建立有秩序的市場經濟，使投資者有信心投入資金，有創造力的人確信其創造物的經濟效益受法律之保障。因此，法律風險降得愈低，則愈有利於知識經濟之發展。

最後，必須體認的是，再完備的法律與防弊措施，也無法根除發展知識經濟之文創產業過程中潛藏的風險。知識經濟之文創產業是使用知識科技與冒險精神將傳統文化創新來創造財富，知識之工作者對知識的使用具創意性、直接性與主動性，因此，創新事物在知識經濟之文創產業中是隨時都在產生的。

創新事物挑戰了現有的法律規範，例如，傳統文化之使用，基因產

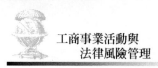
品、基因人體複製、跨國網路購物及租稅問題，不斷地衝擊現有法律體制，在未有新的法律規範出來前，所衍生之法律責任歸屬，因缺乏法律規範而產生了法律適用盲點。是以，當置身於知識經濟之文創產業蘊育中，最好的方法就是瞭解問題、面對問題、解決問題，瞭解知識經濟中之文創產業發展特性，並對隨之而來的各種法律風險加以防範，俾使法律風險對知識經濟之文創產業成果可能產生之損害降至最低。

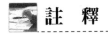 註　釋

* 本文初稿曾刊載在2001年8月31日出版的APEC《亞太經濟合作評論》。

** 美國威斯康辛州立大學法學博士（S.J.D.），第七屆公平委員會委員，亞洲大學財經法律系兼任副教授。

1 參閱Peter Drucker, The Age of Discontinuity; Guidelines to Our changing Society, Chapter 12 (1969) (knowledge economy refers to the use of knowledge technologies (such as knowledge engineering and knowledge management) to produce economic benefits as well as job creation).

2 參閱Stuart Cunningham, From Cultural to Creative Industries: Theory, Industry, and Policy Implications.

3 林建甫，文創產業是兩岸共同活水，旺報（2010.6.23）。

4 漢寶德，文創法有助文創業？中國時報時論廣場（2009.3.31）。

Chapter 7

私募股權基金法律規範必要性之分析——從臺灣與中國大陸法制與實務觀察

陳俊仁[*]

國立成功大學法律學系教授

私募股權基金法律規範必要性之分析──從臺灣與中國大陸法制與實務觀察

摘要

本文係以美國證券交易法制中私募股權基金相關規範為基礎，以比較法學的研究方法，從美國、臺灣與中國大陸私募股權基金相關法制與實務為起點，分別探討相關法規與實務之內容與現況，並從事比較分析，據以歸納私募股權基金規範之基礎內容，並進一步檢視與論述臺灣與中國大陸私募股權基金法制規範之必要性。

關鍵詞：私募、私募股權基金、美國、臺灣、中國大陸

壹、 前言

世界各國的私募股權基金，共同掌控約一萬億美金的資本。其中約三分之二的資本係掌控於從事企業併購為主的基金手中，加上財務槓桿的應用，其所得掌控的資本總數，將可擴張到三倍或四倍之多[1]。

——安德魯·默特理克 & 安田綾子

於近十年來，私募股權基金（Private Equity Fund）以前所未有之勢，於世界各地進行企業併購，引起世界各國廣泛的討論與關注，兩岸四地的華人世界亦不例外，如凱雷亞洲私募基金（Carlyle Asia Partners）於2006年收購臺灣知名東森電視公司[2]，美國SAC私募基金（SAC Capital Advisors）於2007入主臺灣萬泰商業銀行[3]，美商新橋資本集團（Newbridge Capital）於2006年大舉投資位居臺灣第二大金融控股公司之台新金融控股公司[4]，臺灣首富王雪紅與美國普羅維登斯私募基金（Providence Equity Partners）於2011年投資香港知名TVB無線電視公司[5]，凱雷亞洲私募基金於2006年試圖收購中國大陸重型機械業龍頭徐

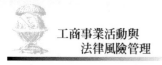
州工程機械公司[6]，中國大陸聯想控股公司旗下之弘毅投資與博華資本兩家私募股權基金，於2012年以5億歐元收購歐洲Dexia銀行旗下之Dexia資產管理部門（Dexia Asset Management）[7]等等，皆顯現出私募股權基金的盛行，以及其對於經濟的影響。

　　所謂私募股權基金，顧名思義，乃係利用證券交易法關於有價證券「私募」（Private Placement）之規定，以非公開的方式，向符合一定資格之特定投資者，包含法人機構與自然人，來募集資金，同時約定允諾基金投資人依據基金所定投資方式和管理方式的不同，從事各類型的投資，並給予投資人相對高額投資回報之投資理財的基金商品。其係典型因應客觀需求，而由證券交易法制所為有價證券公開發行規範之例外規定，所衍生出之特殊產物。蓋依據證券交易法制，公司為籌措資金而向「不特定」之投資大眾公開招募之方式，係稱之為「募集」；相反地，若公司係向「特定人」招募有價證券者，即稱之為「私募」。私募相對於募集，最大的差別在於，由於募集時涉及一般投資大眾，為確保一般投資人之利益，而有以證券交易法制加以規範、保護之必要。然若一投資人有方便取得資訊之管道，並有足夠專業能力理解相關資訊，法律無再以繁瑣的程序管理之必要[8]。換言之，只要有價證券買賣之受要約者，屬於無法取得相關且足夠揭露資訊之機會，而需要證交法予以保護之一群人時，則其性質即為「募集」；反之，則為「私募」[9]。亦即私募制度的經濟效益在於豁免證券交易法上對公開發行有價證券制度之適用規定，如企業對投資人的資訊公開義務，減輕發行公司私募有價證券之成本與不必要的行政程序，屬於豁免交易（Exempted Transaction）[10]之一種。

　　就私募有價證券得降低企業發行有價證券之成本與減少證券管理之行政程序而言，此無疑為發行公司籌集營運所需資金之較佳選擇方式。再者，從理論上而言，依企業自治，企業應如何籌措資金係基於企業自身之選擇，故其是否要藉由證券市場來籌措資金，或是洽由特定人認購

之私募制度，理應尊重企業之決定[11]。因此，所謂私募股權基金遂利用此豁免交易之例外規定，以較低的取得資金成本向符合資格之特定投資人募集資金，並從事投資，提供投資人另類的投資選擇；而該特定投資人亦得將其所有之資金，為符合其投資理念與投資目的之投資，並得共享較低籌資資金成本之優惠，並且得於名義上享有較高之約定投資回報[12]。由此觀之，私募股權基金之廣受歡迎，也就可謂其來有自。

　　雖然如此，私募制度以及私募股權基金並非全然皆將為投資人帶來利益，相反地，正因為私募制度以及私募股權基金係植基於證券交易法制之豁免規定，其投資人無疑將無法如一般有價證券投資人，得完全享有證券交易法制的保護，因此實有加以檢視之必要。除投資人保護議題之外，由於私募股權基金因其享有私募制度豁免交易之性質，其投資行為的資訊揭露與透明度，無疑亦將對資本市場造成衝擊與影響，尤其是當中國大陸現在正面臨私募股權基金盛行，但是卻無相對應法制加以規範之現況，是否有必要對私募制度與私募股權基金加以規範，亦值得加以探究。爰此，本文遂從私募制度出發，以美國與臺灣私募制度，以及私募股權基金之法制規範與實務為重心，並就中國大陸私募股權基金之實務現況，加以分析探討。

　　本文共分六個部分，第一部分為前言。第二部分將探討美國證券交易法制下，私募股權制度之規範內容與實務發展，並且就私募制度以及私募股權基金之規範演進為分析。第三部分將從公司法制與證券交易法制著眼，探討臺灣私募股權制度之法律規範與實務發展。第四部分將由中國大陸私募股權盛行但是卻缺乏法制規範之實務現況出發，探討可能產生的問題。第五部分將以美國與臺灣私募制度以及私募股權基金之法制規範為核心，檢視相關法制規範之重要性與必要性。第六部分為結論。

貳、美國私募股權制度之法律規範與實務發展

　　美國證券交易法之核心，即為「公開原則」（Principle of Disclosure）。證券交易法之立法者，於衡諸有價證券與一般商品不同之特性、投資人對投資決定判斷資訊的需求，以及有價證券之發行人與投資人之間資訊的不對稱關係之後，課予有價證券之發行人資訊提供之義務，以期係藉由資訊的公開與揭露，使投資大眾得以依據公開之資訊為投資判斷[13]。為達此目的，美國證券交易法制遂課予有價證券之發行人（Issuer）申報註冊（Registration）之義務，要求有價證券之發行人，於有價證券發行之初，即應提供關於發行人以及有價證券本身之充足資訊，以為投資人據以作成是否購買之決定[14]；其後，有價證券之發行人應定期發布其營運狀況，與其他影響有價證券所表彰權利價值的資訊，以為投資人間相互為買賣有價證券行為之基礎[15]。若有價證券之發行人發生對有價證券價值有重大影響之事項，更應即時對外公告，使投資人得以立即為相對應之投資決定[16]。

　　為調和申報註冊制所帶來發行人發行有價證券成本的增加，美國證券交易法制同時採行豁免制度，以平衡投資者保障與籌資者成本下之利益衝突，此即為允許對風險較低或對較能承受風險者之證券發行行為，允許減輕或免除審核之法律制度[17]。此美國證券發行註冊豁免制度，主要可分為兩大類：一類是「豁免證券」（Exempted Securities）；另一類是「豁免交易的證券」。前者係針對證券發行人之性質和證券之特質所以豁免註冊，這些證券的發行人在發行和銷售證券前，既不必向美國聯邦證券管理委員會（Securities Exchange Commission）申報以獲得核准，也無須履行登記所必要的資訊揭露義務；後者則係針對證券交易本身性質所以豁免的規定，例如，交易之當事人有能力與資力保護自己時，實際上即無註冊實益，私募制度之所以豁免正是屬於後者之情形。

　　美國1933年證券法Section 4(b)規定，「發行人所爲之證券交易，如不涉及任何之公開發行時，則第5條申報註冊之義務，即不適用[18]」，係從無證券法適用之實際需要性與公共利益無甚關聯之角度予以豁免[19]。然而關於私募之定義，卻仍不明確，早期雖有認爲以人數是否超過25人作爲是否公開發行之標準，但美國證管會亦曾提出解釋，針對應募對象的人數多寡，並非絕對唯一之考量因素，其他要素諸如：應募對象與發行人間之關係要約出售單位之數目、出售之總金額、出售之方式等，均應於判斷時納入考量[20]。

　　美國聯邦最高法院於1953年之*SEC v. Ralston Purina Co.*[21]一案中，明白揭示私募制度得豁免之前提，係爲私募之應募人是否有能力「維護自身權益」（Fend for Themselves）作爲判斷標準，亦即私募之豁免制度有無適用，當依受要約之特定人士是否需要證券法之保護而定，因此，投資人是否有足以爲投資判斷之訊息，即爲法院判斷之重要依據。認爲私募有價證券之發行人，必須能提供受要約人相當於依照證券法上應向證管會登記註冊時所揭露之資訊，始得認爲其有能力維護自我權益，而得以適用註冊申報之豁免規定[22]。

　　自*Ralston Purina*一案之後，美國聯邦最高法院所揭示之標準，遂爲判斷私募是否合法之主要依據。然而此「應募人是否有能力維護自身權益」之判斷標準，於實務適用上仍不免有相當之爭議；有鑑於此，美國聯邦證券管理委員會於1974年6月10日制定公布Rule 146，以提供私募豁免交易較爲明確之判斷標準[23]。隨後美國聯邦證券管理委員會於1982年頒布了Regulation D取代Rule 146，其中最主要者有下列兩者：其一、爲Rule 501界定之「經認可投資人」（Accredited Investor）之定義，所謂「經認可投資人」包含了符合1933年證券法第3條(a)項2款下定義之銀行、任何符合於1940年投資公司法第202條(a)項22款之私人經營發展公司或符合內地稅法第501條(c)項3款之組織，資產超過500萬美金者。另外，私募有價證券發行人公司之董事、執行業務之經理及公司

的一般合夥人，亦可被認定係「經認可投資人」；在一般自然人部分，若和公司沒有特別關係，則必須其個人資產淨值超過100萬美元，或近兩年個人每年所得逾20萬美元，或與其配偶於最近兩年總所得每年逾30萬美元，且投資之年度，亦可合理期待達到同一收入水準者[24]。其二、為Rule502(b)規範發行人之資訊揭露義務，同時推定「經認可投資人」為具有保護自己能力之投資人；反之，則為不具保護自己能力之投資人，則需由發行人於出售之合理期間內，提供特定資訊以供其投資與否之參考[25]。換言之，私募豁免適用之對象，係以「經認可投資人」為判斷標準[26]，當投資人有便捷的管道取得資訊，並有足夠的專業能力理解相關資訊時，如有價證券之發行人係以此「經認可投資人」進行有價證券之募集，則將豁免有價證券發行之申報註冊負擔[27]。

私募股權基金即係基於私募制度而成立發展。與私募股權基金相類似者，為依據1940年美國聯邦「投資公司法」（Investment Company Act of 1940）所組織設立之共同基金（Mutual Fund）。共同基金與私募股權基金雖然皆為向投資大眾募集資金，兩者間最大之不同在於募集之方式，私募股權基金的募集，既然係基於私募制度，自然係採取洽特定人之非公開的方式，不得為一般性的廣告勸誘[28]；而共同基金之募集，則係採公開之方式，向廣大投資大眾募集資金，自無一般性的廣告勸誘禁止之規定。

除此之外，私募股權基金與共同基金之不同，亦體現於兩者應募人之人數與資格之上。私募股權基金既然係基於私募制度，其應募人自然僅限於符合特定資格之人，且有人數之限制[29]；而共同基金則無應募人人數與資格之限制。

參、臺灣私募股權制度之法律規範與實務發展

臺灣之私募股權制度，係參考美國之私募制度而制定，兩者間具有

相當之相似性。有價證券之募集，就有價證券之募集主體而言，依據臺灣證券交易法第7條之規定，乃是「發起人於公司成立前或發行公司於發行前，對非特定人公開招募有價證券之行為」。由此規定可知，募集之主體為「發行人」或「發行公司」，於公司成立前主體為發起人，而於公司成立後主體則為發行公司。其中有關發起人之定義，與公司法第128條以下所指者相同，發起人除得為具完全行為能力之自然人外，亦得為政府或法人，其中法人應以(1)公司；(2)以其自行研發之專門技術或智慧財產權作價投資之法人；(3)經目的事業主管機關認屬與其創設目的相關而予核准之法人。至於發行公司，則係指募集及發行有價證券之公司。此募集主體之規定，適用於公開發行公司，同時也適用於有價證券之私募。此明顯與美國私募股權基金之現況有所區別，美國私募股權基金之募集主體係為「有限合夥」制度（Limited Partnership），將私募股權基金之合夥人分為「有限合夥人」（Limited Partner）與「無限合夥人」（General Partner）。普通合夥人具有公司經營權及控制權並負擔無限責任，有限合夥人則提供了企業大部分的資金並享有收益分配權。普通合夥人將資金投資到有資金需求的公司，以創造被投資公司之價值，進而利用被投資公司公開上市，或尋求有利之併購機會作為其退場機制，以出售股權取回投資收益[30]。

其次就募集之對象而言，依據臺灣證券交易法第7條之規定，所謂募集之對象應為「非特定人」。而所謂「非特定人」應如何認定？學說上有認為，應指多數之不特定人，故只要係對於特定人之招募，不問對象為何人，不問人數多少，亦不問募集之數量多寡，均非本條所定義之募集行為[31]。然亦有學者認為，由於公開發行時涉及一般投資大眾，而一般投資人並非人人皆有保護自己的能力，因此需要法律特別加以規範、加以保護。當招募證券之受要約者，乃無法取得相關且足夠之資訊，而需賴本法加以保護之一群人時，該等之人即屬「非特定人」，而該等招募行為即是募集[32]。有疑問者為，發行人之原有股東及員工是否

屬於「非特定人」。自公司法第268條[33]、第272條[34]以觀,如為原有股東及員工全部認足,或由特定人協議認購之情形,似應屬非公開發行,而非本條之募集行為。然而,此等原有股東及員工是否具有保護自身權益之能力,要非無疑。美國聯邦最高法院於*Ralston Purina*一案所揭示之以「應募人是否有能力維護自身權益」之判斷標準,是否亦可適用於臺灣判斷私募與公開發行之依據,學說見解不一。多數學者認為,對於原有股東及員工出售股份,不當然構成私募,而應以其是否可接觸「可據為判斷是否值得投資之公司資訊」加以認定,亦即應以「保護之需要性」作為判斷標準,以達成我國證交法保障投資之立法目的[35]。另有學者認為,自證券交易法第22條第2項規定觀之,如發行人為公開發行公司,於依公司法之規定發行新股時,除依私募規定辦理外,仍應辦理公開發行程序,故即使是對原有股東及員工發行新股,仍屬對非特定人公開招募[36]。

除此「特定人」與「非特定人」之爭議外,臺灣證券交易法第43條之6第1項對於私募之對象加以特別規定,限於證交法規定的三類特定人:一、銀行業、票券業、信託業、保險業、證券業或其他經主管機關核准之法人或機構;二、符合主管機關所定條件之自然人、法人或基金[37];三、該公司或其關係企業之董事、監察人及經理人。此私募對象之特定資格限制,就自然人與法人而言,無疑遠較美國私募「經認可投資人」之規定為低[38],顯然認為此類年收入門檻要求僅為美國年收入要求四分之一的特定自然人或法人,已符合「應募人是否有能力維護自身權益」之要件要求,而無須證券交易法予以特別保護,就保障投資人之角度而言,實並非妥適,而有再斟酌調整之必要。

此外,臺灣「證券投資信託基金管理辦法」對於私募亦有特別之規定。依據「證券投資信託基金管理辦法」第51條之規定,證券投資信託事業得向下列對象進行受益憑證之私募:一、銀行業、票券業、信託業、保險業、證券業、金融控股公司或其他經本會核准之法人或機構。

二、符合本會所定條件之自然人、法人或基金。此規定係與證券交易法第43條之6第1項之私募對象規定相一致，允許證券投資信託事業進行私募，衡諸證券投資信託事業其本質即為共同基金之性質，此規定可謂臺灣私募股權基金之特別規定。「證券投資信託基金管理辦法」同時亦對依據此規定所募集之私募股權基金，其所募得資金之運用方式，另為特別規定。「證券投資信託基金管理辦法」第54條規定：「證券投資信託事業應依私募基金之證券投資信託契約運用基金，除本會另有規定外，並應遵守下列規定：一、不得投資證券交易法第6條規定以外之有價證券。二、不得從事證券相關商品以外之交易。三、不得為放款。四、不得與本證券投資信託事業經理之其他各基金、共同信託基金、全權委託帳戶或自有資金買賣有價證券帳戶間為證券或證券相關商品交易行為。但經由集中交易市場或證券商營業處所委託買賣成交，且非故意發生相對交易之結果者，不在此限。五、不得投資於本證券投資信託事業或與本證券投資信託事業有利害關係之公司所發行之證券。六、不得運用基金買入本基金之受益憑證。但經受益人請求買回或因基金全部或一部不再存續而收回受益憑證者，不在此限。七、不得轉讓或出售基金所購入股票發行公司股東會之委託書。八、持有第18條第1項第2款至第4款之總額不得超過規定之一定比率。九、不得有接受特定人指定，協助為規避所得稅或其他影響證券投資信託事業應本於守法、誠實信用及專業投資管理原則之操作。十、不得為經本會規定之其他禁止事項。」

由此規定可見臺灣證券主管機關企圖將私募股權基金納入規範，同時試圖對於私募股權基金所募得資金使用加以限制之努力，就保障投資人的觀點而言，值得稱許。

肆、中國大陸私募股權制度之實務現況

隨著中國大陸改革開放之後，中國大陸人們可支配的資金也隨之

增多。由於中國大陸投資工具的缺乏，以及人民普遍具有喜好儲蓄的國情，大陸人民習慣性地將資金存放於銀行與購買保險。根據統計，於2005年大陸保險業收入爲5,000億人民幣，隨後於第十一個五年規劃（「十一五」規劃）的開展，伴隨著大陸全國經濟成長率以兩位數逐年增長的亮眼表現，中國大陸保險業所累積的保險資金也以驚人的速度飛速成長。根據中華人民共和國保險監督管理委員會（China Insurance Regulatory Commission，簡稱中國保監會）的統計，中國大陸保險業資金於2010年已達到人民幣4.17萬億[39]，可見中國大陸保險業資金的充沛。而中國大陸銀行體系所掌握之民間儲蓄數額，更遠遠大於此，由此可見中國大陸對於投資管道與投資工具具有強烈的需求。

此龐大民間儲蓄資金需要投資管道出路的現況，由中國大陸股票市場的興盛即可見一斑。不僅如此，此亟需投資出路的現況，已反映於中國大陸私募股權基金廣受歡迎之上。依據中國社會科學院於2006年之研究顯示，中國大陸人們投入私募股權基金的金額，約爲一萬億人民幣[40]；以中國大陸經濟發展與儲蓄率的增長來看，今日中國大陸私募股權基金的金額，無疑將是數倍於此。相較於公募基金，私募股權基金無疑具有較大之競爭優勢。私募股權基金所面對的是少數特定的投資者，往往是資金大戶，且政府監管比較寬鬆，並無嚴格的資訊揭露要求，投資更具有隱蔽性，因此獲得高收益回報的機會也更大，因此廣爲投資大眾所青睞。

中國大陸私募股權基金的快速擴張態勢，除了龐大資金需要投資管道出路之外，中國政府的鼓勵推動亦是重要原因之一。中國國務院於2010年審議並原則通過《關於2010年深化經濟體制改革重點工作的意見》，其目的即在於加快私募股權投資基金制度的建設，落實了政府層面對於私募股權投資基金的支持。而中國保監會亦於2010年8月正式允許保險公司將2,260億人民幣的保險資本，投入私募股權投資基金，爲私募市場進一步的規模擴張增添了力量[41]。中國政府對於私募股權基金

所採取的歡迎態度，其實不難理解，蓋私募股權基金主要係來自海外，且其所募集資金之對象為外國人，因此對於私募股權基金並無特別立法加以規範之必要；且私募股權基金將其於海外所募得之資金投入中國，對於中國大陸的經濟發展將可帶來正面的效益，因此值得加以鼓勵支持。

然而，隨著中國大陸經濟的發展，私募股權基金並非來自境外而已，中國大陸本身許多本土型的私募股權基金亦隨之而起。其所募集資金的對象為中國大陸人民，但是由於中國大陸私募制度與私募股權基金規範的缺乏，目前中國大陸私募股權基金大體而言係處於無規範的狀態，因此呈現出許多脫序的現象，對於投資人的保護明顯不足。

舉例而言，許多中國大陸私募股權基金，以人民幣50萬到100萬為單位，以「保底」為號召，保證零虧損，向民間大量吸收資金，卻發生於之後倒閉的情形[42]。不僅如此，由於私募股權基金的資訊揭露缺乏的不透明性質，虛假交易，帳面美化等事件，亦層出不窮，屢見不鮮。同時，私募股權基金從事股票市場操縱（Manipulation）行為之案例，亦所在多有[43]。此無疑將產生許多投資爭議，而有加以立法規範之必要性，以保障私募股權基金之投資人，並維護社會經濟秩序。

伍、私募股權制度之法律規範面向

私募制度與私募股權基金應加以規範，以保護投資大眾，應無疑義。就中國大陸而言，隨著中國大陸人民投資私募股權基金日漸增多，相關投資爭議與弊案亦層出不窮，實亦已達應加以規範之必要程度。然而，私募制度與私募股權基金應如何加以規範，顯然並不是一個容易的課題。美國與臺灣關於私募制度與私募股權基金的規範，或可作為中國大陸未來規範的借鏡。

以美國與臺灣關於私募制度與私募股權基金的規範來觀察，其規範

面向可分為下列三者：

　　其一、為事後申報制度。按私募之控管方式，可分為「事前核准制」與「事後申報制」。前者係以法律規定私募之採行，應經過證券主管機關之核准後，方得施行，並對於違反者加以處罰；後者係指以法律規定私募制度採行之要件，於私募完成之後，於一定時日之內，向證券主管機關申報備查。而當私募有虛偽、詐欺等情事，解釋上，主管機關自不予備查，並移送檢察機關追究刑責，而該批私募之發行，原則上應為無效[44]。前者無疑將較缺乏彈性，且亦將加重證券主管機關之負擔，但是將可於相當程度上事前防止不當私募情事之發生。後者無疑將給予發行人較高的彈性，但是因為係採事後救濟之方式，無法於事前即防止私募可能的弊端。兩者各有利弊，美國與臺灣的私募制度皆採事後申報制度，如臺灣證券交易法第22條第2項及第43條之6第5項之規定可知，公開發行公司私募有價證券時，得依第43條之6第5項之規定，於有價證券之「價款繳納完成日」起十五日內，檢附相關書件，報請主管機關備查[45]。

　　其二、為財務、業務或其他資訊之提供義務。由於私募行為不需經公開發行程序，可以想見會有企業假藉私募有價證券，刻意迴避證交法之不法企圖與行徑。然而，私募制度也是證券市場上資源分配的方法之一，與公開發行制度應為互補，實不因可能會有弊端而扼殺了企業的籌資管道。相反的，重要的課題應在於如何調和證券市場上企業籌措資金需求的不同，在落實保護投資人的前提下，防範發行公司逃避資訊揭露義務，來防止假私募的變相融資行為影響證券市場的秩序，扭曲保護投資人之立法目的[46]。是故，資訊揭露在私募裡面是保護投資人與證券市場安定重要的一環。

　　根據臺灣證券交易法第43條之6第4項之規定，辦理私募之公司，「應第1項第2款之人之合理請求，於私募完成前負有提供與本次有價證券私募有關之公司財務、業務或其他資訊之義務。」亦即為使應募人有

機會獲得有關發行人之相關資訊，並決定是否購買該等證券，因此賦予發行公司資訊揭露之義務。美國證券交易法Rule 502亦有相類似之規定，其立法目的乃在於，證交法第43條之6第1項第2款之「符合主管機關所定條件之自然人、法人或基金」，雖係屬財務狀況良好，有相當資力透過聘請會計師、律師、理財顧問等專業人士為投資諮詢對象。然而，並非有相當資力或具專業性即得以自己保護自己，蓋專業人士仍必須在擁有充分可供分析資訊的前提下，方能有效發揮其專業能力。若缺少必要之資訊，專業人士仍英雄無用武之地，無法幫助此等「富人」保護自己。亦即，「資訊」乃為一切保護制度之基礎，因此，本條方課與私募公司對於此等「富人」負有揭露資訊之義務，避免資訊地位差異使投資人蒙受損害[47]。

惟該條文僅僅規定第1項第2款之人有獲得資訊的權利，而未對於第1款與第3款之應募人賦予同樣權利，乃是因第1款及第3款之人為專業投資機構或公司之內部人，具有一定地位可與發行人進行對等協商，以取得決定是否購買私募有價證券所需之資訊，並保護自身利益，基於武器對等原則，無須再行規定予以保護[48]。然而，論者有認第1款之金融業者雖具有專業知識、經驗、技巧，但其若無法取得私募發行公司之資訊，其仍與第2款之「經認定投資人」相同，無法實行自己保護自己。準此，其認基於貫徹保護投資人之角度以觀，仍應確保金融業者得以取得私募發行公司之資訊，以利其投資決定。故應認第1款之金融業者，亦應有此項請求私募公司為資訊揭露之權利[49]。

其三、為虛偽不實陳述與證券詐欺之防止。私募制度與私募股權基金其所發行之權益，無論係以契約形式，抑或是以有價證券之形式，其於本質上仍係屬有價證券，僅係基於發行與法令遵循成本以及效率的考量，例外給予豁免而已。其所豁免者為有價證券發行之申報程序與資訊揭露要求，並未豁免證券交易法官於虛偽不實陳述與證券詐欺防止之規定，因此，如於私募採行時，有虛偽不實陳述與證券詐欺之情事，自有

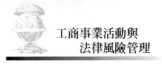

證券交易法處罰規定之適用。美國與臺灣私募制度亦是如此。美國聯邦「證券交易法」第10條(b)項[50]，以及美國聯邦證券管理委員會於1942所制定頒布之第10b-5條規則[51]（Rule 10b-5），以及臺灣證券交易法第20條第1項之規定，皆是如此[52]。

陸、結語

私募制度雖有助於籌資之彈性，然而，私募制度無疑亦將伴隨許多可能的風險，就投資人的保護而言，應有以法制加以規範之必要。此於私募股權基金運用私募制度而廣為盛行的今日，更凸顯出規範之必要性。就中國大陸私募規範付之闕如，而可能弊端隱現端倪的現況而言，更是如此。

以臺灣私募制度規範發展為例，臺灣於2001年11月修正公司法之前，公司法第268條規定，公司法於發行新股時，如由原有股東及員工全部認足或由特定人協議認購者而不公開發行者，無須踐行公司法關於公開發行之程序。此即為修法前「私募」之規定，依該條意旨，私募之客體，僅限於公司發行新股。又依2002年2月修正證交法前，證交法第22條第2項規定：「已依本法發行股票之公司，於依公司法之規定，發行新股而可不公開發行者，仍應依前項之規定辦理。」亦即仍需依同條第1項規定，非向主管機關申報生效後，不得為之（申報生效制）。另依證交法第28條之1規定，辦理現金發行新股時，應提撥新股總額10%向外公開發行（強制股權分散）；證交法第139條第2項規定，如發行人為上市公司，其股票於向股東交付之日起上市買賣（新股當然上市）。因此，結合修法前公司法第268條及證交法相關規定可知，修法前公司得私募之客體不但僅限於發行新股時，且若係公開發行公司時，尚需受到證交法相關程序、要件之限制。僅於非公開發行公司時，方得同時不受公司法與證交法關於公開招募之相關程序限制。此皆限制私募之適

用，而使公司籌措資金之管道過於狹隘。

在2001年時，因科技泡沫吹破及地雷股頻爆，上市櫃公司股價常常腰斬，甚至跌落面額10元以下，部分公司急需資金，但受限於種種規範而無法獲准於公開市場募集[53]。因此，為了增加企業籌資管道，遂擴大私募的範圍，並放寬其適用之程序、限制，分別於2001年11月及2002年2月修正公司法及證交法。增訂公司法第248條第2項及第3項，規定公司得以私募之方式，招募公司債；增訂證交法第7條第2項為私募定義性規定；增訂證交法第43條之6～43條之8私募相關規定，其中除了擴大私募的範圍至有價證券而不限於公司債外，又因本私募制度之規定主要係參考美國及日本等國外私募制度，而各國並無類似我國公司法第267條及證交法第28條之1之規定，故立法明定私募排除前述規範之限制，亦即排除了公司法第267條第1項至第3項關於股東及員工優先認股權、證交法第28條之1關於強制股權分散之規定[54]。除此之外，亦排除第139條第2項關於新股當然上市等規定。並修正證交法第22條第2項，排除私募有價證券需採申報生效制之規定，改採「備查制」[55]。上開規定，皆為私募有價證券增加彈性，以增加公司籌措資金之管道。

由臺灣私募制度的發展可知，私募制度雖為企業籌資彈性而設，然對於投資人與股東權益的維護，仍然十分重視。美國私募制度的發展，亦從來並未偏廢投資人的保護，此由美國聯邦最高法院於*Ralston Purina*一案所揭示私募制度得豁免之前提，係為私募之應募人是否有能力「維護自身權益」作為判斷標準，即可得知。雖然美國與臺灣私募制度的規範並非絕對完美，但是相較全然並未加以規範而言，對投資人的保護明顯較為適當。以中國大陸私募與私募股權基金盛行的今日，為免投資大眾受到損害，實已到達不得不規範的程度。臺灣與美國私募制度的規範，應可作為中國大陸規範採行的參考。

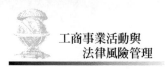
註 釋

* 國立成功大學法律學系副教授，美國喬治城大學法學博士。文中
任何錯謬，悉數歸於作者。

1 Andrew Metrick & Ayako Yasuda, *The Economics of Private Equity
Funds*, 23 THE REVIEW OF FINANCIAL STUDIES 2303, 2303
(2010). ("Worldwide, private equity funds manage approximately \$1
trillion of capital.About two-thirds of this capital is managed by buyout
funds, where leveragecan multiply the investment size by three or four
times base capital.")

2 請參閱陳東豪，凱雷50億買東森，喊價210億賣出，新新聞
週刊，2012年6月13日，於http://www.new7.com.tw/NewsView.
aspx?i=TXT20120613174204LJX（最後瀏覽日：2012.11.18）。

3 請參閱李存修，國際私募股權基金之發展與監理研究計畫期末報
告，台北外匯市場發展基金會與台灣金融研訓院，2008年6月。

4 請參閱陳中興，台資籍私募基金變身，政府擋金蟬照常脫殼，遠
見雜誌，第247期，2007年1月，於http://www.gvm.com.tw/Board-
content_12675.html（最後瀏覽日：2012.11.18）。

5 請參閱詹宜軒，王雪紅入股TVB，數位媒體新布局，非凡新聞
週刊，第252期，2011年2月13日，於http://www.ustv.com.tw/Ustv-
Media/magdetail/index/mag-emag-bigmark_id-5498.html（最後瀏覽
日：2012.11.18）。

6 請參閱文現深，當美國私募基金遇上中國民族主義，天下雜誌，
第359期，2006年11月8日，於http://www.cw.com.tw/article/article.
action?id=32725（最後瀏覽日：2012.11.18）。

7 請參閱林殿唯，陸私募基金要買Dexia資產，中時電子報，2012年

7月31日，於http://tw.news.yahoo.com/%E9%99%B8%E7%A7%81%E5%8B%9F%E5%9F%BA%E9%87%91-%E8%A6%81%E8%B2%B7dexia%E8%B3%87%E7%94%A2-213000472--finance.html（最後瀏覽日：2012.11.18）。

8 請參閱賴英照，股市遊戲規則——最新證券交易法解析，元照出版，2009年10月再版，頁78。

9 請參閱劉連煜，新證券交易法實例研習，元照出版，2010年9月增訂8版，頁202。

10 請參閱廖大穎，調整公開收購與公開發行公司之私募制度，收錄於氏著「公司制度與企業金融之法理」，元照出版，2003年3月初版，頁319-320。

11 請參閱李開遠，證券管理法規新論，五南圖書，2007年9月5版，頁141。

12 雖然私募股權基金並非必然將為投資人帶來較高之投資回報，然而依據研究顯示，私募股權基金之投資回報率一般皆較單純的有價證券投資為高。請參閱前揭註1。

13 請參閱王志誠、邵慶平、洪秀芬、陳俊仁，實用證券交易法，新學林出版，2011年10月2版，頁200-202。

14 此即為證券交易法學說上所謂之「初次公開」，請參閱廖大穎，證券交易法導論，三民書局，2005年5月初版，頁91-99。

15 此即為證券交易法學說上所謂之「繼續公開」，請參閱廖大穎，證券交易法導論，三民書局，2005年5月初版，頁99-104。

16 此即為證券交易法學說上所謂之「即時公開」，請參閱廖大穎，證券交易法導論，三民書局，2005年5月初版，頁104-06。

17 請參閱陳俊仁，論 *Dura Pharmaceutical v. Broudo*：美國證券詐欺因果關係要件之再建構與對我國證券交易法制之啟示，歐美研究，第39卷，第4期，頁715-716，2009年12月。

18 15 U.S.C.A. § 77(d) (b)." The provisions of section 5 shall not apply to ... (2)transactions by an issuer not involving any public offering".

19 參閱劉連煜，證券私募制度之法律問題研究，證交資料，第419期，頁3，1997年3月。

20 See SEC Release No.33-285 (Jan. 24, 1935).

21 346 U.S. 119 (1953).

22 See CHARLES J. JOHNSON, JOSEPH MCLAUGHLIN, CORPO-RATE FINANCE AND THE SECURITIES LAW 392-394 (2d ed 1997).

23 Rule 146包含下列五個要件：(1)不得有一般性廣告或公開勸誘之行為；(2)發行人或發行人之代理人，必須於要約前，合理地相信受要約人具有評估投資風險之商務上知識及經驗，或受要約人之資力上足以承擔該項投資之經濟上風險；(3)除非其他人對於該項投資同樣具有如前項受要約人之風險承擔能力，否則僅得以前項之受要約人為販售對象；(4)受要約人應具有接觸與公開發行所揭露資訊相當之訊息的機會；(5)購買者以35人為上限。

24 17 C.F.R. § § 230.501(a)(1999).

25 17 C.F.R. § § 230.502(b)(1999).

26 See THOMAS LEE HAZEN, THE LAW OF SECURITIES REGULA-TION 229 (4th ed., 2002).

27 請參閱賴英照，股市遊戲新規則——最新證券交易法解析，頁56，作者自版，2006年2月初版。

28 請參閱前揭註23。

29 同前註。

30 請參閱蘇秀玲，私募股權基金與融資收購問題初探，證券暨期貨月刊，第25卷，第3期，頁38。

31 請參閱賴源河，證券法規，元照出版，2008年10月5版第1刷，頁

57。

32 請參閱劉連煜，新證券交易法實例研習，自版，2010年9月增訂8版第1刷，頁202。

33 請參閱公司法第268條第1項之規定：「公司發行新股時，除由原有股東及員工全部認足或由特定人協議認購而不公開發行者外，應將左列事項，申請證券管理機關核准，公開發行：一、公司名稱。二、……。」

34 請參閱公司法第272條之規定：「公司公開發行新股時，應以現金為股款。但由原有股東認購或由特定人協議認購，而不公開發行者，得以公司事業所需之財產為出資。」

35 請參閱劉連煜，新證券交易法實例研習，自版，2010年9月增訂8版第1刷，頁205-206。

36 請參閱賴英照，股市遊戲規則——最新證券交易法解析，自版，2009年10月再版，頁42。

37 依據臺灣財政部證期會於民國91年6月13日頒布之台財證一字第0910003455號函釋，所謂符合主管機關所定條件之自然人、法人或基金證券交易法第43條之6第1項第2款所稱符合主管機關所定條件之自然人、法人或基金，係指符合下列條件之自然人、法人或基金：1.對該公司財務業務有充分瞭解之國內外自然人，且於應募或受讓時符合下列情形之一者：(1)本人淨資產超過新臺幣1,000萬元或本人與配偶淨資產合計超過新臺幣1,500萬元。(2)最近兩年度，本人淨資平均所得超過新臺幣150萬元，或本人與配偶之淨資平均所得合計超過新臺幣200萬元。2.最近期經會計師查核簽證之財務報表總資產超過新臺幣5,000萬元之法人或基金，或依信託業法簽訂信託契約之信託財產超過新臺幣5,000萬元者。

38 請參閱前揭註24。

39 請參閱王梅麗，保險投資不動產開閘，不得投資商業住宅，

南方都市報（廣州），2010年9月6日，於http://money.163.
com/10/0906/08/6FSQQ3IL0025335M.html（最後瀏覽日：
2012.11.18）。

40 請參閱王立嘉，私募基金在中國無合法身份，近萬億「熱錢」難
見光，市場報，2006年8月11日，於http://big5.xinhuanet.com/gate/
big5/news.xinhuanet.com/fortune/2006-08/11/content_4948495.htm
（最後瀏覽日：2012.11.18）。

41 請參閱晨星研究報告，中國私募基金市場發展趨勢，於http://mon-
ey.udn.com/fund/storypage.jsp?f_ART_ID=218819#ixzz2Cj8vcDHR
（最後瀏覽日：2012.11.18）。

42 請參閱前揭註40。

43 同前註。

44 請參閱劉連煜，新證券交易法實例研習，元照出版，2010年9月增
訂8版，頁215。

45 有論者以為，公司法「發行後」之意義較欠明確，應比照證交
法採取「價款繳納完成日」為佳。請參閱柯芳枝，公司法論
（下），三民書局，2003年1月增訂5版，頁438。

46 請參閱廖大穎，公司債法理之研究：論公司債制度之基礎思維與
調整，正典出版，2003年7月，頁147。

47 請參閱莊永丞，我國證券交易法私募有價證券之理論基礎與規範
缺失，載於企業與金融法制——余雪明大法官榮退論文集，元照
出版，2009年1月，頁363-364。

48 請參閱立法院公報91卷第10期院會記錄，頁418。

49 請參閱前揭註47，頁364-365。

50 15 U.S.C.A. § 78j(b) (2000).

51 17 C.F.R. § 240.10b-5 (1942).

52 請參閱賴英照，股市遊戲規則——最新證券交易法解析，元照出

版，2009年10月再版，頁79。

53 請參閱李開遠，證券管理法規新論，五南圖書，2007年9月5版，頁150。

54 同前註，頁143。

55 證交法第22條第2項規定：「已依本法發行股票之公司，於依公司法之規定發行新股時，除依第43條之6第1項及第2項規定辦理者外，仍應依前項之規定辦理。」即排除私募有價證券需採申報生效制。另依同法第43條之6第5項規定：「該公司應於股款或公司債等有價證券之價款繳納完成日起十五日內，檢附相關書件，報請主管機關備查。」實務上，公司可將申報事項輸入證期局指定的公開資訊觀測站，而完成備查手續。

Chapter 8

淺談私募股權基金在臺灣之發展現況與法律風險

蘇怡慈

國立中興大學法律系助理教授

淺談私募股權基金在臺灣之發展現況與法律風險

摘要

私募爲資本市場中重要的一種籌資方式，本文介紹私募股權基金之發展，及我國引進私募制度逾十年之重要案例，探討私募在臺灣可能引發之法律風險問題，如少數股東權益之保護、揭露制度等。本文發現政府對於外來私募的態度仍嫌保守，及我國若欲發展私募，需考慮引進有限合夥法之機制。

關鍵詞：私募、創投、資本市場、法律風險、少數股東權益、有限合夥、受託義務、揭露

壹、前言

我國爲使企業籌資方式更具彈性，因此於2001年增訂公司法第248條第2項私募公司債。又於2002年新增證券交易法（下稱證交法）第7條第2項引進私募制，金管會亦於2004年11月正式公告實施投信投顧法，開放投信業發行私募基金。2006年凱雷集團（Carlyle Group）宣布將以每股39元的價格收購我國的日月光半導體公司後，私募始引起我國主管機關、投資人及社會大眾的注意。私募制度引進我國迄今已逾十年，私募股權基金（Private Equity Fund，下稱PE）亦從強調隱密走向「日無私照」[1]，本文欲分析實際私募股權案例，以探討私募股權基金在我國實踐之狀態與其法律風險。

貳、私募股權基金的定義與發展

一、PE定義與交易型態

私募股權基金（PE）係以私募之方式進行投資行爲，其主要的投

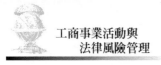
資方式爲公司股權的收購。資金來源多爲退休保險基金或富豪，而併購對象多爲成熟產業中體質良好、雖股價表現不佳但仍具發展價值者。PE的組織構成方式爲有限合夥（Limited Partnership）[2]，其合夥人可分爲普通合夥人及有限合夥人兩種[3]。普通合夥人通常爲發起人或所有人，對於基金盈虧負無限責任；有限合夥人則指PE的投資人，對公司營運無管理控制權，負有限責任[4]。PE所採行的有限責任合夥由前兩者間之有限合夥協議（Limited Partnership Agreement），以及基金管理公司與普通合夥人間之管理協議（Operation Agreement）等條款規範權利義務，也因爲契約自由原則，賦予PE很大的彈性。

PE交易型態一般有以下三種：(1)爲VENTURE CAPITAL創投；(2)BUY OUTS／BUY INS提供資本給公司作爲併購外部公司或是反向，BUY OUTS又可分爲一般融資收購或是管理者融資收購（MANAGE-MENT BUYOUT）；(3)DEVELOPMENT CAPITAL提供資本給既有公司作爲成長或是擴充基金。PE最爲人詬病的風險爲其高度財務槓桿，舉債額度過高；交易價格可不經核可直接交易，亦容易發生內線交易（Insider Trading），缺乏揭露（Disclosure）機制，以至於公開透明性（Transparency）欠缺。

二、國際PE的現況

《國際私募股權》雜誌（*Private Equity International, PEI*）於最近一期（2012）公布的2011全球PE排名，美國德太投資有限公司（TPG Capital）以506億美元的籌資額，榮登全球最大的私募基金公司；排名第二的是高盛集團旗下的Principal Investment Area，籌資總額爲472億美元；第三名是凱雷投資集團，籌資總額爲405億美元；排名第四及第五的分別爲籌資402億美元的KKR與籌資364億美元的黑石集團，其中黑石集團的數據包括旗下最新的併購基金BCP VI，其籌資規模約爲150億美元。

淺談私募股權基金在臺灣之發展現況與法律風險

排名	私募基金名稱	總部所在地	2011年所募資本總額 （截至2011年4月為止）
1	TPG Capital	Fort Worth	$50.55
2	Goldman Sachs Capital Partners	New York	$47.22
3	The Carlyle Group	Washington DC	$40.54
4	Kohlberg Kravis Roberts	New York	$40.21
5	The Blackstone Group	New York	$36.42
6	Apllo Management	New York	$33.71
7	Bain Capital	Boston	$29.4
8	CVC Capotal Partners	London	$25.07
9	Forst Reserve Corporation	Greenwich. CT	$19.06
10	Hellman & Friedman	San Francisco	$17.20
11	Apax Partners	London	$16.64
12	General Atlantic	Greenwich. CT	$15.10
13	Warburg Pincus	New York	$15.00
14	Cerberus Capital Management	New York	$14.90
15	Advent International	Boston	$14.52
16	Permira	London	$13.67
17	Oaktree Capotal Management	Los Angeles	$13.05
18	Terra Firma Capital Partners	London	$12.25
19	Providence Equity Partners	Providence, RI	$12.10
20	Clayton, Dubilier & Rice	New York	$11.40
21	Charterhouse Capital Partners	London	$11.27
22	Teacher's Private Capital	Toronto	$10.76
23	Madison Dearborn Partners	Chicago	$10.60
24	TA Associates	Boston	$10.55
25	Silver Lake Partners	Menio Park, CA	$10.50
26	Lone Star Funds	Dallas	$10.41
27	Thomas h lee Partners	Boston	$10.10
28	Cinven	London	$15.07
29	Riverstone Holdings	New York	$9.67

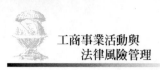
排名	私募基金名稱	總部所在地	2011年所募資本總額（截至2011年4月為止）
30	J.C. Flowers & Co,	New York	$9.30
31	AXA Private Equity	Paris	$9.03
32	AlpInvest Panrtners	Amsterdam	$8.87
33	3i Group	London	$8.73
34	Nordic Capital	Stockholm	$8.73
35	Fortress Investment Group	New York	$8.67
36	EnCap Investments	Houston, TX	$8.47
37	Onex	London	$8.34
38	Lindsay Goldberg	New York	$7.87
39	Citi Capital Advisors	New York	$7.80
40	Ares Management	Los Angeles	$7.79
41	Summit Partners	Boston, MA	$7.75
42	Bridgepoint Capital	London	$7.72
43	Marfin	Athens	$7.31
44	EQT Partners	Stockholm	$7.20
45	NGP Energy Capital Management	Dallas	$7.11
46	Energy Capital Partners	Short Hills, NJ	$6.59
47	Stone Point Capital	Greenwich, CT	$6.40
48	Abraai Capital	Dubai	$6.20
49	Golden Gate Capital	San Francisco	$6.11
50	GTCR Golder Rauner	Chicago	$6.00

　　在次貸風暴過後，PE若仍維持高風險的槓桿財務操作又無揭露制度，則可能有礙其資金募集，故PE亦有由私走向公之趨勢[5]。但PE上市可能面對幾個問題，如PE必須被要求遵守嚴格的監督與訊息揭漏制度；2012年後大部分國家將全面採用「國際財務會計準則」（IFRS），依此處理原則，PE收購企業後，還要在帳上認列無形資產

商譽的損益，因此，未來私募基金所揭露資料的廣度與深度勢將大增。而且一旦PE上市，將公布重大內部訊息，可能會影響原來隱身於PE後的大投資者投資於PE的意願，也會導致PE的結構大幅改變[6]。

參、PE在臺灣的發展

■PE主要案例

在PE剛引進臺灣時，其實已有東隆五金的成功案例，但讓PE聲名大噪的為凱雷併購日月光一案，此案後因公開收購價格過高而破局。最近則有台積電入股茂迪一案，以下簡介此三案。

(一)東隆五金

1954年創立的東隆五金，於當時是臺灣最大及全球第三大製鎖公司，同時兼具績優、零負債的特點，多角化及創立自有品牌的經營策略使其獨霸一方。但眾多公司都會面臨到的問題即是「接班」和「理念不和」，大舉進行擴張信用的投資行為，跨足營建及航太領域，在亞洲金融風暴後，終招致鉅額掏空公司資金達88億元，公司下市並向法院聲請選任重整人及重整監督人，以利重整程序進行。2000年仍有投資人看好東隆五金，匯豐集團直接投資公司董事陳伯昌認定東隆五金仍有經營價值，其中包含許多無形資產，如技術等寶貴資源，他積極遊說匯豐集團出面投資，並以最大股東身份，擔任董事長兼總經理。2002年，王鍾渝接任董事長，負責經營與領導，陳伯昌退居負責金融與財務，兩人為公司重新定位，由生產模式轉向行銷模式，又掌握製鎖產業並找尋海外代工服務訂單。

聲請重整期間，東隆五金先實行減資，再以每股17元溢價增資，並拋售大量公司資產以償還債務，調降不具市場競爭力的三級鎖生產

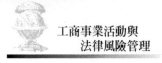
比重，提升附加價值較高的二級和一級鎖生產比重，使公司獲利明顯提升。2001年東隆五金經法院裁定重整完成，2006年3月23日以每股41元順利申請上櫃，成功重返資本市場，為我國證券市場上極少數能重整新生的公司之一例。

(二)凱雷收購日月光

臺灣史上最大的私募基金收購案，美商凱雷投資集團收購日月光於2007年4月18日宣告破局。凱雷先前擬以每股39元、共計2,112億元（含員工選擇權及可轉換公司債），收購日月光全部股權。但由於凱雷僅願意將2006年11月24日簽訂的收購價由每股39元提高至39.5元，日月光評估小組認為此價格未充分反映公司的價值，決定拒絕凱雷的收購，凱雷隨即宣布終止談判，讓這件總金額高達2,112億元的收購案，在四個月後劃上休止符[7]。

(三)台積電入股茂迪[8]

台積電與茂迪於2009年12月10日共同宣布雙方簽訂認股協議書，確定認購價格、股數，經過雙方公司股東會負有報告義務並以特別決議方式同意該項議案，報告內容包含價格訂定之依據及合理性、特定人選擇之方式及辦理私募之必要理由，僅需在價款繳納後15日內，報請主管機關備查。台積電以入股茂迪，茂迪即以私募方式使台積電認購該公司之普通股，共7,532萬股，占已公開發行股份總數兩成，成為茂迪最大股東。私募金額較收盤價低，係買方與賣方兩方共同商討該以何價格購入或售出，資料顯示，台積電認購價格為每股以82.7元，總投入金額約新臺幣62億元整。私募購入價差，以茂迪被收購前三個月平均收盤價為準，折價約16.9%，而與被收購前九個營業日相比較，折價約43%。台積電以此方式成為茂迪股東後，得於董監改選時提名兩席董事，但不介

入茂迪之營運，茂迪的經營團隊仍維持不變。此外，台積電此次認購閉鎖期間爲三年，於期間內不出脫持股，確保契約必須遵守之原則。

肆、PE在臺灣可能引發之法律風險問題

一、下市後之小股東權益

　　PE在臺灣的投資標的多爲公司財務狀況本身良好的上市上櫃公司。若併購後需要下市，是否會導致小股東的權益受損？內線交易在我國證券交易法已有規範，本文在此不詳加討論。值得探討爲我國少數股東並無如美國法上享有受託人義務（Fiduciary Duty）之保障。美國法上之受託義務包含注意義務（Duty of Care）與忠實義務（Duty of Loyalty）[9]。忠實義務的重點在於完全的公平（Entire Fairness），因爲公司的董事與經理人對於公司及股東負有忠實義務，不允許其利用職位來促進私益。董事及經理人的主要任務除了保護公司利益外，亦應禁止任何傷害公司或剝奪公司利益的行爲發生。忠實義務要求董事及經理人對公司應有無私的忠誠，因此在其義務及私益間不應有任何利益衝突發生，應誠實、善意及忠誠行事[10]。董事基於其忠誠應適當之目的行使權力（Duty to Act for a Proper Purpose），及董事在處理公司事務於利益衝突（Conflict of Interests）時，必須基於公司最佳利益，不得圖謀自己或第三人之利益。

　　而利益衝突又可分爲與公司競爭，利用公司資訊或機會，及與自己交易（Self Dealing）。完全公平的內容包括公平交易（Fair Dealing）及公平價格（Fair Price）。公平交易可從交易時點、交易形成過程、結構、協商、揭露及董事會批准原因等判斷；公平價格則可由所有經濟及財務考量，如公司資產、市場價值、未來展望及其他可能影響公司股價的因素等判斷[11]。我國公司法23條自2001年修正引進「忠實義務」名詞

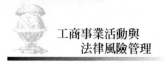

以來，學說實務上對於我國忠實義務（或稱受託義務、信賴義務）的內容爭論不休。此次（2012年）公司法修正又新增23條第3項之歸入權規定，因此對於23條受託義務之實質內容爲何，立法者亦應積極面對。

二、揭露與透明

揭露與透明（Disclosure and Transparency），爲世界經濟合作暨發展組織（Organization of Economic Co-operation and Development，下稱OECD）所提出之公司治理原則之一。應可考慮規定上市櫃公司之收購人應持有目標公司股權一定期間，並強化企業下市條件之監理，要求企業應揭露資金來源、投資目的。

三、政府對於外來PE態度仍嫌保守

我國對於外來PE有許多的規範限制，如外資之外國人投資條例，並設有投審會加以審查[12]。私募股權基金入主公司後，通常三到七年即會獲利出場，或者常有爲達績效獲利而拆解公司部門、大規模裁員等。有被稱爲「禿鷹資本家」，可能爲政府對PE態度保守原因之一[13]。

四、缺乏「有限合夥法」機制

如前所論，大型PE主要的結構型態爲有限合夥，但此機制爲我國公司法所缺乏之商業組織型態，造成我國之私募基金發展的可能受到限制[14]。由下圖統計可見，我國私募基金規模日漸萎縮，已由2005年1月開辦以來到2006年7月底，有31家投信發行私募基金，基金數量共162檔，規模高達524.37億元，但到2012年9月底，發行投信家數已減至19家，基金數量減爲94檔，規模亦僅剩下145億元。資料來源：中華民國投信投顧公會。

表8-1 截至2010年12月底有發行私募基金之投信家數：20家

資料日期	基金數量			基金規模	
	本月新增	本月清算	現存數量	本月基金規模	增減金額
2010/01/31	1	0	124	26,186,140,469	195,240,286
2010/02/28	0	3	121	25,852,749,698	-333,390,771
2010/03/31	0	0	121	30,557,186,151	4,704,436,453
2010/04/30	0	2	119	26,513,112,886	-4,044,073,265
2010/05/31	2	3	118	26,772,860,562	259,747,676
2010/06/30	1	1	118	26,236,402,555	-536,457,907
2010/07/31	0	2	116	27,000,593,084	764,190,429
2010/08/31	0	1	115	25,395,027,809	-1,605,565,275
2010/09/30	0	3	112	22,243,692,987	-3,151,334,822
2010/10/31	0	1	111	23,349,446,471	1,105,753,484
2010/11/30	0	1	110	21,935,552,986	-1,413,783,515
2010/12/31	0	5	105	20,535,069,853	-1,400,483,103

*部分基金因投資海外子基金之淨值結算問題，致無法以截至本資料月份止之基金規模
列示，而改以截至目前可取得之最新資料列示。

表8-2 截至2011年12月底有發行私募基金之投信家數：19家

資料日期	基金數量			基金規模	
	本月新增	本月清算	現存數量	本月基金規模	增減金額
2011/01/31	1	2	104	19,771,378,909	-763,69,944
2011/02/28	0	2	102	19,085,316,961	-68,606,1948
2011/03/31	0	1	101	17,929,302,150	-1,156,014,711
2011/04/30	2	2	101	17,869,762,919	59,539,231
2011/05/31	3	1	103	18,394,316,101	524,443,182
2011/06/30	0	1	102	17,650,269,656	-744,046,445
2011/07/31	1	0	103	18,342,746,266	692,486,610
2011/08/31	1	2	102	17,695,679,495	-647,066,771

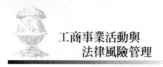

資料日期	基金數量			基金規模	
	本月新增	本月清算	現存數量	本月基金規模	增減金額
2011/09/30	2	1	103	16,042,649,556	-1,653,029,939
2011/10/31	0	5	98	15,539,936,748	-502,712,808
2011/11/30	0	2	96	14,756,874,161	-783,062,587
2011/12/31	1	1	96	13,463,719,472	-1,293,154,689

*部分基金因投資海外子基金之淨值結算問題，致無法以截至本資料月份止之基金規模
列示，而改以截至目前可取得之最新資料列示。

表8-3　截至2012年9月底有發行私募基金之投信家數：19家

資料日期	基金數量			基金規模	
	本月新增	本月清算	現存數量	本月基金規模	增減金額
2012/01/31	0	2	94	14,513,065,042	1,049,345,570
2012/02/28	0	1	93	14,136,275,840	-376,7898,202
2012/03/31	0	1	92	13,166,700,373	-969,575,467
2012/04/30	0	1	91	13,417,265,527	250,565,154
2012/05/31	0	1	90	12,993,745,477	-423,520,050
2012/06/30	1	0	91	12537,598,294	-456,147,183
2012/07/31	0	0	91	12,689,685,834	152,087,540
2012/08/31	1	1	91	13,030,447,896	340,762,062
2012/09/30	0	0	91	12,116,526,980	-913,920,916

*部分基金因投資海外子基金之淨值結算問題，致無法以截至本資料月份止之基金規模
列示，而改以截至目前可取得之最新資料列示。

　　我國行政院於2007年已草擬有限合夥法草案送至立法院審議。該草
案開宗明義說明「有限合夥法一為提供單純投資者與積極經營者共同從
事經營活動之新選擇，並促進產業發展與提升國際競爭力，特引進有限
合夥之新商業組織型態，以因應產業發展之需要。二英美法系之『Lim-
ited Partnerships』制度，其合夥人之責任，一部分為有限責任，一部分

爲無限責任，爰依其外文文義明定本法名稱爲有限合夥法，以利國際接軌」。[15]但較爲可惜之處爲該法案始終仍停留在立法院研議階段，不知何時才能付委討論。

五、管理階層併購（MBO）可能受限

私募股權基金計畫趨勢爲先作融資併購（Leverage Buy-Out，簡稱LBO），並結合管理階層併購（MBO），即私募股權基金與公司管理階層一起併購公司，管理階層全數留下，只是重新調整股權結構，此收購模式的成功率較高。但臺灣仍以家族企業爲產業主力，在我國百大企業中，家族企業占有73.56%，七個主要家族掌控百大企業總資產額的40%。一般而言，家族企業對於MBO接受度較低，收購的成功率將會降低，亦可能因此而影響所有股東的利益[16]。

伍、代結語

由台積電成功入主茂迪一案，可以觀察出PE在台灣仍十分具有發展性。PE爲獲利，致力整頓企業倫理及強化財務結構，有助企業發展及政府整頓經濟。公司營運上亦可利用私募基金之方式，解決因政策無法前往大陸投資之問題。對於本土PE規模日漸萎縮，則應早日通過有限合夥法，使此一PE之主要結構亦能成爲我國商業組織之模式之一。

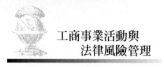

註　釋

1　王文宇，日無私照——論私募股權基金的蛻變，台灣法學雜誌，
128期，2009年5月15日，頁14-15。

2　關於有限合夥的詳細介紹，可參廖大穎，契約型商業組織之人和
公司論，正點出版，2009年10月，頁25以下。

3　同前註1，頁19。

4　同前註。

5　同前註1，頁25-27。

6　同前註1，頁26-27。

7　http://www.appledaily.com.tw/appledaily/article/head-
line/20070418/3404603/

8　http://money.udn.com/report/storypage.jsp?f_ART_ID=200816（最後
瀏覽日期：2012.11.09）

9　另有認為善意good faith亦為一獨立義務，但目前德拉瓦州最高法
院及美國通說仍認為善意非一獨立之義務。

10 See Guth v. Loft, Inc. 5 A2d. 503, 510 (Del. 1939)

11 Mills Acquisition Co. v. Macmillan, Inc., 559 A.2d 1261,1279 (Del.
1989)

12 前揭註1，頁28。

13 前揭註1，頁29。

14 同前註。

15 見草案名稱說明。

16 但亦有家族企業引進私募基金，如台新金控思慕引進新橋及野村
集團資金。詳見廖大穎等，企業籌資法務與個案分析，元照出
版，頁188-226。

Chapter *9*

我國境外金融衍生性商品銷售之監管機制與風險控管規範之探討

郭土木[*]

摘要

各國對於金融機構之監理在立法例上通常將其設定為正面表列之行業，明定經營業務之事業主體與業務內容，並規定非經主管機關之許可，且取得許可證照後不得營業，對違反者就其未經許可經營各該項業務之行為科以刑責。由於美國兩房事件之牽引下，全球在2007年下半年起在金融風暴之襲擊籠罩下，金融機構與投資人因販售或購買相關高風險與高槓桿之金融衍生性商品，深陷風暴而受害者比比皆是。為維護金融市場秩序與保障投資人權益，並考量有效解決因此衍生之龐雜相關法律爭議問題，行政院金融監督委員會於2009年7月23日發布境外結構型商品管理規則，作為境外衍生性金融商品管理之依據。本文基於此一時代背景下，擬以現行金融機構銷售衍生性金融商品監管機制與風險控管之規範，就金融機構範疇、銷售行為、衍生性金融商品、風險控管機制與投資人保護等分別提出加以探討，希望藉此提出規範金融衍生性商品監督管理基礎與釐清法律之爭議。

關鍵詞：總代理人、境外結構型商品、銷售機構、金融機構、金融衍生性商品、信託業、期貨業、證券業、保險業、共同行銷、合作推廣

壹、前言

由於美國次級房貸風暴（The Sub-Prime）係起因於較低收入且信用不佳之房貸戶，在掮客的協助下以高出一般利率的利息取得利率調整型房貸，在美國聯準會升息時，無法繳款的違約率便急速上升。加上貸款銀行以次級房貸轉售給投資銀行，由投資銀行發售以房貸作擔保的不動產抵押擔保證券（MBS）等衍生性金融商品，並經過金融機構再包

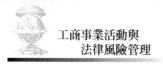
裝設計出各種抵押債務債券（CDO），以提高財務槓桿後出售給投資銀行、退休基金、避險基金、政府基金、校務基金、甚至一般之投資人等[1]。然美國從2004年以後歷經十七次升息以來，房貸戶違約情形擴大，遂演變成2007年下半年爆發之次貸風暴，並席捲全球，引發金融海嘯，重創各國金融體系。其中美國雷曼兄弟集團（Lehman Brothers）的宣布破產保護，讓投資者血本無歸，美國聯邦政府更對房利美（Fannie Mae）、房地美（Freddie Mac）、AIG、美林（Merrill Lynch）及各投資銀行等提出鉅額之資金救助，引起整體金融體制之劇烈變動，該風暴迄今仍餘波盪漾。

在此一風暴之襲擊下，金融機構與投資人因販售或購買此類有關之金融衍生性商品，身陷風暴而受害者亦不在少數，如何有效規範金融衍生性商品已成為當前金融監督管理之重要課題。為維護金融市場秩序與保障投資人權益，並考量有效解決因此衍生之龐雜相關法律爭議問題，主管機關相繼提出「境外結構型商品管理規則」[2]與「金融消費者保護法」[3]之立法。然而在境外結構型商品管理規則發布以來，在2014年9月商品數已達1,115種，開戶數達184,919戶，衍生性金融商品之發行與交易相當活絡，本文基於此一立法與實務背景下，擬以現行金融機構販售衍生性金融商品監管機制與風險控管之規範，就金融機構範疇、販售行為、衍生性金融商品、風險控管機制與投資人保護等分別提出加以探討，期盼能就教於前輩先進。

貳、金融機構之範疇

衍生性金融商品之銷售業務，原則上應限於金融機構始得為之。然金融業務之經營事涉經濟金融秩序及社會大眾利益之保護，世界各國莫不採取較為嚴格之監督管理態度，因此，金融機構在設立條件上，除需符合主管機關訂定之設立條件與標準外，主管機關可進一步考量市場胃

納、客觀經濟環境、社會秩序與公共權益之因素予以准駁；另外在業務經營上，爲考量金融穩定性和提升金融機構之競爭力，亦需適度限制金融機構過度擴張信用與承擔風險。然就金融業務而言，依其與金融業務監理適用法之關係，可分合法之金融機構與非法之金融機構，茲進一步分述如下。

一、合法之金融機構

合法之金融機構爲經主管機關取得營業許可證照並納入財務、業務監督管理之業者。依現行金融管理法規之規定，合法之金融機構可區分爲三類。

(一)各金融機構之核心專屬業務

1. 銀行業之業務

銀行（Bank）一詞，依現行法律上並無明確之定義，有認爲係以經營收受存款、辦理放款之借貸貨幣業務者[4]，其收受存款創造信用，並以辦理放款使貸款者得爲債權債務之清理，調節資金之供需，收取報酬，反覆以此種行爲爲業務者。此乃從銀行之實質業務內容來看，但如果從銀行之外觀名稱上來認定者，即有以銀行爲公司或機關名稱者皆可認定其爲銀行。而銀行法第2條所規定之銀行，認爲是指依銀行法組織登記，經營銀行業務之機構，其規定並不全然以實質之業務內容或外觀名稱來界定，而是限縮於經營銀行法第3條業務項目爲業務行爲之機構，同時必須符合依銀行法取得許可組織登記者始得爲之[5]。另依銀行法第29條之規定爲經營收受存款、受託經理信託資金、公眾財產或辦理國內外匯兌業務[6]，因此，經營銀行業務者，不一定是銀行法上之銀行，現行依照農業金融法設立之農、漁會信用部[7]，交通部所屬之郵政儲金匯業局，爲依郵政儲金匯業局組織法成立；另依信用合作社法成立

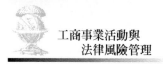

之信用合作社、依證券交易法成立之證券金融機構等，各該機構之業務
經營項目，一般皆或多或少從事部分依銀行法第3條所規定之銀行業務
項目，但其並非全然爲銀行法上之銀行，故依金融監督管理委員會組織
法第2條第3項第1款規定，將銀行業包括銀行機構、信用合作社、票券
金融公司、信用卡公司、信託業、郵政機構之郵政儲金匯兌業務與其他
銀行服務業之業務及機構。又名稱爲銀行者，不一定是銀行法上之銀
行，現行依中央銀行法成立之中央銀行，並不是銀行法上之銀行；其他
依特別法成立之銀行，如中國輸出入銀行、交通銀行、中國農民銀行等
[8]，其雖有銀行之名稱，但其原設立之法律依據並非銀行法，而是有其
各自之法律或條例，是屬於特許事業之範圍，而非銀行法採行之許可設
立，故就銀行法而言，是屬於依其他法律設立之銀行。

　　除前述法律特別規定者外，銀行之種類或其專業，應在其名稱中
表示之；非銀行，不得使用商業銀行、專業銀行之名稱或易使人誤認其
爲銀行之名稱[9]。至於非銀行法之銀行，應如何適用銀行法，就依其他
法律設立之銀行或其他金融機構無論是否使用銀行之名稱，若其業務爲
辦理銀行第3條所定之業務內容者均屬於廣義之銀行，該其他法律爲銀
行法之特別法，自應優先於銀行法之適用，因此，銀行法第139條第1項
規定：「依其他法律設立之銀行或其他金融機構，除各該法律另有規定
者外，適用本法之規定。」至於其他金融機構之業務經營，爲考量維持
金融秩序及紀律，故於同條第2項後段規定：「前項金融機構之管理辦
法，由行政院定之」，俾便訂定管理之規範。

2. 證券業之業務

　　證券業一般係指證券交易所、證券櫃檯買賣中心、證券商、證券
投資信託事業、證券投資顧問事業與其他證券服務業之業務及機構。證
券交易所及證券櫃檯買賣中心爲設置場所及設備，以供給有價證券之
競價買賣或議價交易所開設市場之法人[10]；證券商爲經營有價證券之承

銷、自行買賣、買賣之行紀、居間、代理及其他經主管機關核准之相關業務[11]；證券投資信託，指向不特定人募集證券投資信託基金發行受益憑證，或向特定人私募證券投資信託基金交付受益憑證，從事於有價證券、證券相關商品或其他經主管機關核准項目之投資或交易[12]。證券投資顧問，指直接或間接自委任人或第三人取得報酬，對有價證券、證券相關商品或其他經主管機關核准項目之投資或交易有關事項，提供分析意見或推介建議[13]，對於未經許可經營前開業務將構成觸犯刑事責任之規定[14]。

3. 期貨業之業務

期貨交易契約為衍生自商品、貨幣、有價證券、利率、指數或其他利益之契約，自屬衍生性金融商品之範疇。經營期貨交易契約有關之期貨業亦為金融機構之重要環節[15]，其範圍通常包括期貨交易所、期貨商、槓桿交易商、期貨信託事業、期貨顧問事業與其他期貨服務業之業務及機構，對於未經許可經營非法之地下期貨業務將構成觸犯刑事責任之規定[16]。

4. 保險業之業務

保險業包括保險公司、保險合作社、保險代理人、保險經紀人、保險公證人、郵政機構之簡易人壽保險業務與其他保險服務業之業務及機構。而保險契約之訂定由要保人繳交保險費，其目的在於分擔風險。保險人從保險費提列之責任準備金為保險事故發生時負擔理賠，因此，保險在性質上有類似銀行存款之功能。現行投資型保單有連結至有價證券、結構型債券或其他衍生性商品之情形，保單事涉投保人之權益，依規定需經審核，對於經營未經主管機關審核或備查之保單為地下保單之銷售，是違法行為[17]。未經主管機關許可之保險業，而以公司名義對外招攬保險契約、收取保費，並於投保人發生保險事故時依受損程度予以理賠，此即違反上述規定處罰[18]。至於何謂保險或類似保險，主管

機關曾釋示以符合下列四項以上者為構成要件：(1)對價關係，其對價無須經精算技術計算，未必以保險費稱之，可能為費用、報酬或會費等。(2)保險利益，要保人因保險標的損害而發生經濟之損失。(3)需有危險，惟仍應侷限於保險業所承保之可保危險為限。(4)危險承擔，於約定事故發生時，給予一定金額、提供一定服務或為其他給付。(5)危險分散（大數法則），對象需為多數人或不特定之人。(6)契約名稱，不一定冠上保險名稱。(7)經濟制度，未必有提存責任準備金，資金運用未必有具體之規範，未必以精算作為保費計算之基礎[19]。

(二)各金融機構需取得他業兼營許可之業務

各種類金融業務之經營風險本來就有所不同，理應有所區隔；然為考量擴大銀行業之經營空間，以提升金融機構之競爭能力，例如，以賺取利差之傳統銀行業務，已經漸漸朝向以收取手續費或管理費之全面資產管理層次，因此非屬於傳統銀行經營之核心業務，在考量有效管理之範圍內，銀行法賦予多項之業務開放。現行銀行法規定得經營之需另取得兼營許可之業務，包括簽發信用狀、辦理國內外保證業務、承銷及自營買賣或代客買賣有價證券、辦理債券發行之經理及顧問事項、辦理與前列各款業務有關之倉庫、保管及代理服務業務及主管機關核准辦理之其他有關業務。前開業務已經跨越信託業法、票券商管理法、證券交易法、證券投資信託及顧問法、期貨交易法及保險法等金融法律之領域，其他金融機構亦同樣面臨競爭之問題，因此在各專業金融法律所規定取得許可之情形，其經營跨業之金融業務已屬合法，例如，銀行業銷售保險單在數量上早以不下於保險業，其他如信託業、證券業、期貨業與保險業相互跨業兼營亦屬常見。

(三)共同行銷與合作推廣

金融控股公司得轉投資之子事業，包括銀行業、票券金融業、信用卡業、信託業、保險業、證券業、期貨業、創業投資事業、經主管機關核准投資之外國金融機構，及其他經主管機關認定與金融業務相關之事業[20]。金融控股公司之設立在於綜效發揮之考量，因此其所屬子公司間得進行共同行銷，惟應由金融控股公司事先向主管機關申請核准[21]。合作推廣又稱策略聯盟，金融機構之銀行、證券商、保險公司等符合財務、業務及內部控制健全，且對於合作推廣之商品或提供相關服務之人員，具備他業主管機關相關法令所規定之專業資格條件或證照，得向本業主管機關申請合作推廣他業商品或提供相關服務[22]，在共同行銷與合作推廣業務之進行已可達到跨業經營之效果，其對於金融衍生性商品之交易亦同。

二、非法金融機構經營需經許可之業務

實際從事衍生性金融商品銷售之人，未必均為合法取得許可證照之金融服務業。例如前述之地下銀行、證券、期貨等非法業者，其銷售相關金融商品仍應適用有關之說明義務、無過失賠償責任及確保廣告真實性等之規範亦應信守；否則，合法業者反而將負較重之法令遵循責任，有失情理之平。因此，對於金融服務業以外實際從事金融商品銷售之人，除應負刑事責任外，民事之相關責任亦應不得免除。

參、衍生性金融商品之定義與種類

一、衍生性金融商品之定義

衍生性金融商品，係結合證券與其他財務工程之金融創新商品，其

以基礎資產之債券、定存單或保險單等之價格、利率、指數、單位，或以此為基礎的指數等的變動加以連動，依照原訂定的方法，以決定應該支付的金額或是回收的金額的權利者，例如，連動債、結構式定存及投資型保單等。衍生性結合證券，在美國、日本與韓國將其列入有價證券已如前述，為考量對於金融與證券市場之監督管理與國際接軌及保護投資人權益，尤其是國外發行之衍生性金融商品，參照主管機關已核定就外國之具有投資性質之有價證券為有價證券[23]，國外發行之衍生性金融商品自宜納入有價證券，而需遵行證券交易法有關募集、發行、私募與買賣等之規範。

二、衍生性金融商品之種類

衍生性金融商品在集中交易市場掛牌者，通常為依國內外期貨交易所或其他期貨市場之規則設計，衍生自商品、貨幣、有價證券、利率、指數或其他利益之契約，包括期貨契約、選擇權契約、期貨選擇權契約；若為店頭市場之商品則為依當事人約定，一方支付價金一定成數之款項或取得他方授與之一定信用額度，雙方於未來特定期間內，依約定方式結算差價或交付約定物之契約，一般稱為槓桿保證金契約。現行經中央銀行[24]及證券金融主管機關公告不適用期貨交易法規範之契約，屬於此一類型之店頭市場之衍生性金融商品，包括外匯指定銀行辦理之外匯保證金交易[25]及經核准銀行辦理之衍生性金融商品業務[26]，包括新臺幣利率交換、新臺幣利率選擇權、新臺幣遠期利率協定、外幣遠期外匯交易、外幣遠期利率協定、外幣商品遠期契約、外幣股價遠期契約、外幣利率選擇權及其他結構型商品[27]。

肆、衍生性金融商品之銷售行為態樣

衍生性金融商品之交易，具有相當之複雜性，故國外這種金融商品主要是透過對機構法人（Whole-Sale）或私募（Private-Placement）方式進行。各國政府對參與投資者的資格要求很多，通常是專業投資法人、具一定投資經驗之法人或自然人，因為這些投資者本身已具有專業知識，對投資風險已能自我瞭解，一般散戶大眾不適合投資。若以廣告方式或以傳單放置營業櫃檯方式，向不特定之投資大眾銷售該等債券，其未依外國發行人募集與發行有價證券處理準則規定，於報經證券主管機關核准或申報生效後進行募集[28]，甚至對於應予公開揭露之風險與預告，或為虛偽隱匿，或有誤導之勸誘，將可能造成客戶及投資人無法預測之損失，發行人業已涉及違反證券交易法第22條有價證券之募集與發行，非經核准或申報生效後，不得為之規定[29]，代銷之機構亦可能構成犯罪[30]。

一、衍生性金融商品之銷售行為

金融商品銷售，除於集中市場或店頭市場之交易外，包括從事締結收受存款或辦理放款之契約、締結信託契約、締結保險契約、締結使人取得證券交易法有價證券或票券金融管理法短期票券之契約、締結使人取得共同信託基金受益證券之契約、締結使人成立期貨交易法所為期貨交易之契約、締結衍生性金融商品交易契約、其他經主管機關規定之。另外，對於衍生性金融商品銷售之行紀、居間、代理、招攬，亦應認為屬於銷售之行為。

二、衍生性金融商品之銷售管道

投資人購買境外結構式金融商品之管道與流程有三種，其中除自

行以外匯額度範圍內匯出向境外結構式金融商品發行或管理機構申購外，主要係透過銀行特定金錢用途信託帳戶、證券商受託買賣外國有價證券，或依保險公司連結投資型保單直接向境外結構式金融商品發行及管理機構申購，透過銀行以特定金錢用途信託方式申購者[31]。其標的則依中央銀行訂定之保險業辦理外匯業務管理辦法第15條及金融機構辦理「特定金錢信託投資國外有價證券」業務受託經理信託資金投資國外有價證券之種類與範圍，不需向金融監督管理之主管機關核備。但投資人透過保險業者投資型保單從事境外結構式金融商品之申購，依據投資型保險投資管理辦法之規定，投資型保險之投資標的為結構式金融商品除依前述央行之規定，保險主管機關有較嚴格條件之規定；但如屬證券投資信託基金受益憑證者，該外國基金管理機構所發行或經理者，仍應以經證券主管機關核准證券投資顧問事業提供投資推介顧問者為限。而由於保險業者以保險資產投資境外結構式金融商品，以連結方式取得境外結構式金融商品，屬保險法所規範之事項，以下就特定金錢用途信託帳戶、證券商受託買賣外國有價證券及原證券投資顧問事業推介顧問境外結構式金融商品，分述如次[32]。

(一)由投資人直接到國外境外結構式金融商品管理機構申購

投資人私自在國外銷售機構開戶並申購境外結構式金融商品，並以自己之外匯額度支付價金，由於其行為地發生在國外，其申購款外匯之管道必須符合中央銀行及外匯管理之規定。

(二)透過特定金錢用途信託帳戶

銀行推介外國有價證券，應以證券主管機關發布之證券投資顧問事業辦理外國有價證券投資顧問業務，所核備之外國有價證券種類及範圍為限。另中央銀行2005年3月18日台央外伍字第0940013802號函，修正

金融機構辦理「指定用途信託資金投資國外有價證券」業務，將名稱修正為金融機構辦理「特定金錢信託投資國外有價證券」業務，其得投資之種類及範圍仍以經行政院金融監督管理委員會公告者為限[33]。銀行或信託業以信託關係之受益人名義至境外申購結構式金融商品，由於其係特定金錢用途信託，所以就投資之內容包括種類、標的及價位皆由投資人已事先確定，為避免脫法募集發行，故明定銀行、信託業及證券投資顧問業者其不得主動推介，所以，銀行無代客戶決定其投資之種類、標的及價位等判斷之空間，換言之，信託僅屬於銷售之轉換名詞而已，實質上還是銷售之行為。

(三)透過證券商進行複委託

證券經紀商以行紀之法律關係並以自己之名義受客戶委託，下單（Order）至國外證券交易所買賣境外結構式金融商品。由於國外慣例上有些甚至針對國內投資設計之結構式金融商品，此部分允許我國證券商有受託買賣外國有價證券之業者，得代客戶從事買賣。依證券商受託買賣外國有價證券管理規則第3條訂定，證券商經營受託買賣外國有價證券業務應具備本公司或其子公司、分公司、或與其具轉投資關係之證券機構，其從事受託買賣外國有價證券，必須具有主管機關指定外國證券交易市場之會員或交易資格，及具有即時取得外國證券市場之投資資訊及受託買賣之必要資訊傳輸設備；若未具前揭資格條件之證券商，得以間接方式委託具主管機關指定外國證券交易市場會員或交易資格之證券商，買賣外國有價證券。

伍、金融機構銷售衍生性金融商品監管機制

在雷曼兄弟集團宣布破產保護之後，對購買該集團發行之連動債投資人造成之損害，無論是政府或國人皆付出慘重的代價與成本。在因應

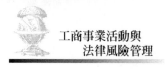
與興革方面，考量對於銀行、保險、證券等金融機構之銷售衍生性金融商品管理寬嚴不一，管理法令依據分散，各該法規之規範架構、審查機制與審查基準均有所差異，因此在金融監理已一元化之後，銀行、信託業、保險與證券等金融機構之銷售衍生性金融商品，亦應有統合性與功能性規範之必要，以落實保護投資人之權益及避免監理套利之問題。現行規定參考原「信託業營運範圍受益權轉讓限制風險揭露及行銷訂約管理辦法」[34]、「證券商受託買賣外國有價證券管理規則」[35]及「保險商品銷售前程序作業準則」[36]等規定，整合對信託業、證券商及保險業為受託投資、受託買賣或為投資型保險標的等金融商品為一致性之規範，期建立衍生性金融商品審查機制及相關配套措施，以利相關業者遵循並加強對我國投資人之保護，並達到相同性質之境外結構型商品適用相同審查與監督管理機制。以下擬參照與現行境外基金管理之架構，比較探討對於境外結構式金融商品應採行之監理方式。

一、衍生性商品應為如何之審查

衍生性金融商品其受託投資或銷售對象，為專業投資人或非專業投資人，就該商品是否由單一機構負責審查，主管機關介入之程度為何，以下擬就國內外相關商品及管理實務或立法例、業界之建議等提出探討。

(一)衍生性商品是否列入審查

為適度過濾衍生性金融商品本身之適格性，並踐行應行揭露之資訊，受託投資或銷售對象為專業投資人之商品，於經公司內部、公正之自律機構或主管機關審查後始得為之。

(二)參考國外管理實務或立法例

國外關於結構型商品之管理模式，主要國家如美國、日本、香港、新加坡、瑞士及法國等均將衍生性金融商品視爲有價證券之一種，並區分爲公募及私募之商品。而受各該國家證券交易法之規範，各國管理情形簡要說明如下。

1. 美國

以證管會（SEC）爲主管機關，依據美國證券商公會2005年9月發布關於銷售結構型商品應注意事項之自律規範規定，銷售機構應確認投資人擁有合格之投資帳戶購買結構型商品，並確認投資人具備專業能力及承擔風險能力，始能購買連動債商品。

2. 日本

以金融廳爲主管機關。結構型商品可銷售予一般社會大眾、金融機構或法人等特定投資人爲對象，或募集對象未滿50人者（金融商品取引法第2條第3項）。另依據日本金融商品交易法（第三章第一節第五款第34條～第34條之5），金融商品交易業者必須依據顧客的知識、經驗、財產狀況及投資目的等進行商品勸誘。投資人則分爲特定投資人與一般投資人。

3. 香港

以證券及期貨事務監察委員會（SFC）爲主管機關。對於屬依當地證券及期貨相關法令發行之結構型商品，可銷售予一般社會大眾或符合下列條件之專業投資人。並於香港證券期貨法規第571章定義之專業投資人，包括機構投資人或受監理之企業、可投資資產達港幣800萬以上之個人戶或資產達港幣4,000萬以上之企業戶。

4. 新加坡

以金融監督管理局（MAS）爲主管機關。對於屬依當地證券及期

貨相關法令發行之結構型商品，可銷售予一般社會大眾或符合下列條件之專業投資人。另其證券期貨法第275節定義之鑑定合格之投資人，係指淨資產達星幣200萬元或年所得至少星幣30萬元之個人。

5. 瑞士

以瑞士金融主管機關（Swiss Federal Banking Commission，簡稱SFBC）為本商品之主管機關。依當地證券及期貨相關法令發行之結構型商品，可銷售予一般社會大眾或符合下列條件之專業投資人。而其所稱專業投資人可包括銀行、證券及保險業等金融機構，國營事業、退撫基金、銀行往來資產達200萬瑞士法郎之高淨值客戶等。

6. 法國

以證券主管機關AMF（Autorit des March Financiers）為結構型商品之主管機關。依當地證券及期貨相關法令發行之結構型商品，可銷售予一般社會大眾或符合歐洲金融工具市場法規（Markets in Financial Instruments Directive，簡稱MiFID）所定義之專業投資人。

(三)透過審查機制之優缺點

關於是否訂定對結構型商品之審查規定，將衍生性金融商品於銷售前加以審查，有認為對衍生性金融商品加以審查並不適當，尤其是類似私募對專業機構法人之銷售部分，投資人已具有較高之風險認知與承受損失之能力，並認為宜以發行端之揭露原則及銷售端之規範及管理為監管基礎，其理由如下：

1. 個別投資人因其理財目標及風險偏好程度而對產品有不同的需求，然商品審查人員基於個人法律責任及聲譽，極可能以限縮產品態樣之方式處理。但主管機關或審查單位是否可取代個別投資人之判斷及選擇而限縮個人可投資之產品範圍。

2. 經政府審查過後之產品，可能會被一般投資人誤認為安全產

品，然所有投資商品不論其複雜度皆有其風險，且審查機制可能產生金融商品投資市場之道德風險，投資人及銷售機構容易因主管機關介入審查而怠忽投資判斷及合適度審理。

3. 商品之審查勢必將增加監理機制與行政成本之負擔。國外實務上，美國、歐洲、澳洲皆無商品審查機制，而以商品及其風險揭露爲基準，另輔以銷售端之規範及投資人教育爲主要監理架構。

(四)修正與調整之建議

1. 結構式金融商品若在外國被認定爲有價證券，依主管機關1987年函之核定亦爲屬於證交法之有價證券[37]，因此比照現行境外基金或其他有價證券之管理方式，採行公開募集應經主管機關核准或向主管機關申報生效後使得爲之[38]；私募者應於價款繳納完成日起十五日內，檢附相關書件，報請主管機關備查[39]。現行衍生性金融商品公開募集者未規定應經主管機關核准、向主管機關申報生效；私募者亦未規定於價款繳納完成日起十五日內，檢附相關書件，報請主管機關備查，以致造成管理上之漏洞，實有補強之必要。若將結構式金融商品受託買賣或銷售之對象區分爲對專業投資人與非專業投資人，對專業投資人類同於私募，非專業投資人部分則應視同以公開募集監理。

2. 由於衍生性金融商品之槓桿財務操作與資訊之不透明化，爲考量目前未將衍生性金融商品納入有價證券之範圍，該商品不受證券交易法之規範，尤其當金融業者以信託架構向投資人推介相關結構型商品時，目前缺乏對商品之審查機制（證券交易法對有價證券之發行有其嚴格之規範，其他國家將衍生性金融商品視爲有價證券納入證券交易法之規範後，自然無庸另訂特別規範）。而因一般投資人以信託方式投資結構型商品之人數眾

多，金額亦高，如認為該衍生性金融商品係以對非專業投資人
為受託投資、受託買賣或為投資型保險之投資標的時，宜比照
有價證券公募之規範予以審查，以強化衍生性金融商品之資訊
透明度，保障投資人之權益。

3. 為整合現行各業對於衍生性金融商品規範不一致之情形，使各
業間受託投資或銷售相同商品，受同一規範，並符合對於衍生
性金融商品強化審查之政策；另為考量使相關衍生性金融商品
應遵循之規定明確，且各業間應遵循之標準一致，避免法規套
利，增加商品之審查機制，以落實投資人權益之保障，乃為晚
近金融海嘯發生後金融監理之趨勢所在。

4. 至於採行公開募集應經主管機關核准或向主管機關申報生效；
私募者應於價款繳納完成日起一定期日內，檢附相關書件，報
請主管機關備查之任務，是否由主管機關擔任或指定相關機構
負責受理或審查，生效或備查之期間應否考量產品之特性予以
增常或縮短，則屬於主管機關監理之政策決定。

二、引進總代理機制

(一)境外基金之國外管理體例

國外對於境外基金之管理體例，在新加坡，就基金受益憑證之募集
和銷售，一般由管理機構或其附屬機構及其他指定之承銷機構辦理。境
外基金經主管機關承認後，由境外基金之管理機構或總代理人指派銷售
機構來從事行銷及銷售，但需取得金融顧問服務執照（Financial Advi-
sor's License）。在香港，境外基金之募集銷售必須依「單位信託及互
惠基金守則」之規定，境外基金或其管理公司並非於香港註冊成立，
而於香港又無營業地址，則需視該基金係屬自主管理（Self-Manage-
ment）之基金或設有基金管理公司之情形，分別由該基金或基金管理公

司委任一香港代表人（Representative），而該代表人需取得在香港有價證券之證券交易銷售之執照，始得為之；且該代表人係由境外基金所屬國際集團直接到香港設立子公司或分公司擔任總代表人（Representative），其主要功能在於擔任基金管理公司與香港當地投資人之間的溝通橋樑，以利管理。可圖示如下：

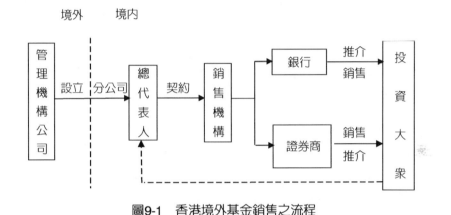

圖9-1　香港境外基金銷售之流程

(二)總代理人職責

總代理人主要職責為投資人與境外發行管理機構的溝通橋樑，並負責向主管機關或其指定之機構申報相關資料，其職責內容如下：

1. 接受申購申請及款項收付、掣發收據，依照發行計畫之條款，發給申購人合約書（Contract Note）。

2. 收受持有人之贖回、過戶及轉換申請，立即傳達給發行及管理機構，並送達任何之通知或信件。

3. 如有終止或暫停贖回的情狀，應立即通知主管機關，並協助辦理持有人權益保護之相關事宜。

4. 提供投資人可以公開或審閱之相關資料及有關該商品之財務報告與銷售資料。

5. 終止或暫停贖回等之重大事項，應立即通知主管機關。主管機關並得要求提供所有與該商品在我國境內之銷售及贖回之帳戶及紀錄。

6. 代表（Represent）該商品發行及管理機構，處理所有與投資人在資金上有利害關係的事務。

(三)衍生性金融商品之監督管理體例

為避免雷曼兄弟集團連動債求償無門之窘境，合理保護國內之投資人，創造就業機會與稅基，鼓勵我國資產管理業者之管理能力，我國境外結構型商品之監督管理亦宜參照現行境外基金之管理架構，與新加坡、香港境外基金之體例，於國內設有總代理人之機制，以發行管理機構之分公司為總代理人；其未有分公司者，應以該商品保證機構之國內分公司為總代理人，並以銀行、信託業、證券商及保險業為受託投資、受託買賣或銷售之機構。

三、衍生性金融商品本身是否為適當之規範

衍生性金融商品由於結構複雜，通常係針對專業機構法人或特定資格條件之專業自然人所設計。我國以特定金錢用途信託及連結投資型保單之方式散發給一般投資人，實屬特例。因此應區隔商品屬性與風險承受能力，對於受託投資、受託買賣或銷售對象為專業投資人或非專業投資人應為不同規範，包括對發行人或總代理人之資格條件、債券之債務發行評等、連結標的之限制與審查之機制等。

(一)對專業機構投資人或特定資格條件之專業自然人之標的

1. 發行機構或保證機構之長期債務信用評等，應經Standard & Poor's Corporation評定達A-級以上，或經Moody's Investors Service評定達A3級以上，或經Fitch Ratings Ltd.評定達A-級以上。

2. 衍生性金融商品之債務發行評等，應經Standard & Poor's Corporation評定達AA-級以上，或經Moody's Investors Service評定達Aa3級以上，或經Fitch Ratings Ltd.評定達AA-級以上。

3. 計價幣別以美金、英鎊、歐元、澳幣、紐西蘭幣、港幣、加幣及日圓為限。

4. 衍生性金融商品，不得連結至新臺幣利率及匯率指標、國內有價證券、本國企業於國外發行之有價證券、國內證券投資信託事業於國外發行之受益憑證、國內外機構編製之台股指數、未經核准或申報生效得募集及銷售之境外基金等及其相關金融商品[40]。

(二)對非專業機構投資人或特定資格條件之專業自然人之標的

境外結構型商品以非專業投資人為受託投資或銷售對象者，除依前項規定外，並應符合下列條件：

1. 封閉式衍生性金融商品其到期保本率至少為計價貨幣本金之100%。

2. 不得含有目標贖回式設計。

3. 不得含有發行機構得提前贖回之選擇權。

4. 開放式結構型商品之動態保本率需達計價貨幣本金之80%以上。

5. 不得連結至國外私募之有價證券或含有股權、利率、匯率、指數、商品以外之信用事件或其他利益之衍生性金融商品。

(三)商品本身審查機制及流程之規範

衍生性金融商品受託或銷售對象為專業投資人者，其符合前述(一)條件者，由受託或銷售機構依規定就相關文件依金融總會所定規範自行審查後，始得為於境內對專業投資人從事受託投資、受託買賣或為投

資型保單之標的。衍生性金融商品其受託或銷售對象為非專業投資人者，需符合前開(二)之條件並由其發行人或總代理人填具申請書並檢具相關書件，送受託或銷售機構所屬同業公會依金融總會所定審查程序、方式、審查基準、資訊揭露及相關規範審查通過後，經由受託或銷售機構依規定再自行審查通過，並經與發行人或總代理人簽訂契約者，始得為於境內對非專業投資人從事受託投資、受託買賣或為投資型保單之標的。其流程可圖示如下：

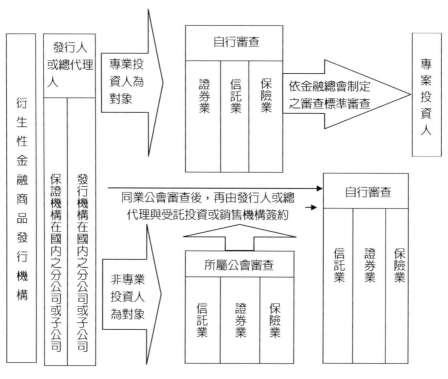

圖9-2　境外衍生性金融商品之審查流程圖

四、信託業、證券商及保險業等商品銷售通路之監理

· 明定受託投資或銷售機構應區分客戶等級，並為適當之推介行為[41]

受託或銷售機構辦理衍生性金融商品之受託投資、受託買賣或為投資型保險之投資標的時，應遵守下列事項：

1. 受託或銷售機構應確認投資人屬專業投資人或非專業投資人：

   (1)受託或銷售機構應就非專業投資人之年齡、知識、投資經驗、財產狀況、交易目的等要素，區分投資人之風險承受能力及商品理解能力，且至少皆應區分為三個等級，並請投資人簽名確認。

   (2)除專業機構投資人外，專業投資人得以書面向受託或銷售機構申請變更為非專業投資人，但非專業投資人不得申請變更為專業投資人。

2. 受託或銷售機構應設立專責單位審核衍生性金融商品，未經審核通過之衍生性金融商品，受託或銷售機構不得受託投資、受託買賣或為投資型保險之投資標的。衍生性金融商品之審核程序至少包括：

   (1)評估及確認境外結構型商品之合法性、投資假設及其風險報酬之合理性、受託投資之適當性，以及有無利益衝突之情事。

   (2)就衍生性金融商品特性、本金虧損之風險與機率、流動性、商品結構複雜度、商品年期等要素，評估及確認該金融商品之商品風險等級及商品複雜度等級，且至少皆應區分為三個等級。

   (3)評估及確認提供予投資人之衍生性金融商品資訊及行銷文

件，揭露之正確性及充分性。

(4)確認該衍生性金融商品是否限由專業投資人投資。

3. 受託或銷售機構應進行下列行銷過程控制：

(1)受託或銷售機構應依前款之衍生性金融商品審核結果，於衍生性金融商品說明書上以顯著之字體，標示該衍生性金融商品之商品風險等級、商品複雜度等級、是否限專業投資人投資等資訊。受託或銷售機構不得受理非專業投資人投資超過其風險承受能力等級及商品理解能力等級之衍生性金融商品，或限專業投資人投資之衍生性金融商品。

(2)受託或銷售機構於受託投資、受託買賣或爲投資型保險之投資標的前，應盡告知義務，並應依規定提供投資人合理期間審閱境外結構型商品相關契約。衍生性金融商品所提供之契約審閱期間，不得低於七日。

(3)信託業、證券商受託投資或受託買賣之衍生性金融商品，應向投資人宣讀該衍生性金融商品之投資人需知內容，並以錄音方式保留紀錄。

(4)保險業銷售衍生性金融商品之投資型保險，應於保險契約所約定之撤銷期間屆滿前，進行逐案電話訪問，確認招攬人員已充分告知購買該等投資型保險之風險、費用率及適合性，且客戶已瞭解相關風險，並由保險業以錄音方式保留紀錄。以及推介及行銷之文件應遵守之規範，並明定對於受託投資或銷售之對象屬專業投資人者，不得爲一般性廣告或公開勸誘[42]。

五、投資人投資之適當性與分級

將受託投資或銷售對象之投資人區分爲專業投資人與非專業投資

人。所稱專業投資人，係指投資人符合以下條件之一者：

(一)專業機構投資人，係指國內外之銀行、保險公司、票券金融公司、證券商、基金管理公司、政府投資機構、政府基金、退休基金、共同基金、單位信託、證券投資信託公司、證券投資顧問公司、信託業、期貨商、期貨服務事業及其他經本會核准之機構。

(二)最近一期經會計師查核或核閱之財務報告總資產超過新臺幣一億元之法人或基金。

(三)同時符合以下三項條件，並以書面向受託或銷售機構申請為專業投資人之自然人：

1.提供新臺幣五千萬元以上之財力證明。

2.投資人具備充分之金融商品專業知識及交易經驗。

3.投資人充分瞭解受託或銷售機構受專業投資人委託投資得免除之責任，同意簽署為專業投資人。

(四)信託業簽訂信託契約之信託財產超過新臺幣五千萬元者，但信託契約之委託人仍應符合第2款或第3款之規定。

(五)有關專業投資人應符合之資格條件，應由受託或銷售機構盡合理調查之責任，並向投資人取得合理可信之佐證依據。

(六)說明義務之遵行與投資人保護之措施。

為加強投資人之保護，明定發行人、總代理人、受託投資或銷售機構對其受託投資或銷售之商品，應踐行說明義務交付相關說明文件，並為投資風險之說明，受託或銷售機構於從事境外結構型商品受託投資、受託買賣或為投資型保險投資標的前，應向投資人或投資型保險之要保人說明下列事項：

(一)該衍生性金融商品因利率、匯率、有價證券市價或其他指標之變動，有直接導致本金損失或超過當初本金損失之虞者。

(二)該衍生性金融商品因發行機構或他人之業務或財產狀況之變

化，有直接導致本金損失或超過當初本金損失之虞者。

(三)該衍生性金融商品因其他經本會規定足以影響投資人判斷之重
要事項，有直接導致本金損失或超過當初本金損失之虞者。

(四)受託或銷售機構就前項境外結構型商品受託投資、受託買賣或
為投資型保險投資標的，涉有契約權利行使期間、解除期間及
效力之限制者，亦應說明之。

(五)受託或銷售機構受託投資、受託買賣或為投資型保險標的之衍
生性金融商品，應向投資人充分揭露並明確告知各項費用與其
收取方式、投資之境外結構型商品交易架構，及可能涉及之風
險等相關資訊，其中風險應包含最大損失金額。

陸、結語與建議

　　我國現行對於衍生性金融商品之監理，在金融風暴發生前，除證
券與保險業外，可謂門戶洞開。當發行管理機構、銷售之金融業與投資
人在承平之際，由於各有豐厚之利潤，欲加以管理規範事涉龐大既得利
益，為各方所反對。而於金融海嘯發生之後，政府與投資人遽然發現損
失慘重，尤其像雷曼兄弟集團之相關公司於我國境內透過特定金錢信託
或受託買賣方式所行銷之境外結構式金融商品，其發行機構為荷蘭子
公司，保證機構為美國母公司，該兩公司於我國境內並未發現有任何資
產，有資產者卻為其他子公司。該集團以複雜之轉投資架構與多層次子
公司之運作模式，將其在境內之資產與負債切割分屬不同之子公司，依
現行法制，無法充分保障國內投資人之權益。

　　金融風暴在漸趨平息之後，在金融改革之殷切期盼下，主管機關對
於衍生性金融商品，除私募者外應思考納入嚴格之監理與審查機制，並
記取政府所蒙受之指責、投資人之損失與國內金融秩序受嚴重衝擊之教
訓，調和發行機構、銷售機構與投資人間之利益，訂定明確妥適之管理

規範，包括要求集團發行或保證於衍生性金融商品之公司或機構，對國內投資人所負債務負同一責任。同時也參考美國法院實務揭穿面紗之原則（Piercing Corporate Veil）、日本法院實務法人格否定論，以及德國法之穿透理論，立法適度打破公司法人格之責任區隔，以保障公司債權人之權利，如此才能達到健全金融市場與有效保護國內投資人權益之目的。

註　釋

* 政治大學法律研究所法學博士，前金融監督管理委員會法律事務處處長；天主教輔仁大學法學院財經法律系專任教授兼系主任、財經法律研究所所長暨學術副院長；東吳法律研究所兼任教授（本報告部分內容曾提2012年7月北京西山研討會）。

1 由於機構投資人係屬專業之合格投資者，自得依分析評估及參考信評公司的評等，買進以為是高評等、高收益、高風險之此類衍生性金融商品，但有些商品卻販售予不適格之一般投資人。據估計，2006年即有1,000億美元次級房貸包裝成總額3,750億美元的CDO，在美國金融市場銷售。

2 2009年7月23日金融監督管理委員會金管法字第09800702600號令訂定發布全文26條，並自發布後一個月施行。

3 2011年6月29日華總一義字第10000133861號令制定公布全文33條，並自2011年12月30日施行。

4 認為銀行業務之進行能夠創造貨幣之供給、消滅貨幣之功能。參閱金桐林，銀行法，三民書局，2004年3月修正版，頁25。

5 依銀行法第3條規定，銀行經營之業務如下：

一、收受支票存款。二、收受其他各種存款。三、受託經理信託資金。四、發行金融債券。五、辦理放款。六、辦理票據貼現。七、投資有價證券。八、直接投資生產事業。九、投資住宅建築及企業建築。一○、辦理國內外匯兌。一一、辦理商業匯票承兌。一二、簽發信用狀。一三、辦理國內外保證業務。一四、代理收付款項。一五、承銷及自營買賣或代客買賣有價證券。一六、辦理債券發行之經理及顧問事項。一七、擔任股票及債券發行簽證人。一八、受託經理各種財產。一九、辦理證券投資信

託有關業務。二○、買賣金塊、銀塊、金幣、銀幣及外國貨幣。
二一、辦理與前列各款業務有關之倉庫、保管及代理服務業務。
二二、經中央主管機關核准辦理之其他有關業務。

6　依銀行法第29條第1項規定，除法律另有規定者外，非銀行不得
　　經營收受存款、受託經理信託資金、公眾財產或辦理國內外匯兌
　　業務。違反第29條第1項規定者，依同法第125條規定，處三年以
　　上十年以下有期徒刑，得併科新臺幣一千萬元以上兩億元以下罰
　　金。其犯罪所得達新臺幣一億元以上者，處七年以上有期徒刑，
　　得併科新臺幣兩千五百萬元以上五億元以下罰金。一般稱之為地
　　下銀行業務。

7　農業金融法於2004年1月9日公布，並於2004年1月30日施行。

8　農民銀行設立依據之中國農民銀行條例及交通銀行設立依據之交
　　通銀行條例業於2005年12月21日廢止，回歸商業銀行適用銀行法
　　之規定。現行僅有少數如中國輸出入銀行條例設立及運作之中國
　　輸出入銀行屬於特許銀行。

9　2005年4月29日立法院三讀修正通過銀行法第20條規定，明定：
　　「銀行分為三種，包括商業銀行、專業銀行及信託投資公司。銀
　　行之種類或其專業，除政府設立者外，應在其名稱中表示之。非
　　銀行，不得使用第一項名稱或易使人誤認其為銀行之名稱。違反
　　前述非銀行名稱禁止之適用者，依增訂之同法第127條之5第1項規
　　定，可對其行為之負責人處三年以下有期徒刑、拘役或科或併科
　　新臺幣五百萬元以下罰金。」

10　依證券交易法第11條規定。

11　依證券交易法第15條規定。

12　依證券投資信託及顧問法第3條第1項規定。

13　依證券投資信託及顧問法第4條第1項規定。

14　依證券交易法第175條規定，違反第44條第1項至第3項、第93條、

第96條至第98條之規定違法經營證券交易所及證券商之業務者，處兩年以下有期徒刑、拘役或科或併科新臺幣一百八十萬元以下罰金。另依證券投資信託及顧問法第107條第1款規定，未經主管機關許可，經營證券投資信託業務、證券投資顧問業務、全權委託投資業務或其他應經主管機關核准之業務，處五年以下有期徒刑，併科新臺幣一百萬元以上五千萬元以下罰金。

15 參見金融監督管理委員會組織法第2條第3項第3款規定。

16 依期貨交易法第112條規定，未經許可，擅自經營期貨交易所、期貨交易所業務、期貨結算機構、期貨商、槓桿交易商期貨信託事業、期貨經理事業、期貨顧問事業或其他期貨服務事業者，處七年以下有期徒刑，得併科新臺幣三百萬元以下罰金。

17 依保險法第137條第1項及第3項規定，保險業非經主管機關許可，並依法為設立登記，繳存保證金，領得營業執照後，不得開始營業。外國保險業非經主管機關許可，並依法為設立登記，繳存保證金，領得營業執照後，不得開始營業。未依保險法第137條規定，經主管機關核准經營保險業務者，依同法第166條規定應勒令停業，並處新臺幣三百萬元以上一千五百萬元以下罰鍰。同時該法第167條明定，非保險業經營保險或類似保險業務者，處三年以上十年以下有期徒刑，得併科新臺幣一千萬元以上兩億元以下罰金。其犯罪所得達新臺幣一億元以上者，處七年以上有期徒刑，得併科新臺幣兩千五百萬元以上五億元以下罰金。

18 參見最高法院金訴字第29號判決。

19 參見最高法院上訴字第1955號判決，就被告係收取保費，就因不可預料之事故所致之損害，負修復賠償責任，被告雖稱係互助聯保，然其實質已合於保險法第1條所定之保險定義。惟其並未以保險單或暫保單為之，亦未與投保者簽立何種形式上之保險契約，依保險法之規定顯欠缺訂立保險契約所應具備之要件，認定應屬

類似保險業務。

20 參見金融控股公司法第36條之規定。

21 參見金融控股公司法第43條之規定。

22 參見2003年6月27日財政部台財融(一)字第0920025294號令訂定發布之銀行、證券商及保險公司等機構合作推廣他業商品或提供相關服務規範之第一點。

23 外國之股票、公司債、政府債券、受益憑證及其他具有投資性質之有價證券,凡在我國境內募集、發行、買賣或從事上開有價證券之投資服務,均應受證券管理法令之規範。參見原財政部1987年9月12日(76)台財證(二)第00900號及1992年2月1日台財證(二)字第50778號函。

24 中央銀行1997年10月20日(86)台央外柒字第0402549號公告。

25 外幣保證金交易係指一方於客戶與其簽約並繳付外幣保證金後,得隨時應客戶之請求,於保證金之倍數範圍內以自己之名義為客戶之計算,在外匯市場從事不同幣別間之即期或遠期買賣交易,此項交易不需實際交割,一般都在當日或到期前以反方向交易軋平而僅結算買賣差價。此種契約以其具有以保證金交易、未來期間履約特性及每日結算損益(mark to market)之期貨交易特有之結算制度並於店頭市場交易,符合期交法期貨交易契約之槓桿保證金契約之要件。

26 原財政部金融局2001年5月1日台財融(五)字第90736821號令。

27 係結合固定收益商品(例如,定期存款或債券)與衍生性金融商品(例如,選擇權)的組合形式商品交易,其商品可連結之標的包括利率、匯率、股價、指數、商品、信用事件或其他利益及其組合等所衍生之交易契約。2006年7月19日並開放可連結股權之衍生性商品。

28 美、日及韓國等業將金融衍生性商品視為有價證券,依有價證券

之私募、募集與發行納入規範。詳參拙著證券交易法論著選輯，
2011年2月初版，頁4-8。

29 證券交易法第22條第1項至第3項規定，有價證券之募集及發行，
除政府債券或經主管機關核定之其他有價證券外，非向主管機關
申報生效後，不得為之。已依本法發行股票之公司，於依公司法
之規定發行新股時，除依第43條之6第1項及第2項規定辦理者外，
仍應依前項規定辦理。出售所持有第6條第1項規定之有價證券或
其價款繳納憑證、表明其權利之證書或新股認購權利證書、新股
權利證書，而公開招募者，準用第1項規定。違反者依同法第174
條第2項第3款規定，處五年以下有期徒刑，得科或併科新臺幣
一千五百萬元以下罰金。

30 現行銀行代銷連動債券之行為，係依中央銀行訂定之保險業辦理
外匯業務管理辦法第15條及金融機構辦理「特定金錢信託投資國
外有價證券」業務受託經理信託資金投資國外有價證券之種類與
範圍、「銀行辦理指定用途信託資金應客戶要求推介外國有價證
券作業要點」中銀行辦理指定用途信託資金投資外國有價證券之
推介行為，故應被動應客戶要求推介及不得向不特定多數人推介
買賣外國有價證券與對所推介之有價證券為特定結果之保證等之
規定。既然為被動推介，即不得有私募或公開募集之勸誘行為；
然銀行及信託業透過特定金錢信託之方式，則多已行主動私募或
公開募集之勸誘行為。

31 在2000年7月19日信託業法立法之前，由於並沒有信託業，故銀行
辦理信託資金有關業務係依銀行法第3條，係依經中央主管機關核
准辦理之其他業務為依據，而以收受、經理及運用各種信託資金
明定為營業項目。而信託業法公布後，依信託業法第3條規定，
銀行可經主管機關許可兼營信託業務，其兼營部門視為信託業。
另依信託業法第16條規定，信託業得經營金錢之信託業務，以早

期之信託投資公司則為依據銀行法第110條規定，得經營由信託人指定用途之信託資金。故前開信託業、銀行及信託投資公司經營「金錢之信託」、「新臺幣指定用途信託資金投資國外有價證券」業務，除各有其規範之法律外，尚需專案向中央銀行申請辦理，同時必須依信託業法第34條之規定提存賠償準備金。

32 參閱拙著，境外基金管理法令架構之探討，收錄於賴英照大法官六秩華誕祝賀論文集——現代公司法制之新課題，元照出版，2005年8月初版，頁686-689。

33 有關銀行受託經理信託資金，投資國外有價證券之種類及範圍，係依中央銀行外匯局2004年6月8日台央外伍字第0930028261號函規定之「指定用途信託資金投資國外有價證券之投資種類及範圍」辦理。

34 現行銀行及信託業代銷連動債券之行為，係依中央銀行訂定之保險業辦理外匯業務管理辦法第15條及金融機構辦理「特定金錢信託投資國外有價證券」業務受託經理信託資金投資國外有價證券之種類與範圍、「銀行辦理指定用途信託資金應客戶要求推介外國有價證券作業要點」中銀行辦理指定用途信託資金投資外國有價證券之規定，為回歸法律之管理依據，主管機關爰擬援引信託業法第18條之1第2項授權訂定之信託業營運範圍受益權轉讓限制風險揭露及行銷訂約管理辦法為法源基礎。

35 依證券交易法第44條第4項規定之授權訂定。

36 依保險法第144條第1項規定之授權訂定。

37 原財政部證券管理委員會1987年9月18日台財證(二)字第6805號函。

38 依證券交易法第22條第1項、證券投資信託及顧問法第10條第1項及證券投資信託及顧問法第16條第1項之規定。

39 依證券交易法第43條之6第1項、證券投資信託及顧問法第11條第1

項及證券投資信託及顧問法第16條第2項之規定。

40 但如該指數係由財團法人中華民國證券櫃檯買賣中心或臺灣證券
交易所股份有限公司編製或合作編製者，不在此限。

41 參見銀行公會於2008年12月11日理監事聯席會議通過雷曼連動債
之爭議態樣及其處理原則，並經於2008年12月29日經主管機關函
復准予備查。其所謂相關爭議九大態樣如下：

一、雷曼商品年限加上信託時年齡超過我國生命表之生命年限，
無發行人中途買回機制，且屬第一次投資連動債，並未簽署
同意書者。

二、雷曼連動債於發行前即跌破下檔保護而未通知委託人。

三、更換發行機構及閉鎖期：

(一)更換連動債發行機構為雷曼公司而未通知委託人。

(二)第一次贖回之期間（閉鎖期屆滿）在雷曼公司申請破產保
護後，且委託人於雷曼公司申請破產保護前之閉鎖期內要
求贖回，受託人未向發行機構洽商辦理。

四、未定期寄送有關資產淨值之對帳單，亦無其他公告方式，致
委託人無從知悉連動債淨值（或最新參考報價）者。

五、商品文件有下列情事：

(一)雷曼商品DM與商品說明書之內容對風險揭露有違反法令
規定、有虛偽不實或隱匿之情事。

(二)雷曼商品DM與商品說明書使人誤信能保證本金之安全或
保證獲利。

(三)申購文件印鑑雖為真正，但註明應由委託人親簽處，係由
理專代簽。

六、未執行充分瞭解委託人程序，且有下列情事：

(一)非積極型委託人以本人當時同一銀行定存轉投資雷曼不保
本連動債，無股票投資經驗，且屬第一次投資連動債者。

(二)保守型委託人投資雷曼不保本連動債時，資產配置60%以上集中於不保本連動債者。

(三)委託人已有不願承受任何風險或不願損及本金等書面意思表示，評等仍為積極型，且投資雷曼不保本連動債時，資產配置70%以上集中於不保本連動債者。

七、委託人年齡或學識有下列情形者：

(一)委託人投資雷曼不保本連動債時，年齡70歲（含）以上，無股票投資經驗，且屬第一次投資連動債者。

(二)委託人投資雷曼不保本連動債時，教育程度為國中畢業（含）以下，無股票投資經驗，且屬第一次投資連動債者。

八、個別銷售案件經金融檢查確認有缺失。

九、其他有具體事證顯示銀行不當銷售者。

42 發行人、總代理人及受託或銷售機構從事衍生性金融商品之推介或提供衍生性金融商品資訊及行銷文件，不得有下列情形：

一、藉對該衍生性金融商品之核准，作為證實申請事項或保證衍生性金融商品價值之宣傳。

二、使人誤信能保證本金之安全或保證獲利。

三、衍生性金融商品使用可能誤導客戶之名稱。

四、提供贈品或以其他利益勸誘他人購買衍生性金融商品。

五、對於過去之業績作誇大之宣傳或對同業為攻訐之廣告。

六、為虛偽、欺罔或其他顯著有違事實或故意使人誤信之行為。

七、內容違反法令、契約、公開說明書或投資說明書內容。

八、為衍生性金融商品績效之臆測。

九、違反受託或銷售機構之同業公會訂定廣告及促銷活動之自律規範。

十、其他影響投資人權益之事項。

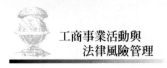
十一、衍生性金融商品限於專業投資人投資者，不得為一般性廣
告或公開勸誘之行為。

Chapter *10*

環境衍生性金融商品之法律風險

鄭克盛[*]

環境衍生性金融商品之法律風險

摘要

　　隨著環保產業的日漸發展，環境金融（Environmental Finace）之發展亦日趨蓬勃。環境金融的範圍包含了大家日漸熟悉的碳金融、氣候相關金融與其他天然巨大災害所生之金融等。本文將就中國之碳權交易之碳排放減量制度、碳金融之發展與重要性做論述，並就氣候衍生性金融商品做內容與重點商品之介紹，同時就企業角度探討進行相關氣候衍生性金融商品的風險評估與風險管理之建議。

關鍵詞：環境衍生性金融商品、碳交易、氣候期貨、法律風險、環境
　　　　金融

壹、前言

　　學者弗里德黑姆‧施瓦茨（Friedhelm Schwarz）曾提出[1]，天氣在現今全球五分之四的經濟活動中扮演著決定性的角色。若以2008年的全球國民生產毛額約69兆美元[2]，也就是說，約有56兆美元的經濟活動是與天氣有關係的。

　　而依據Point Carbon公司[3]之預估，2009年全球碳配額交易量約達820億噸，比2008年增加約68%，碳交易市值達1,340億美元。歐洲ETS市場的碳交易市值最高，達730億歐元，聯合國清潔發展機制（CDM）市場的市值達175億美元，美國自願區域溫室氣體行動（RGGI）的總量控制與交易增長了十倍，達17億美元。據美國ABI研究機構預測，全球碳交易市場規模到2014年將達3,950億美元，相當於2008年1,180億美元的三倍多[4]。

　　隨著環保產業的日漸發展，環境金融（Environmental Finance，或稱生態金融）之發展亦日趨蓬勃，環境金融的範圍包含了大家日漸熟悉

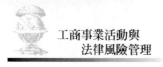

的碳金融、氣候相關金融與其他天然巨大災害所生之金融[5]等。環境金融若從使用的金融工具區分，則包含了國際環境借貸、環境破壞保險、債務環境交換（Debt-for-Environment Swap）[6]、環境投資基金（Environmental Investment Fund）[7]及其他環境衍生性金融商品等。

一般熟悉的碳金融（Carbon Finance）主要係指以降低二氧化碳或其他碳化合物[8]之排放或生成爲目的所進行的金融交易，包含了碳信用借貸、碳證券、碳基金、碳期貨、碳期貨選擇權等各種碳金融衍生品的金融創新產品[9]。

至於氣候相關金融，係指產業欲轉嫁因氣溫、濕度、風速、降雨量、降雪量等氣候因素所生之生產或營運風險，將風險轉嫁而產生之保險或風險交換，或因再保險之需要而將風險衍化爲標準商品而在風險分擔市場分散風險之期貨、期貨選擇權、交換等衍生性金融商品。氣候衍生性金融商品（Weather Derivative Product）包含了如氣溫指數期貨與期貨選擇權、颶風災害債券（Catastrophe Bond）[10]等。

中國在《京都議定書》協議下，於碳金融之相關發展快速。本文將簡要就中國於碳期貨與期權之部分，而臺灣則以氣候衍生性金融商品爲主作爲討論。金融端與企業端就此兩領域之發展有眾多的風險因素，如信用風險（Credit Risk）[11]、市場風險（Market Risk）[12]、清算風險、作業風險（Operation Risk）、流動性風險（Liquidity Risk）[13]、法律風險等，本文係針對法律風險部分，先將相關之法律背景簡介後試評之。

貳、環境衍生性金融商品之發展

一、中國之碳權交易

(一)碳排放減量制度

爲達到降低溫室氣體排放目標之執行，《京都議定書》中訂有清

潔發展機制（Clean Development Mechanism，簡稱CDM）、聯合減量（Joint Implementation，簡稱JI）、排放交易（Emissions Trading，簡稱ET）等機制。

1. 清潔發展機制

「清潔發展機制」規範於《京都議定書》第12條，該條規定：附件一國家可以資金援助或技術移轉的方式，在非附件一國家推動排放減量計畫，以協助開發中國家進行溫室氣體減量行動。附件一國家可藉此取得「經認證的排放減量額度」（Certified Emissions Reductions, CERs），並在2008年至2012年之間，將所取得之額度抵銷國內的排放量，納入其減量績效。

2. 聯合減量

「聯合減量」規範於《京都議定書》第6條，為附件一國家之間的合作機制。在該機制下，一個已開發國家以技術和資金投入的方式，與另外一個已開發國家合作實施溫室氣體減排或溫室氣體吸收的計畫。該計畫所產生的排放減量權稱為「排放減量單位」（Emission Reduction Units，簡稱ERUs）。

3. 排放交易

「排放交易」（或稱排放貿易）規範於《京都議定書》第17條，該條文規定：一個附件一國家可將其超額完成減排義務的多餘排放量，以貿易的方式轉讓給另外一個未能完成減排義務的附件一國家，並同時從轉讓方的允許排放限額上扣減相應的轉讓額度。此類排放減量權稱為「分配總量單位」（Assigned Amount Units，簡稱AAUs）。

大多數國家允許本國政府和企業從其他國家購買基於項目的排放信用額度，實現自身的減排目標。從其他國家獲得的基於項目的排放信用額度，通過一定程式可以轉化成國內排放配額。碳排放信用額度不僅是

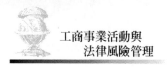

一種商品,而且是一種風險管理工具與投資工具。正是碳排放信用額度
的可流通性,造就了全球碳金融市場的輝煌[14]。

表10-1　京都議定書規範要點表

項目	聯合減量 （JI）	清潔發展機制 （CDM）	排放交易 （ET）
規範條文	第6條	第12條	第17條
規範對象	附件一國家	附件一國家 非附件一國家	附件一國家
排放權類型	排減量單位 （ERUs）	經認證的排放減量額度 （CERs）	分配總量單位 （AAUs）
排放權性質	計畫型	計畫型	配額型
目標	總量管制成本有效	調節總量目標永續發展	總量管制成本有效

資料來源：經濟建設發展委員會，碳排放交易機制建置之研究報告，2009年8月。

(二)碳金融之發展

1. 歐美現狀

(1)交易市場

　　歐盟排放量交易制度（European Union Emission Trade Scheme，簡
稱EU ETS）目前是全球最大的碳交易制度,其市場交易量及交易值遠
大於更早成立之澳洲新南威爾斯排放交易體系及美國芝加哥交易所,主
因為EU ETS為一強制性交易制度且涵蓋多個歐盟國家。除此之外,全
球範圍內進行國際碳排放交易的主要市場有阿姆斯特丹的歐洲氣候交
易所、法國的未來電力交易所、德國的歐洲能源交易所,另加拿大、日
本、俄羅斯、美國和澳大利亞也有自己的國內交易市場,其中美國芝加
哥氣候交易所是全球首家國內氣候交易所。除交易所外,投資銀行、對
沖基金、私募基金以及證券公司等金融機構,在碳市場中也扮演不同的
角色[15]。

歐洲氣候交易所ECX於2005年4月推出碳排放權期貨、期權交易、碳交易，並以衍生性金融商品為規範方式。除ECX外，美洲市場的碳期貨和期權的主要交易所有：芝加哥氣候期貨交易所（CCFE）、洲際交易所（ICE）和紐約商業交易所（NYMEX）。

(2) 交易量

據世界銀行統計，全球碳交易量從2005年的7 .1億噸上升到2008年的48.1億噸，年均增長率達到89.2%；碳交易額從2005年的108.6億美元上升到2008年的1,263.5億美元，年均增長率高達126 .6%。聯合國和世界銀行預測，2012年全球碳交易市場容量為1,400億歐元（約合1,900億美元），全球碳交易市場容量將超過石油市場，成為世界第一大交易市場，而碳排放額度也將取代石油成為世界第一大商品[16]。

若就碳排放權期貨、期權交易為對象，以ECX為例：

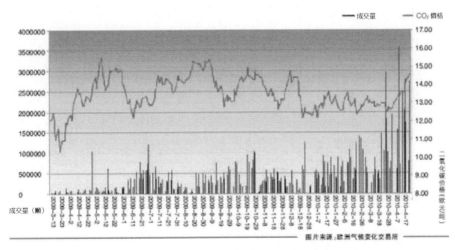

圖10-1　歐洲氣候變化交易所歐盟碳排配額期貨價格及成交量

資料來源：http://www.oilchina.com/syxw/20100428/news2010042807563716571.html

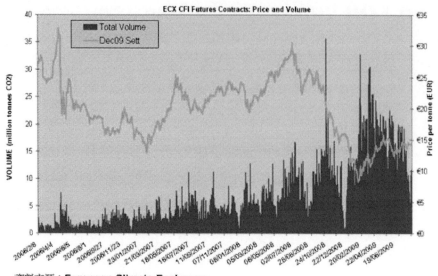

資料來源：European Climate Exchange
資料時間：2006/02/06～2009/08/14

圖10-2　ECX碳權期貨合約成交量

2. 中國

中國在CDM項目及核證減排量（CER）供應量方面具有領先地位，截至2010年3月17日，中國已累計批准2,443個CDM專案，國內已獲得簽發的減排量占全球的48.35%，減排量和項目數均居世界第一位。

另據中國國家發改委《節能中長期規劃》的預估，「十一五」期間，中國每年可提供1.5億噸至2.25億噸二氧化碳核定減排額度，亦即每年碳減排交易額可高達22.5億美元[17]。

(三)中國碳金融之重要性

在全球碳市場中，中國是全世界CER（經核證的溫室氣體減排量）一級市場上最大供應國。據聯合國開發計畫署的統計顯示，目前中國提供的碳減排量已占到全球市場的三分之一左右，預計到2012年，中國

將占聯合國發放全部排放指標的41%。可見，中國是最有潛力的碳交易資源供給國。據聯合國CDM清潔發展機制專案執行理事會資料，中國目前CDM專案數和減排量均居世界首位。但是由於碳資本與碳金融發展落後，中國不僅缺乏成熟的碳交易制度、碳交易場所和碳交易平臺，而且缺乏合理的定價機制，以及各種碳金融衍生品的金融創新產品，因此，中國在國際碳市場及碳交易鏈中只能處於低端地位，話語權的缺失導致中國只能被動接受外國碳交易機構設定的較低碳價格[18]。

中國相對於發達國家溫室氣體減排成本100美元／噸碳以上的高昂代價，中國的減排成本要低很多，大約只有工業化國家的五分之一左右，實屬極具開發價值之產業[19]。

二、臺灣之氣候衍生性金融商品

(一)臺灣發展氣候衍生性金融商品之現狀

氣候衍生性金融商品（Weather Derivative Product），不同於傳統針對規避價格風險為目的的契約商品。氣候衍生性商品係針對任何不同的氣候因素如雨量、降雪、風速、氣溫等，以規避數量風險（Volumetric Risk）而加以設計之契約商品。最早源自於保險市場，提供企業轉嫁氣候風險之工具，以降低企業面對不定的天候因素所造成成本增加或收入減少等損失所推出之氣候保險。後美國保險業基於保險風險共於集中之問題，乃擴大再保體系之轉嫁，將所承保之天然災害風險以證券化方式分散至資本市場。臺灣目前係開放法人投資海外之氣候衍生性金融商品，並無臺灣自己的衍生性商品。氣候衍生性商品有一個特性，就是其追蹤指數的編製有地區性差異[20]。臺灣要發展氣候衍生性商品，需根據臺灣地區自然環境集中在因颱風侵襲造成降雨劇烈變化與衍生災害，而以降雨量及其變異程度作為取樣，並參考產物保險業者就颱風水災保險理賠建立的統計資料來編製指數。

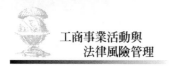
(二)氣候衍生性金融商品之內容

1. HDD與CDD指數

依相關統計資料顯示，目前於集中市場最熱門的氣候衍生性商品契約爲溫度指數期貨暨選擇權。美國芝加哥商品交易所（CME）目前所推出之日低溫度指數與日高溫度指數（Heating Degree Day and Cooling Degree Day Indices；HDD／CDD Indices）期貨及期貨選擇權契約即爲代表[21]。

HDD與CDD指數係由日溫值（Degree Day）所累計而成。所謂日溫值係指每日平均溫度（當日最高溫與最低溫之平均值）與合約約定基準溫度之差距度數。日平均溫度低於基準溫度的度數，稱爲日低溫值（Heating Degree Day，簡稱HDD）；而日平均溫度高於基準溫度的度數，稱爲日高溫值（Cooling Degree Day，簡稱CDD）。HDD與CDD指數即可用來衡量氣溫變化的指標。HDD／CDD期貨契約中所訂定之基準溫度爲華氏65°，當氣溫上升高於華氏65°時，人們逐漸需要以冷氣來降低室內溫度；反之，當氣溫下降低於華氏65°時，人們逐漸需要以暖氣來提高室內溫度。

HDD／CDD期貨契約規格內容每口契約價值等於US$100×HDD／CDD指數，報價單位爲HDD／CDD指數點，最小跳動單位爲1 HDD／CDD指數，每1 HDD／CDD指數點折合金額爲US＄100。CDD被設定爲夏天交易的商品，月份爲4月至10月，因此，CDD是夏天時日均溫比基礎溫度高出的溫度，也可以說成是夏天對冷氣的需求程度。HDD被設定爲多天交易的商品，月份從10月交易至4月，因此，HDD是多天時日均溫比基礎溫度低出的溫度，也可以說成是多天對暖氣的需求程度。

2. 颶風指數期貨（Hurricaneindex Future）

芝加哥商品交易所（CME）從1999年開始引入天氣衍生品。在

2006年，已經交易的CME天氣衍生品的規模達到了220億美元，目前上市的天氣合約包括全球35個城市的天氣加權指數，以及降雪和霜凍指數。CME於2009年3月12日推出CME-Carvill颶風指數期貨和期權。颶風指數合約的最小波動點為0.1個指數點，相當於100美元。

表10-2　颶風期貨契約規格

Contract Size	一口為1,000美元
Quotation	為一個CHI Index Point
Tick Size	0.1 CHI Index Point
Tick Value	0.1 CHI Index Point = $100
Termination of Trading	此交易應在颶風登陸某特定地區的後兩個Calendar Days的早上九點被結算。如果並沒有任何颶風登陸此特定地區，此期貨將在此颶風季節的11/30後兩個被結算Calendar Days。
Settlement	所有的颶風期貨都可以在結算前被交割平倉，可根據當時Carvill 所公布的CHI財務數據作為交割依據。
Position Limits	在每一個契約執行的月裡，其會計的部位應超過10000的Contracts。
Trading Hours	Offered exclusively on the CME Globex electronic trading platform on Sundays through Thursdays, 5:00 p.m. – 3:15 p.m. CT the following day (9:00 a.m. CT LTD)

$$CHI = \left(\frac{V}{V_0}\right)^3 + \frac{3}{2}\left(\frac{R}{R_0}\right)\left(\frac{V}{V_0}\right)^2 \quad [22]$$

公式中的V是指觀測到的最大風速，R指的是其颶風半徑的大小，當中的V_0、R_0則是在期貨契約簽定日訂定。[23]

3. 發展

由於臺灣地處亞熱帶，四季溫差變化不大，氣溫變化造成廠商蒙受重大損失的風險應屬不高；倒是雨災、風災所造成之損失較為嚴重，因而在商品的設計上，風險因子可從雨量、風速著手，成功機率或許較

高。深入瞭解國內各相關行業受各種自然天候條件的影響情況予以規劃、開發適合國內廠商的氣候衍生性金融商品，供產業規避天氣等不可抗力的天然風險，並開發金融市場的新興金融商品。

參、碳交易與氣候之法律風險

一、中國碳交易市場之法律背景

(一)碳金融之國際背景

依1992年6月聯合國環境與發展大會簽署的《聯合國氣候變化框架公約》爲基礎，確立了締約方在防止氣候變化方面的基本原則和基本義務。1997年12月，149個國家和地區的代表在日本京都召開了《聯合國氣候變化框架公約》締約方會議，並通過了《京都議定書》。《京都議定書》爲38個工業化國家（即所謂附件一國家），規定了具有法律約束力的限排義務。附件一的國家承諾在2008年到2012年之期限內，對於排放的二氧化碳等六種溫室氣體的數量，要比1990年減少5.2%。《京都議定書》之主要規範重點即在上開所介紹IET（國際排放貿易）、JI（聯合履行機制）和CDM（清潔發展機制）[24]。

中國因作爲發展中國家，在2012年之前暫時不需要承擔減排義務，但可以出售碳排放權，此爲碳交易之國際法主要框架。

至於區域性之相關法律，如歐盟之2003年《溫室氣體排放配額交易指令》以及有關區域內及各成員國之國內立法，建立了歐盟排放交易體系。澳大利亞、日本、加拿大、紐西蘭、日本等亦均在其國內建立相關立法以規範排放交易體系。

(二)中國國內法背景

1. 2005年10月12日，中國實施《清潔發展機制項目運行管理辦法》[25]，該辦法提出中國清潔發展機制項目實施的優先領域、許可條件、管理和實施機構、實施程式，以及其他相關安排。

2. 於2008年8月29日公布並自2009年1月1日起施行《循環經濟促進法》，其中與碳交易之重點為：

   (1)循環經濟是指在生產、流通和消費等過程中進行的減量化、再利用、資源化活動的總稱，也是資源節約和循環利用活動的總稱。

   (2)有關企業在碳交易中可以得到信貸支援。

3. 有關《自願減排貿易規則》尚在制定中。該項規則係關於碳交易之地點、交易方式、國家認證等方面之細部規定，使中國碳交易之品質檢驗制度化。

4. 依據2010年全國政協委員會《建立我國碳交易市場推動碳減排拉動低碳經濟的提案》內容，特別指出：「我國應考慮建立一個統一的由國家政策規定、法律保障和金融系統支援的全國性開發碳交易市場體系。交易市場的交易主要通過直接交易市場或者交易所來實現，包括中國企業和金融機構之間的配額和專案交易，以及與國際交易的CDM專案交易業務等等。交易業務從交易現貨市場開始，然後可以發展期貨市場、衍生品市場，從而逐漸發展成為一個與國際接軌的開放性碳交易市場。」此應為中國嗣後法制建立與修法之主要方向。

二、臺灣碳交易與氣候衍生性商品之法律背景

(一)碳交易法規

　　臺灣就碳交易相關之法律尚付之闕如，目前係「溫室氣體減量法
（草案）」，於2006年9月30日經行政院院會通過，並送立法院審議
中。其中第13條第1項明訂，中央主管機關得依聯合國氣候綱要公約、
議定書及相關會議之決議事項，因應國際溫室氣體減量規定之情形，實
施溫室氣體總量管制。

(二)臺灣中央銀行開放外幣氣候選擇權

　　臺灣中央銀行於2005年即表列開放國內法人的投資「外幣氣候選擇
權」，該投資之連結標的是臺灣或全球氣候指數，廠商可以和銀行簽定
契約，一旦發生災害，即可履行契約，由銀行負責契約中廠商的損失。
該項業務目前只開放國內外法人為交易對象，以外幣計價，業務標的為
臺灣或全球氣候指數；氣候指標必須具備一定之公開、公正、客觀性。

(三)金融商品法規

　　無論係碳交易或海外之氣候衍生性金融商品：

1. 因本質均屬金融交易，所涉及之法規為證券交易法、期貨交易
   法、證券投資信託及顧問法。集中市場之臺灣證券交易所所
   提供的商品為股票、債券、受益憑證等有價證券，受證券交易
   法管制；臺灣期貨交易所的交易商品為期貨、選擇權等衍生性
   商品，受期貨交易法管制。至於店頭市場之衍生性金融商品契
   約，如遠期、選擇權、交換等契約，主要依據為「財團法人中
   華民國證券櫃檯買賣中心證券商營業處所經營衍生性金融商品
   交易業務規則」。

2. 依證券交易法第6條規定：「本法所稱有價證券，指政府債券、公司股票、公司債券及經主管機關核定之其他有價證券。……」由上述法條可得知，證券交易法所稱之有價證券為股票、債券等資本證券，也就是能讓公司增資的有價證券。若依行政院金管會的定義，碳配額與碳抵換額度將難以被包裝成有價證券並於證券交易所交易。另依期貨交易法第3條規定：「本法所稱期貨交易，指依國內外期貨交易所或其他期貨市場之規則或實務，從事衍生自商品、貨幣、有價證券、利率、指數或其他利益之下列契約之交易：……」因此，相較於定義為有價證券，只要主管機關如上開外幣氣候選擇權般，將碳配額與碳抵換額度定義為商品，應可將碳權包裝成衍生性商品於期貨交易所買賣。

(四)稅法部分

在2006年實施第34號公報後，為增加企業財報之透明度，有關企業投資衍生性金融商品部分，在財務報表應依不同之意圖而區分新的資產負債科目，此將使投資氣候衍生性商品係為避免與降低營運風險，抑或參與投資獲利更形重要。

三、商業銀行之法律風險

(一)中國之銀行業於碳金融趨勢下展開之碳金融相關業務，初期應主要集中在CDM項目融資及與碳交易連動之衍生性產品方面；然而，與傳統之金融商品業務作業上，碳金融業務的知識密集度更高，需要大批具備化工、金融、法律、外語、管理等專業背景的綜合性人才。在法律方面，針對國家政策與法律之變動掌握、新興商品之合約審核、商品附帶國際公約之責任、國內

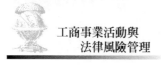

相關利率補貼、風險補償、稅收減免等之規定均應特別著重。

(二)在審議融資或期權合約時，針對信用風險、還有流動性風險，可否於到期日履行付款義務，風險評估、是否有因解約而發生之流動性風險、作業風險應加以確認。人為考核內部內控機制，避免系統失靈、不適當之程序。應特別注意交易對象是否具有法律權限、契約是否具有期間效力、合約內對於減排之審核標準是否具體可行，如何選擇較客觀之科學工具以為履約成果之評估，均為審約之重點。

(三)在增加對於新能源和減排技術產業之融資時，對於新能源之認定或減排技術移轉之評估，宜建立以法律為基礎之項目諮詢機制。對於因屬新能源和減排技術產業而提供之額外信用額度，亦應就特別行業之認可過程為更嚴謹之法律文件製作。對於此等企業若擔保不足或無適當擔保品時，可以考慮以排碳許可證作為一定之抵押品來進行融資。

(四)銀行於申請辦理新型業務時，應該適當規劃內部控制及稽核制度，風險管理部門必須確實控管定價與後續的評價，落實風險管理，會計處也應依據一般公認會計準則及相關法規辦理，如此於法律之評估上方可更為精準。

(五)對於從事氣候衍生性商品，因商品之高變動與不確定性，告知義務格外重要。銀行應注重告知客戶風險，必須充分告知客戶定價及後續評價的內容與方式等各相關要點，以達成共識。風險預告書中也必須讓交易人確認，其對氣候資料、參數、指標等定價相關資料計算出的價格及後續評價方式都得到充分說明和瞭解。

四、一般企業之法律風險

(一)減碳企業之重點

1. 在碳排放交易中，最重要的法律文件是碳減排購買契約。依據合同，買方通過支付現金、股權資產或提供技術援助減少排放等多種方式，向賣方購買溫室氣體減排配額。故減碳企業對於該購買或出賣時對於一般契約之審視要點均應更爲注意，無論就定義與解釋、支付與交貨、選擇購買權、專案開發與監督執行、專案運行與管理、通訊、陳述與保證、違約救濟、不可抗力與其他終止事件、其他事項等條款，均應詳加確認。如未就碳減排之品質爲詳細之確認，買方將無法知道交易方賣的是眞的減排。

2. 若標的是以減排爲基礎創制的衍生性金融商品，購買契約之性質與傳統期貨或期權契約、交換契約相類似，但應注意標的商品之期間規定、檢核標準等，避免誤判。

3. 應格外注意國家政策與法律規定之變動，由於碳金融市場存在不確定性，且各國家的標準各不相同，企業在進行碳交易時，需要看清對方國家的政策。

(二)氣候影響企業之重點

1. 若企業欲進行與金融機構就氣候因素進行衍生性金融商品之設立與交易，企業對於發行金融機構應注意與較專業金融擔保機構簽訂擔保協定，以提升債券信用等級。對於交易過程中所涉及的保險契約（保單）、再保險之契約設計、委託承銷契約、債券購買契約、相關信託契約等，均應嚴加確認。至於其他重要法律文件，如發行說明書、風險評估報告、財務審計報告、法律意見書、信用評級報告等等，亦需進行法律審核。

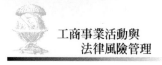

2. 企業係單純欲投資氣候衍生性商品以轉嫁風險，則就該商品之風險列為首要評估。對於商品之定價方式、後續評價的內容與方式等各相關要點，特別是風險預告書應進行法律確認，以確定企業對氣候資料、參數、指標等定價相關資料計算出的價格及後續評價方式，都獲得充分說明和瞭解。

肆、結語

聯合國環境署和世界氣象組織在1988年成立的「跨政府氣候變遷小組」（Intergovernmental Panel on Climate Change，簡稱IPCC），於2007年之第四次評估報告中提出警告，若不重視溫室氣體排放問題，按目前排放趨勢，至二十一世紀末，溫室氣體的濃度將會呈現近三倍之成長，使全球氣候發生變化。根據其模擬結果，屆時全球平均溫度成長率將達到過去一萬年來最高水準，將破壞全球環境資源，進而影響到人類生存，顯見環境保護之重要。環境金融於未來的發展趨勢尚未可知，然而，中國在碳交易如何掌握商品之設計技術，進而在國際市場取得定價之主導權，將是一大挑戰。臺灣在碳交易之市場中因幅員有限，較難成為標的提供方，但在相關之金融設計上應可與中國合作。另就臺灣本身市場而言，與氣候相關之衍生性金融商品則有開發之空間。無論上開哪個方向，在法律之風險上都是相當險峻，因均屬不確定性高之市場，且相關之商品設計與管理技術均有待向歐美學習或自行開發，此實有賴產業、金融與法律專業盡早累積提升。

參考文獻

1. 弗里德黑姆·施瓦茨（Friedhelm Schwarz），氣候經濟學：影響全球4/5經濟活動的決定性因素（Und jetzt ... die Wirtschaftsaussichten），臉譜出版，2006年10月1日。

2. 馬驍，發展「碳金融」商業銀行大有可為，2010年1月25日，《金融時報》。

3. 王曼怡，我國商業銀行碳金融業務發展戰略研究，2010年7月26日，《光明日報》。

4. 劉佳，我國商業銀行開展「碳金融」業務探研，《金融經濟》（學術版），2010年第4期。

5. 李東衛，我國「碳金融」發展的制約因素及路徑選擇，《金融會計》，2010年12月第5期。

6. 周茂清，碳金融發展前景及我國商業銀行的應對之策，中國社會科學院，http://www.fdcass.cn/?p=571

7. 2009年衍生性金融商品創新與風險管理國際研討會資料，http://diarm.global5capital.com/021.html

8. 劉美纓、謝慧玉，氣候衍生性商品之研究，http://www.onrich.com.tw/asp/bbs/usa/showpageold.asp?ClickID=1409

9. 安國俊，2010.8.5，來源：《中國債券》，總第107期，http://www.vestone.com.cn/HomePage/2010-08-05/page_447.html

10. 曾冠，生態金融中的若干法律問題，2009年8月北京環境法制論壇網，http://www.bjelf.com/onews.asp?id=833

11. 張曉濤、李雪，國際碳交易市場的特徵及我國碳交易市場建設，http://www.hi138.com/?i226165

環境衍生性金融商品之法律風險

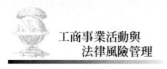
註　釋

----

* 大展聯合法律事務所律師（臺灣國外期貨營業員資格）

1 弗里德黑姆·施瓦茨（Friedhelm Schwarz），氣候經濟學：影響全球4/5經濟活動的決定性因素（Und jetzt ... die Wirtschaftsaussichten），臉譜出版，2006年10月1日。

2 依照GOOGLE所統計之數字（http://www.google.com/publicdata?ds=wb-wdi&met=ny_gnp_mktp_pp_cd&tdim=true&dl=zh-TW&hl=zh-TW&q=%E5%85%A8%E7%90%83%E5%9C%8B%E6%B0%91%E7%94%9F%E7%94%A2%E6%AF%9B%E9%A1%8D），原始資料：世界銀行WORLD BANK（http://data.worldbank.org/chi，nese-traditional?cid=GPDzhtw_WDI)

3 http://www.pointcarbon.com/events/

4 中國石油商報，2010年1月28日。

5 如產業欲轉嫁因地震、巨浪海嘯、颶風、暴雨、豪雪、強風所生之損害而產生之保險，或因再保險之需要而將風險衍化為標準商品而在風險分擔市場分散風險之期貨、期貨選擇權商品。因除地震外之颶風、暴雨、豪雪、強風等均與天氣相關，故多於天氣相關金融中討論。

6 係指由國家或組織之債權人與國家或組織之債務人，以債務人進行一定環保項目來沖銷債權之協議，其即以環保為目的多由國際間經濟強勢國家所進行，如美國、德國與瑞士等。

7 又稱綠色投資基金，係以綠色環保為投資標的篩選原則之基金。

8 主要係指會產生溫室效應之碳化合物，包含CO_2、CH_4、N_2O、HFCS、SF_6等五種。

9 如CERs和EUAs之間，以及CERs與ERUs之間的互換交易，基於

環境衍生性金融商品之法律風險

CERs和EUAs價差的價差期權（Spread Option）等。

10 係指保險公司針對災害風險轉嫁產生之保單，以保單現金價值為基礎，所發行之可轉換債券。

11 係指交易對象未能履行債務之風險，主要係交割風險（Settlement Risk）與交割前風險（Presettlement Risk）。

12 係指市場價格變動所生之部位損失風險。以碳交易為例，碳金融的市場風險主要包括兩層涵義：一是碳交易市場價格低於CERs合同協定價格，買方受損；二是碳交易市場價格高於CERs合同協定價格，賣方受損。主要係波動性（Volatility）、凸取性（Convexity）、時間減少效果（Passage of Time）、基點（Basis Point）或相關性（Correlation）。

13 係指因市場規模或市場巨大變動，致使無法及時以合理市場價格或接近價格反向清結部位之風險。

14 曾冠，生態金融中的若干法律問題，2009年8月北京環境法制論壇網，http://www.bjelf.com/onews.asp?id=833

15 張曉濤、李雪，國際碳交易市場的特徵及我國碳交易市場建設，http://www.hi138.com/?i226165

16 周茂清，碳金融發展前景及我國商業銀行的應對之策，中國社會科學院，http://www.fdcass.cn/?p=571

17 周茂清，碳金融發展前景及我國商業銀行的應對之策，中國社會科學院，http://www.fdcass.cn/?p=571

18 安國俊，2010.08.05，來源：《中國債券》總第107期，http://www.vestone.com.cn/HomePage/2010-08-05/page_447.html

19 周茂清，碳金融發展前景及我國商業銀行的應對之策，中國社會科學院，http://www.fdcass.cn/?p=571

20 目前全球交易量最大的氣候衍生性商品──芝加哥商品交易所（CME）掛牌的HDD（Heating Degree Days，熱度日）與CDD

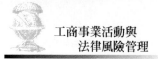

（Cooling Degree Days，冷度日）氣候指數期貨，其HDD與CDD
指數，是以北美地區測量值為指數編製依據；另外，倫敦國際金
融期權交易所（LIFFE）上市的氣候期貨與期權契約，取樣的氣溫
量測點也是以歐洲溫帶大陸型氣候地區為限。

21 劉美縈、謝慧玉，氣候衍生性商品之研究，http://www.onrich.com.
tw/asp/bbs/usa/showpageold.asp?ClickID=1409

22 原始資料http://www.cme.com/tradeing/prd/weather/hurricane.html

23 2009年衍生性金融商品創新與風險管理國際研討會資料，http://
diarm.global5capital.com/021.html（鉅融資本管理著作權所有），
原始資料http://www.cme.com/tradeing/prd/weather/hurricane.html

24 周茂清，碳金融發展前景及我國商業銀行的應對之策，中國社會
科學院，http://www.fdcass.cn/?p=571

25 原《清潔發展機制項目運行管理暫行辦法》同時廢止。

Chapter *11*

特定金錢信託法律風險之研究

方國輝[*]

摘要

　　國內信託業務以金錢信託為主，而金錢信託業務又以特定金錢信託之比重最大。特定金錢信託係委託人保留運用決定權之金錢信託，因此一旦發生投資損失，其風險即由委託人自行承擔。如委託人為非專業投資人，而與信託業簽訂特定金錢信託契約，其妥當性有探討必要。

　　本文除引用金融監督管理委員會前銀行局桂局長發表與雷曼兄弟案發生後之言論，以理解主管機關之態度外，並整理相關規定之法律風險與淺見，以利讀者參閱。

關鍵詞：特定金錢信託、商品適合度、非專業投資人、衍生性商品、
　　　　連動債、廣告招攬與促銷規範、金融消費者保護法

壹、前言

　　社會上很多人對連動債券等透過與利率、匯率、股票、股價指數、金價等相連結，投資人所取回本金及收益之多寡與該金融商品所連結之基礎資產價格變化息息相關，其潛在報酬或損失風險不易掌握，與傳統債券依票面利率支付利息並於屆期時返還本金之架構顯不相同，並不清楚。另同屬透過財務工程設計之財富管理商品，如衍生性商品[1]或結構型[2]金融商品所存在之各種風險[3]，亦與連動債券同樣隱藏有複雜之風險，非一般非專業投資人所能理解與掌握，不適合一般非專業投資人作為理財之標的，亦無概念。但由於受存款長期微利，利息大幅縮水之影響，以及難以抗拒金融業理財專員大力行銷理財商品好處之誘惑[4]，並受許多似是而非理財論調之影響，例如，「存款微利已難抵通膨風險，錢愈存愈薄」、「投資雖有風險，但不投資永遠沒發財機會」，這種「你不理財，財不理你」，以及「Money makes every-

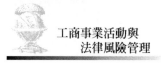

thing」的觀念，使得非投資專業之一般民眾也為追求較高之資金收益，而將低風險、低收益之存款資金投入風險高、收益不確定之理財商品，且已成為非投資專業人理財之新趨勢。而金融機構對銷售此種以連動債、結構型商品與衍生性金融商品為標的之金融商品，也定有超高之達成目標與獎金誘惑下，理財業務在臺灣已成為銀行、保險、證券等金融業（含外商金融保險業在臺分支機構）當前競相開拓之重點業務。

財富管理業務之承作，可分為代理方式與信託方式。採用代理方式，僅生代理效果之歸屬，不像信託方式，信託財產需先移轉於受託銀行[5]，在管理運用上比較方便。此外，信託制度純係為別人管理財產為目的之法律制度，但代理制度可運用於各種法律行為，並非純為管理別人財產為目的而設計之法律制度，兩者之立法目的有所不同。因此，國內金融機構之財富管理業務，特別是基金業務多以成立信託之方式辦理。至於得為信託財產之客體雖不以金錢為限[6]，但以金錢作為信託財產而成立之金錢信託，在信託業務中發展最早，且信託財產規模最大。根據中華民國信託公會之統計資料，截至2011年第三季（2011年9月30日止），金錢信託（不含證投信、期信基金保管）之餘額高達新臺幣38,015億元[7]，由此可瞭解國人偏好金錢信託制度之利用。

實務上常見之金錢信託類型，有投資國內外有價證券信託、員工持股信託、員工福祉信託、保險金信託、退休安養信託、創業及教育信託，以及公益信託等[8]。如依受託人對信託財產有無運用決定權，金錢信託可分為「受託人對信託財產無運用決定權之特定金錢信託」、「委託人概括指定信託資金營運範圍或方法，受託人於該概括指定信託資金營運範圍或方法內具有運用決定權之指定金錢信託」、「委託人不指定信託資金營運範圍或方法，受託人具有運用決定權之不指定金錢信託」[9]。實務上則以「特定金錢信託」方式成立者最多。截至2011年5月底止，持有境外基金總額，共約新臺幣2,533,539百萬元[10]。另截至2011年6月底止，國內39家投信公司之584支基金（證投信基金）之淨資產總

額，約新臺幣1,893,671百萬元[11]。由於金融機構不負擔特定金錢信託之風險，因此，金融機構將理財商品透過預先擬定之特定金錢信託[12]之定型化契約與客戶簽約，亦為日後糾紛之根源，容後說明。

依信託業法之規定，信託業不得承諾擔保本金或最低收益率[13]，因此，各種金錢信託均屬不保本、不保息之業務。故特定金錢信託除具有金錢信託不保本、不保息之特徵外，依契約自由原則，成立特定金錢信託的目的是將風險與損失分配給不具投資專業之一般社會大眾。此種設計，只要不違反誠信，沒有顯失公平，成立特定金錢信託果係出於委託人之真意，原無不可；但由於金融機構銷售該等理財商品時，除刻意使用「保本保息」、「低風險高收益」或其他具誘惑性之產品名稱，使社會大眾容易產生誤信外，有些銷售基金之理財專員亦時對銀行原來之定期存款戶推銷時，或因業績壓力或貪圖獎金等動機，未能依誠信原則或善良管理人之注意，提供正確、詳實、有效資訊供客戶為正確之判斷。此種做法即屬非妥當與公平的行銷。

金融機構利用交易雙方資訊不對等方式所成立之特定金錢信託，將風險歸屬於認知能力薄弱，且無風險承擔能力、不具投資專業之投資人，終因美國第四大投資銀行雷曼兄弟（Lehman Brothers）2008年9月申請破產，無力償債引發之金融海嘯，終使得國內投資人遭受高達400億元之損失[14]時，銀行等金融機構也嚐到濫用特定金錢信託設計之苦果。而且由於投資人求償無門，不僅促成受害投資人成立自救會，群聚前金管會主任委員之住處抗議外，並採取一連串自救活動，包括採取司法救濟，向法院起訴與提起集體訴訟[15]等，諸多案件至今仍未能妥善解決。

探究發生此一重大社會事故之根本癥結，時任行政院金融管理委員會銀行局桂前局長先農先生在雷曼兄弟案發生後，多次在銀行局網站發表之相關言論中，可看出問題之所在。以下為部分桂局長發表之重點。

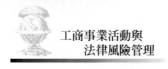

一、銀行銷售金融商品時，有無盡到應盡義務之問題

2010年9月28日在「金融海嘯後如何加強銀行銷售金融商品投資人與金融服務消費者保護」座談會，曾表示金融機構銷售金融商品時應盡之義務有三，分別為：(1)Know your customer rule：金融機構應積極主動對客戶情況進行瞭解，作為銷售金融商品之依據；(2)Best execution：針對客戶之委託，應依客戶利益以最佳之方式執行客戶委託；(3)Risk and information disclosure：非僅文字揭露，尚需以口頭告知商品內容及風險，使客戶瞭解，方能簽署風險預告書。

二、銀行銷售金融商品時，有無忽視及濫用民眾信賴之問題

2011年1月4日於義守大學「金融風暴之後重建合理消費權益」論壇演講中，強調「自從雷曼兄弟公司破產發生金融海嘯以來，各界對於提高金融服務消費者及商品投資人保護，有很高之期許。銀行收受社會大眾存款，受到政府高度監理，民眾對銀行有高度之信賴。因此，銀行應注意不要忽視及濫用民眾之信賴。銀行銷售之金融商品，不論是由自己發行，或是以銀行為通路銷售者，皆應是風險不應與存款差異過多之高品質金融商品」。桂局長於上述演講時並表示，「自然人之專業能力、時間及財力皆無法與專業機構抗衡，國際上對於複雜型金融商品，包括結構型商品、衍生性商品、證券化商品等，皆以嚴格態度管理以保護自然人之投資。金管會配合國際趨勢，並會記取雷曼兄弟連動債客戶新臺幣400億投資損失慘重之血淋淋教訓，保護金融商品投資人」、「此外，不合理的營業目標及預算成長，是銀行風險重大來源。常聽說銀行經理階層利用配額、佣金、獎金促進業績……，今後針對消費者及投資人保護，我們會注意銀行經營政策有無完整配套措施，以免銀行承受過高風險及違反投資人保護規定，並將作為監理重點，希望能維繫民眾對銀行之高度信賴，維持銀行聲譽。」

三、銀行有無貫徹法令遵循主管制度

2011年4月8日於「如何提升銀行法令遵循功能」座談會致詞時，桂局長除表示「法令遵循是事前，內部稽核是事後；事前防範避免違規違法，事後檢討犯錯之可能就會減少」，並表示金管會參考巴賽爾銀行監理委員會「銀行設立法令遵循部門指導原則」，於2010年3月，整合金控公司、銀行、信用合作社、票券商及信託業之內部控制及稽核制度實施辦法，訂定並發布「金融控股公司及銀行業內部控制及稽核制度實施辦法」（下稱本辦法），並於本辦法規範金控公司及銀行業建立法令遵循制度。

桂局長在座談會中亦提及，「所謂法令遵循風險，係指銀行因違反法律、監理法規、業務準則、相關自律規範、銀行自身內部控制制度及程序，而遭受主管機關裁罰，或因而產生之重大財務或聲譽損失之風險」，及「依本辦法規定，內部控制制度係由法令遵循制度、風險管理制度及內部稽核制度架構而成，在此架構下，法令遵循單位應隨時掌握外部法令之內容及相關異動，以協助管理階層有效辨識、評估及管理法律、財務、聲譽等風險，並對內部人員進行教育訓練，以降低員工執行職務時因未諳法令致生之法律風險。建立良好之法令遵循制度及文化，係維護誠信經營核心價值的方法之一，而法令遵循制度應成為組織文化之一環，而不僅是法令遵循人員的責任。惟從金管會歷年所辦理之金融檢查及裁罰案件發現，部分受檢之金融機構因未能有效落實法令遵循制度，致內部控制制度無法完整建立或有效落實，造成銀行、客戶之損失，損及銀行形象，並進而遭受裁罰」，桂局長語重心長的表示，「部分受檢機構之董事會及經營階層對遭受裁罰或發生重要法令遵循缺失事項時，多未能有具體之指示及督導，不利於法令遵循制度之發展及執行。」[16]

事實上，雷曼兄弟案僅是冰山之一角。因為推動金融自由化、國際

化與減少金融管制（Deregulation）之政策，雖增加金融商品創新、銷售國外投資銀行商品之機會，但「水能載舟，亦能覆舟」，對連接具有高風險之國外商品，如業者無視客戶之風險，而主管機關又沒有好的配套措施，作全面、公正與有效之監理，對於金融機構或銀行、信託等同業公會對違反自律行為之規範，主管機關又未採取適當之懲處，則國內投資人發生如此嚴重虧損，自在預料之中。此外，金融機構雖有法令遵循主管制度之建置，但如桂局長前面所說，「法令遵循制度應成為組織文化之一環」，可惜法令遵循主管缺乏預防法律風險之認識，未將特定金錢信託之法律風險納入風險管理之預防與評核之一環，也應是造成國內投資人遭受新臺幣400億元虧損之另一重要原因。

由於缺乏法律風險之認識，以致法令遵循主管在評核作為銷售理財商品方式之設計上，顯未對可能存在之法律風險特別注意，並提出識別、評估，建立控制與防範策略之要求。由於金融機構未能及時採取防微杜漸之措施，結果不僅殃及投資大眾[17]，也累及處理該等案件之中華民國銀行公會金融消費爭議評議單位與法院。除評議結果或法院判決與連動債受害人之期待差距太大，讓連動債受害人希望破滅外，社會上對銷售連動債之國內與在臺外商金融機構分行、金融主管機關在處理事件之善後態度、做法，也飽受訴病，成為眾人皆輸之局面，實非當年開放特定金錢信託作為銷售理財商品時所預見。

為亡羊補牢，金管會已依據本（2011）年6月29日總統公布施行之「金融消費者保護法」相關規定，並於同年12月12日發布金融消費爭議處理機構設立及管理辦法[18]與成立評議中心，期望該評議中心能發揮機能，為金融消費爭議案件提供解決問題的有效管道[19]。

本次研討會選定「特定金錢信託法律風險之研究」作為研究之目的，希望研究結果有助於日後對預防、控制特定金錢信託在財富管理之運用，落實並提升非專業投資人保護與對特定金錢信託之有效管理。另研究範圍僅以相關之銀行、信託法規為限，至於保險（如投資型保

單）、證券有關理財業務之探討，則不在本文討論範圍，併此敘明。

貳、相關規定及應注意之重點

一、與特定金錢信託有關之規定及重點

(一)中華民國信託業商業同業公會制定之「會員辦理特定金錢信託業務資訊揭露一致性規範」[20]

本規範為第一個以特定金錢信託為對象所制定之規範，共有十四條，主要內容為規範該公會會員機構在信託報酬、商品及風險等相關資訊之揭露。要點如下：

1. 應依信託業法第19條及信託業應負之義務及相關行為規範第28條之規定，向委託人告知信託報酬、各項費用及其收取方式，其投資標的涉及連動債券或境外基金者，並應依本規範第2條所列原則揭示信託相關費用。

2. 自交易對手取得信託報酬事項，應將第3條所列相關內容納入特定金錢信託契約。

3. 投資於連動債券，應將第4條所列信託手續費、信託管理費、通路服務費規定於個別之產品說明書或特別約定條款記載其收取之報酬。

4. 投資於境外基金，其境外基金基於不同收費方式與項目，得發行不同種類之基金股份。並應將第5條所列申購手續費、轉換手續費、信託管理費、申購時之通路服務費、持有期間之通路服務費規定於個別之產品說明書或特別約定條款記載其收取之報酬。

5. 投資於遞延至贖回時收取手續費之境外基金時，應將第6條遞延

申購手續費、轉換手續費、信託管理費及通路服務費規定於個別之產品說明書或特別約定條款記載其收取之報酬。

6. 應依信託業應負之義務及相關行爲規範第27條規定，揭露各該類型之業務所涉及之各類風險，其投資標的涉及連動債券或結構型商品者，並所列原則對委託人揭示相關資訊。

7. 投資連動債券，應對委託人揭露之基本風險，包含最低收益風險、委託人兼受益人提前贖回的風險、利率風險、流動性風險、信用風險、匯兌風險、事件風險、國家風險及交割風險等事項。各風險事項揭露之基本內容應依第8條規定辦理。

8. 投資連動債券，就不同商品應對委託人揭露之風險，包含發行機構行使提前買回債券權利風險、再投資風險、受連結標的影響之風險、通貨膨脹風險、本金轉換風險等事項。各風險事項之基本內容應依第9條規定辦理，另如有其他風險，應依不同類型之產品補充說明。

9. 投資標的爲信用連結型商品者，應就所涉及之無法履行債務（Fail to Pay）風險、破產（Bankruptcy）風險及重整（Restructuring）風險等相關事項，加強揭露說明其定義內容。

10. 投資結構型商品，其應對委託人揭露之基本風險、不同商品風險，及投資標的爲信用連結型商品者應加強揭露之風險，準用本規範第八條至第十條之規定。

11. 投資連動債券或結構型商品，應於受託投資後依契約約定提供成交通知書及定期報告，並於網站揭露報價資料，提供客戶市價評估及提前解約之參考報價資訊。

12. 投資連動債券或結構型商品涉及違反相關規定之行爲人，除得依情節輕重爲警告、記過、降職、停職、減薪、解職或其他處分外，並應將該違背情形作爲內部檢討事項，相關處理情形函送信託公會轉報主管機關。

(二)中華民國信託業商業同業公會制定之「信託業營運範圍受益權轉讓限制風險揭露及行銷訂約管理辦法」[21]

本辦法對不具運用決定權之金錢信託（以下簡稱特定金錢信託）或有價證券信託之規定，要點如下：

1. 以受託投資外國有價證券為目的者，除境外基金管理辦法及境外結構型商品管理規則另有規定者外，明定應遵守之事項。（§21）

2. 以受託投資國內外有價證券、短期票券或境內結構型商品為目的者，明定應建立充分瞭解客戶之作業準則及應包括之內容。（§22）

3. 受託投資國內外有價證券、短期票券或境內結構型商品時，應遵守之規定。（§23）

4. 對信託業自交易相對人取得之報酬、費用、折讓等各項利益之規定。（§24）

(三)中華民國信託業商業同業公會會員運用信託財產從事衍生性金融商品交易規範

信託業對信託財產不具有運用決定權時，信託業運用信託財產從事衍生性金融商品交易，適用本規範第4條第1項、第7條、第10條、第11條、第12條第2項、第13條之規定。

信託業對信託財產不具有運用決定權時，信託業運用信託財產從事衍生性金融商品交易，應謹慎評估投資收益及風險，避免信託業本身遭受損失。

信託業與委託人之信託契約應載明委託人之指示如經信託業評估將導致信託業營運上之風險時，信託業得拒絕辦理，並通知委託人。

(四)有關推展業務之各種規範[22]

1. 依信託業營運管理辦法第20條規定：

    (1)不得就未經主管機關核准募集或申報生效之受益證券，預為廣告或進行業務招攬、營業促銷活動。

    (2)不得提供贈品或以其他利益招攬業務。但在主管機關核定範圍內，不在此限。

    (3)不得利用客戶之存款資料，進行勸誘或推介與客戶風險屬性不相符之投資商品。

    (4)不得勸誘客戶以融資方式取得資金，轉為信託財產進行運用。

    (5)不得對於過去之業績及績效誇大之宣傳，並不得有虛偽、詐欺、隱匿或其他足致他人誤信之行為。

    (6)不得有其他影響受益人權益之事項。

    (7)不得以經主管機關核准信託業務之開辦，或同業公會會員資格作為受益權價值之保障。

    (8)不得使人誤信能保證本金之安全或獲利。

    (9)特定投資標的之名稱應適當表達其特性及風險，不得使用可能誤導客戶之名稱。

    (10)對於獲利與風險應作平衡報導，且不得載有與主管機關申請文件內容不符之文字或設計。

    (11)不得違反法令或信託契約內容。

    (12)信託業所進行廣告、業務招攬及營業促銷活動之內容、管理及其他應遵循事項，由同業公會擬定，報請主管機關核定。

2. 各類風險之揭露：

    (1)信託業辦理特定金錢信託業務，其投資標的涉及連動債券或結構型商品者，信託業應將原文說明文件忠實轉譯為中文說

明文件，並將中文及原文說明文件一併交付予委託人於充分
審閱產品條件內容說明及投資風險後簽章。

(2)信託業辦理特定金錢信託業務投資連動債券，應對委託人揭
露之基本風險，包含最低收益風險、委託人兼受益人提前贖
回的風險、利率風險、流動性風險、信用風險、匯兌風險、
事件風險、國家風險及交割風險等事項。

(3)信託業辦理信託業務，應向委託人充分揭露並明確告知信託
報酬、各項費用與其收取方式及可能涉及之風險等相關資
訊，其中投資風險應包含最大可能損失。其應揭露之資訊及
應遵循事項，除法令另有規定外，應依同業公會之自律規範
辦理。

二、與非專業投資人有關之規定及重點

(一)信託業營運範圍受益權轉讓限制風險揭露及行銷訂約管理辦法[23]

本辦法係依信託業法第18條之1之授權，於2008年制定，修訂目的
係考量結構型商品多以信託方式經營，而該商品又屬於風險較複雜之金
融商品，因此為保護非專業投資人，並有效規範受託人對信託財產無裁
量權之特定金錢信託與特定有價證券信託之運用，減少糾紛之發生，乃
增訂信託業及兼營信託業銀行對非專業投資人、特定金錢信託及廣告、
業務招攬及營業促銷活動之規定。

以下謹介紹保護非專業投資人之規定重點：

1. 對信託業運用信託財產於國外或涉及外匯之投資，委託人如屬
   非專業投資人者，其運用範圍之限制。（§11）

2. 受託範圍為非專業投資人投資國內外有價證券、短期票券或境
   內結構型商品為目的者，明定應遵守之事項。（§22第2項）

3. 受託範圍為非專業投資人投資境內結構型商品時，應遵守之事項。（§22-1）

4. 以非專業投資人為受託投資對象之商品，信託業自交易相對人取得之報酬、費用、折讓等各項利益，其利益之年化費率不得超過該商品受託投資總金額之百分之零點五，未滿一年者，依實際投資期間按比例計算。（§24第1項後段）

(二)信託業建立非專業投資人商品適合度規章應遵循事項[24]

1. 信託業受理非專業投資人委託，辦理不具運用決定權之金錢信託或有價證券信託，以財務規劃或資產負債配置為目的者，應依證券投資信託事業證券投資顧問事業經營全權委託投資業務管理辦法及其相關規定辦理。

2. 信託業建立非專業投資人商品適合度規章，應包含客戶風險承受等級分類、商品風險等級分類、客戶風險承受等級與商品風險等級之適配方式、避免不當推介及受託投資之事前及事後監控機制、員工教育訓練機制等項目。

3. 信託業判斷客戶之風險承受等級，應依行銷訂約管理辦法第22條第1項建立及遵守充分瞭解客戶（委託人）之作業準則。

4. 信託業界定商品風險等級前應確認：(1)商品之合法性、投資假設及其風險報酬之合理性、受託投資之適當性及有無利益衝突之情事；(2)提供予客戶之商品資訊及行銷文件，揭露之正確性及充分性。

5. 信託業依適合度方式對客戶所作之風險承受等級評估與商品等級適配評估應留存紀錄，以證明信託業履行本事項所訂之相關義務。

6. 客戶要求購買超過其風險承受等級之商品，信託業應予以婉

拒。

7. 信託業應依本事項訂定作業程序，並建立事前及事後監控機制，及納入信託業內部控制及內部稽核項目與員工內部教育訓練之項目。

三、與理財商品銷售有關之規定及重點

理財商品隱藏風險高，理財業務除受銀行法、保險法、證券交易法、信託法、信託業法或投信投顧法等相關法規之規範外，主管機關及銀行公會也曾訂有與理財有關之規範，例如：(1)銀行辦理財富管理業務應注意事項；(2)銀行辦理財富管理業務作業準則；(3)銀行對非財富管理部門客戶銷售金融商品應注意事項；(4)銀行對非財富管理部門客戶銷售金融商品作業準則；(5)銀行辦理衍生性金融商品業務應注意事項；(6)銀行辦理財富管理及金融商品銷售業務自律規範；(7)銀行辦理結構型商品對客戶風險揭露自律規範25等。以下謹略作重點說明。

(一)銀行辦理財富管理業務應注意事項[26]

財富管理業務原係為協助高淨值客戶進行財務規劃或資產負債配置需求所規劃之金融業務，根據金管會所訂定「銀行辦理財富管理業務應注意事項」之規定，除銀行辦理財富管理業務人員，其資格需符合銀行商業同業公會全國聯合會在「銀行辦理財富管理業務作業準則」所訂定之條件外，依該要點第6點規定，銀行辦理理財業務必須並應建立「適當之內部控制制度及風險管理制度」，此一制度至少需包括「充分瞭解客戶之作業準則」、「業務推廣及客戶帳戶風險管理之作業準則」、「內線交易及利益衝突之防範機制」等六項，以作為業務執行之準據。

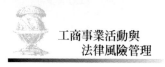
(二)銀行辦理財富管理業務作業準則[27]

　　中華民國銀行公會根據金管會所訂定「銀行辦理財富管理業務應注意事項」，制定「銀行辦理財富管理業務作業準則」，本準則之重點包括「辦理財富管理業務，應建立一套商品適合度政策」、「財富管理業務部門人員之分類」、「推介財富管理商品人員應具備之資格條件」、「銀行辦理財富管理人員訓練方案之範圍與內容要求」、「銀行辦理財富管理業務涉及其他金融事業規定之處理」等。此外，銀行應以善良管理人之注意義務及忠實義務，本誠實信用原則執行財富管理業務，並依據客戶風險之承受度銷售或推介客戶適當之商品或投資組合，非經適當之授權，不得銷售或推介逾越客戶財力狀況或合適之投資範圍以外之商品。

(三)銀行對非財富管理部門客戶銷售金融商品應注意事項[28]

　　本注意事項為行政院金融監督管理委員會所制定，內容包括「對一般客戶銷售金融商品之原則」、「負責銷售財富管理商品人員之資格條件」、「內控制度及風險管理制度」、「本注意事項應納入內控內稽項目」及「違反本注意事項規定依銀行法處分」，與前述金管會制定之「銀行辦理財富管理業務應注意事項」之不同，在於後者適用對象為高淨值客戶，本注意事項適用對象為一般客戶。但就內容觀察，除第二項「一般客戶銷售金融商品之原則」外，與「銀行辦理財富管理業務應注意事項」內容差異不大。根據本注意事項規定，銀行對一般客戶銷售金融商品之範圍，限於依法得銷售之各種金融商品。此外，對一般客戶行銷時，除有客觀事實顯示，客戶對該金融商品有相當專業認識及風險管理承擔能力者外，銀行亦應注意避免銷售風險過高、結構過於複雜之金融商品。

(四)銀行對非財富管理部門客戶銷售金融商品作業準則[29]

　　本作業準則係中華民國銀行公會根據金管會所訂定「銀行對非財富管理部門客戶銷售金融商品應注意事項」所制定，相關之內容可歸納為「本準則所稱金融商品之定義」、「對非財富管理部門客戶銷售之原則」、「建立商品合適度」、「金融商品銷售人員之資格條件與消極資格」、「銀行辦理非財富管理部門人員之訓練」、「銀行辦理對非財富管理部門客戶銷售業務涉及其他金融事業規定之處理」等。本作業準則與「銀行辦理財富管理業務作業準則」大同小異，所稱金融商品指銷售國內外具投資性質（含結構型存款）之金融商品。另依第2條第2項規定，銀行對非財富管理部門客戶銷售之金融商品，宜以風險及複雜度較低者為主，並應訂定具客觀之辨識標準，以資遵循，其合理性亦應作定期評估。惟經銀行分析，客戶對上開標準以外之金融商品有相當之專業認識或風險承擔能力者，則仍得對該客戶銷售風險及複雜度較高之金融商品。

(五)銀行辦理衍生性金融商品業務應注意事項[30]

　　本注意事項係針對衍生性金融商品業務所作之特別規定，其重點有「衍生性金融商品之定義」、「申請辦理衍生性金融商品業務之規定」、「訂定經營策略及作業準則」、「經核准辦理之備查義務」、「內控制度及風險管理制度」、「建立風險管理制度」、「衍生性商品以避險為原則」、「依據一般公認會計原則及相關辦理法規之義務」、「應依外匯收支申報辦法辦理之情形」、「應建立防範與利益衝突及內線交易行為之管理機制」、「不得利用衍生性商品粉飾或操縱財務報表行為」、「不得與相關人士從事台股股權相關業務交易」、「對辦理衍生性商品人員之規定」、「與客戶權益有關之應遵循事項」、「組合式商品交易不得以存款之名義銷售」、「對客戶風險揭露之交易契約及相

關文件應具備內容」、「客戶請求銀行提供相關資訊之權利」、「辦理台股股權結構型商品準用櫃檯買賣中心證券商營業處所經營衍生性金融商品規定」、「不得有為自身或配合客戶利用衍生性商品交易進行併購或不法交易行為」、「違反注意事項規定之處分」等。除銀行不得利用金融衍生性商品遞延、隱藏損失或虛報、提前認列收入或幫助客戶遞延、隱藏損失或虛報、提前認列收入等粉飾或操縱財務報表之行為。另選擇權交易應注意避免利用權利金（尤其是期限長或極短期之選擇權）美化財務報表，進而引發弊端外，謹就與客戶權益有關之應遵循事項，略作說明如下：

1. 銀行辦理衍生性金融商品業務之推廣文宣，應清楚、公正及不誤導客戶，讓客戶適當及確實瞭解產品所涉風險，並應訂定向客戶交付商品說明書及風險預告書之作業程序。對機構投資人以外之銷售對象，應由客戶聲明銀行已派專人解說，且在各項產品說明書及風險預告書上具簽確認。

2. 前項風險預告書應於明顯處充分揭露各種風險，並應將最大之風險或損失以粗黑體字體標示。惟銀行與金融同業交易者，因其應具相當金融專業認知，得不提供風險預告書。

3. 銀行辦理衍生性金融商品業務，應制定了解客戶（Know Your Customer）制度，並確實了解客戶之財務狀況、投資經驗、投資需求及承擔潛在虧損的能力等特性，及交易該項衍生性金融商品之適當性。

4. 銀行與客戶解除契約，如有約定違約金時，應本於公平合理原則約定，不得收取過高之違約金。

5. 銀行辦理衍生性金融商品除應於交易契約與網站中載明交易糾紛之申訴管道外，於實際發生交易糾紛情事時，應即依照銀行內部客戶申訴處理程序辦理。

(六)銀行辦理財富管理及金融商品銷售業務自律規範[31]

本自律規範共分爲六章二十條，分別爲總則、避免不當銷售、杜絕道德風險、廣告文宣資訊揭露、加強控管結構型商品銷售及附則。除銷售投資型保險商品則需依主管機關「投資型保險商品銷售應注意事項」、中華民國人壽保險商業同業公會「投資型保險商品銷售自律規範」及保險業其他相關規定辦理外，銀行辦理財富管理及金融商品銷售業務，原則上依本規範辦理。

本自律規範之制定係爲避免銀行辦理財富管理及金融商品銷售業務，於推介或銷售金融商品時有不當銷售之行爲。並於第4條至第8條規定，對於「客戶年齡加上金融產品年限大於或等於70時」，銀行應請客戶簽署聲明書；如客戶不願填寫，則銀行得婉拒該客戶投資。對理財業務人員及金融商品銷售人員要加強事前與事中、事後之內部稽核措施，以「確保客戶瞭解商品之性質與可能面臨之風險」。理財人員亦不得鼓勵或勸誘客戶以借款、舉債等方式從事理財投資，「並宜列入教育訓練課程及營業單位法令遵循自評測驗項目」。如「客戶投資超過其風險屬性之商品」，銀行亦應採取適當之監控因應措施和應遵循之規範。另爲避免誤導客戶之投資判斷，「銀行銷售基金或基金以外之金融商品應遵守公開說明書文字內容、格式及實體商品說明書等規範」。

在製作廣告文宣資料方面，應本下列原則辦理[32]：

1. 必須本最大誠信及充分揭露原則辦理。
2. 揭露之資訊必須爲最新且正確資料，不得有引人錯誤、隱瞞之情事。
3. 應以中文表達，並力求淺顯易懂，必要時得附註英文。
4. 不得藉主管機關對金融商品之核准、核備或備查，而使消費者認爲政府已對該金融商品提供保證。
5. 除依法得逕行辦理之金融商品外，不得對未經主管機關核准、

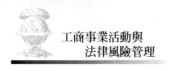

核備或備查之金融商品，預爲宣傳廣告或促銷。

6. 不得對於過去之業績作誇大不實之宣傳，或對同業爲攻訐之廣告。

7. 不得有虛僞、欺罔或其他不實之情事。

8. 不得有違反法規或各公會所訂之自律規範及其他經主管機關禁止之行爲。

又本自律規範對銀行辦理結構型商品，應採取商品上架前之合理性評估、客戶適格性之審查，行銷過程控制等控管措施也有明確規定[33]。

(七)銀行辦理結構型商品對客戶風險揭露自律規範[34]

本自律規範共分爲五條，主要內容爲「結構型商品之定義」、「對客戶應善盡說明義務」、「商品文件中應提醒客戶之重要注意事項」。

根據本自律規範，交易文件中提供客戶之「商品說明」應說明有關結構型商品之產品內容、交易條件及特性、投資本商品可能之預期收益、可能之最大風險或損失，及其估算所依據之具體假設、資訊等方法，並應分析其合理性。且由客戶聲明銀行已派專人解說，且在各項商品說明上具簽或蓋章確認已閱讀本說明，並同意接受本商品之相關交易條件。其次，交易文件中之「風險預告」亦應以粗黑體字或加註底線等方式於明顯處標示，以充分揭露結構型商品所涉及風險之性質與內容，例如，本金轉換風險、利率風險、流動性風險、匯兌風險、稅賦風險、提前解約風險、商品條件變更風險等，其中若有結合存款部分，銀行亦應充分說明其所受存款保險保障之程度，由客戶具簽或蓋章確認在交易前已充分瞭解本商品之各類風險，並同意完全承擔投資風險。

另外，本自律規範第4條並規定銀行辦理結構型商品，應於商品文件中提醒客戶承作本商品之重要注意事項：

1. 結構型商品並非一般傳統存款，而係一項投資，其投資盈虧端視標的資產之價格、指數之波動或績效，或約定信用事件的發生與否。

2. 結構型商品依商品設計或條件不同，客戶所暴露之風險程度可能不同，如爲現金交割，可能發生部分或全部利息、本金減損或其他損失之風險；如爲實物交割，則可能發生本金將依約定轉換成標的資產之情事，可能必須承擔發行銀行及標的資產發行人之信用風險。

3. 銀行就結構型商品契約，如與客戶約定不得提前終止契約，但在契約存續期間內，客戶要求提前終止時，應負擔因提前終止契約所發生之全部成本、費用或違約金，及可能無法收回存款全部本金之風險；但提前終止契約之原因，符合契約之約定者，則不在此限。因此，銀行應提醒客戶必須考量其資金之流動性風險及提前終止契約之再投資風險。

4. 影響衍生性金融商品價格變動之因素極爲複雜，銀行所揭露之風險預告事項係列舉大端，對於交易風險與影響市場行情的因素或許無法詳盡描述，因此應提醒客戶於交易前仍應充分瞭解結構型商品之性質，及相關之財務、會計、稅制或法律等事宜，自行審度本身財務狀況及風險承受度，始決定是否進行投資。

5. 銀行所提供之商品說明之條件、內容不表示爲任何要約或要約之引誘。詳細商品內容及相關權益，悉依銀行與客戶簽訂之交易契約等相關文件爲準。

一、金融消費者保護法之規定重點

立法院於2011年6月3日制定通過之金融消費者保護法（以下簡

稱金融消保法或本法）業經總統於2011年6月29日以華總一義字第
10000133861號令公布之。此項專爲金融消費者所建立之法制，共分四
章，分別爲總則、金融消費者之保護、金融消費爭議處理與附則，計
三十三條。其中，有關金融消費爭議處理之條文自第13條至第30條，共
有十八個條文，占全部條文之過半，顯見金融消費爭議之處理爲本法之
特色。金融消保法也是屬於以行業別單獨制定之首例消費者保護法[35]。

　　由於該法所稱之金融消費者範圍不限於以消費爲最終目的之消費
者，因此，非專業投資人因本法之制定而成爲受具體保護之對象，無論
是定型化契約訂約前應遵守之規範及廣告、業務招攬、營業促銷活動等
之規範，或設立金融消費爭議處理機構等措施，均有所適用，對非專業
投資人之法律保護將更形周延。以下謹簡介該法對金融消費爭議事件規
定之要點：

1. 金融消費者應先向金融服務業提出申訴，金融服務業應於收受
   申訴之日起三十日內爲適當之處理，並將處理結果回覆提出申
   訴之金融消費者；金融消費者不接受處理結果者或金融服務業
   逾上述期限不爲處理者，金融消費者得於收受處理結果或期限
   屆滿之日起六十日內，向爭議處理機構申請評議；金融消費者
   向爭議處理機構提出申訴者，爭議處理機構之金融消費者服務
   部門應將該申訴移交金融服務業處理。

2. 申請評議案件，金融服務業於事前以書面同意或於其商品、服
   務契約或其他文件中表明願意適用本法之爭議處理程序者，對
   於評議委員會所作其應向金融消費者給付每一筆金額或財產價
   值在一定額度以下之評議決定，應予接受。

3. 評議成立者，金融消費者得申請將評議書送請法院核可，經法
   院核可後，與民事確定判決有同一之效力。

4. 評議原則需符合公平合理原則，超然獨立進行評議外，爲使爭
   議早日處理，並採「試行調處」與「預審制」。

二、相關子法

本（12）月11日行政院金管會依金融消費者保護法制定公布下列子法，計有金融服務業從事廣告業務招攬及營業促銷活動辦法、金融服務業確保金融商品或服務適合金融消費者辦法、金融服務業提供金融商品或服務前說明契約重要內容及揭露風險辦法、金融消費爭議處理機構設立及管理辦法、金融消費爭議處理機構評議委員資格條件聘任解任及評議程序辦法。從上述子法之公布，可預見金融機構對於銷售理財商品所需注意之法律風險較之以往更多，要投入更多之心力、人力與物力進行風險之防範工作。

參、金融機構對非專業投資人以特定金錢信託方式銷售理財商品之法律風險

一、成立特定金錢信託對非專業投資人之法律風險

成立特定金錢信託雖不利於非專業投資人，但法院對特定金錢信託契約是否有效成立之見解，並不考慮非專業投資人是否有成立特定金錢信託之真意，多持形式審查，而為不利於非專業投資人之判斷。以下謹以臺灣臺北地方法院100年度訴字第3188號民事判決為例，說明非專業投資人可能發生之法律風險。

兩造間已簽訂「受託投資國內外有價證券暨信託運用指示書」，委託被告（註：○○商業銀行）以美金100,000元投資系爭連動債，已就信託契約必要之點意思表示一致，兩造間之信託契約已有效成立。且查原告投資系爭連動債前所作「客戶投資風險屬性評量表」顯示，原告之風險等級為第4級，系爭連動債之風險等級為3，適合被告客戶風險承受度3-6級投資人之投資，有系爭連動債中文說明書可稽，並未逾越原

告之風險承受度。查原告投資系爭連動債前，經被告理財專員以系爭連動債之中文說明書向原告說明產品條件及相關投資風險等情，業據被告提出組合式商品暨連動債產品條件揭露檢查表、系爭連動債中文說明書爲證，依系爭連動債中文說明書內容明載「本行已派專員解說產品內容及主要風險，副本（影本）已由本行理財專員當面轉交無誤」。而系爭連動債中文說書內就包含「低收益風險、市場風險、信用風險、流動性風險、提前贖回風險、匯兌風險、國家風險、利率風險、交割風險、產品條件變更風險、通貨膨脹風險、稅賦受連動標的影響的風險、發行機構行使提前買回債券權利風險、再投資風險」等主要投資風險均有說明。其中就信用風險事項並記載「本債券之保證機構爲美國雷曼兄弟公司，委託人需承擔本債券保證機構美國雷曼兄弟公司信用風險；而信用風險之評估，端視委託人對於債券保證機構信用評等價值之評估；亦即到期保障100%投資本金係由保證機構所承諾，而非受託銀行之承諾或保證」。而且系爭連動債中文說明書每頁下方均明白記載：「金錢信託投資國外有價證券具有風險，此一風險可能使本金發生虧損，委託人（投資人）需自負盈虧。」上開文件內容均以中文語言呈現，文字意義亦非艱澀難以理解，原告收受系爭連動債中文說明書後，並於組合式商品暨連動債產品條件揭露檢查表、系爭連動債中文說明書中簽名，足認原告於投資系爭連動債前確經被告理財專員爲充分產品內容說明及風險告知。原告空言主張被告未告知風險、未充分審閱內容云云，尚不足探。承上，被告銷售系爭連動債前，已就原告投資風險承受度屬性爲調查，並就系爭連動債產品內容及風險爲充分揭露，原告主張被告於銷售時未告知系爭連動債信用風險，故意隱瞞，使其陷於錯誤而爲意思表示情事，並未舉證證明之，其主張依民法第92條第1項規定，而以起訴狀繕本之送達撤銷其所爲意思表示，即不足取。兩造間信託契約既屬有效成立，未經原告合法撤銷，被告依兩造間信託契約將原告交付美金100,000元爲原告利益購入系爭連動債，即屬有法律上原因，並非不

當得利。原告主張依民法第179條規定請求被告返還所受利益，於法無據。

二、對金融機構之法律風險

法院對以特定金錢信託方式銷售連動債，雖不考慮非專業投資人是否有成立特定金錢信託之真意，多持形式審查，但不表示金融機構即無法律風險，判決客戶勝訴者多以銀行違反受託人善良管理人注意義務為依據。以上述臺灣臺北地方法院100年度訴字第3188號民事判決為例，法院對投資人請求銀行回復原狀或賠償其損害，判決銀行應負賠償之責，其心證之理由如下：

(一)按受託人應依信託本旨，以善良管理人之注意，處理信託事務。受託人因管理不當致信託財產發生損害或違反信託本旨處分信託財產時，委託人、受益人或其他受託人得請求以金錢賠償信託財產所受損害或回復原狀，並得請求減免報酬。信託法第22條、第23條分別定有明文。又按受任人應將委任事務進行之狀況，報告委任人，委任關係終止時，應明確報告其顛末。民法第540條亦定有明文。另信託業應負之義務及相關行為規範第10條第1項規定：「信託業有下列情形之一者，應視為違反善良管理人之注意義務：1.應告知委託人或受益人之重大訊息怠於告知者，其情形包括下列事項：(1)未依相關法令規定向委託人或受益人告知信託帳戶投資運用之風險。(2)未依信託業法第25條第2項、第27條第2項，就信託財產與信託業本身或利害關係人交易之情形充分告知委託人或已確定之受益人。(3)未依信託業法第27條第3項，將外匯相關風險充分告知委託人，或已確定之受益人。(4)未依本規範第36條第2項規定告知委託人或受益人，其為委託人或受益人處理信託業務有利益衝突之

情事。」兩造間既成立信託契約，被告並受有手續費報酬，依信託法第22條及民法第535條後段之規定，被告應就原告所信託委任之事務，依信託本旨及原告之指示，以善良管理人之注意，處理信託之事務，且被告應於投資期間，隨時注意適時主動提供系爭連動債連結標的之淨值變動及相關金融商品風險變化等必要資訊，並確認該等資訊已到達原告且確實知悉，以供原告自行判斷是否連結標的已接近下限價格，是否提前贖回債券以減少損失，始為盡受託人之善良管理人注意義務。

(二)查被告於2008年4月22日被告客戶投資理財委員會會議記錄記載：「3.本次評估結果：暫緩之發行／保證機構：Lehman」，足知被告於2008年4月間即知雷曼兄弟可能出現財務狀況，並已決定暫停與雷曼兄弟進行各項新交易，惟被告未向原告告知此項決定。被告雖辯稱該會議乃被告之商業政策決定，非因美國雷曼兄弟公司受次貸重大影響云云。惟依投資市場而言，銀行掌握財經消息之來源遠比一般投資大眾來得多元且精準，是被告發現雷曼兄弟可能出現財務狀況並暫停與雷曼兄弟進行各項新交易之決定，對一般投資大眾而言係重大參考，係屬投資風險之一環，依前開規定應適時告知原告，然被告未適時告知原告此一重大訊息，顯然違反信託業應負之義務及相關行為規範第10條第1項之規定，被告所為顯然違反善良管理人之注意義務。被告復辯稱迄自2008年8月底被告綜合外部分析師等之意見，對於雷曼兄弟公司發行之連動債商品認為仍得繼續持有云云。經查，細繹被告所提出之內部郵件，其僅係建議債券持有人即客戶仍繼續持有已發行之連動債券，惟此與被告應負之告知義務並無扞格，況該郵件所附加之警語：「……投資人於決策時應審慎衡量本身風險……」，益見被告應負上揭告知義務，方得令投資人為風險評估，是被告抗辯其並於2008年4月

間不知雷曼公司破產情事或謂依法規不得為原告提供投資分析顧問服務，並未違反告知義務云云，核不足取。被告雖另稱定期將原告投資列印載明投資標的、金額、加入日期及損益等資訊寄達原告，故被告已充分告知原告系爭連動債之投資風險並履行告知義務云云，惟查被告於綜合月結單所附之有關連動債訊息通知，乃例行範例或銀行其他發行證券基金相關說明，並不能證明被告確有於系爭連動債發生重大風險變動時，寄發訊息通知原告，亦難以此為有利於被告之認定。被告既不能舉證證明其確有盡受託人之善良管理人注意義務，則其所為此部分之抗辯，自非可取。

(三)又查，系爭連動債到期日雖為西元2020年，即民國109年，亦即發行機構及保證機構於民國109年始有返還投資本金之義務，惟系爭連動債之發行機構業經荷蘭阿姆斯特丹地方法院裁定宣告破產，其保證機構則已向美國紐約州破產法院聲請破產保護。而債務人破產，衡情已無清償能力，則原告欲提前贖回系爭連動債時，系爭連動債發行機構及保證機構顯然均已無法依約返還本金，原告確實受有損害。信託法第22條規定既課予信託契約受託人較高程度之善良管理人注意義務，則被告依系爭信託契約執行受託事務時，既未依上開規定盡善良管理人之注意義務，致原告受有不能適時停損贖回系爭連動債以收回全部投資款之損害，兩者間有相當因果關係存在，是原告主張依信託法第23條規定，請求被告賠償損害，即屬有據。

(四)復按損害賠償，除法律另有規定或契約另有訂定外，應以填補債權人所受損害及所失利益為限，為民法第216條所明定。故同一事實，一方使債權人受有損害，一方又使債權人受有利益者，應於所受之損害內，扣抵所受之利益，必其損益相抵之結果尚有損害，始應由債務人負賠償責任。經查，原告投資系爭

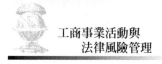

連動債曾獲配息，共計美金4,400元，為兩造所不爭執，則依上
說明，原告既受有利益，即應予以扣除，故原告得請求被告賠
償美金95,600元（100,100－4,400＝95,600）。

(五)原告請求自被告受領時即2008年2月27日起算利息，惟遲延利
息係以被告負遲延責任始得計算，則原告並未舉證證明於2008
年2月27日即向被告為損害賠償之請求，是仍應以起訴狀繕本
送達之翌日即2011年6月2日起計算遲延利息。

(六)未按訴訟標的有數項而僅有單一聲明之「客觀訴之合併」，有
關「損害賠償」之訴訟型態，法院倘認其中一項標的之請求為
無理由者，固仍需就他項標的之請求逐一審判，惟於其一項請
求認為有理由，可為原告全部勝訴之判決，或僅受一部勝訴之
判決，而該勝訴部分與依他項標的所得請求之損害額並無軒輊
時，即無須另就他項標的請求為審判之必要，最高法院99年臺
上字第2033號判決意旨參照，經查，本件原告依信託法第23條
規定請求被告應給付原告美金95,600元為有理由，則原告另為
主張之請求權，依上揭說明，即無須為審判之必要，併予敘
明。

綜上，被告未就系爭連動債後續發生之風險善盡告知之義務，未
履行善良管理人之注意義務，致原告受有損害，原告本於信託法第23條
之規定請求被告賠償損害美金95,600元，及自2011年6月2日起至清償日
止，按年息5%計算之利息，為有理由，應予准許。原告逾此部分之請
求，則為無理由，應予駁回。

除上述以信託法作不利於銀行之判決外，最近在台灣連動債受害
人權益促進會網站上也見到臺北地院有以消費者保護法作為銀行敗訴判
決[36]之依據。法院對楊姓男子前年到○○銀行新店分行辦理定存，銀行
強力推銷兩檔「保本」連動債商品，楊改買連動債，半年後慘賠300萬
元，楊控告要求賠償。臺北地院認定○○銀行沒有依照消保法盡到告知

義務，判決○○銀行除需給付楊買連動債的本金外，還應負10%的「懲罰性賠償」責任，給付楊君334萬多元。該促進會表示這是國內司法判決中，第一件採用消保法判決銀行需為販售連動債商品賠償的案例。而且銀行表示，法院加罰銀行一成的判決很少見，將再蒐集客戶是否投資過類似金融商品，或客戶之前有收過利息等詳細資料後上訴。銀行指出，過去十件連動債的賠償案件，銀行各有勝訴、敗訴；即使敗訴，法官大都判銀行賠償客戶本金的二至三成，判賠本金110%的案例罕見。楊姓男子指出，前年三月間到○○銀行新店分行辦理定存，理專向他推銷分別以紐幣和澳幣計價的連動債，銀行給他的廣告單還說是保本連動債，每年配息至少7%，比定存優惠很多。他為要保本生息，購買這兩檔連動債約紐幣41,000元及澳幣7萬元（共約300萬元臺幣）。楊姓男子表示，○○銀行從未向他說明購買連動債有風險，且在連動債的廣告單上註明是「低風險」「到期百分百投資本金保障」「每年保證配息」，如果不是保本保息，他絕不會去買，○○銀行故意隱瞞事實造成消費者錯誤，他要求返還本金及依消保法負懲罰性賠償責任。

○○銀行抗辯，楊君購買連動債是投資行為，投資有賺有賠，而連動債是雷曼兄弟發行並擔任保證，○○銀行只是受託人，楊君不應將投資風險轉嫁給銀行。

但法官審理指出，○○銀行的廣告DM明顯強調是保本、保息，該銀行與楊簽下的信託契約也強調保本，但○○銀行從未告知楊購買連動債連結的股票風險、發行機構的風險，未盡善良管理人責任，故應負賠償責任。

三、對金融主管機關之法律風險

由於連動債具高風險，連動債案發生前，金融機構及主管機關未注意法律風險之防範；連動債案發生後，金融機構及主管機關對於申訴

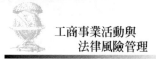
案件又未能適時、有效、妥適處理，除投資人求償無門，不僅促成受害投資人成立自救會，群聚前金管會主任委員住處抗議外，並採取一連串自救活動，包括採取司法救濟，向法院起訴與提起集體訴訟[37]等行動，使金融主管機關成為輿論之焦點。監察院也主動調查，並於2009年6月29日對行政院金融監督管理委員會及財政部提出糾正案，糾正理由為未積極訂定相關法令規定，以為銀行辦理指定用途信託資金（註：應係特定金錢信託）投資國外有價證券業務之遵循、未能確實掌握銀行辦理信託業務之統計及相關資料，以為監督管理之參考及未能善盡監督管理之責，肇致連動債業務諸多缺失遲遲無法改善，嚴重影響投資人權益，引致爭議案件不斷。

　　從監察院之糾正理由觀之，金融主管機關除未能事先預見連動債業務之法律風險外，未能採取防止法律風險發生之預防措施，實為此一問題難以收拾原因所在。以糾正理由第一點未積極訂定相關法令規定，以為業務之遵循部分為例，由於缺乏強而有力之規範，以致在業績壓力下，銀行同仁對無力承擔風險之人仍積極招攬，終導致投資人權益之嚴重損失。此外，現有信託賠償準備之規定，顯然無法因應雷曼兄弟案之賠償需要，亦有待積極檢討訂定。其次，對糾正理由第二點，金融主管機關未能確實掌握銀行辦理信託業務之統計及相關資料一節，深感匪夷所思。因統計資料需配合外在環境變化之監理需要，適時調整各金融機構填報之報表內容，如監察院之糾正案件所持理由屬實，顯見主管統計業務之金融主管機關部門似缺乏檢討與應變之能力，而且所編製之統計報表並無法發揮報表監督應有之預警功能。至於爭議案件不斷部分，除與託付處理評議爭議事件之人員，其專業或經驗能否勝任之問題外，評議機制是否存有何種無法發揮預期功能之障礙，均應盡速掌握與改善。總之，糾正理由中認為金管會處置連動債風波慢半拍，恐怕是金融主管機關最需正視之問題，亦即執行力之強度與效度之問題。

肆、結語

　　全球金融危機始自亞洲金融風暴，經過2007年美國次貸危機引爆金融海嘯與歐債危機，整體經濟始終風波不斷，危機重重。《工商時報》引述羅傑斯控股公司（Rogers Holdings）執行長兼董事長羅傑斯（Jim Rogers）在2011年11月9日接受美國財經新聞頻道CNBC訪問時之意見，認為歐債問題糾纏不清與許多國家負債過高之情形下，全球有百分之百機率再爆金融危機，且嚴重性更甚2008年[38]，顯見金融專家對投資人購買財富管理產品結合海外標的之不確定風險，深感憂心。

　　有感於全球金融與投資環境仍持續存有諸多不確定風險因素下，為免再蹈雷曼兄弟案之覆轍，謹提出下列幾點建議：

一、希望金融主管機關、辦理財富管理業務之本國及在臺外商金融機構，皆應全面檢討理財業務政策之妥當性，例如，所訂之營業目標及預算成長是否應向下修正，另有關「信託業應負之義務及相關行為規範」是否應列入員工日常教育與考核重點，透過雙管齊下，使財富管理業務之經營回歸正軌。

二、法律風險之評估、控制與管理作業制度化與標準化為預防法律責任之重要機制，主管機關宜加以重視，並納入金融機構法律遵循制度及銀行遵守法令主管制度之法令自評查核項目中，落實推動。對非專業投資人採用特定金錢信託方式銷售理財商品，金融主管機關、辦理財富管理業務之本國及在臺外商金融機構應以更具體有效之規範，使非專業投資人運用特定金錢信託方式從事財富管理之風險，能減至可控制之範圍，例如，金管會桂局長建議理財商品之風險不宜高於存款，即是一例。

三、累積財富是多數人一生追求之目標，但風險性高之財富，也存

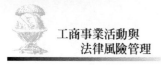
有大多數人無力承擔之風險及損失。主管機關、金融機構應
能提供充實、正確之資訊，使臨櫃之非專業投資人瞭解非任
何人皆適合購買自己無能力承擔風險及損失之投資理財性質
之金融商品。

四、金融機構應透過法令遵循制度及內稽內控之落實，及早消除
高風險性商品之法律風險，並依信託業負責人應具備資格
條件暨經營與管理人員應具備信託專門學識或經驗準則等規
定，對未能正確揭露風險或使客戶誤信能保證本金之安全與
獲利，以誇大不實之方式對金融商品作不當之比較，未經客
戶授權，擅自爲客戶進行交易及不當要求收受金錢等其他利
益等違反相關行爲規範之人員，依規定給予及時停止執行職
務、撤銷登錄及不再受理登錄之處分。

 **參考文獻**

一、圖書部分

1. 方國輝（2011），企業法律責任及法律控管之研究。臺中：亞洲大學財經法學叢書。

2. 樊戎等三人編譯（2001），衍生性金融市場。臺北：華泰文化事業公司。

3. 陳衍寰（2011），投資人保護與金融消費者保護法。臺北：會計研究月刊。

4. 蔡昌憲（2010），美國金融消費者保護規範之展望──以消費者保護金融局之創設為中心。臺北：月旦財經法雜誌。

5. 郭鋒（2010），金融服務法評論。北京：法律出版社。

6. 張新楣（2009），論金融消費者之保護──以消費者保護法的「消費」概念為中心。臺北：月旦民商法雜誌。

7. 蔡宗廷（2011），特定金錢信託實務授課教材。臺北：台灣金融研訓院。

8. 許澄舜（2011），特定金錢信託授課教材。臺北：台灣金融研訓院。

9. 王志誠（2009），現代金融法。臺北：新學林出版社。

二、法規部分

1. 信託法

2. 信託業法

3. 信託業法施行細則

4. 金融消費者服務法

5. 信託業營運範圍受益權轉讓限制風險揭露及行銷訂約管理辦法

6. 信託業應負之義務及相關行為規範

7. 信託業負責人應具備資格條件暨經營與管理人員應具備信託專門學識或經驗準則

8. 銀行辦理結構型商品對客戶風險揭露自律規範

9. 金融控股公司及銀行業內部控制及稽核制度實施辦法

10. 銀行辦理財富管理及金融商品銷售業務自律規範

11. 銀行對非財富管理部門客戶銷售金融商品應注意事項

12. 銀行辦理財富管理業務作業準則

13. 銀行辦理財富管理業務應注意事項

14. 銀行對非財富管理部門客戶銷售金融商品作業準則

15. 銀行辦理衍生性金融商品業務應注意事項

16. 中華民國信託業商業同業公會會員運用信託財產從事衍生性金融商品交易規範

17. 中華民國信託業商業同業公會審議會員自律案件作業要點

18. 金融服務業從事廣告業務招攬及營業促銷活動辦法

19. 金融服務業確保金融商品或服務適合金融消費者辦法

20. 金融服務業提供金融商品或服務前說明契約重要內容及揭露風險辦法

21. 金融消費爭議處理機構設立及管理辦法

22. 金融消費爭議處理機構評議委員資格條件聘任解任及評議程序辦法

23. 中華民國信託業商業同業公會審議會員自律案件作業要點

24. 信託業建立非專業投資人商品適合度規章應遵循事項

25. 「信託業營運範圍受益權轉讓限制風險揭露及行銷訂約管理辦法」問答集

26. 銀行業公司治理實務守則

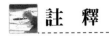

註　釋

特定金錢信託法律風險之研究

* 現任東吳大學法律系兼任副教授

* 現為東吳大學、世新大學兩校法律系、中央警察大學法研所、雲林科技大學科法所兼任副教授。

1 依銀行辦理衍生性金融商品業務應注意事項第二點規定，衍生性金融商品係指其價值由利率、匯率、股價、指數、商品或其他利益及其組合等所衍生之交易契約。

2 依銀行辦理財富管理及金融商品銷售業務自律規範之規定，結構型商品係指除存款連結衍生性金融商品以外之結構型商品。另依銀行辦理結構型商品對客戶風險揭露自律規範之定義，結構型商品係一種結合固定收益商品（例如，定期存款或債券）與衍生性金融商品（例如，選擇權）的組合形式商品交易，本商品可連結之標的眾多，包括利率、匯率、股價、指數、商品、信用事件或其他利益及其組合等所衍生之交易契約。

3 金融商品之風險一般指信用風險、市場風險、流動性風險、操作風險、交割風險、法律風險與系統性風險，但不以此為限。

4 根據監察院2009年對金管會之糾正意見，引述客戶申訴之事由，指出金融機構之理財業務人員銷售連動債時，提及連動債比定存好、定存利率較連動債低或連動債有下檔保護不可能跌破等易誤導客戶之行銷用語，並建議客戶將定期存款解約轉為購買連動債之情事。金管會要求銀行不得利用客戶之存款資料，勸誘客戶將定期存款轉換投資與客戶風險屬性不合之理財商品，避免不當銷售。

5 依信託法第1條之規定，信託係指「委託人將財產權移轉或為其他處分，使受託人依信託本旨，為受益人之利益或為特定之目的，

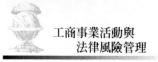

管理或處分信託財產之關係」。

6 得為信託財產之客體，請參閱信託業法第16條之規定。

7 資料來源：中華民國信託商業同業公會網站業務統計。

8 同註2，頁17-18。

9 請參閱信託業法施行細則第8條之規定。

10 資料來源：許澄舜，特定金錢信託，台灣金融研訓院信託業管理人員在職研習班講義，2011年11月，頁23。

11 同註2。

12 特定金錢信託之用語與銀行法第110條之指定用途信託資金同義。

13 信託業法第31 條規定「信託業不得承諾擔保本金或最低收益率」。

14 資料來源，請參見金管會銀行局網站首長講話，桂局長在「金融海嘯後如何加強銀行銷售金融商品投資人與金融服務消費者保護」座談會之致詞。

15 相關判決請參閱社團法人台灣連動債受害人權益促進會網站蒐集之法院判決資料。

16 資料來源，請參見金管會銀行局網站首長講話，桂局長在「金融海嘯後如何加強銀行銷售金融商品投資人與金融服務消費者保護」座談會之致詞。

17 社會大眾缺乏風險認知，輕率投資，發生重大損失，也難辭其咎。

18 金管會除制定本辦法外，同日並公布「金融服務業從事廣告業務招攬及營業促銷活動辦法」、「金融服務業確保金融商品或服務適合金融消費者辦法」、「金融服務業提供金融商品或服務前說明契約重要內容及揭露風險辦法」、「金融消費爭議處理機構評議委員資格條件聘任解任及評議程序辦法」等金融消保法之子法，並均於2011年12月31日施行。

19 美國曼哈頓破產法院本（12）月6日批准雷曼兄弟總值650億美元之償付債權人計畫，或有助於久懸未決之案件，能圓滿評議。

20 本規範經行政院金融監督管理委員會函覆洽悉之最近一次文號為2007年4月14日金管銀(四)字第09600081260號函。

21 本辦法最近一次修正日期為2011年2月17日。

22 資料來源：取材自蔡宗廷先生於台灣金融研訓院「特定金錢信託實務」授課教材（2011）。

23 本辦法依信託業法第18條之1第2項規定訂定，最近一次之修正日期為2011年2月17日。

24 本應遵循事項係金管會2011年11月14日金管銀票字第10000261940號函核定，共十六條。

25 上述之應注意事項、作業準則、自律規範之資料來源，請見中華民國銀行公會網站。

26 本注意事項由金管會制定，最近一次修正時間為2005年7月21日。

27 本準則最近一次修正時間為2006年7月13日。

28 本注意事項由金管會制定，最近一次修正時間為2005年7月21日。

29 本準則最近一次修正時間為民國95年7月16日

30 本要點最近一次修正時間為民國98年12月31日

31 本自律規範係中華民國商業同業公會所制定，最近一次修正日期為2008年12月19日。

32 參見本自律規範第14點。

33 參見本自律規範第18點第1-3款。

34 本自律規範係由中華民國商業同業公會全國聯合會制定，並經金管會2005年11月准於備查。

35 截至2011年9月27日止，臺北市等十個地方政府定有消費者保護自治法規。

36 請參閱社團法人台灣連動債受害人權益促進會網站資料。

37 相關判決請參閱社團法人台灣連動債受害人權益促進會網站蒐集
之法院判決資料。

38 參見2011年11月10日《工商時報》記者吳慧珍／綜合外電報導。

Chapter *12*

智慧財產權濫用之控管 ——從美國角度談專利投機者爭議

姚信安[*]

摘要

近年來，專利投機者（Patent Troll）於市場中橫行，此類事業體本身不從事技術研發或商品化，反而以收購他人既有之專利，進而透過侵權訴訟威脅市場中實施相類技術者，迫使對方支付不合理之權利金或和解金作爲其專業。專利權人取得授權金或排除他人侵害本爲專利權固有之權能，惟專利投機者作爲專利權人，其行爲造成被主張權利者經濟上之損害，阻礙產業及科技之發展，增加市場上之法律風險，與專利法立法精神背道而馳。爲了有效降低專利投機爲市場所帶來之風險，各國皆提出相對應之法律方案，而首先提出專利投機觀念之美國，其管理專利投機風險之法律措施尤值得觀察與學習。

本文首先將以專利權基本精神、立法目的與宗旨之介紹作爲後續非難專利權濫用或投機行爲之立論基礎。接著，本文將漸次介紹專利權濫用之內涵與類型，並深入探究專利投機者之議題，於引介專利投機者定義與樣態等概念後，進一步分析專利投機行爲爲市場所帶來之影響與危害。最後，本文將引進目前美國政府方與企業方面調控專利投機風險之數項解決方案，分析並評估各種方案於我國運用之適切性與可行性，以供各界參考。

關鍵詞：專利投機者、專利權濫用、專利維權實體、非專利實施實體、衡平原則

壹、前言

智慧財產權於近十數年來在世界各地飛速發展，專利權尤爲其中先驅[1]。於此期間，年年皆有數以萬計之新專利被授與，年成長率亦驚人。單以美國爲例，2006年美國商標專利局（United States Patent and

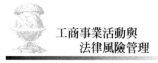
Trademark Office，簡稱USPTO）所核發之發明專利數量爲17萬3千件，2011年巨幅成長至22萬5千件[2]。除了量的成長外，專利權之應用方式亦有新的突破。傳統上，專利被應用於產業當中，權利人爲求所營事業之發展，透過所研發之新技術取得專利權後，得以於一定期間內運用所取得之專利，於權利範圍內獨占性地製造、利用、銷售相關產品，並且授權他人利用以取得合理之權利金[3]。新型態之專利應用方式，一般稱爲專利權濫用（Patent Misuse），係專利權人以踰越專利法保護範圍或目的，或以強化或減損他人市場競爭力爲前提實施專利權，藉此獲取不當利益；其中，近年來惡名昭彰之型態，係權利人自他人之處購得專利權後，以提起侵權訴訟之方式逼迫實施相類技術之人支付不合理之權利金或和解金，以此手段主張專利權之人被冠以「專利投機者（Patent Troll）」之稱號。專利權濫用者或專利投機者主張自己依法取得之專利權係專利制度所賦與之權能以獲取利益，原本無可厚非，然而，專利濫用行爲最大的特徵，在於專利權人將自己的快樂建立在別人的痛苦之上，除了自己獲利外，連帶因爲權利濫用爲被主張權利之個人與企業帶來重大之經濟損失，社會發展步調亦受到拖累。爲了控制因爲專利權濫用或專利投機行爲對於公眾利益造成之風險，各國紛紛提出解決方法，而作爲專利投機者名稱與型態發源地之美國，其風險管理之舉措尤爲各界關注之焦點。

　　本文欲以美國爲經，以專利投機者議題爲緯，透過此一角度以小見大，由智慧財產權濫用之支分議題，觀察美國甚或我國法律控管之實際面以及困難點。首先，本文將以專利權基本精神破題，先介紹專利權立法目的與宗旨，爲後續涉及專利權濫用以及專利投機者之評價鋪陳。其次，本文將依次介紹專利權濫用之內涵與類型，進而引入專利投機者議題之討論，於了解專利投機者在美國之定義與型態後，深入探討專利投機現象爲美國甚至世界帶來的影響與危害。其後本文將羅列目前美國官方所提出之數種解決方案，以我國之角度觀察並且檢討各種舉措於我國

境內之適切性與可行性，以供各界參考。

貳、專利權基本精神

專利制度之真髓，在於賦與專利權人一定期間內包含實施、利用與授權等專屬之排他權利，以換取專利權人於發明後公開揭露發明內容，並且於保護期間屆滿後將發明釋出為所有公眾所利用。於法律未有特別規定之情形下，若他人未經專利權人同意或授權，於專利權期間內不得擅自實施或利用該發明[4]。正如美國憲法第1條第8項第8款規定：「為促進科學與實用技藝之發展，對於作者與發明者各自之著作與發現，於一定期間內確保其專屬之權利[5]。」專利法存在之目的，除了保障發明人之專屬權利外，促進產業及科技之發展與進步為其長遠之目標[6]。

我國方面，憲法第166條規定：「國家應獎勵科學之發明與創造，並保護有關歷史、文化、藝術之古蹟、古物。」明文同法第167條復規定，國家針對於學術或技術有發明之事業或個人，予以獎勵或補助。緣此可知，我國於憲法明白授權法律進一步制定獎勵科學發明與創造之制度，且配合專利法第1條：「為鼓勵、保護、利用發明、新型及設計之創作，以促進產業發展，特制定本法。」以及司法院大法官釋字第213號理由書：「國家為促進產業之發達，對於新發明具有產業上利用價值者或對於物品之形狀構造或裝置首先創作合於實用之新型者，均依法給予專利權，以鼓勵發明與創作。」使得我國專利成為一以促進產業發展為前提，而賦與發明人一定期間專屬權利之制度。因此，專利制度之建立，除了須考量到發明是否受到合理之保護外，亦須顧及到「創新（Innovation）」之因素，亦即發明能進一步在社會上得到充分的發展、改進與商品化[7]，經濟學家甚至認為「創新」係經濟發展之最重要因素[8]。由此可知，專利制度除了保護專利權人之專屬權利以外，有其公益之考量，期待個人智慧之成果得以為社會帶來創新發展，為國家創

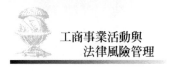
造共同利益[9]。

參、專利權濫用之內涵與類型

一、專利權濫用之內涵

禁止權利濫用係源自於誠信原則之重要法理，實務上常將兩者畫上等號。權利濫用形式上雖係行使權利，但實質上違反了社會秩序。行使權利應依誠實及信用方法，不得違反公共利益，或以損害他人為主要目的，權利行使是否以損害他人為主要目的，應就權利人因權利行使所能取得之利益，與他人及國家社會因其權利行使所受之損失，比較衡量以定之[10]。

專利權濫用同屬於權利濫用，歸結各方之說法，專利權濫用目前有廣義與狹義兩種說法。廣義之專利權濫用，係指專利權人行使其專利權之行為，其行使範圍超出專利法所保護之範圍或目的，或成為市場上控制競爭之壟斷方法[11]。此種權利行使之行為，其結果往往對他人，包括其競爭者、有契約關係之相對人，以及無契約關係之第三人，或社會之利益造成相當程度之危害，亦損及自由公平之競爭秩序[12]。從此一角度出發以探究專利權濫用之本質，實跨足兩種不同法領域，一為專利法本身，另一為競爭法。首先，從專利法本身為觀察，專利權濫用係一種專利侵權訴訟當中被告所能運用之積極抗辯方法[13]。專利權濫用觀念，源自於英美法衡平原則（Equitable Doctrine）當中之「不潔之手（Unclean Hand）」理論，美國最高法院曾於*Keystone Driller Co. v. General Excavator Co.*[14]（以下簡稱*Keystone*案）當中強調，專利權人於訴訟當中須證明自己除了具備適當且有價值之訴訟理由外，尚有雙「清潔的手（Clean Hands）」，亦即誠實面對法院，不得隱瞞違法等與案件有關之事實[15]。簡言之，該理論認為權利人之行為若涉及不法，將導致其喪

失於訴訟當中對他人侵權行為主張救濟之權利[16]。專利法層面之專利權濫用，其內涵在於專利權人行使其權利之行為已超出專利保護之目的與範圍[17]。

　　從競爭法之角度觀察，大部分專利權濫用之案件皆無法與競爭法脫鉤，原因在於專利權本身即為一法律所賦與之獨占權利，若相關制度未臻健全，或權利操作不當，於交易中本即容易出現非法壟斷之爭議[18]。衡平原則所追求者，除了專利權人之專屬權利得著適切且合理之保障外，更在避免專利權人不當擴張其獨占之權利，令權利行使之時損及社會整體利益[19]，本即具有競爭法上之考量[20]。事實上，專利權濫用早已成為競爭法領域當中平衡市場力量之重要機制[21]。美國專利法典當中未曾進一步明文釐清何種行為屬於專利權濫用之典型，其定義、要件與類型皆由多年累積之判例所形成，一般認為專利權濫用係一習慣法（Common Law）原則[22]；正如美國聯邦巡迴上訴法院（U.S. Court of Appeals for the Federal Circuit，簡稱CAFC）所闡明，判斷專利權濫用行為之關鍵指標，在於專利權人是否非法擴張自己的專利範圍，因而造成不正競爭之效果（Anticompetitive Effect）[23]。美國過去實務上多數關於專利權濫用之案件，法院於判斷是否有權利濫用之事實時，多無法與不正競爭之判斷脫鉤[24]。此說法得由美國1988年所通過之「專利權濫用革新法案（Patent Misuse Reform Act）」窺知一二，該法案於美國專利法第271條(D)項當中增加(4)與(5)款，規定：「……專利權人不因下列各款……被視為專利權之濫用或不法之權利擴張：……(4)拒絕授權他人實施或利用其專利權者；(5)附條件授權。但專利權人於相關市場具有相當力量者，不在此限[25]。」其中，第(5)項明文確認附條件授權僅僅在專利權人具有相當之市場力量時，方構成專利權濫用，顯見美國立法單位仍承認專利權濫用與不正競爭有相當密切之關係[26]。綜上所述，可知競爭法層面之專利權濫用，其內涵在於專利權人以行使其專利權之行為，作為不當控制市場競爭之手段，致使市場秩序與公眾利益遭受損

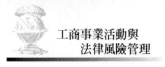
害。

狹義之專利權濫用，僅限於前述廣義說當中專利法層面之部分，亦即專利權人行使其權利超出專利法所規範之範圍，或有違專利制度存在之目的[27]。採取此說之學者認為，有時專利權濫用之行為雖然超越專利法權利之界限或目的，然並非所有情形皆同時觸犯競爭法之規範，美國最高法院於1942年所作成之*Morton Salt Co. v. G.S. Suppiger Co.*[28]（以下簡稱*Morton Salt*案）乙案即為著例。*Morton Salt*案當中，美國最高法院主張，上訴人Suppiger公司意圖透過其享有專利之裝置搭售專利範圍以外之產品，擴張其專利權之範圍，已構成專利權濫用之行為。單純就專利法本身為觀察，要件當中無涉競爭法之判斷，由此可證專利權濫用與違反競爭法原則兩者可單獨各別觀察與處理，彼此之間雖可能重疊，但非畫下絕對的等號；甚至有學者鼓吹專利權濫用應與競爭法清楚分別，於專利權濫用之情形，單單以專利法之政策、目的、規定，以及對於社會創新之影響作為判斷準則[29]。

二、專利權濫用之類型

論者謂專利權之價值表現在七個面向上：(1)透過專利保護預期能夠創造市場獲利機會之投資；(2)透過授權欲利用專利以於市場產銷商品之第三人以取得相應報酬；(3)透過所保留的專利寄望未來在市場上發行新商品或服務之期待利益；(4)透過取得專利突破競爭者對於權利人於市場發行新商品之阻礙；(5)透過專利防止競爭者進入市場；(6)透過專利阻斷任何相關商品或服務之發展；(7)透過專利侵權訴訟之發起以取得回饋[30]。從此一角度出發，延續前段所述，一般對於專利權濫用之類型得區分為違反競爭法之濫用以及單純違反專利法之濫用。其中，只要是專利權人行使權利之時，其行為有干預市場競爭，損及交易市場秩序之情形時，即有可能被納入違反競爭法之濫用類型。舉凡拒絕授權他人利用專利[31]、收取不合理之權利金、授權時禁止被授權人追究專利

之有效性、不當限制再授權之內容、禁止被授權人基於所利用之專利進一步發展衍生技術、禁止經營競爭性產品[32]、收購他人新進技術以維持自己專利於市場之獨占地位[33]……等情形，若係專利權人濫用其市場上專利獨占之地位，以求屏除競爭勢力之典型例子。惟情形非一概視爲權利濫用而予排除，應以違反競爭法理作爲前提要件，否則反過度限制與剝奪專利法賦與專利權人之專屬排他權（Right to Exclude）[34]，美國專利法第271條(D)項(4)、(5)款遂應運而生，規定一般情形下，拒絕授權他人實施或利用專利，或是附條件授權，皆屬於專利權人固有排他之權利，非專利權濫用。

單純專利法之濫用，著重權利行使超出專利法保護之範圍或目的。本文認爲其類型以專利權人行使權利之目的，又可分爲以實施專利爲目的之濫用，或以投機獲利爲目的之濫用。關於以專利實施爲目的之濫用類型，學說認爲與違犯競爭法之濫用應分而視之，歸納目前美國實務可得之案例，概有以下數種類型：(1)非專利產品之搭售行爲[35]；(2)以售後價格與利用控制爲條件之專利產品銷售行爲[36]；(3)封包授權（Package Licensing）[37]；(4)以專利期間經過後之限制與權利金支付爲條件之授權行爲[38]。此外，非以實施爲目的之專利權濫用行爲時常受到學說之忽略而鮮少含括於專利權濫用類型當中以爲討論，事實上，此種以獲利爲目的之投機行爲，顯然悖離專利制度之精神，應同以專利權濫用待之[39]，本文所欲探討之專利投機者行爲即屬此類典型。

肆、專利投機者議題

一、專利投機者之定義

專利投機者（Patent Trolls），又稱爲專利蟑螂、專利流氓、專利妖怪、專利巨怪或專利釣魚，此一名詞最早出現於1993年，當時僅指積

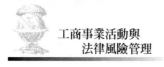

極提起挑釁性專利侵權訴訟之公司[40]。1999年TechSearch公司與Intel公司之間發生了與Pentium微處理器（Microprocessor）專利技術有關之侵權訴訟，原告TechSearch公司主張被告Intel公司當時新開發之Pentium微處理器技術侵害了TechSearch半年前向一破產之科技公司以5萬美金之代價購得之專利技術，藉此向Intel公司要求以500萬美金和解。本案最終由Intel公司於2002年勝訴[41]，卻也因此意外使得「專利投機者」一詞名聞遐邇。當時Intel公司之助理法律顧問（Assistant General Counsel）Peter Detkin首次利用「專利投機者」指稱訴訟對造TechSearch公司賺取不當訴訟利益之投機行為，蓋TechSearch為一握有許多專利技術之小型公司，其本身不曾進行任何智慧財產權之研發行為，而是向他人收購「未充分受到利用（Underused）」之專利後，以轉售該專利技術予第三人，或以侵害該專利技術作為威脅手段提起訴訟逼迫實施相類專利技術之人支付高額權利金或和解金，作為該公司之主要營業模式[42]。

因此，所謂專利投機者之營運焦點完全不在於新興技術之研發與商品化，而係透過收購取得他人既有專利後，向第三人主張專利權；其目標非促進產業之進步，而係單純取得自己之利益[43]。雖然時至今日，「專利投機者」一詞之內涵與界限究竟為何尚有爭議[44]，一般認為，從TechSearch案後，專利投機者應可被定義為：「本身不從事技術研發或將技術商品化之業務，而以收購並且擁有他人之專利，進而向已經使用該技術之其他企業主張權利，迫使對方支付授權金或訴訟和解金之行為作為主要營業模式之機構或個人[45]。」有認為目前專利投機者業界當中之佼佼者為Thomas Edison，其手上掌握了千餘件專利[46]。

二、專利投機者之類型

有文獻將專利投機者稱為專利維權實體（Patent Assertion Entities，簡稱PAE），屬於非專利實施實體（Non-Practicing Entities，簡稱NPE）

當中之一種態樣[47]。稱NPE者，故名思義，無論技術之取得係自行研發或購自他人，皆本身不涉足技術實施，亦即商品化或產銷之業務，其中，專門從事專利技術之研發與技術移轉工作有之，例如大學研究中心。PAE作爲NPE之支分類型，亦不以專利技術之實施爲目的，通常於他人之處取得既有之專利技術後，即藉權利之主張獲取授權或訴訟上之利益。與其他NPE之差別在於，PAE具備投機性格，聚焦於專利本身的未來價值，寄望於高風險收益[48]。

如同專利投機者之定義，各界對於專利投機者或NPE之分類亦非一致。專利實務工作者James H. Wallace採取較包容的分類方法，將專利投機者分爲四類：(1)一般型專利投機者（True Blue Trolls），此類投機者本身所持有之專利技術購自專利發明人，本身不從事研發生產，一般論及專利投機議題時所舉之投機者，例如TechSearch即屬此類。(2)研發型專利投機者（The Thinking Person's Trolls），此類投機者本身雖然從事專利技術之研發，然研發係以透過主張權利獲利爲目的，未進一步將技術商品化而爲產銷行爲，例如大學及研究機構。(3)偶發型專利投機者（Incidental Trolls），此類投機者非以維權獲利爲研發初衷，亦眞正投入技術研發與產銷業務；惟因其專利屬於失敗技術，或是商品停產後所遺留之技術，卻意外地於嗣後透過授權或侵權訴訟而獲利，例如德州儀器公司（Texas Instruments）即透過出售DRAM技術獲得數十億美金之收益。(4)競爭型專利投機者（Competitors），醉翁之意不在酒，此類投機者透過維權訴訟所欲獲取者非金錢回饋，而係藉此打擊特定同業競爭者於市場上之地位與利益[49]。截至目前爲止，此種四分法之理論屬於較爲全面之分類方式，然而，其最大之缺點在於分類當中未能完全過濾非以投機爲目的，正常行使其合法權利之一般專利權人（Legitimate Enforcer）[50]。

三、專利投機者對市場造成的法律風險

專利為智慧財產，屬於無體之特種財產，得為權利之客體[51]。因為專利而取得之專利權則屬於權利人絕對而排他之專屬權利[52]，專利權人因此於一定期間內享有合法壟斷（Legal Monopoly）之地位[53]，並且承襲民法之精神，具有消極與積極二權能，依法取得專利權後，權利人不但得以積極實施及處分其專利權，遇他人不法侵害或干涉，或有侵害或干涉之虞時，亦得基於其專屬權利排除之[54]。因此，專利權人將專利權授與他人取得授權金，或轉讓他人取得報酬，為專利權積極面之表現；而專利權人發現他人之實施行為侵害其專利權時，得透過訴訟使其權利或致救濟亦屬於其消極權能當然之表現，法律於權利範圍內除明文有特別規定外，不得任意干涉，原無疑義。

專利投機者之行為有疑義者，在於其行為損害或阻礙產業及科技之發展，有違專利法之立法精神[55]。針對社會之指控，專利投機者辯稱其於交易市場上扮演重要中介者之角色，一方面，欲產銷某特定產品之企業透過專利投機者，得以如同進入超級市場般一次取得所有所需之專利技術授權[56]；另一方面，取得專利權之個人亦得透過專利投機者使其專利受到社會更加充分之利用[57]，故專利投機之行業理應提升國家社會之發展，何損害之有[58]？學者同意專利投機產業除了造成負面效應外，確實亦同時為社會發展帶來正面影響。然而，專利投機行為近年來對社會所造成之損害似乎遠遠超出其正向貢獻[59]，亦使得市場與企業法律上之風險大增。

大部分專利投機者多於取得專利權後，靜待相關技術成熟而被用於生產，並且進一步在市場銷售後，方與技術實施者洽談高額授權或和解[60]，其意圖與所造成之嚴重後果盡皆可議。首先，若企業顧念潛在訴訟風險之威脅而決定支付高額權利金，必然增加產銷成本且壓縮收益，較低之獲利率，縱使商品之上市有利於消費市場，兩相權衡之下，停止

其研發或改良技術之行爲似乎較有利於企業，因而間接造成產業寒蟬效應，致使社會發展停滯[61]。更有甚者，企業爲免專利投機者濫權行爲阻礙商業推展，可能乾脆決定直接向專利投機者購買相關專利，此一現象等於反覆挹注專利投機行爲，產生惡性循環[62]。若企業選擇拒絕支付高額權利金或和解金，則因此須面對侵權訴訟之挑戰，若敗訴賠錢事小，法院所下達之禁制令（Injunction）可能使得企業被迫停工，營運完全停擺所造成之損失不可計數；縱使企業最終勝訴，其訴訟過程當中所付出之金錢與時間成本亦相當可觀。雖然一般人多認爲專利投機者於訴訟中之主張，尤其是權利金之要求不盡合理[63]，而且Mark Lemley等學者所做之研究報告顯示，專利投機者鮮少勝訴，其勝訴率僅僅8%，遠低於其他NPE維權之40%勝率[64]；惟許多企業無法或不願意負擔訴訟前後所付出之重大時間與金錢成本，寧願選擇支付和解金或授權金。統計數據指出，2011年與專利投機有關之訴訟，被告所投入包含和解金與賠償金等之訴訟成本高達290億美金，其中回頭挹注社會發展之金額少於該訴訟成本總額之四分之一[65]，而且實際上企業在專利投機者身上所付出之金額，應遠遠高於前揭數字[66]。無論企業如何選擇，皆或多或少蒙受損失，社會發展亦容易因此受阻，唯一受惠者將會是居於掌控地位之專利投機者。

伍、降低專利投機所造成法律風險之方法

近年來各界針對專利投機行爲進行頻繁之討論，以美國爲例，目前雖然尚未針對專利投機風險之調控成功完成相關立法，然而，包含國會、法院、其他官方機構與學界爲了減輕或解決專利投機之亂象，曾針對現行規範提出修改或補充之建議，甚至由美國最高法院透過習慣法形成特定標準。相關舉措概有數種，茲以政府方與企業方之角度分述如下。

一、政府方之因應對策

(一)限制禁制令核發之條件

美國專利法第283條規定：「有管轄權之法院得於認定合理之前提下，為免專利所保護之權利受到妨礙，依據衡平法則核發禁制令[67]。」此一規定原本形成之目的在於避免侵權所造成之侵害繼續擴張[68]，立意甚佳；惟一般認為雖欠缺具體標準，雖然法官「得（may）[69]」決定是否核發禁制令。然而，根據美國實務之標準，禁制令核發對於專利權而言，已是訴訟當中必然取得之權利，成為輕易可獲得之「自動禁制令」（Automatic Injuction）[70]。美國禁制令制度與我國訴訟中假扣押或假處分之保全制度類似，其力量相當強大，甚至於可以迫使被控侵權之企業營運完全停擺，退出交易市場[71]，專利投機者即有可能因此極易利用禁制令威脅被控侵權之企業或個人妥協，使專利投機之問題惡化。

美國國會提出2005年專利革新法案（Patent Reform Act of 2005）時，為了排除前述「自動禁制令」之流弊，於該法案第七節（Section 7）當中提出第283條之修正條文，建議於原條文當中增加數條件，以提供法院較明確判準，並且提高核發禁制令之門檻，以期有效解決專利投機之問題。首先，法院於核發禁制令當時，必須綜合考量各種具體事實與原、被告等各造與發明有關之利益，以為衡平。其次，除非禁制令之核發係基於不可上訴之侵權判決，否則在確信不會對專利權人造成無可挽回之損害，且權衡之結果不會對專利權人造成較多負擔時，法院應延遲禁制令之發給[72]。當時學界普遍認為此修正後之條款可能有效解決長久存在之專利投機現象，紓解企業之訴訟壓力[73]，可惜最終於國會司法委員會修正討論之際遭到刪除[74]。

雖然關於禁制令核發限制之規定於成文法方面遭到國會封殺，美國最高法院2006年於*eBay Inc. v. MercExchange, L.L.C.*[75]（簡稱*eBay*）案之

判決當中重申判例所形成之習慣法對於（永久）禁制令核發所設之門檻標準，其前提要件共四：(1)原告遭受無法挽回之損害；(2)金錢損害賠償（Monetary Damage）等其他救濟方法皆無法彌補專利權人所受之損害；(3)核發禁制令之救濟措施有其必要性；(4)禁制令核發行為不會危害公共利益[76]。對禁制令設下限制之優點，在於一方面仍使得專利權人於符合法定條件之情況下仍得以請求核發禁制令，另一方面亦使專利投機之問題得到緩解，減少專利投機發生之機會[77]。

(二)增加專利投機者之訴訟成本

2005年專利革新法案提出之七年後，美國眾議員Peter DeFazio會同Jason Chaffetz再度於2012年8月提議出修改專利法之議案，稱為「拯救高科技革新者脫離惡法爭議法案」（The Saving High-Tech Innovators from Egregious Legal Disputes Act of 2012，以下簡稱SHIELD）[78]，主要在使無勝訴把握之專利投機者負擔全部之訴訟費用，期待藉此解決專利投機之問題。制度設計之出發點有二：首先，一如前述，專利投機者於侵權訴訟當中勝出之機會極低，為了避免專利投機者為了取得不合理報酬而濫訴；其次，縱使被告有勝訴而無須負擔權利金或和解金之把握，進入訴訟後仍須負擔金錢與時間成本，恐造成寒蟬效應。綜合以上二理由，SHIELD草案逐於專利法第285條(A)項(a)款當中規定，於訴訟當中專利合法有效性或是專利侵權與否之認定上，若權利人於無成功的合理可能性（Reasonable Likelihood of Succeeding）時，法院將因此裁定權利人一方必須負擔包括律師費之全額訴訟費用[79]。如此提案目的在於使專利權人謹慎興訟，於無勝訴之合理把握時若仍提出訴訟，將因其魯莽或策略性之行為負擔兩造之訴訟成本。此法案據稱為針對專利投機行為所制定，意圖透過此法案增加投機者之營業成本，減少其預期收益，藉此使專利投機者藉訴訟取利之案件減少[80]。然而，各界對於「成功的合

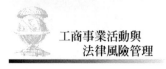

理可能性」要件普遍存有疑義，恐怕因爲法律未清楚定義此一要件，雖可能降低專利投機行爲之發生率，但也可能因此一不確定要件，傷害了廣大專利權人之訴訟權[81]。此外，此法案恐怕無法排除坐擁合法有效專利且有把握勝訴之專利投機者[82]。

(三)建立專利權取得後之公開審查制（Open Post-Grant Review）

截至目前爲止，被控侵權人若欲公平解決專利投機行爲，最好的方式是進入訴訟。然而，一如前述，訴訟過程所付出之成本相當高昂，因此，美國聯邦貿易委員會（Federal Trade Commission，簡稱FTC）爲了解決此一問題，於2003年提出之促進發展報告當中提出一替代方案，建議美國專利商標局建立一專利權取得後之公開審查機制，用以審查專利之合法有效性（Validity），此一機制屬於有別於專利無效訴訟以及美國專利法當中已經存在之專利複審制[83]，屬於USPTO之行政流程。FTC建議，此一程序之設計，較諸現行法應更加簡便，且所能納入判斷之事實或資訊應該更加具有包容性與彈性，包含專利實施狀況、權利人經營結構、權利金合理性等等，聲請之主體不限於訴訟當事人，且救濟之手段應較複審制多元。此外，公開審查制不只審查法定要件，應綜合各種事實進行衡平判斷[84]。FTC之建議有其美意在其中，操作上亦屬可行，然而，判斷標準與程序如何制定、是否過度侵害專利權人之既得權、是否反而破壞專利秩序之穩定等等疑慮，尚待進一步釐清與討論。對於FTC之建議，截至目前爲止，立法或專利主管機關未作相關之回應。

二、企業方之避險措施

(一)專利避險評估與管理

除了立法、司法與主管機關等須就專利濫用爲統合之規範以外，

企業亦應就自身面臨侵權風險之可能性，以及相應之避險措施為妥善之評估與應對。首先於專利管理方面，企業應當就自己目前所具有或經授權之專利建立完善之資料庫，並且對相關產業相關專利之資訊定時為更新，確實做到專利監視、檢索與比對之動作，透過企業對於相關專利群之分析，製作專利地圖，用以定位專利群當中各專利之關聯性，因此，評估專利侵權風險，擬定侵權防禦策略[85]，以降低被訴專利侵權之風險[86]。此外，透過專利地圖之分析，得以鑑定專利侵害狀態，進一步決定是否以及如何為專利迴避設計，避免與專利投機者所掌握之專利範圍衝突[87]，以此避免專利投機者之訴追；或由法務部門或律師評估訴訟成本，以決定是否於訴訟當中與專利濫用者進行正面攻防[88]，以維護企業商譽與競爭力。

(二)專利聯盟與交互授權

上述企業內部專利管理與風險應對措施，必須配合外部合作方能達到有效降低專利濫用者訴追之法律風險。而外部舉措方面，企業可透過與其他企業組成策略聯盟（Patent Pool），共同防禦專利濫用者之攻擊，將彼此已經取得之專利交互授權，並且早於專利濫用者之前集資購買專利實施過程當中可能觸及之相關專利，藉以預防被訴風險[89]。即便專利聯盟當中有成員被訴，聯盟亦可基於所掌握之專利進行反訴，或是提供法律資源，以有效減低聯盟當中成員面臨專利濫用者侵權之訴追所造成之經濟衝擊[90]。

陸、建議與結語

基於衡平之法理，專利權之保護不應過度犧牲公共利益，例如，我國為達憲法第165條與第166條之使命，建立專利權制度以鼓勵創作發

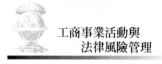

明；惟參照憲法第145條第1項：「國家對於私人財富及私營事業，認為有妨害國計民生之平衡發展者，應以法律限制之。」因此，以專利制度保障發明人專屬權之同時，若過度犧牲了他人創作發明之空間，為了平衡發展，國家不應過度擴張專利權，是以專利投機等濫權之行為，應以法令之建制，加上市場機制之調控交相作用，以為適度之限制。然而，法令之限制應以合理適當為度，若以公眾利益與社會發展之目的，過度約束專利權之行使，反而本末倒置，有違專利法以保護發明人權利之初衷。因此，關於是否可以引進前述為了解決專利投機問題所提出之各種應對措施，尤其政府方面所提出者，必須審視其衡平之適切性。

首先，美國於2012年最新提出之SHIELD法案所加諸無勝訴把握之專利權人於全額訴訟費用之負擔，雖然能夠減輕被控侵權人無法負擔訴訟費用而選擇不以訴訟對抗專利投機者，勉強接受其高額授權金之不合理要求，但是因為「成功的合理可能性」難以判斷，有可能增加權利真正受到侵害之專利權人提出訴訟之意願，反而與法律賦與專利權人排除侵害權能之基本原理背道而馳，我國後續應對美國相關立法與執行之情況為觀察，不宜輕易引進。

此外，美國FTC於2005年報告當中建議USPTO所建立之公開審查制，係獨立於現行無效訴訟及複審制度以外之專利合法有效性確認手段，觀諸我國，雖無如美國複審之規定，除訴訟當中得為專利無效之抗辯外，依2011年新修正之專利法第71條規定，於特定條件下，任何人皆得以舉發之方式致使發明專利權受到撤銷，於舉發範圍內，專責機關並得依職權審查舉發人所未提出之理由及證據補充舉發案當事人之不足[91]。因此，現行法所採行者亦可稱為雙軌制，對於專利合法有效性之確認堪稱完善。FTC所建議之公開審查制，其運作方式尚未明朗，專責機構得為審查之範圍廣而不清，且有過度干涉甚至威脅專利權正常行使之疑慮，美國實務持保留之態度，建議我國應做相同處置。

最後，關於禁制令核發之限制，在我國屬於保全程序當中類似於

假處分之領域。依據我國現行民事訴訟法第538條規定，專利權人於爭執當中為防止發生重大損害或避免急迫危險，或有其他相類情形，有必要時得聲請定暫時狀態之假處分。智慧財產案件審理法及其細則復規定必要性之判斷，應審酌：(1)聲請人將來勝訴之可能性；(2)聲請之准駁對於聲請人或相對人是否將造成無法彌補之損害；(3)權衡雙方損害之程度；(4)對公眾利益之影響[92]。若釋明不足，法院應駁回假處分之聲請[93]。對照美國2005年專利革新法案所提出第283條之修正條文，規定禁制令之核發必須考量綜合具體事實與所涉利益，是否對專利權人造成負擔與無可挽回之損害等，判斷上我國似乎更加周全。前已述及，限制假處分門檻之舉措不但可減少專利投機發生機會，亦不妨礙專利權人正常聲請定暫時狀態假處分以維護其權利，應係現存緩解專利投機問題之最佳選項[94]。有謂我國實務上關於定暫時性假處分核駁之標準不一，既然美國最高法院已然透過*eBay*案於判決當中形成實務可操作之最高指導標準，亦即專利權人須遭受無法挽回之損害、金錢等救濟方法無法補償專利權人所受損害、核發禁制令有其必要性，以及核發禁制令未危害公共利益[95]。建議我國不妨以之為鑑借，於未來相關案件當中，除了透過判決逐漸形成智慧財產案件審理細則第37條第3項之判準外，亦得參酌*eBay*案所定標準作為事實判斷之輔助法源，使定暫時狀態假處分之核駁更加適切。

　　於法令方面仍未有針對專利濫用完善規範之情形下，企業自力採取之避險規劃愈顯重要。內部方面，企業應重視專利管理與法律風險反應機制，從專利檢索、建立專利資料庫、繪製專利地圖、風險評估、專利迴避設計、乃至於法務部門預先對專利訴訟之預防與準備，皆應有充分之認知與裝備。外部方面，企業得與同業組織策略聯盟，透過交互授權、專利共同研發申請、專利購置、訴訟資源共享等等方法，分散風險，除了提高避免專利濫用者主張權利之可能，亦能積極地朝市場共榮之佳境發展。

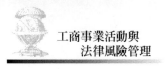

參考文獻

一、中文部分

(一)專書

1. 王先林，知識產權濫用及其法律規制，北京，中國法制出版社，1版，2008年7月。

2. 王澤鑑，民法總則，臺北，自行出版，增訂版，2006年8月。

3. 司法院，智慧財產案件審理細則，司法院公報，第50卷第6期，2008年6月。

4. 李揚，知識產權法基本原理，北京，中國社會科學出版社，1版，2010年8月。

5. 財團法人資訊工業策進會，NPE近距交戰，臺北，財團法人資訊工業策進會，初版，2013年11月。

6. 唐青林、項先權，企業家刑事法律風險防範，北京，北京大學出版社，初版，2008年11月。

7. 張乃根，美國專利法判例選析，北京，中國政法大學出版社，1版，1995年6月。

8. 陳國慈，科技企業與智慧財產，北京，清華大學，2版，2012年3月，第273至274頁。

9. 曾陳明汝，兩岸暨歐美專利法，臺北，學林文化，修訂再版，2004年2月。

10. 楊崇森，專利法理論與應用，臺北，三民書局，2版2刷，2008年3月。

11. 謝在全，民法物權論（上），臺北，新學林出版，5版，2010年9月。

(二)期刊論文

1. 洪志勳，美國專利法修法趨勢及現況，科技法律透析，2007年4月。

2. 陳重仁、張心雨，避免專利侵害之策略——迴避設計，南台學報，第38卷第3期，2013年9月。

3. 劉國讚，美國專利無效之訴訟及複審制度之研究，智慧財產權月刊，第89期，1996年5月。

4. 楊智傑，著作權濫用與不當使用之研究，公平交易季刊，第20卷第2期，2012年4月。

5. 謝銘洋，由華康與文鼎案談專利權之濫用，月旦法學雜誌，第1期，1995年5月。

(三)研討會論文

陳妍錦等，專利地圖分析與檢索技術之探討，第九屆知識社群國際研討會（2013年）。

(四)碩博士論文

李明峻，從Patent Troll議題看美台專利改革與解決之道，國立中正大學法律科技整合研究所碩士論文，2010年1月。

二、英文部分

(一)Books

1. Federal Trade Commission, The Evolving IP Marketplace: Aligning Patent Notice and Remedies with Competition (2001).

2. Francis, William H., Cases and Materials on Patent Law (6th Ed. 2007).

3. Hovenkamp, Herbert et al., IP and Antitrust Vol.1 Supp. (2005).

4. Jaffe, Adam B. & Lerner, Josh, Innovation and Its Discontents: How Our Broken Patent System Is Endangering Innovation and Progress, and

What To Do About It (2004).

5. Merrill, Stephen A. et al., A Patent System for the 21st Century (2004).

6. Nelson, Richard R. & Winter, Sidney G., An Evolutionary Theory of Economic Change (Belknap Press 1985).

7. Nimmer, Melville B. & Nimmer, David, Nimmer on Copyright (2004).

8. Schechter, Roger E. & Thomas, John R., Intellectual Property - The Law of Copyrights, Patents and Trademarks (2003).

(二)Periodical Materials

1. Allison, John R. et al., *Patent Quality and Settlement Among Repeat Patent Litigants*, 99 Geo. L. J. 677 (2011).

2. Barker, David G., *Troll or No Troll? Policing Patent Usage with an Open Post-Grant Review*, 2005 Duke L. & Tech. Rev. 9 (2005).

3. Carlson, Steven C., *Patent Pools and the Antitrust Dilemma*, 16 Yale J. on Reg. 359 (1999).

4. Chan, Jeremiah & Fawcett, Matthew, *Footsteps of the Patent Troll*, 10 Intell. Prop. L. Bull 1 (2005).

5. Davis, Robin M., *Failed Attempts to Dwarf the Patent Trolls: Permanent Injunctions in Patent Infringement Cases Under the Proposed Patent Reform Act of 2005 and Ebay v. MercExchange*, 17 Cornell J. L. & Pub. Pol'y 431 (2008).

6. Leaffer, Marshall, *Patent Misuse and Innovation*, 10 J. High Tech. L. 142 (2010).

7. Merges, Robert P., *The Trouble with Trolls: Innovation, Rent-Seeking, and Patent Law Reform*, 24 Berkeley Tech. L. J. 1583 (2009).

8. McFeely, Daniel J., *An Argument for Restricting the Patent Rights of Those Who Misuse the U.S. Patent System to Earn Money*, 40 Ariz. St. L.

J. 289 (2008).

9. Risch, Michael, *Patent Troll Myths*, 42 Seton Hall L. Rev. 457 (2012).

(三)Legislation

1. Patent Reform Act of 2005, H.R. 2795, 109th Cong. (Sept. 15, 2005).

2. The Saving High-Tech Innovators From egregious Legal Disputes Acts, 12th Cong. (Aug. 11, 2012).

(四)Cases

1. Brulotte v. Thys Co., 379 U.S. 29 (1964).

2. Dawson Chem. Co. v. Rohm & Haas Co., 448 U.S. 176 (1980).

3. eBay Inc. v. MercExchange, L.L.C., 126 S. Ct. 1837 (2006).

4. Ethyl Gasoline Corp. v. United States, 309 U.S. 436 (1940).

5. Glass Equipment Development Inc. v. Besten, Inc., 174 F.3d 1337 (Fed. Cir. 1999).

6. Hodosh v. Block Drug Co., Inc., 833 F.2d 1575 (Fed. Cir. 1987).

7. In re Independent Service Organizations Antitrust Litigation, 203 F.3d 1322 (2000).

8. Mallinckrodt Inc. v. Medipart Inc., 976 F.2d 700 (Fed. Cir. 1992).

9. Mercoid Corp. v. Mid-Continent Investment Co., 320 U.S. 661 (1944).

10. Mercoid Corp. v. Minneapolis-Honeywell Regulator Co., 320 U.S. 680 (1944).

11. Morton Salt Co. v. G.S. Suppiger Co., 314 U.S. 488 (1942).

12. National Lockwasher Co. v. George K. Garrett Co., 137 F.2d 255 (3d Cir. 1943).

13. TechSearch, L.L.C. v. Intel Corp., 286 F.3d 1360 (Fed. Cir. 2002).

14. Windsurfing Int'l Inc. v. AMF, Inc.,782 F.2d 995 (Fed. Cir. 1986).

15. Zenith Radio Corp. v. Hazeltine Research, Inc., 395 U.S. 100 (1969).

(五)Internet Resources

1. Bhargava, Divya, *Patent Trolling*, Hanumant's L.J. (Nov. 23, 2009), http://hanumant.com/index.php/articles/general-articles/49-patent-troll-ing-divya-bhargava.html (last visited Feb. 15, 2014).

2. Crouch, Dennis, *2011 Patent Grants: A New Record*, PATENTLYO (Jan. 5, 2012), http://www.patentlyo.com/patent/2012/01/2011-patent-grants-a-new-record.html (last visited Feb. 15, 2014).

3. Federal Trade Commission, To Promote Innovation: The Proper Balance of Competition and Patent Law and Policy, Executive Summary (2003) available at http://www.ftc.gov/os/2003/10/innovationrpt.pdf.

4. Gessen, James et al., *The Private and Social Costs of Patent Trolls* 26 (SSRN Working Paper Series 2006), http://papers.ssrn.com/sol3/papers. cfm?abstract_id=1930272 (last visited Feb. 15, 2014).

5. Lemley, Mark A. et al., *What to do About Bad Patents*, Regulation Vol. 28 No. 4 (2006), available at http://ssrn.com/abstract=869826.

6. Lerer, Lisa, *Mind Games*, IP L. & Bus., May 2006 at 5, available at http://web.archive.org/web/20060619145501/http://www.intven.com/ docs/02505060001IntVen.pdf.

7. Love, Brian J., *An Empirical Study of Patent Litigation Timing: Could a Patent Term Reduction Decimate Trolls Without Harming Innovators?* (SSRN Working Paper Series 2011), http://ssrn.com/abstract=1917709 (last visited Feb. 15, 2014).

8. Myhrvold, Nathan, *The Big Idea: Funding Eureka!*, Harv. Bus. Rev. (2010), available at http://www.signallake.com/innovation/FundingEu-rekaMyhrvold.pdf.

9. The Patent Prospector, *D.C. Patent Troll Hoedown* (Mar. 22, 2005), http://www.patenthawk.com/blog/2005/03/dc_patent_troll_hoedown.

html (last visited Feb. 15, 2014).

10. Poltorak, Alexander, *Proposed SHIELD Law is Nothing but a Gift to Infringers*, The Hill's Cong. Blog (August 10, 2012), http://thehill.com/blogs/congress-blog/technology/243135-proposed-shield-law-is-nothing-but-agift-to-infringers (last visited Feb. 15, 2014).

11. *Written Testimony of Peter Detkin*, Antitrust Modernization Commission Hearings (Nov. 8, 2005), available at http://govinfo.library.unt.edu/amc/commission_hearings/pdf/Statement_Detkin.pdf.

12. Yeh, Brian T., *An Overview of the "Patent Trolls" Debate*, CRS Rep. Cong. 1 (Aug. 20, 2012), available at https://www.eff.org/sites/default/files/R42668_0.pdf.

智慧財產權濫用之控管——從美國角度談專利投機者爭議

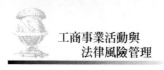

註 釋

* 國立中正大學財經法律學系助理教授，美國印第安那大學布魯明
頓校區法學博士。感謝審查委員詳予審閱與指正。

1 Stephen A. Merrill et al., A Patent System for The 21st Century 28
(2004).

2 Dennis Crouch, *2011 Patent Grants: A New Record*, PATENTLYO (Jan.
5, 2012), http://www.patentlyo.com/patent/2012/01/2011-patent-grants-
a-new-record.html (last visited Feb. 15, 2014).

3 Merrill et al., *supra* note 1, at 35.

4 楊崇森，專利法理論與應用，臺北，三民書局，2版2刷，2008年3
月，第1頁。

5 U.S. CONST. art. I, § 8, cl.8. (原文規定："To promote the progress
of Science and useful Arts, by securing for limited Times to Authors
and Inventors the exclusive Right to their respective Writings and Dis-
coveries").

6 Melville B. Nimmer & David Nimmer, Nimmer on Copyright § 1.03
(2004).

7 Marshall Leaffer, *Patent Misuse and Innovation*, 10 J. HIGH TECH. L.
142, 142 (2010).

8 Richard R. Nelson & Sidney G. Winter, An Evolutionary Theory of
Economic Change 263 (Belknap Press 1985).

9 Daniel J. McFeely, *An Argument for Restricting the Patent Rights of
Those Who Misuse the U.S. Patent System to Earn Money*, 40 ARIZ.
ST. L.J. 289, 289 (2008)；參見謝銘洋，由華康與文鼎案談專利權之
濫用，月旦法學雜誌，第1期，1995年5月，第80頁。

10 最高法院92年台上第1446號民事判決；最高法院89年台上第2606號民事判決。

11 李揚，知識產權法基本原理，北京，中國社會科學出版社，1版，2010年8月，第150-51頁。

12 李揚，同註11，第149頁。

13 王先林，知識產權濫用及其法律規制，北京，中國法制出版社，1版，2008年7月，第190頁；楊智傑，著作權濫用與不當使用之研究，公平交易季刊，第20卷第2期，2012年4月，第4頁。

14 290 U.S. 240 (1933).

15 *Id.* at 244.

16 Herbert Hovenkamp et al., IP and Antitrust Vol.1 Supp. 46-13 (2005)；楊崇森，同註4，第493頁。

17 *See* William H. Francis, Cases and Materials on Patent Law 968 (6th Ed. 2007).

18 張乃根，美國專利法判例選析，北京，中國政法大學出版社，1版，1995年6月，第78頁。

19 McFeely, *supra* note 9, at 289-90。

20 王先林，同註13，第193頁。

21 王先林，同註13，第193頁。

22 Roger E. Schechter & John R. Thomas, Intellectual Property-The Law of Copyrights, Patents and Trademarks 505 (2003).

23 *See* Windsurfing Int'l Inc. v. AMF, Inc.,782 F.2d 995, 1001-02 (Fed. Cir. 1986); Leaffer, *supra* note 7, at 142; Schechter & Thomas, *supra* note 22, at 505.

24 *See e.g.* Mercoid Corp. v. Mid-Continent Investment Co, 320 U.S. 661 (1944); Mercoid Corp. v. Minneapolis-Honeywell Regulator Co., 320 U.S. 680 (1944); Mallinckrodt Inc. v. Medipart Inc., 976 F.2d 700 (Fed.

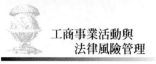
Cir. 1992).

25 35 U.S.C. § 271(d) (1988).

26 楊智傑，同註13，第6頁。

27 李揚，同註11，第150頁；楊崇森，同註4，第493頁。。

28 314 U.S. 488 (1942).

29 Leaffer, *supra* note 7, at 147.

30 McFeely, *supra* note 9, at 292.

31 *See e.g.* Glass Equipment Development Inc. v. Besten, Inc., 174 F.3d 1337, 1343 (Fed. Cir. 1999).

32 *See e.g.* National Lockwasher Co. v. George K. Garrett Co., 137 F.2d 255 (3d Cir. 1943).

33 王先林，同註13，第201頁。

34 In re Independent Service Organizations Antitrust Litigation, 203 F.3d 1322, 1326 (2000).

35 *Morton*案即為搭售行為之典型案例。*See also generally* Morton Salt Co. v. G.S. Suppiger Co., 314 U.S. 488 (1942); *see also e.g.* Dawson Chem. Co. v. Rohm & Haas Co., 448 U.S. 176 (1980); Hodosh v. Block Drug Co., Inc., 833 F.2d 1575 (Fed. Cir. 1987).

36 *See e.g.* Ethyl Gasoline Corp. v. United States, 309 U.S. 436 (1940).

37 所謂封包授權，於中國又稱「一攬子許可」，或稱為套組授權，係指將被授權人需要與不需要之專利技術作為一整體套組，強制被授權人接受此一授權方式。*See e.g.* Zenith Radio Corp. v. Hazel-tine Research, Inc., 395 U.S. 100 (1969).

38 *See e.g.* Brulotte v. Thys Co., 379 U.S. 29 (1964); *see also* Francis, *supra* note 17, at 968; *see also* Hovenkamp et al., *supra* note 16, at 33-10.

39 李揚，同註11，第151頁。

40 Divya Bhargava, *Patent Trolling*, Hanumant's L. J. (Nov. 23, 2009),

http://hanumant.com/index.php/articles/general-articles/49-patent-troll-ing-divya-bhargava.html (last visited Feb. 15, 2014).

41 TechSearch, L. L. C. v. Intel Corp., 286 F.3d 1360, 1381 (Fed. Cir. 2002).

42 *Written Testimony of Peter Detkin*, Antitrust Modernization Commission Hearings (Nov. 8, 2005), available at http://govinfo.library.unt.edu/amc/commission_hearings/pdf/Statement_Detkin.pdf. 諷刺的是，Detkin後來也透過控股公司幫助智慧財產投機公司收購數以千計的專利技術，成為自己口中所描述之專利投機者。*See* Lisa Lerer, *Mind Games*, IP L. & Bus., May 2006 at 5, available at http://web.archive.org/web/20060619145501/http://www.intven.com/docs/02505060001IntVen.pdf.

43 Brian T. Yeh, *An Overview of the "Patent Trolls" Debate*, CRS Rep. Cong. 1 (Aug. 20, 2012), available at https://www.eff.org/sites/default/files/R42668_0.pdf.

44 Robert P. Merges, *The Trouble with Trolls: Innovation, Rent-Seeking, and Patent Law Reform*, 24 Berkeley Tech. L. J. 1583, 1587 (2009).

45 Yeh, *supra* note 43, at 4.

46 The Patent Prospector, *D.C. Patent Troll Hoedown* (Mar. 22, 2005), http://www.patenthawk.com/blog/2005/03/dc_patent_troll_hoedown.html (last visited Feb. 15, 2014).

47 Yeh, *supra* note 43, at 5.

48 *Id.* at 6.

49 The Patent Prospector, *supra* note 46.

50 李明峻，從Patent Troll議題看美台專利改革與解決之道，國立中正大學法律科技整合研究所碩士論文，2010年1月，第25頁。

51 王澤鑑，民法總則，臺北，自行出版，增訂版，2006年8月，第

252頁。

52 楊崇森，同註4，第295至296頁。

53 曾陳明汝，兩岸暨歐美專利法，臺北，學林文化，修訂再版，2004年2月，第43頁。

54 曾陳明汝，同註53，第43頁；謝在全，民法物權論（上），臺北，新學林出版，5版，2010年9月，第26至28頁。

55 Yeh, *supra* note 43, at 6.

56 Nathan Myhrvold, *The Big Idea: Funding Eureka!*, HARV. BUS. Rev. (2010), available at http://www.signallake.com/innovation/FundingEurekaMyhrvold.pdf.

57 Sannu K. Shrestha, *Trolls or Market-Maker? An Empirical Analysis of Nonpracticing Entities*, 110 Colum. L. Rev. 114, 126–30 (2010).

58 Myhrvold, *supra* note 56.

59 Brian J. Love, *An Empirical Study of Patent Litigation Timing: Could a Patent Term Reduction Decimate Trolls Without Harming Innovators?*, 3 (SSRN Working Paper Series 2011), http://ssrn.com/abstract=1917709 (last visited Feb. 15, 2014); Federal Trade Commission, The Evolving IP Marketplace: Aligning Patent Notice And Remedies With Competition 47-68 (2001)[hereinafter FTC Report].

60 Yeh, *supra* note 43, at 6.

61 *Id.* at 7.

62 *Id.*

63 Michael Risch, *Patent Troll Myths*, 42 Seton Hall L. Rev. 457, 459 (2012).

64 John R. Allison et al., *Patent Quality and Settlement Among Repeat Patent Litigants*, 99 Geo. L. J. 677, 694 (2011).

65 James Gessen et al., *The Private and Social Costs of Patent Trolls* 26

(SSRN Working Paper Series 2006), http://papers.ssrn.com/sol3/papers. cfm?abstract_id=1930272 (last visited Feb. 15, 2014).

66 Yeh, *supra* note 43, at 8.

67 35 U.S.C. 283 (2000)（原文為："The several courts having jurisdiction of cases under this title may grant injunctions in accordance with the principles of equity to prevent the violation of any right secured by patent, on such terms as the court deems reasonable."）

68 洪志勳，美國專利法修法趨勢及現況，科技法律透析，2007年4月，第18頁。

69 Mark A. Lemley et al., *What to do About Bad Patents*, Regulation Vol. 28 No. 4, 10-13 (2006), available at http://ssrn.com/abstract=869826.

70 Adam B. Jaffe & Josh Lerner, Innovation And Its Discontents: How Our Broken Patent System Is Endangering Innovation And Progress, And What To Do About It 112 (2004).

71 洪志勳，同註68，第18頁；Robin M. Davis, *Failed Attempts to Dwarf the Patent Trolls: Permanent Injunctions in Patent Infringement Cases Under the Proposed Patent Reform Act of 2005 and Ebay v. MercExchange*, 17 Cornell J. L. & Pub. Pol'y 431, 440 (2008).

72 *See* Patent Reform Act of 2005, H.R. 2795, 109th Cong. §7 (June 8, 2005)（原文為："In determining equity, the court shall consider the fairness of the remedy in light of all the facts and the relevant interests of the parties associated with the invention. Unless the injunction is entered pursuant to a nonappealable judgment of infringement, a court shall stay the injunction pending an appeal upon an affirmative showing that the stay would not result in irreparable harm to the owner of the patent and that the balance of hardships from the stay does not favor the owner of the patent."）

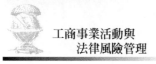

73 *See* Jeremiah Chan & Matthew Fawcett, *Footsteps of the Patent Troll*, 10 Intell. Prop. L. Bull 1, 7 (2005).

74 *See* Patent Reform Act of 2005, H.R. 2795, 109th Cong. (Sept. 15, 2005).

75 126 S. Ct. 1837 (2006)[hereinafter *eBay*].

76 *Id.* at 1839.

77 孫寶成，談美國專利改革方案，科技法律透析，2007年9月，第37頁。

78 H. R. 6245, 12th Cong., §2(a)(Aug. 11, 2012)（原文為："Notwithstanding section 285, in an action disputing the validity or alleging the infringement of a computer hardware or software patent, upon making a determination that the party alleging the infringement of the patent did not have a reasonable likelihood of succeeding, the court may award the recovery of full costs to the prevailing party, including reasonable attorney's fees, other than the United States."）

79 The Saving High-Tech Innovators From Egregious Legal Disputes Acts, 12th Cong., §2(a)(Aug. 11, 2012)[hereinafter SHIELD].

80 Yeh, *supra* note 43, at 14.

81 Alexander Poltorak, *Proposed SHIELD Law is Nothing but a Gift to Infringers*, The Hill's Cong. Blog (August 10, 2012), http://thehill.com/blogs/congress-blog/technology/243135-proposed-shield-law-is-nothing-but-agift-to-infringers (last visited Feb. 15, 2014).

82 Yeh, *supra* note 43, at 15.

83 35 U.S.C. §§302-07, 311-18；劉國讚，美國專利無效之訴訟及複審制度之研究，智慧財產權月刊，第89期，1996年5月，第10至28頁。

84 Federal Trade Commission, To Promote Innovation: The Proper Bal-

ance Of Competition And Patent Law And Policy, Executive Summary 7-8 (2003) [hereinafter FTC Report] available at http://www.ftc.gov/os/2003/10/innovationrpt.pdf; *see also* David G. Barker, *Troll or No Troll? Policing Patent Usage with an Open Post-Grant Review*, 2005 Duke L. & Tech. Rev. 9, 19-44 (2005).

85 陳妍錦等，專利地圖分析與檢索技術之探討，第九屆知識社群國際研討會，第4頁（2013年）。

86 唐青林、項先權，企業家刑事法律風險防範，北京，北京大學出版社，初版，2008年11月，第134頁。

87 陳重仁、張心雨，避免專利侵害之策略——迴避設計，南台學報，第38卷第3期，2013年9月，第69頁。

88 陳國慈，科技企業與智慧財產，北京，清華大學，2版，2012年3月，第273至274頁。

89 財團法人資訊工業策進會，NPE近距交戰，臺北，財團法人資訊工業策進會，初版，第60至61頁，2013年11月。

90 Steven C. Carlson, *Patent Pools and the Antitrust Dilemma*, 16 Yale J. on Reg. 359, 373 (1999).

91 中華民國專利法第71條第1項修正理由。

92 中華民國智慧財產案件審理法第22條第2項。

93 中華民國智慧財產案件審理細則第37條第3項。司法院，智慧財產案件審理細則，司法院公報，第50卷第6期，2008年6月，第70頁。

94 孫寶成，同註77，第37頁。

95 *eBay*, 126 S. Ct. 1837, 1839 (2006).

Chapter *13*

問題壽險公司強制退場之研究——以成立過渡保險機構爲論述核心

卓俊雄*、江朝聖**

問題壽險公司強制退場之研究——以成立過渡保險機構為論述核心

摘要

　　問題人壽保險公司處理首要之務便是維持保險契約之有效性，始能維持保戶權益最大化。基此，各國對問題人壽保險公司之處理原則，無不以維持保險契約繼續有效，以至於保戶得於保險契約滿期或承保條件成就時領取保險金，為處理最高原則。惟因各國社會、經濟與國情不同，對問題保險業之處理方式也有所不同，因此，如何從各國處理經驗中尋求符合我國之處理方案，便是亟待主管機關解決之重要課題。本文於綜觀美國、加拿大等國以成立過渡保險機構承受問題壽險公司保險契約之處理經驗後，建議主管機關首先應落實早期糾正措施，除可有效保全公司資產，減少安定基金所需投入之金額外，並可確保保戶權益。其次，尋求有意承受問題保險公司保險契約之保險公司，以維持契約之有效性，減少保戶之損失，必要時，得於一定範圍內調整契約內容。最後，如無法及時尋得願意承受問題保險公司保險契約之保險業者時，亦可透過保險同業公會或安定基金設立過渡保險機構暫時受讓問題保險公司之契約，先維持契約之有效性，於日後尋得有意受讓保險契約之保險公司時，再予以轉讓。

關鍵詞：問題保險業、強制退場、過渡保險機構、保險監理、安定基金

壹、前言

　　由於經營環境日漸嚴峻等因素，部分保險公司因業務或財務狀況顯著惡化，不能支付其債務，或無法履行契約責任或有損及被保險人權益，主管機關為「接管」或「勒令停業清理」等之處分（即本文所稱強制退場），以維護保戶權益（保險法第149條第4項參照）。然而無可諱言者是，由於國人對金融機構具高度信賴感，加上保險契約多為長期契

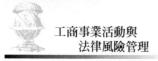

約，倘保險公司經主管機關強制退場者，因攸關保戶與其他利害關係人權益[1]，若無法即時並妥適加以處理，恐危及國人對保險業之經營信心，保險市場交易秩序恐生動盪。因此，有關保險法授權主管機關所為之強制退場處分相關規定，其規範內容是否妥適，實必要加以釐清。

復查主管機關有意參仿存款保險制度，規劃由安定基金設立過渡保險機構受讓問題保險公司之保險契約，並強化安定基金之權能，賦予資料蒐集權等，利用保險制度作為處理問題保險公司退場方式選項之一。換言之，即將安定基金保險化。雖我國過去曾有處理問題保險公司之經驗，惟並無利用過渡保險機構之處理經驗。基此，對於過渡保險機構之屬性以及設立、後續處理問題保險公司保險契約之相關法律規範，實值詳加討論，釐清相關法律問題。

觀諸鄰近加拿大、美國及日本均有設立過渡保險機構承接問題保險公司保險契約之經驗，本文擬加以研究以為我國未來設立過渡保險機構之參考。以日本為例，自1997年日產生命相互保險公司聲請破產宣告，至2009年大和生命保險股份有限公司聲請企業重整為止，已經有八家問題人壽保險公司退出日本人壽保險市場之經營[2]。其中該國第一家問題人壽保險公司（日產生命）退場時，曾以設立過渡保險機構（青葉生命）受讓日產生命部分保險契約，之後再轉讓給有意願承接保險公司之處理經驗。而該國保險業法對過渡保險機構之設立以及相關制度也有詳細規範。此外，德國保險業亦曾設立壽險保障公司（Protektor）為問題保險業之救援公司。此兩國對過渡保險機構之規範與處理經驗之特色有何，有無可供我國借鏡之處，實值探究。

綜上，本文主要討論議題有三，其一說明我國問題保險公司處理個案以及方式；其二為說明安定基金受讓保險契約之方式；其三為分析我國設立過渡保險機構之妥適性，並提出具體建議。

貳、我國問題壽險公司退場個案之介紹

回顧我國保險業經主管機關強制退場個案，主要有四，財產與人壽保險公司各有兩家。其中財產保險業分別是2005年及2009年國華產物與華山產物遭主管機關勒令停業清理；至於人壽保險業則有1970年國光人壽保險公司（下稱國光人壽）遭勒令停業並聲請破產宣告案，以及2009年國華人壽遭接管處分案。因上開個案之處理方式有所不同，茲先將其處理方式整理如下，以利後續討論。

一、1970年國光人壽保險公司遭勒令停業並聲請破產宣告案

1970年國光人壽財務發生問題，因當時保險法對保險公司退場規範有所不足，故主管機關係依據當時保險法第19條先勒令國光人壽停業，並協調其他同業承受國光人壽長期契約[3]。再依據公司法之規定，向法院聲請破產宣告，進行破產程序，以了結公司現務[4]。並於1972年經法院裁定破產宣告，直到2007年始經法院裁定破產終結[5]。

二、2009年國華人壽遭主管機關接管處分案

至於第二家受主管機關強制退場處分則是國華人壽保險股份有限公司（下稱國華人壽）。有關國華人壽遭接管處分案主要處理過程有[6]：

1. 2009年8月4日國華人壽因財務發生問題[7]，遭行政院金融監督管理委員會（下稱金管會）接管，並委託財團法人保險安定基金（下稱保險安定基金）擔任接管人，另指派財團法人保險事業發展中心派員協助，共同組成接管小組。接管期限以九個月為原則，但必要時可縮短或延長。此為我國第一家遭金管會接管的國內壽險業者。

2. 辦理增、減資程序：保險安定基金受金管會委託接管國華人壽

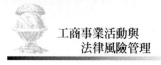
後，即委託安永財務諮詢服務股份公司（Ernst & Young）研擬財務改善計畫，該公司提出減資並同增資之規劃建議[8]。

3. 辦理國華人壽引資或合併案第二次公開招標流標：2010年7月辦理國華人壽引資或合併案第二次公開招標，因無人投標，故宣告流標[9]。

4. 接洽臺灣金融控股股份有限公司（下稱臺灣金控）參與國華人壽引資或合併交易相關事宜，洽商期間雙方進行多次研商，惟未能達成共識，故確定臺灣金控參與國華人壽引資或合併交易案不再進行[10]。

5. 宣布公開標售作業並接連延長接管期限：為利國華人壽接管人安定基金賡續辦理有關引資或合併相關交易等事宜，自2009年8月4日由金管會予以接管處分以來，主管機關已連續四次公告延長接管期間，接管期限至2013年8月3日止。並規劃將國華人壽案之處理方式比照問題金融銀行，採取全部出售或切割出售模式，並給予得標廠商監理寬容，以吸引潛在買方投標[11]。

6. 2012年10月30日國華人壽第三度標售再生波瀾，臺北地方法院昨日下午裁定，暫停處分的裁決。惟經法院審查後，於2012年11月2日裁定駁回假處分之聲請，安定基金重啟標售案[12]。

7. 2012年11月27日全球人壽保險股份有限公司（下稱全球人壽）就「整體出售」方案以新臺幣883.68億元得標[13]。

從國華人壽案處理過程可知，主管機關為確保保戶權益，故安定基金以「補償」得標者883.68億元的金額加上監理寬容等措施，標售國華人壽全部資產與負債。此舉雖可達穩定金融市場之目的，惟經歷此事件後，我國安定基金所能動用之資金已經全部告罄[14]。再者，國內、外投資環境不佳，國內人壽保險公司尚有多家淨值處於負數，主管機關未來處理問題保險公司若仍比照國華人壽案時，如何籌措足夠資金恐非易事。

　　另觀諸上開兩例問題人壽保險業退場處理過程可知，我國主管機關對問題人壽保險業之處理已有明顯之不同。分析如下：

　　首先，就程序之選擇而言，有鑑於國光案發生時，當時保險法對問題保險業之處理規定僅於第149條中規定：「保險業因查有違背法令，或其資產不足清償債務，並返還責任準備金或保險費時，主管機關得令於一定期間內依法改正，或變更執行業務之方法，並為保護要保人被保險人或受益人之權利，得令其停業或一定期間之停業或解散。（第1項）保險業因前項之規定而解散時，由主管機關選派清算人。（第2項）」基此，主管機關遂依據該條之授權對國光人壽為停業之處分，隨後因該公司履行清償義務，並於1972年經法院裁定破產。至於國華人壽案發生時，因保險法對問題保險業之處理規定已歷經多次增修（如分別於1974年、1992年、2001年、2007年等增修），其中主管機關對問題保險業之處理程序除得為「監管、接管、勒令停業清理、命令解散」外（保險法第149條第3項參照），尚增設接管中如有重建更生之可能時，得向法院聲請重整（保險法第149-2條第3項參照）。

　　再者，對保戶權益之保障方面，因國光人壽案發生時，當時保險法中僅規定保險業需提存保證金，如保險業營業損失達保證金額時，主管機關得令其以現金或提供其他財產補足之[15]。因此，國光人壽遭法院裁定破產時，保戶對國光人壽所享有之債權，僅得依循破產法分配，並無其他任何保障。至於國華人壽案發生時，因1992年對問題保險業之保戶權益則因保險法增訂安定基金機制[16]，而有明顯之不同（保險法第143-1條至第143-3參照）。

　　最後，從主管機關處理問題人壽保險業之經驗觀之，由於法制之建立與處理經驗之累積[17]，兩案處理結果截然不同。然而需注意者是，安定基金之設置並非完全免除保險業無法清償保戶權益之損失[18]。故本次國華人壽案之處理，安定基金全部承受國華人壽無法清償之責任，似應僅是個案。未來主管機關處理類似個案時，是否參照援引，仍有待觀

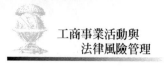

察。

參、我國安定基金受讓保險契約方式之探討

一、由安定基金自行承接保險契約

由於保險事業之經營對社會大眾權益影響甚鉅，故我國保險法第
137條第1項明定：「保險業非經主管機關許可，並依法為設立登記，繳
存保證金，領得營業執照後，不得開始營業。」又依同法第136條第1項
規定：「保險業之組織，以股份有限公司或合作社為限。但經主管機關
核准者，不在此限。」是以，任何人如欲在我國境內經營保險業務，除
法律別有規定外，需依據保險法之相關規定，經主管機關許可，並依法
設立登記（成立保險公司或合作社），繳存保證金，領得營業執照後，
始得開始營業。

惟查我國保險法第143條之3規定：「有關安定基金辦理之事項如
下：（前略）六、經主管機關核可承接不具清償能力保險公司之保險契
約。七、其他為安定保險市場或保障被保險人之權益，經主管機關核定
之事項。」因此，具財團法人資格之安定基金，若經主管機關核可後，
可免依上開保險法之規定，直接辦理接管、承受問題保險公司之保險業
務。

二、由安定基金新設過渡保險機構承接保險契約

觀察日本處理經驗，該國保險契約者保護機構亦曾與保險業共同成
立「承繼保險會社」（青葉生命）承受日產生命之保險業務，以維持該
公司保險契約之效力。之後，再找尋適當保險公司承受該業務，以保護
保戶之權益。以下就我國安定基金得否設立過渡保險機構辦理接管、承
受爭議性資產、不確定負債及清理未了業務等法律問題為探討，並提出

建議。

■臺灣現行法之相關規定

1. 安定基金可否成立過渡保險公司辦理接管問題保險公司

保險法第149條之2規定：「（前略）保險業因業務或財務狀況顯著惡化，不能支付其債務，或無法履行契約責任或有損及被保險人權益之虞時，主管機關得依情節之輕重，分別為下列處分：一、監管。二、接管。三、勒令停業清理。四、命令解散。（第4項）依前項規定監管、接管、停業清理或解散者，主管機關得委託其他保險業、保險相關機構或具有專業經驗人員擔任監管人、接管人、清理人或清算人；其有涉及安定基金補償事項時，並應通知安定基金配合辦理。（第5項）」復查同法第143條之3第1項有關安定基金得辦理之事項，主要有：「（前略）五、受主管機關委託擔任接管人、清理人或清算人職務。六、經主管機關核可承接不具清償能力保險公司之保險契約。七、其他為安定保險市場或保障被保險人之權益，經主管機關核定之事項。」是以，問題保險公司經主管機關為接管處分後，主管機關自得依據保險法第143條之3第1項第5款之規定，委託安定基金為接管人，此無疑問。

惟有爭議者是，安定基金得否成立過渡保險公司辦理接管問題保險公司，對此，實有討論之必要。保險法第149條之2規定，問題保險公司經主管機關為接管處分後，主管機關僅得委託「其他保險業、保險相關機構或具有專業經驗人員擔任接管人」。因此，接管人之資格似應僅以「其他保險業、保險相關機構或具有專業經驗人員」為限。蓋因保險公司業務複雜，與一般行業有別，非具保險專業知識者，無法勝任。基此，倘主管機關委託安定基金擔任接管人時，此時，主管機關與安定基金間具行政契約關係[19]，安定基金似應自行處理受委託之事項為原則。安定基金若欲成立過渡保險公司辦理接管業務時，似應經主管機關（委

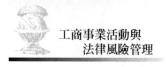
任人）同意（民法第537條參照）且該過渡保險公司之資格亦需符合上
開規範後，始得爲之。

2. 安定基金得否成立過渡保險公司承受保險契約

至於安定基金得否成立過渡保險公司承受該保險契約，亦值討
論。對此，本文認爲安定基金應得設立保險公司，蓋因安定基金之設立
目的主要是處理問題保險公司。而問題保險公司之處理，首重保戶權益
之維護。倘若無法找到適當之保險公司有意願承受該問題保險公司時，
勢必面臨進入清理或清算程序。如此，對屬於長期契約之保戶而言，
其權益恐遭受巨大損失。再者，保險法中雖無明定安定基金是否得成
立保險公司承受保險契約，惟從保險法第143條之3文義觀之，「有關安
定基金辦理之事項如下：（前略）六、經主管機關核可承接不具清償能
力保險公司之保險契約。七、其他爲安定保險市場或保障被保險人之權
益，經主管機關核定之事項。」從而可知，立法者實有意授權主管機關
得依據當時法律規定，讓安定基金在適法前提下承受保險契約。故倘若
安定基金基於當時時空環境之需要，有成立保險公司承受該保險契約之
必要時，主管機關亦得基於同條項第7款之授權，令安定基金成立保險
公司。最後，安定基金已經具有法人資格（財團法人），擔任保險公司
之股東亦無適法性之問題（公司法第128條第3項第3款參照）。是以，
本文認爲若有必要時，安定基金亦得經主管機關核准後，依據相關法規
（如保險業設立許可及管理辦法等）申請成立保險公司以辦理接管、承
受問題保險公司爭議性資產、不確定負債及清理未了業務等工作。

惟值得強調者是，若是考量安定基金人手不足，無法負擔龐大行政
作業時，安定基金亦得先成立保險公司承受問題保險公司之保險業務，
再依據「保險業作業委託他人處理應注意事項」之相關規定，將部分非
核心業務委託他人處理，以解決上開問題。

肆、我國安定基金設立過渡保險機構妥適性分析

一、安定基金屬互助性組織非保險機構

如前述，我國主管機關有意參照存款保險制度，將安定基金保險化，以作為問題保險公司處理方式之一。因此，有關現行安定基金之運作方式是否與存款保險制度相同，屬保險制度之一，而得以作相同之處理，值得深論。

按保險制度最大功能乃在於將個人於生活中因遭遇各種人身危險、財產危險，以及對他人之責任危險所產生之損失，分攤消化於共同團體，具有減少社會問題，維持社會安定，促進經濟繁榮等作用[20]。換言之，保險制度主要在於承擔並移轉與分散風險，要保人透過保險契約之約定，支付保險費並將特定危險移轉給保險人，並於約定事故發生時，有權向保險人請求保險金；而保險人則透過保險技術之運用，將危險分攤消化於共同團體。故倘若一商品係透過保險技術之運用亦具備上述之要件（如具危險移轉與承擔、補償性、對價性、獨立之法律上請求權），且該項業務僅限保險業所能經營者，無論有無以保險稱之，即應受保險法之規範，以保障消費者之權益。

至於，互助與保險分類重點在於是否有一獨立承擔危險之權利義務主體互助並無獨立承擔危險之主體，其係由參與互助全體成員直接承擔危險，權義關係僅存在互助成員間，損失者本於自身計算對於其他參與互助者請求支付。反之，保險除個別分散危險之參與者外，另有一獨立權利義務主體，此主體乃本於自己計算進行危險承擔，保險業者係以眾保戶所繳全部保費作為保險金之基礎，保戶彼此間並不發生承擔風險責任。

至於我國安定基金之屬性，究竟屬保險或互助性組織，本文分析如下。從我國安定基金之設立規範可知，其財務來源主要係由保險業者依

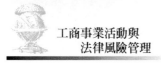

據總保險費收入之固定比例提撥[21]（保險法第143條之1第3項）。換言之，安定基金之財源係由全體保戶所繳交，保險業者僅扮演代收轉繳之功能。就此點而言，安定基金之運作並無運用保險經營技術，即大數法則之運用。

其二，保險法第143條之3第1項明定，安定基金主要辦理之業務有：「一、對經營困難保險業之貸款。二、保險業因與經營不善同業進行合併或承受其契約，致遭受損失時，安定基金得予以低利貸款或補助。三、保險業依第149條第4項規定被接管、勒令停業清理或命令解散，或經接管人依第149條之2第3項規定向法院聲請重整時，安定基金於必要時應代該保險業墊付要保人、被保險人及受益人依有效契約所得為之請求，並就其墊付金額取得並行使該要保人、被保險人及受益人對該保險業之請求權。四、保險業依本法規定進行重整時，為保障被保險人權益，協助重整程序之迅速進行，要保人、被保險人及受益人除提出書面反對意見者外，視為同意安定基金代理其出席關係人會議及行使重整相關權利。安定基金執行代理行為之程序及其他應遵行事項，由安定基金訂定，報請主管機關備查。五、受主管機關委託擔任接管人、清理人或清算人職務。六、經主管機關核可承接不具清償能力保險公司之保險契約。七、其他為安定保險市場或保障被保險人之權益，經主管機關核定之事項。」從上可知，安定基金僅得於必要時，代該保險業墊付保險金或解約金等款項，其本身並無承擔保險業違約風險。換言之，倘保險業發生財務困難，無法依約給付時，保戶並無直接向安定基金請求給付之權。就此而言，保戶與安定基金間不僅欠缺危險移轉與承擔，且並無法律上獨立之請求權。

綜上，我國安定基金應屬保戶間互助組織，而存款保險則屬銀行與存款保險公司間保險制度，此兩者之屬性並不相同。

二、外國實務經驗非以設立過渡保險機構為處理問題保險公司主要方式

(一)美國GABC經驗

查GABC全名爲「安定基金受益公司」（Guaranty Association Benefits Company，簡稱GABC），爲一家非營利保險公司（Not-for-Profit Insurance Company），依美國哥倫比亞特區非營利公司法（District of Columbia Nonprofit Corporation Act）及2004年美國哥倫比亞特區專屬保險公司法（District of Columbia Captive Insurance Company Act of 2004）所設立，總部設於華盛頓特區（Washington, D.C.）。

GABC之成立主要係因美國紐約州Executive Life of New York（ELNY）自1992年進入重整，歷經超過二十年的重整，終究還是於2011年由保險監理官聲請清算。此案所涉金額、人數極爲龐大，雖經歷二十餘年的重整期間，但終究還是無法解決債務問題，因此，美國紐約州保險局最後仍向法院申請清算該公司。又爲確保保戶權益，因而成立GABC作爲過渡保險機構暫時承受ELNY部分保險契約。茲將ELNY處理過程簡述如下，俾利後續問題討論。

1. Executive Life of New York乙案發展經過

(1)ELNY發生財務問題經過

Executive Life of New York（ELNY）創立於1935年，並1937年獲准經營壽險業務。Executive Life Insurance Corp. of California（ELIC）於1961年成立，爲First Executive Corporation（FEC）之子公司（Subsidiary），同年FEC並成爲公開公司（Public Company），並向現在的花旗銀行（Citibank）借款1,460萬美元併購ELNY，使ELNY成爲FEC旗下子公司。1974年Fred Carr加入FEC，該公司主要以向垃圾債券之王：Michael Miken之Drexel Burnham Lambert買進垃圾債券，希望透過

高收益債券（High-Yield Bonds）產生足夠收益以支付該公司所銷售的薑繳型遞延年金（Single-Premium Deferred Annuities）。1974年FEC向花旗銀行貸款之1,460萬元發生違約，國稅局（IRS）及紐約州保險部門調查ELNY，而FEC之會計師對該公司財報拒絕表示意見（Refuse to express an opinion on its financial statements）。1986年Boesky內線交易醜聞（Boesky Scandal）爆發，垃圾債券價格開始下滑。1987年印第安那大學教授Joseph Belth開始提出對Executive Life之負面報告，主流金融媒體亦跟進並質疑FEC投資太多的垃圾債券。據統計，自1982年至1987年間，FEC與Executive Life共與Michael Milken及Burnam Lambert交易垃圾債券超過400億美元，而Executive Life的競爭對手也趁機大肆宣揚這些負面消息。1989年FEC宣布出售ELNY，但隔年（1990）宣告失敗並引起投資人提起詐欺訴訟，ELIC及ELNY資產縮水（Write Down）達7.76億美元，並使該兩家公司之信用評等由A+降為A，FEC成為當年美國最被看空的股票，總計自1989年至1990年，FEC的股價自每股16美元跌至16美分。

1990年FEC投資損失達10億美元，Michael Milken因證券詐欺入獄服刑。1991年當時加州保險監理官John Garamendi宣布ELIC陷於支付不能（Insolvent）並且將其接管。六週後，ELIC聲請破產保護（Bankruptcy Protection）。Garamendi在ELIC之重整案中打算將ELIC出售予New California Life Holdings及Altus Finance。時任紐約州之保險監理官Salvatore Curiale於1991年4月16日接管ELNY，並由紐約清算局（New York Liquidation Bureau）擔任接管人。之後紐約州清算局尋求大都會人壽（MetLife）收購ELNY獲利頗豐的薑繳型遞延年金事業。

1993年ELIC出售及重整方案經修改後為洛杉磯初級法院（Los Angeles Superior Court）批准，Altus支付32.5億取得64億ELIC所有之垃圾債券，Altus並付出3億美元的資本投資新成立的Aurora National Life Assurance Company，Aurora承受ELIC剩餘的資產及負債。1994年ELIC

之保單持有人被賦予選擇退出重整計畫並領取清算價值或接受與Aurora之新契約。Altus收購案於1998年更爆出案外案，一名匿名檢舉人指出Credit Lyonnais銀行為ELIC真正買家，當時法令禁止銀行擁有保險公司，加州保險部門控告Credit Lyonnais違反聯邦銀行控股法（Federal Bank Holding Company Act）及加州保險法等法令，2003年Credit Lyonnais與加州保險部門達成7.3億美元和解。

(2)ELNY重整經過

ELNY自1991年即進入重整，並在紐約州保險監理官之機關——紐約清算局（NYLB）之監督下運作。依照1992年紐約州法院批准的重整計畫，准許將Structured Settlement年金及其他委由大都會人壽管理之契約以外之保單出售給大都會人壽。截至2009年底，ELNY擁有資產達$984,021,594，負債達$2,516,254,541。2010年底，資產為$905,945,200，負債為$2,474,317,342。

2010年紐約州地方法院（Supreme Court）要求紐約州保險監理官（Superintendent）於2011年7月1日前提出ELNY清算計畫。2011年6月23日紐約州保險監理官要求延期至8月10日。於8月8日，紐約州保險監理官又發布聲明將延後至8月26日提出。同年9月1日，紐約州保險監理官終於向紐約州Nassau County提出ELNY清算命令（Order of Liquidation）之聲請（Petition），並請求批准重組協議（Restructuring Agreement）。在進入重整前，ELNY售出約8,000筆Structured Settlement年金，截至2012年1月ELNY尚有約9,700名保單持有人，仍有4,800筆Structured Settlement年金仍然有效。

經過超過二十年的重整，ELNY終究還是走向清算，令人遺憾。正如清算聲請書所指出：ELNY的財務狀況正加速惡化，依照正常的經營程序，ELNY將無法給付未來到期的義務，未來繼續投入重整的努力將顯得徒勞無功。而依紐約州清算局會計經理（Accounting Manager for the New York Liquidation Bureau (NYLB)〕Ivy Chang在清算聲請書中之證言更指出，ELNY經歷財務困難的原因為：(1)ELNY因為投資失利、持續的低利率及資本市場不振；(2)重整人在2007年曾洽詢其他壽險公司同意並取得確保未來ELNY保單持有人仍能繼續獲得支付；(3)直到2008年金融危機前，重整計畫之執行仍顯可行。清算聲請書進一步說明：2008年史無前例的全球經濟危機導致金融市場的崩解（Collapse），對於ELNY之資產有相當大負面的影響，使得繼續執行重整計畫成為不可行。

(3)清算與重組

2011年9月1日，紐約州保險監理官終於向紐約州Nassau County提出ELNY清算命令之聲請，並請求批准重組協議，其中由紐約州保險監理官及「國家人身與健康保險保證協會組織」（National Organization of Life and Health Insurance Guaranty Associations，簡稱NOLHGA）共同提出的重組計畫[22]。

紐約州保險監理官隨後並補充：(1)ELNY剩餘資產約9億美元；(2)州保證基金將提供7.3億美元；(3)4,000萬將提供給州保證基金未涵蓋之契約所有人，上限為10萬；(3)保險公司將提供2,500萬給州保證基金未涵蓋者，並將上限提高至25萬。

經過複雜的程序，2012年4月16日紐約州地方法院宣布准許ELNY的接管人——紐約州保險監理官之金融服務部（Superintendent of the New York State Department of Financial Services）所提清算及重組協議（Liquidation and A Restructuring Agreement）。此案所涉金額、人數極為龐大，所經歷重整期間之長，亦為史上罕見。

2. GABC之成立背景

1991年紐約州保險監理官將ELNY列入重整（Rehabilitation），這段期間由紐約清算局（New York Liquidation Bureau，簡稱NYLB）管

理，保戶仍可依約獲全額理賠。隨著ELNY財務惡化，全賠逐漸成為不可能。2011年紐約州保險監理官向接收法庭（Receivership Court）聲請清算ELNY，自2013年3月15日起經過十一天的聽證（Hearing）程序，接收法庭於4月16日核發清算命令，保戶權益、ELNY後續的清算等主要由重組計畫（Restructuring Plan）加以規定，該清算命令歷經上訴後終於確定。由於ELNY走向清算，於是人壽及健康安定基金（Life and Health Guaranty Association，以下簡稱「安定基金」）啟動，全美50州中各州均有安定基金，加上哥倫比亞特區（District of Columbia）及波多黎各（Puerto Rico）共有52個安定基金。受ELNY影響者計40個安定基金，因此，受影響的40個安定基金在ELNY受清算宣告後即啟動，並聯合組成GABC以作為後續處理ELNY尚未到期保險契約之過渡機構。

3. GABC之成立

依公司章程（Articles of Incorporation）§3.01規定，該公司設立目的如下：

(1)促使安定基金達成其法定目的。

(2)減少ELNY保戶因該公司清算之損失。

(3)承受所有依重組計畫（Restructuring Plan）重組後之ELNY所發售之保險契約責任。

(4)收取、持有、管理及投資因前項三項移轉至公司之資產。

(5)締結再保險契約（Reinsurance Agreements）、保證契約（Guaranty Agreements）以滿足上述(a)(b)(c)之責任與義務。

由上述公司設立目的可知，GABC並不再銷售保單，其主要任務係依重組計畫持續給付保單之受益人、辦理理賠，以至所有保單自然終止。

4. GABC之資本組成

依GABC章程§5.01規定，公司實收資本（Paid-In Capital）不少於

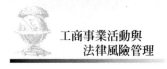

10萬美元。由於公司非以營利為目的，因此不發行股份（No power or authority to issue capital stock）。GABC的資本來自於ELNY清算後之剩餘財產（Estate Assets），其餘則為40個安定基金的注資及某些保險公司的主動投入資金。

5. GABC之管理

並非所有受影響的安定基金都成為GABC之成員（Member），關於該公司成員的權利義務由公司章則（Bylaws）規定。公司仍由董事會（Board of Directors）經營管理。依公司章程§7.01規定，GABC設董事7至11席，董事資格則限於美國公民（Citizen），董事的選舉辦法亦由章則規定。公司目前則由保險公司專業人員及其他具有經驗之自然人經營管理，並受哥倫比亞特區保險證券銀行部門（the District of Columbia Department of Insurance, Securities and Banking）監督。

6. GABC成立後對保戶的影響

美國安定基金與存款保險相同，均具有保障上限。ELNY保戶在保障限度內，其權益不受影響，由GABC於保單到期時依原契約之權益給付。至於超過保障限度之保戶，則保障可能打折。根據統計，僅有1,500名左右之保戶權益將受打折，此由接收法庭在重組計畫中裁定其受影響額度。但GABC表示，在經營中可能將部分保單轉賣予財務狀況健全的公司，若因保單轉賣而獲利，將挹注GABC之財務而使保戶權益受影響之程度減少。

(二)加拿大Assuris經驗

相較於GABC是美國由安定基金成立之保險公司，在加拿大保險安定基金亦於1990年成立Assuris保險公司作為處理問題保險業之過渡機構。Assuris與其說是安定基金成立之保險公司，毋寧稱為安定基金「公司化」則更為貼切，因為Assuris成立之目的在於保險公司倒閉（Fail）

時，確保保戶權益。Assuris與GABC相同，均為非營利組織（Not for Profit Organization），所有加拿大人壽保險公司均為Assuris之成員。但GABC與Assuris最大不同在於GABC是ELNY清算後，專為承接ELNY保險契約而由安定基金成立之保險公司；而Assuris則是加拿大保險公司對於未來可能發生的保險公司經營不善時，未雨綢繆事先所成立之保險公司，一旦有加拿大壽險公司經營不善，Assuris即可為保障保戶而作為。

自1990年起，Assuris一共處理過四家問題人壽保險公司，包括：1992年Les Cooperants、1993年Sovereign Life、1994年Confederation Life與2012年Union of Canaa Life。除了Sovereign Life乙案，Assuris曾成立子公司：CompCorp Life Insurance Company過渡性地處理Sovereign Life案外，其餘均將問題保險公司保單移轉予其他保險公司。

另值得一提的是，Assuris對問題保險公司保險契約所承擔之保險金給付責任訂有上限，如死亡給付20萬或85%之死亡保險金[23]，以最高者為準。因此，如A保戶擁有一張死亡保險契約保險金額為50萬，Assuris則承擔425,000元之責任。

從而可知，透過設立過渡保險機構以解決問題保險公司所遺留下來債務，其構想應是來自於銀行業過渡銀行（Bridge Bank）之概念。蓋因，美國於1987年經國會訂立the Competitive Equality Bankihng Act（CEBA）授權聯邦存款保險公司（Federal Deposit Insurance Corporation，簡稱FDIC）建立過渡銀行。過渡銀行係由美國財政部金融管理局（Office of the Comptroller of the Currency，簡稱OCC）核准，由FDIC成立全國性銀行以接管問題銀行，特別是當金控公司旗下有數家銀行同時發生問題時，過渡銀行之接管可使情況暫時穩定，並爭取時間使FDIC能釐清問題銀行之情況，並尋求問題銀行之買主。當過渡銀行接手後，FDIC任命CEO及董事會，以維持問題銀行之正常運作。GABC之成立背景與目的與過渡銀行類似，惟不同的是，過渡銀行仍持續從事新的交易，例如，放款，但GABC並不繼續招攬新業務。

(三)小結

從美、加兩國透過成立過渡保險機構以處理問題保險公司之經驗可知，其有幾個共同點：(1)過渡保險機構僅承受問題壽險公司之保險契約為主。(2)過渡保險機構對受讓保險契約僅提供限額給付之責任。(3)美國GABC僅專為處理ELNY之保險契約之用；加拿大Assuris則是為處理該國全部人壽保險公司之保險契約。(4)過渡保險機構之設立目的雖僅是暫時受讓問題人壽保險公司之保險契約，但如無法轉讓給其他保險公司時，必須有長久經營之準備。

三、我國存款保險公司並無設立過渡銀行之經驗

或有論者主張，我國存款保險制度中已經存有過渡銀行之規範，因而提議安定基金或可參照設立過渡保險機構以為處理問題保險公司方式之一。對此，如本文之前所提，安定基金屬性與存款保險制度有別，兩者間不宜比附援引。再者，觀察我國過去存款保險公司處理問題金融業個案，並無發現透過設立過渡銀行處理之情形。

四、我國無論是由安定基金新設保險公司承接保險契約或是由安定基金自行承接保險契約，均存在太多不確定性因素

(一)由安定基金新設保險公司承接保險契約

安定基金若以自己或成立子公司辦理接管、承受爭議性資產、不確定負債及清理未了業務等為問題保險公司之退場方式時，本文認為雖無違法性之疑慮，惟本文對安定基金成立保險公司辦理上開業務，尚有諸多疑慮。首先，承受期間無法預期，安定基金需有長期經營該問題保險公司之打算。再者，安定基金並無經營保險公司之經驗且編制人力也無

法負擔龐大行政處理工作。其三，由安定基金承受該問題保險公司全部資產與負債，恐有球員兼裁判，利益衝突之嫌。第四，若是該問題保險公司隱含鉅額財務缺口，安定基金恐將面臨嚴重財務負擔。第五，若是安定基金承受問題保險公司，一旦形成慣例，日後面對排山倒海而來的問題保險公司，安定基金是否有能力處理，實值擔憂。第六，安定基金之成立目的，應僅是暫時性介入問題保險公司之退場處理，非為長期承受問題保險公司之業務而設。最後，從日本經驗可知，該國保險契約者保護機構不再直接成立保險公司承受問題保險公司之業務。是以，本文認為安定基金無論是以自己之名義或成立公司以承受問題保險公司之爭議性資產、不確定負債及清理未了業務，均保持謹慎看法。

(二)由安定基金自行承接保險契約

　　至於有關安定基金是否能以自己名義承受保險契約，似容有再議之空間。首先，保險法第143條之3僅明定安定基金得承接不具清償能力保險公司之保險契約，至於該問題保險公司之其他資產與負債，不得一併承受。是以，安定基金似不得概括承受問題保險公司之全部資產與負債。如此，恐需先將問題保險公司資產與負債區分為保險業務與非保險業務後，將保險業務移轉給安定基金承受，非保險業務部分則需另尋其他方式處理（如另找他人購買等）。對問題保險公司之處理時程，恐拖延過長。再者，安定基金若以自己名義承受問題保險公司之保險業務時，其財務恐無法與其承受問題保險公司之保險業務分離。因此，倘若該保險業務隱含鉅額虧損，超過安定基金財務所能承受之限度時，後續處理問題恐更令人擔憂。最後，安定基金之設立目的與功能並非以承受問題保險公司之保險業務為主，面對數百萬張保險契約後續理賠等相關保戶服務工作，其人力恐無法勝任。

伍、結語

　　處理問題人壽保險公司首要之務便是維持保險契約之有效性，始能
維持保戶權益最大化。惟由於人壽保險公司規模與產物保險公司有明顯
不同，處理問題人壽保險公司之時程，顯非短時間內可以完成。因此，
主管機關有意將安定基金保險化，認為以設立過渡保險機構，以求先確
保保戶權益，再慢慢思索處理問題保險公司資產。此舉雖得以暫時穩定
金融交易秩序，避免保戶產生恐慌情緒。惟處理問題保險公司之方式，
亦應符合公平原則，考量整體保戶之利益。換言之，維護問題保險公司
保戶權益固然重要，但亦需顧全全體保戶之權益，如此方能找到妥適處
理問題保險公司之道，以化解社會大眾對政府財政負擔過大之疑慮。

　　本文觀察美國與加拿大處理問題人壽保險公司之經驗可知，雖該
國均立法明定安定基金得設立過渡保險機構以承受問題保險公司保險契
約，也有透過設立過渡保險機構之個案。然而需強調者是，以設立過渡
保險機構處理問題保險公司之方式並非該國主要處理方式，且過渡保險
機構對承受之保險契約也僅提供限額責任。再者，美國與加拿大所成
立之過渡保險公司均為「非營利公司」（not-For-Profit Insurance Com-
pany），而我國公司法中所列四種公司均係以營利為目的之公司（公司
法第1條參照），且我國並無「非營利公司」或「公益公司」之組織依
據，從而想移植美國與加拿大之經驗，亦將遭遇欠缺法源依據之困難。
基此，對於主管機關有意規劃由安定基金設立過渡保險機構以處理問題
保險公司之規劃，實應再審慎思考其中之利弊，妥善規劃，如此，始能
真正確保全體保戶之權益。

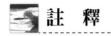

註　釋

* 卓俊雄，東海大學法律學系專任副教授。

** 江朝聖，東海大學法律學系專任助理教授。

1　因保戶（policyholder）與保險公司之間具有強烈信賴關係，故保險事業之經營性質實與一般生產事業有別。當保險業被迫退場，無論保險契約是否能順利移轉給他保險業，因原保險契約之保險人與保戶間關係發生重大變更，對保戶權益勢必產生若干影響。參卓俊雄，保險契約轉讓與保戶權益保護之研究，壽險季刊，第146期，2007年12月，頁26-47。

2　另日本同時期亦有兩家產險公司的退場事件，分別是2000年的第一火災保險股份有限公司以及2001年的大成火災保險股份有限公司。

3　分別為當時的台灣人壽、中信局人壽處（2007年改稱台銀人壽部，2008年改制臺銀人壽）、第一人壽（1995年更名慶豐人壽、2000年更名為保誠人壽、2009年讓與中國人壽）、華僑（1981年更名中國人壽）、南山（1970年股權由AIG承受）、國華（接管中）、新光、國泰等八家人壽保險公司。

4　查國光人壽保險公司勒令停業並聲請破產宣告，主要是因其違反保險法經營轉投資事業，及佣金支出漫無限制所造成。國光人壽在1962年成立，財政部在1968年派員檢查時發現，國光除了1967年度帳面虧損殆盡外，還透支了600萬元，財政部下令國光限期改善，於1970年4月仍未見起色，財政部遂勒令國光停業，該公司保險契約前後轉由同業承受。1972年2月法院裁定國光人壽破產。參林瑩姮，保險安定基金相關法律問題之研究，政治大學風險管理與保險學系，碩士論文，2005年，頁69。

5 參「國光人壽破產案 女法官超級尋人 清掉35年老案」，《聯合報》2007年7月9日A2版。

6 參國華人壽保險股份有限公司接管工作說明，財團法人保險安定基金網頁資料。資料來源：http://www.tigf.org.tw/index.aspx

7 其接管處分原因主要係因國華人壽資本適足率未達法定標準，且未能完成限期增資要求，加上董監事更動頻仍，日前因法人股東股權移轉，甚導致無監察人的情況，有損及被保險人權益之虞。其淨值負數缺口逾500億元。

8 金管會於2009年9月25日函核准上開方案。當時國華人壽實收資本額30.1億，減、增資後資本額達60.1億。資料來源：http://www.tigf.org.tw/（最後瀏覽日：2012年11月28日）

9 有關國華人壽引資或合併案第二次公開招標程序，當時雖然三商美邦人壽保險股份有限公司（下稱「三商美邦」）有完成註冊並進行實地審查評鑑，惟該公司表示，國華人壽之中長期財務、業務狀況應可有所成長，然對於參與引資或合併案，其評估目前不易產生立即具體綜效，不符合該公司目前短期發展之策略，故於審慎評估後，最後放棄投標。本基金將持續推動國華人壽各項業務之經營與強化財務結構，並依原規劃進行洽詢公股金融機構事宜。

10 參財團法人安定基金2012年2月16日新聞稿。資料來源：http//www.tigf.org.tw/（最後瀏覽日：2012年11月28日）

11 查國華人壽標售案傾向採整體出售，同時金管會也同意得標者可在監理保有彈性，例如給與十年監理寬容期，以吸引潛在買方。參「國華人壽 再延長接管1年 4度延長 估賠付千億 新得標者享監理寬容」，《蘋果日報》2012年8月1日。

12 參財團法人安定基金2012年11月5日臺北地方法院第2400號民事裁定書本基金新聞稿。資料來源：http://www.tigf.org.tw/（最後瀏覽

日：2012年11月28日）

13 參金融監督管理委員會2012年11月27日國華人壽標售結果新聞稿。資料來源：http://www.ib.gov.tw/（最後瀏覽日：2012年11月28日）

14 此次國華人壽標售所需補償之金額扣除保險安定基金與金融營業稅特別準備金後，尚不足570億元，據報將尋求銀行團聯貸來補足，預估至少需要七、八年始能清償銀行團。參劉宗志，2012，「國華人壽標出　20年行政寬容　壓低賠付金額」，《中國時報》，11月28日。資料來源：http://news.chinatimes.com/focus/501012383/112012112800091.html，搜尋日期：2012年12月31日。

15 參1963年保險法第141條規定：「保險業於設立時，應按資本或基金實收總額百分之十五，繳存保證金於國庫。」另第143條亦明定：「保險業營業損失達保證金額時，主管機關得令其以現金或提供其他財產補足之。」

16 查1992年保險法增訂安定基金之前，對保險業萬一發生失卻清償能力而有無法償還責任準備金或履行契約責任情事時，壽險業當時已有安定基金之設置，產險業則無，爰予於保險法第143-1條中增列安全基金之設置，以期減輕或免除要保人或被保險人之損失。

17 如回顧我國保險業經主管機關強制退場個案，除本文所介紹之兩家人壽保險公司外，主管機關尚分別於2005年及2009年對國華產物與華山產物為勒令停業清理之處分。

18 按行政院金融監督管理委員會2006年7月18日金管保一字第09500096890號函准照辦之人身保險安定基金動用範圍及限額的規定，人身保險安定基金動用範圍及限額依據《保險法》（以下簡稱本法）第143-3條第2項規定訂定之，且限制安定基金墊付適

用於依我國法律設立許可之本（外）國人壽保險業在我國境內銷售之有效保險契約，但不包括未經我國法令許可之保險業在國內所銷售之保險契約、國內壽險業之國外（總）分支機構在國外銷售之保險契約、保險商品之專設帳簿部分、依據勞工退休金條例年金保險實施辦法規定銷售之勞退企業年金保險契約及勞退個人年金保險契約，以及再保險契約。其中有關人身保險契約對保戶墊付的限制如下：人身保險安定基金對每一保險公司單一動用事件依據「人身保險安定基金動用範圍及限額」，按險種別給予不同的墊付標準，如為身故、殘廢、滿期、重大疾病（含確定罹患、提前給付等）保險金，以每一被保險人計，每一保險事故；或每一被保險人之所有滿期契約（含主附約），為得請求金額之90%，最高以新臺幣300萬元為限。參有關我國保險安定基金動用範圍及限額，參財團法人保險安定基金，「保險公司退場機制」研究計畫，2011年，頁322-327。

19 主管機關基於法律之授權，委託安定基金擔任接管人時，兩者間所訂之委託契約性質應屬行政契約，而接管人則是受行政機關之委託行使公權力，在授權範圍之內視為行政機關（行政程序法第16條第1項、第2條第3項參照）。而行政契約內有未規定者，準用民法之相關規定（行政程序法第149條參照）。

20 參江朝國，保險法基礎理論，瑞興圖書，2009年5版，頁23。

21 目前產險業係按總保險費收入之千分之二，壽險業按總保險費收入之千分之一之比率分別提撥於安定基金。

22 重整計畫內容摘要如下：「1.決定ELNY現值的公式使用4.25%貼現率（discount rate）及公認的平均壽命（mortality table）。2.年金契約的清算值（liquidation value）以ELNY資產與所有契約之總清算值比例為基礎，將降低一個百分點。3.年金契約重組價值將使受益支付（benefit payment）降低34%。4.參與的州保證基金（Par-

ticipating State Guaranty Associations, PGAs）最高需支付$100,000
至$500,000。5.ELNY在1985年8月2日之前所銷售契約及其他前項
所未含括之契約，紐約州Article 75保證基金將以比例支付，最高
法定上限為$5,000萬。6.保險公司集團（consortium of life insurance
companies）同意對於州保證基金無法含括的保單持有人提供準保
證基金（hypothetical guaranty associatio）上限$100,000。7.紐約州
保險監理官及NOLHGA也與上述保險公司集團達成原則協議提供
額外的受惠（supplemental benefit enhancements）。8.紐約州保險
監理官及NOLHGA估計84%的ELNY契約將完全被支付，若不計
上述額外的受惠，則約79%。9.為取代並管理ELNY重組後契約，
參與的州保證基金及壽險業者將依哥倫比亞特區法（the laws of
the District of Columbia）組織非營利特定目的保險公司（a special
purpose not-for-profit captive insurance company，以下簡稱NEW-
CO）。10.ELNY保單持有人將收到保單證書（policy certificate）
以證明NEWCO保證及承擔全部或一部ELNY契約責任。11.雖然保
險公司專業人士及獨立董事將管理NEWCO，州保險監理官亦將予
以監督，若NEWCO不履行其義務亦將向法院追訴。12.清算人及
NEWCO將盡力對ELNY structured settlement年金持有人提供額外
的支付。13.未來，NEWCO將試圖將NEWCO責任移轉予財力雄厚
的第三人保險公司，並將所得淨利匯入ELNY之資產。14.縱使債
權人需於聲請清算四個月內提出請求之證明，所有ELNY帳冊上記
載之保單持有人均視為已依期限提出證明。」

23 相關說明，參Assuris網頁，資料來源：http://www.assuris.ca/
　　Client/Assuris/Assuris_LP4W_LND_WebStation.nsf/resources/
　　assuris+brochure/$file/Assuris+Brochure+2011.pdf。最後瀏覽日：
　　2014年1月10日。

Chapter *14*

自來水品質安全與
法律風險防範對策

林正隆[*]、施茂林[**]

摘要

　　自來水產業為提供人民飲用水的最主要來源，涉及民生基本條件，自來水品質與安全，更與民眾健康息息相關。各國針對自來水均訂有嚴格的法令及標準加以規範，在臺灣規範自來水產業的法令，主要為「自來水法」、「飲用水管理條例」及其他相關子法或標準，確保提供安全無虞的優質自來水供民眾飲用。

　　近年來因人類活動漸向河川上游發展、工業廢水不當的排放及氣候變遷等因素，造成自來水水源水質日益惡化；且隨著飲用水質標準的加嚴，自來水產業在水源取水、淨水操作、供配水安全等產製過程，面臨的考驗及風險也與日俱增。自來水從業人員必須具備法律風險管理觀念，瞭解自來水產業可能存在的風險，及自來水事業如何提升法律風險意識，型塑風險管理文化，運用科學方法，方能有效降低風險之發生及可能之損害，減低經營上之困擾與衝擊。

關鍵詞：自來水、飲用水、法律風險、風險意識、法律風險管理

壹、前言

　　臺灣自2011年以來不斷發生食品安全問題，從食物起雲劑中添加塑化劑DEHP、DBP等環境荷爾蒙開始，之後又陸續爆出毒澱粉、混充米、麵包、醬油、食用油及牛奶等，幾乎生活上每日要消費的食品都有問題，不但造成廣大消費者人心惶惶，也讓社會大眾對於產業製造與消費者風險更加的重視[1]。

　　水占人體體重的60%～70%，是構成生命的三要素之一，亦是維持生命所不可缺少的物質，而自來水更為民眾日常生活所不可或缺的必需品，在臺灣地區幾乎都以自來水作為飲用水。因自來水產業扮演著環境

衛生與經濟發展的重要角色，自來水的供水品質，更與民眾健康息息相關，故各國對於自來水產業均訂有嚴格的法令及標準加以規範。在臺灣規範自來水產業的法令主要為「自來水法」及「飲用水管理條例」兩大類，其子法有針對水源方面的飲用水水源水質標準、淨水方面亦有設備單元規定及淨水用藥規範，供水方面則有飲用水水質標準進行把關，可說是從取水至供水均有嚴格的法令加以管制，以確保自來水產業提供安全無虞的優質自來水供民眾安心飲用。

現代科技日新月異，帶來人類生活之便利，並引導促動文明之進展。但無可諱言，科技隱藏不可預期之風險與威脅，而自來水成品前之產製淨化過程，仰賴於科技日深，是否對消費者帶來身體健康之危險與傷害，在科技日益快速發展之多元風險社會（Pluralistische Risikogesellschaft）中乃屬不可迴避[2]，必須正視及設法防免其風險之發生。

近年來，政府對於風險管理非常重視，要求各機關對於公務處理要有風險意識、型塑風險管理文化，有效降低風險之發生及可能之損害[3]。而自來水涉及民生基本條件，其品質之安全不容有差錯，在處理水質之過程，更需具備風險管理之觀念，在業務之推動中，順利推展其理念，並防範法律風險之發生。是以政府相關機關在釐定水質整體政策時，必須重視水質安全之風險成本，考量經濟效益；在水資源運用調節上，更需以民生水質為本，且以最優質水源作為自來水之原水[4]。

為避免因供應有瑕疵之水質致發生法律責任，自來水事業必須重視法律風險管理機制，運用科學方法，有效率評估、衡量、控制與防範法律責任風險之發生，至少降低其損害，如此以科學方法管理可能發生危害之法律因子與法律事件，當可減低經營上之困擾與衝擊[5]。

本文即以臺灣地區對自來水安全與法律風險識別等加以闡述。又由於自來水之處理與供應涉及諸多專業技術，為便於討論與瞭解，仍一併說明相關之處理技術或流程，並就有關風險管理之對策加以解析，俾有整體防範圖像。

貳、自來水產業圖繪

一、自來水供應系統[6]

臺灣地區除金、馬地區及少數偏遠地區外，均已納入自來水供應範圍內，其負責的系統，概略可分成臺北自來水事業處及台灣自來水股份有限公司。前者以翡翠水庫為主，供應臺北市及新北市部分地區，2013年每日配水量約為225.5萬CMD（每日千立方公尺，或噸／每日）；後者為公營事業，供應除臺北自來水事業處供應範圍外的臺灣本島及澎湖地區，2013年平均每日配水量約為851萬CMD，供應臺灣地區約為79%。本文為說明之便利，以台灣自來水股份有限公司為主軸進行探討。

臺灣自來水事業之發展開始於1896年，建立淡水自來水系統，其後即陸續於全省各地興建自來水設施。至1974年1月臺灣省自來水公司成立前，歷時七十餘年，普及率僅41.03%，出水能力136.4萬CMD，供水人口58.4萬人，無法配合當時臺灣經濟快速成長之需求。

為有效發展各地之公共給水，決定以公司組織型態採企業化方式經營自來水事業。於1974年1月1日合併全省128個水廠，成立台灣自來水股份有限公司（以下簡稱台水公司），全臺除臺北、金門、馬祖及少數偏遠地區之簡易自來水以外，全由台水公司進行自來水的供應。

台水公司成立以來，一直致力於提供民生及工業質優、量足的自來水，促進供水普及率於2012年底達91.32%、2013年底達91.56%，建置了150個供水系統、465座淨水場，以及21座自有水庫。淨水場中每日5萬噸以上的淨水場計有35座，平均每日配水量達851萬噸。為臺灣最大的自來水產業，其規模在國際上也是數一數二[7]。

二、自來水生產流程

　　自來水由水源地送到家戶需要經過很多流程，然後才能到達消費者家中提供安全又方便的飲用水。自來水的處理程序分為取水、導水、淨水及送水等過程，其間經由分水井、膠凝池、沉澱池、快濾池、清水池、抽水站等設備處理。取水係指自水源地（河川、湖泊、水庫或地下水層）利用抽水機或自然重力方式將原水送至（取水口）導水渠道。導水則是將取到的原水經由導水渠道導入淨水場。進入淨水場的原水經過混和、膠凝、沉澱、過濾、消毒等淨水程序，以去除水中的雜質及病菌，淨化的程序後變成自來水，稱為淨水。最後再將自來水以輸水管線配送至用戶處的過程，即為送水。自來水的產製流程如圖14-1[8]。一般淨水場淨水流程如圖14-2。

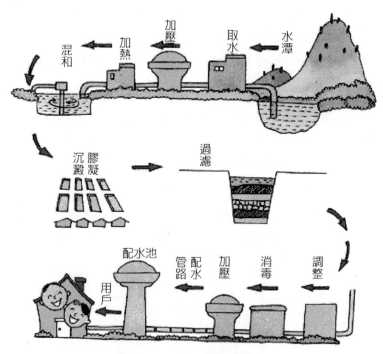

圖14-1　自來水的產製流程

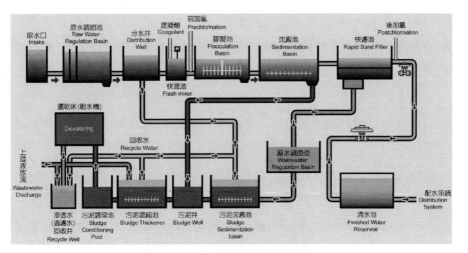

圖14-2　一般淨水場處理流程

參、自來水主要法令規範

俗云：「工欲善其事，必先利其器」，規範自來水產業的法令，主要為「自來水法」及「飲用水管理條例」兩個法令及其相關子法，此兩種法律為自來水事業供給自來水之法律依據，亦是其法律責任之風險源。此外，尚有諸多與自來水相關之法規，一併作必要之說明。

一、自來水法

制定於1966年，經多次修正，最近於2013年1月29日修正發布，共計8章113條條文，主要針對於自來水產業經營及運作進行規範，如自來水事業專營權、工程及設備、營業、自用自來水設備及罰則等。第1條即開宗明義地闡釋立法目的：「為策進自來水事業之合理發展，加強其營運之有效管理，以供應充裕而合於衛生之用水，改善國民生活環境，促進工商業發達。」第10條則規定自來水事業所供應之自來水水質，應

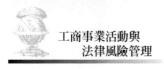
以清澈、無色、無臭、無味、酸鹼度適當，不含有超過容許量之化合物、微生物、礦物質及放射性物質爲準[9]；此即法令上所稱自來水有無瑕疵之基準，否則涉及品質與安全問題，而有法律責任。因之第10條，亦爲自來水從事人員具備法律風險意識之關鍵點。

自來水法第101條明定，自來水事業供應之水，不合第10條規定，可處以行政罰鍰。又第102條、第103條、第104條業規定，自來水事業擅自停業，停止供水，對於主管機關限令更換主要設備而不遵從，或違規收費者，亦均得處以罰鍰。

自來水事業需供應水質清潔之自來水，如果負責人、代理人、從業人員明知用水不合上述第10條標準，而仍繼續供水，致引發病患、災害者，可處五年以下徒刑（第101條第2項）。要特別說明的是，過失供應不合標準之自來水以致引發疾病災害者，亦可處兩年以下徒刑、罰金或拘役（第101條1、2項），此故意、過失犯罪行爲，需發生疾病災害之結果，爲結果犯，適用時，應予注意。又自來水事業違反第32條、第39條、第62條規定，停止供水以致發生公共危險或引起災害者，不論故意或過失行爲均構成犯罪（第102條）。

自來水法相關子法及行政規則很多，如自來水設備辦法、自來水工程設施標準、自來水用戶用水設備標準、自來水管承裝商管理辦法、自來水事業技術人員考驗辦法、水源保育與回饋收費及補助辦法等等，自來水從業人員均應充分注意此法律要求，以免涉及風險責任。

二、飲用水管理條例

飲用水管理條例於1972年11月10日經總統公布施行，於1997年5月21日大幅度修正，後經多次修正，最近一次於2006年1月27日修正公布，共計6章31條，該條例對於提升飲用水的品質有很大的影響。其訂定的目的即爲確保飲用水水源水質，提升公眾飲用水品質，維護國民健

康。飲用水管理條例中，分別對飲用水水源、設備、處理藥劑，以及飲用水水質，訂定管理事項，並且督導各項相關規定的執行，主要措施如下[10]：

(一)劃定飲用水水源水質保護區，加強水源保護，作核心保護

飲用水水源水質保護區或飲用水取水口一定距離內之地區，禁止產生污染行為，違者可處新臺幣10萬元至100萬元的罰鍰，並通知禁止該行為；如果不遵行繼續違反，可處以徒刑、拘役及併科罰金。

(二)飲用水水源水質標準鎮守前鋒

自來水事業單位取用地面水（如河川、湖泊、水庫等）及地下水進入淨水場，在未經淨化處理之前，其水質必須符合「飲用水水源水質標準」，否則不得作為飲用水水源。除非提出改善計畫書，找尋替代水源、增設處理設備或提升淨水功能，並經環保署核准後，才可以繼續使用該水源。

(三)飲用水水質標準防守後衛

所謂「飲用水水質標準」，係指自來水事業單位將原水淨化處理後供人飲用時所應符合之標準。「飲用水水質標準」自1998年4月2日訂定發布以來，經四次檢討修正，透過規範飲用水之水質，保障我國公眾飲用水安全，為國人健康奠立穩固的基礎。於2009年11月26日頒布的管制項目已達59項，近來為進一步提升我國飲用水品質，環保署廣泛蒐集世界衛生組織、先進國家之飲用水水質標準、毒理資料及相關規定，並綜合評估國內現況、處理技術、檢驗方法及可行性後，基於風險預防之精神與原則，研擬再增列9項及修訂一項物質之管制規定，包括增列消毒副產物一項：「鹵乙酸類」，揮發性有機物七項：「二氯甲烷、

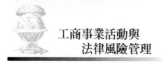
磷-二氯苯、甲苯、二甲苯、順1,2-二氯乙烯、反1,2-二氯乙烯、四氯乙烯」，影響適飲性及感觀物質一項：「鋁」，以及修訂持久性有機污染物一項：「戴奧辛」，於2014年1月9日再次修正發布[11]，其管制標準增加至68項[12]。

　　飲用水水質標準除管制影響健康的物質項目外，亦管制影響口感的適飲性物質，希望符合飲用水水質標準的飲用水或自來水，不只是安全，更要口感好。目前公告的飲用水水質標準中，有害物質的容許範圍是以個人70公斤體重，每天飲水2公升，至少在七十年壽命中不會造成健康危害的評估結果。

　　上述對於飲用水之安全與品質，法令規定甚為明確，如飲用水質超過標準，不論故意或過失，對於用戶涉有契約不履行問題，故自來水從業人員應有高度法律風險認識，本風險管理作為流程，預防法律風險發生[13]。

(四)加強自來水的水質抽驗

　　分別於自來水配水系統的管線前端、中段及末端，依淨水場的供水人口，選取多個地點作為自來水的採樣點，每個月環保局均會派員前往採樣。檢驗結果除公布於當地的新聞媒體外，對於水質違反飲用水水質標準者，將處罰供水單位新臺幣6萬元以上60萬元以下罰款，並限期改善；屆期未完成改善者，將按日連續處罰。

三、其他法令規範

　　由於自來水涉及用戶飲用水之安全，不能有品質之瑕疵，而且自來水雖屬公用事業，但供水與用戶仍屬買賣性質，此方面涉及民法買賣關係，亦不能忽略消費者保護法之供水責任[14]，但尚無國家賠償法第2條之適用[15]。又故意或過失，不法傷害他人之權利，亦應負損害賠償責任

（民法第184條）。另外，刑法公共危險、傷害等罪，亦需注意有刑事責任。是以自來水質品質是否合於法定標準，用戶飲水是否安全無虞，均涉及法律規範，自來水事業需有正確認知，提出風險規避及相對策略，作好風險評量與控管，預防法律風險發生[16]。

肆、自來水產業存在之風險與防控

安全飲用水的先決條件為良好的水源、完善的淨水處理、健全的輸配水系統及妥善的用水設備。自來水存在的風險與防控，可以從幾方面進行討論。

一、水源的風險與防控

自來水產業的水源主要區分為地面水和地下水兩種。所謂地面水是指河川或水庫水；地下水是指鑿井抽取地下中水層的水。台水公司在選擇水源時都先作過水量與水源水質的調查，必須符合飲用水管理條例第6條第6項規定：「地面水體及地下水體符合飲用水水源之水質標準者，始得作為飲用水之水源。」

(一)地面水源風險與調控

1. 存在風險

隨著社會的進步，人為活動漸向河川流域上游擴張，不當之開發活動改變地貌、增加土壤流失率、降低水源涵容能力，並產生廢污水、廢氣及廢棄物，致水源保護地區遭受污染，造成生態危機日益嚴重，不可逆效應逐步出現，導致生活立基陷入險境。近年來飲用水水源被污染之案件時有所聞，如2000年7月13日發生高屏溪上游之旗山溪遭不肖業者傾倒有害事業廢溶劑事件[17]，及2002年3月15日發生的板新水源區疑遭

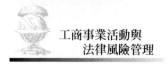

油污染案件，經台水公司緊急處理得宜，方能確保供應的飲用水安全無虞。

若地面水體因污染較為嚴重，水源水質已不符合飲用水水源水質標準時，依規定將無法當作飲用水的水源。如高雄鳳山淨水場原取自東港溪水源，因東港溪受畜牧業污染嚴重，氨氮超過水源水質標準（1mg/L），故於1994年暫停供作民生用水之水源，處理後自來水僅能供應工業用水使用，而民生用水部分所需水源則改取自水質較佳的高屏溪。

地面水存有不潔與受污染之危險，則在引用地面水時，應存有危機意識，評量其因之帶來法律責任之風險，對各地水源有充分之瞭解，鑑識其使用之風險，採取法律風險預防措施。

2. 法律風險調控

法律風險防控主要針對法律風險，經由評估後，採取法律風險迴避與控管對策，做法如下：

(1)加強水源保護，除環保單位巡查外，台水公司本身亦加強水源水質巡查工作，並依飲用水管理條例規定，於劃設飲用水水源水質保護區或飲用水取水口一定距離內之區域，禁止各種污染水源水質之行為計12種，包括非法砍伐林木或開墾土地、開發工業區及社區、傾倒污物、興建高爾夫球場、採礦等。如發現不法，則向環保單位舉發，減少污染水源發生的可能性。

(2)針對取水設施管理、水質變化，細心加以注意。當水源突發水質污染時，嚴密加以巡視或同其他自來水事業或環保機關間周密聯絡，以求早期發現，而能迅速採取因應措施。目前台水公司針對取用地面水體之淨水場，均設有生物養魚監測，因應水質異常時，得以迅速謀求必要的措施。

(3)不符合飲用水水源水質標準之水源，如同前述，如仍提供與客戶含有損害身體健康之飲用水，容易帶來法律責任，本法律風

險防範原則，應予停用。

(二)地下水質風險與調控

1. 存在風險

地下水水文複雜，影響水質的因素很多，部分地下水源中因人為污染或天然因素含有不同的污染物質，導致飲用水的風險增高[18]，其相對亦帶來法律風險問題。

(1)人為污染方面

農業地區常因化學肥料過量使用，造成地下水井遭硝酸鹽氮污染。硝酸鹽氮在人體內會轉換成亞硝酸鹽氮，繼而和血紅素結合，使血紅素失去正常的攜氧能力，尤其對嬰孩危害性最為嚴重，會造成嬰兒全身缺氧致膚色呈現藍紫色，俗稱藍嬰症。

(2)工業廢水污染問題

科技產品製造過程，常需使用化學物質，高科技產品更需用上多種化學物質，部分具有高毒性。以科學園區三大產業使用之二氯化烷、甲基異丁酮、三氯丙烷、磷化氫、二氯乙烯、三氯化硼等均為有毒化學物，其中尚有未公告之毒化物，其廢水排放包括重金屬廢水、有機溶劑廢水、酸鹼廢液等，均會造成污染問題。從過去以來所發覺之廢水違法排放事件以觀，均涉及污染地下水質[19]。

(3)天然地質因素

臺灣地區雲林、嘉義、臺南、高雄、屏東及宜蘭等沿海地區，因地質因素，井水中含有砷，惟早期居民大多仍鑿深井取水養殖、灌溉和飲用。砷對於民眾健康的影響不會立刻顯現，而會累積在體內，逐漸引發著名的「烏腳病」，讓患者皮膚潰爛壞死，最後不得不截肢。而且醫學研究亦指出，長期暴露在無機砷中會引發胃癌、腦癌、泌尿道癌等疾

病，此一現象早期曾發生在上述地區，近年來改飲用自來水後已無此現象。

2. 風險防控對策

(1)針對硝酸鹽氮超出水源水質標準的地下水體，如南投、民間部分地下水井，台水公司目前均予以停用，並改由其他地面水源進行供水調配。

(2)環保署1997年9月公布之「飲用水水源水質標準」，規定水源中砷最大限值為0.05mg/L；1998年2月公布之「飲用水水質標準」，規定飲用水中砷最大限值為0.01mg/L；針對天然背景中含砷量較高的地區，原則予以封井，由其他水源進行調配。而雲嘉部分沿海地區如麥寮、新興、四湖等地區因無替代水源，採取三階段方式因應：第一階段投入大量的人力物力改善淨水場的硬體設備，並增設除砷淨水場，使用氯化鐵進行混凝沉澱，並封掉含砷量較高的水井，使飲用水中砷符合飲用水水質標準0.01mg/L以下；第二階段自2009年開始則積極辦理「延管工程」，導引無砷問題的林內淨水場清水來供水；第三階段則配合湖山水庫，興建湖山淨水場及原水前處理場，預定可於2016年完工運轉，屆時雲嘉地區之地下水將改為備用水源，由地面水供應，徹底解決地下水水質問題並加強國土的保育。

(三)環境荷爾蒙污染風險與調控

1. 存在風險

1996年美國的暢銷書《Our Stolen Future》（國內中譯本《失竊的未來——生命的隱形浩劫》，1999，先覺出版，此書目前已絕版），再一次喚醒人類對化學污染物的重視。書中舉出許多化學污染物對人類與生態的嚴重影響，甚至禍延後代，並將這些物質命名為「外因性內分泌

干擾化學物質」，也就是「環境荷爾蒙」。環境荷爾蒙即指存在於周遭環境中的微量化學物質，通常經由食物鏈進入體內，形成假性荷爾蒙，傳送假性化學訊號，進而干擾內分泌之原本機制，造成內分泌失調，特別是在生殖機能或引發與荷爾蒙相關之惡性腫瘤方面。對懷孕期胚胎或成長初期影響頗大，並導致雌雄不分，終致絕其子嗣[20]。國內主要的環境荷爾蒙，主要為壬基酚（Nonylphenol，簡稱NP）和雙酚A（Bisphenol A，簡稱BPA），以及在臺灣鬧得沸沸揚揚的磷苯二甲酸酯（di-(2-ethyl hexyl) phthalate，簡稱DEHP）等三種環境荷爾蒙。

壬基酚NP廣泛應用於非離子型界面活性劑，大量使用在工業和民生用品上，其殘留物質在水環境中不容易再被分解，使得這類有機物質在世界各國河川中都被檢測到，其濃度足以影響水中生態[21]。

雙酚A為一低揮發性的化合物，大部分（99.9%以上）被使用於製造碳酸脂聚合物和環氧化合物或苯酚化合物樹脂。在塑膠製程中，如聚氯乙烯，會添加雙酚A為穩定劑或抗氧化劑。

DEHP主要用途為塑膠製品之塑化劑，以增加塑膠之延展性、彈性及柔軟度。DEHP為無色、無味的液體，易溶於汽油和油漆去除劑中。一般的塑膠物品中通常可發現少量的DEHP存在，它可以當作製造某些物品的原料，如油漆、橡膠管、血袋、化妝品、包裝食物的材料及小孩的玩具。

理論上，這些環境荷爾蒙會在工業用或民生用廢污水處理廠中被分解處理，但由於臺灣目前之廢污水處理廠不足、甚或未經處理廠便直接排入河川，導致河川及水庫污染，因而造成飲用水水源中不安全的風險。如不正視而造成所供自來水品質與安全有問題，將會有民刑事責任，主事者自應備具法律風險防控認識，採取有效之對策，降低環境荷爾蒙之危害。

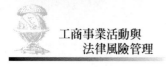
2. 法律風險防範控措施

目前環保署已將「壬基酚、磷苯二甲酸二（2-乙基己基）酯、雙酚A」等環境荷爾蒙，列為28項國內飲用水現階段尚未列管的新興污染物候選名單之一。而台水公司於2008年即委託朝陽科技大學進行「自來水中有機物致突變性調查分析」，針對壬基酚、雙酚A進行自來水體調查；亦於2010年度針對鳳山、新山、大湳、東興、澄清湖、南化、豐原、板新等8個給水廠，委託中環科技公司進行壬基酚檢測，分析結果大部為ND，少部分測得到濃度亦 < 0.005mg/L。另為進一步明瞭環境荷爾蒙對淨水系統的影響，將進行「自來水中環境荷爾蒙調查與研究」，以積極了解飲用水中環境荷爾蒙污染概況，提出可行的監測方案，以維護民眾飲用水安全。

(四)優養化、藻毒威脅風險與調控

1. 存在風險

水庫集水區的營養鹽物質隨著工業以及人口的快速發展而急遽增加，造成部分水庫之氮、磷含量增加，使得水庫承載量超過其自淨能力，發生「優養現象」（Eutrophication）。某些藻類之代謝物，如geosmin、Methylisobomeol（MIB），會使水有土霉味或魚腥味等不良之味道。另水質優養化亦會造成「藻華」現象產生，水中藍綠菌藻在生長過程中會釋放對於人體有害的藻毒，如微囊藻毒等，而造成危害，此項危害即為危機，負責人員應有法律風險之觀念。

2. 法律風險之預防作為

為維護民眾飲用水安全，掌握水源情況，自來水公司已自2006年對21座水庫水源進行優養化監測，另對於水庫水源及相關21座淨水場原、清水辦理微囊藻毒檢測，並與環保署環境檢驗所比對，確認檢測結果之正確性。減少危險性之清水水樣，經檢測結果，微囊藻毒素濃度皆

低於世界衛生組織建議每公升飲用水水質中微囊藻毒素之指引值1微克（1μg/L），大部分甚至在0.16μg/L（最低檢測值）以下[22]，其風險已大大降低。

二、淨水程序產製的風險與管控

一般的淨水流程為混凝、沉澱、過濾及消毒等處理單元。一般最常用的混凝劑為硫酸鋁或聚氯化鋁，而消毒藥劑則為氯氣或次氯酸鹽等，需注意防免其對身體健康造成危害，也才不致發生法律風險責任。

(一)消毒副產物──加氯風險與管控

1. 存在風險

在尚未有自來水的年代，人們飲用的水多來自未經消毒的河水或井水，當這些水受到病原菌的污染時，常引起如霍亂、傷寒、阿米巴痢疾和腸胃炎等水媒傳染疾病的流行。至1908年，美國開始使用氯來消毒自來水，才得以供應衛生、安全的自來水，而在自來水中以加氯的方式來消毒，也逐漸為各國採用。從此自來水的衛生得以確保，使全球數以億計人口的健康得到保障。當時享譽國際的《生命》雜誌有這樣的評論：「水的加氯消毒方式，應是本世紀中一項最重要的公共衛生成就。」

1974年，荷蘭鹿特丹水廠之J.J. Rook發現加氯消毒後之自來水中，含有微量之致癌性物質三鹵甲烷（Trihalomethane，簡稱THMs），隨後各國之研究顯示三鹵甲烷及其他鹵化有機物〔統稱消毒副產物（disinfection by-products，簡稱DBPs）〕，普遍存在於加氯之自來水系統內[23]。其中三鹵甲烷為最主要的消毒副產物物種，包括$CHCl_3$（氯仿）、$CHBrCl_2$、$CHBr_2Cl$、$CHBr_3$（溴仿）等四者，其中研究較多者為氯仿，氯仿經細菌和動物實驗發現有致突變性和致癌性的可能[24]。另一消毒副產物則為鹵乙酸（Haloacetic Acids，簡稱HAAs），一般以HAA_5

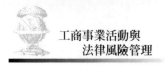

表示，包括MCAA、DCAA、TCAA、MBAA、DBAA等濃度之總和。研究指出，部分含鹵乙酸可引起肝毒性、基因毒性、神經毒性、胚胎毒性、生殖危害等多種毒性，更可引起人類最為關心的致突變性或致癌性等。

2. 風險管控策略

臺灣地處亞熱帶，常年氣溫偏高，且日照光足，使用傳統淨水程序之淨水場，常在原水進入水廠之時，即加氯以抑制廠內微生物之生長，但因此時水尚含有許多未處理的有機物質，不免增加三鹵甲烷等有機鹵化物生成之機會。

(1)THMs（三鹵甲烷）的控制：臺灣飲用水水源及水質標準，規定 THMs的最大限值為80ppb。台水公司長期監測，THMs幾乎全遠低於標準，僅澎湖及綠島等離島地區因水庫前趨物質（TOC）較高，THMs偶有偏高，為求解決，經建立鹽淡廠、海水淡化廠及清除水庫底泥後，均已符合標準。另透過宣導教育開水煮沸後打開蓋子3至5分鐘，能有效降低三鹵甲烷對人體的潛在危險。

(2)HAAs（鹵乙酸類）的控制：台水公司亦定期追蹤，建置HAAs 分析技術，針對淨水場供水進行自我監測。環保署也於2014年1月9日公布本項飲用水水質標準，其標準為自2014年7月1日起為 80μg/L，自2015年7月1日起將為60μg/L。

(3)同時，水利署近年來推行CPE（淨水場效能評鑑）、台水公司推動OPEE（廠所自我營運效能評估及提升），以及加藥種子教育訓練等工作，以提升操作能力，降低過量加藥產生的危險與風險。

(二)淨水藥劑產品及添加之法律風險與管控

飲用水管理條例中第13條規定，飲用水水質處理所使用之藥劑，以經中央主管機關公告者爲限。依此，環保署於1997年11月24日開始陸續公告相關飲用水水質處理藥劑，包括最常使用的消毒劑「次氯酸鈉」及混凝劑「聚氯化鋁」[25]等。最近因應高濁度及高藻類所需，於2010年3月29日再增加「聚矽酸鐵」乙項，總計公告爲飲用水水質處理藥劑計有21項，以保自來水之使用安全度。

臺灣淨水處理過程最常加入的混凝劑爲聚氯化鋁（PACl），作用爲將水中顆粒物質膠凝成大顆粒而沉澱去除；另亦需加入氯或次氯酸鈉等藥劑，主要係作爲消毒滅菌用途，也兼作氧化劑使用，以確保供水符合飲用水水質標準，保障飲水之衛生安全。

1. 存在風險

(1)淨水藥劑產品之風險

混凝劑PACl製造方法有鹽酸法（鹽酸＋氫氧化鋁高熱合成）及硫酸法（氫氧化鈉＋硫酸＋鹽酸，再加石灰脫酸）兩種，製造程序中，均需要加入鹽酸或硫酸，因此曾經發生廠商使用交貨的PACl工業廢酸如半導體業溶蝕廢酸等再生的副產品進行合成製造，試圖蒙混過關的案例。另次氯酸鈉溶液則因其原料之一的濃鹽水中含有溴離子，經電解程序會產生溴酸鹽，如次氯酸鈉溶液含有溴酸鹽偏高，會因添加該消毒藥劑而將溴酸鹽帶入清水中，進而增加其危害風險。

(2)淨水藥劑過量添加之風險

2013年4月份媒體節錄台灣自來水公司2009年委託成功大學進行的「水公司各淨水場清、配水含鋁量分析調查及最適化處理之研究」報告，報導部分自來水淨水場自來水含鋁過高，如果民眾長期喝含鋁過量的水，容易罹患老年癡呆症，引發軒然大波；惟當時「鋁」在臺灣尚無

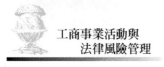

飲用水水質標準。

　　鋁主要係由自然循環過程釋放到環境中，飲用水中鋁濃度通常依據原水鋁濃度及水處理過程中所加入硫酸鋁、聚氯化鋁等混凝劑的量及操作條件而決定。因聚氯化鋁無顏色，部分淨水場操作人員在添加時，一不注意可能就會造成過量加藥而不自知，尤其是在淨水場的原水鹼度較高時，鋁不易形成混凝成膠羽沉澱，供水中鋁超標的情形就會更加明顯。

　　飲用水中鋁含量，環保署於2014年1月9日環署毒字第1030001229號令修正發布飲用水水質標準第3條，於飲用水水質標準之化學性標準第三目「影響適飲性、感觀物質」下增列「鋁」乙項，標準分三階段實施，自2014年7月1日起標準為0.4mg/L、自2015年7月1日起標準為0.3mg/L、自2019年7月1日起標準為0.2mg/L。另為因應供水需求及我國特殊氣候水文環境，陸上颱風警報期間水源濁度超過500NTU時，及警報解除後三日內水源濁度超過1000NTU時，鋁標準不適用。

2. 法律風險控管做法

　　為有效確保淨水用藥品質符合法令規定，台水公司訂定更為嚴荷的採購規範及驗收標準，讓明確的品質需求見諸法令條文及文字，同時制定易於分析判定的驗證程序，做到不使黑心供應商有魚目混珠的可趁之機。另如何最佳、最適化的添加淨水藥劑，避免因不當或過量加藥反而造成另一種不利的影響，其衍生效應將會發生法律責任。基於安全與品質確保，現場操作人員必須具備風險防控知能，充分掌握產製過程不致發生不當、過量等情事。

(1)PACl淨水藥劑管理安全化

　　為確保淨水用藥品質，嚴禁使用廢酸、廢鹼等廢液為淨水藥劑製造原料，影響民眾用水安全，特別將不純物檢項增加一項「銅」。為防漏網之魚，藥劑之主成分及不純物每批都要檢驗，以確保淨水用藥品質。

其具體做法，如主成分由檢驗室辦理檢驗，總管理處訂定品質管制標準，應進行相關查核工作。聚氯化鋁之驗收檢驗——不純物檢驗部分，由每合約檢驗10次以上，修訂為每批次皆需檢驗，以確保使用藥劑之安全；訂定合宜內控管制標準——如PACl標準增訂銅8ppm、錳25ppm修訂為23ppm，餘以法規標準之八成作為內控標準。

(2)購置低溴酸鹽的次氯酸鈉淨水用藥

環保署為降低淨水用藥次氯酸鈉中溴酸鹽濃度過高之問題，於2007年12月26日公告淨水用藥次氯酸鈉增列不純物項目溴酸鹽，上限值為50mg/kg，並於2009年12月26日正式施行。同時擴大規範所有飲用水之水質標準中，溴酸鹽含量不得超過0.01mg/L，自2010年1月2日正式施行（原飲用水水質標準中，因臭氧淨水處理會導致水中溴離子轉化為溴酸鹽，故僅規範有使用臭氧處理之淨水場，供水方需檢測溴酸鹽，控制溴酸鹽含量在0.01mg/L以下）。

為符合法令規定，並降低因添加次氯酸鈉而增加清水中溴酸鹽含量，經台水公司與製造商共同研討，製造商同意採用純化氯氣（本身溴含量少），再適時減除溴後與氫氧化鈉反應以產製低溴酸鹽含量之次氯酸鈉液，供台灣自來水業者使用。台水公司並將溴酸鹽濃度納入檢驗規範，以降低其危險機率之發生。

(3)鋁系淨水藥劑加藥最適化與藥劑之更換

環保署於2014年1月9日新增飲用水水質標準之化學性標準「鋁」乙項，自2014年7月1日起標準為0.4mg/L、2015年7月1日起標準為0.3mg/L、2019年7月1日起標準為0.2mg/L，陸上颱風警報期間水源濁度超過500NTU時，及警報解除後三日內水源濁度超過1000NTU時，鋁標準不適用。而飲用水的鋁含量主要因淨水程序使用之鋁鹽混凝劑殘留而存在，或原水中既存的鋁含量未能在淨水處理流程中完全去除所致。由於混凝效率會直接影響到水中殘餘鋁濃度值，即水中殘餘鋁的改善對策和

所使用之混凝劑及其混凝效率有關。

　　台水公司為符合新飲用水水質標準「鋁」的規定，採取因應對策，如推動改善行動方案，找出含量偏高原因，改變加藥方式，調整混凝劑加藥量等。同時配合環保署最新公告之三階段飲用水鋁管制標準，訂定各列管淨水場完成改善期程，逐步達成各階段之法令規定之管制標準，以降低違反法令所造成之風險。

三、供配水程序風險與防範

(一)存在風險

1. 配水系統問題

　　自來水由淨水場送出時，水質均需符合飲用水水質標準，但輸送到用戶水龍頭的過程，必須流經管網系統及用戶的用水設備。而自來水的管線埋入地下後可能隨著時間老化鏽蝕而逐漸漏水，除了流失寶貴水資源，也會影響用水品質，例如鏽水滲出、壓力洩漏等，當停水時民眾如果繼續抽水將會造成負壓污染現象。民眾不解其原因，當家內自來水之品質有異狀時，常責怪自來水公司。針對此方面，台水公司應有風險防範做法，加速更新管線，並充分對外界說明。

2. 用戶端二次污染

　　自來水原本安全衛生無虞，但如家戶的水池、水塔等自來水用戶設備不符標準時，如採用地面下式蓄水池、直接由自來水給水管抽取用水、自來水與其他水源混用、家戶用水使用橡皮管接水時將橡皮管浸沒在水中、蓄水池或水塔容量太大或功能構造不足、水池水塔未定期清洗與維護管理、水池水塔進水口高度低於最高水位、管線老舊或使用不當、停水再恢復供水後立即作為飲用等，甚至因地震造成管線破損或因房舍改建造成管線錯接時，均可能發生自來水二次污染的問題，而民眾

常在不自知的情況下，把水質責任歸責於自來水水質。

(二)法律風險評量與決策執行

1. 加強管線汰舊換新，小區管網檢測，降低漏水率

根據先進國家經驗，建置可獨立計量之區域管網，藉由分區計量，有效掌握自來水管線之漏水情況，進而視需要執行檢漏及修漏作業，達到降低漏水率之目的，即為「分區計量管網」或「計量管網」，即俗稱的「小區管網」。藉由裝表計量評估小區的漏水情況，挑選弱點及漏水嚴重區域優先抽換，並搭配管網改善水壓、水壓管理、提升修漏效率與品質等多項措施，降低其漏水率。

台水公司為增加管線汰換、降低漏水率，配合行政院「振興經濟新方案」，擬具「加速辦理降低自來水漏水率及穩定供水計畫」（2009至2012年），挹注共272億元經費，積極辦理建置地理資訊系統、分區計量管網建置、加強檢修漏水、加強管線汰換等計畫，全力加速降低漏水。並成立防治漏水與水量計管理「專責單位」，由以前屬於各區處管轄，改歸總隊統一指揮。另配合政府黃金十年目標，台水公司已擬定「降低漏水率計畫」（2013至2022年），將投入新臺幣600多億，主要針對管線逾使用年限及漏水頻繁者優先辦理汰換管線，以「水壓管理」、「修漏之速度及品質」、「主動漏水防治」、「管線及資產管理」等四大執行策略為主軸，另外導入降漏策略及技術，加強管理水量計維護作業、加速修漏時效及品質、積極推動分區計量管網建置、提升檢漏技術及引進先進測漏儀器、加強水壓管理並進行水壓水量合理管控，以逐步降低漏水率[26]，降低水資源的浪費及不足的風險。

2. 加強用戶教育宣導

安全飲用水的先決條件為良好的水源、完善的淨水處理、健全的輸配水系統及妥善的用水設備，因此要喝到安全飲用水，除了仰賴自來

水專業嚴謹監控淨水處理及環保機關推動水質稽查管制外，更需民眾配合，包括共同維護飲用水源、勿任意抽取地下水飲用、防止自來水二次污染並定期維護飲用水設備（如飲水機），此項決策需確實執行，方能確保飲用水安全。故用戶端的配合相當重要，近年來積極加強用戶宣導預防水質二次污染工作，如利用繳費通知單、里民大會、與民有約、公司網站宣導、刊登各種報刊雜誌及用水宣導活動等等，冀望可以降低自來水質二次污染的產生[27]，減少水質污染造成危害之風險。

伍、提升自來水安全品質之法律風險管理對策

自來水與人民生活、經濟發展息息相關，提供質優、量足、服務好之自來水，為台水公司主要重點工作。而優良之水質有賴於完善之「水質管理」，為因應日益嚴苛的挑戰，亟需以用戶服務為導向之觀念，積極建立從原水、淨水、供水至廢水之水質管理策略及目標，以達成自來水供應符合「質優、量足」之終極目標。

風險之類別很多，不論成本、營運、市場財務等風險，一發生必帶來損失與危害，是以以科學方法管理風險，可以降低交易成本，減少意外損失成本，增進營運效益[28]。再從實質面探討，最後必以法律風險之結果出現，甚且帶來嚴重之法律責任。無可諱言，要避免法律風險結果發生，需評估風險機率、損失風險、重視前端事務之處理與前置或先期作業有良好風險管理決策，認真執行，相信必能直接降低法律風險之危害性[29]。因之本文亦將有關自來水供應鏈相關事項一併來預測評量、控制等做法詳予論述，以求周全。

一、政府應建構水質安全之風險防範政策，有效率執行

水質安全攸關全體國民之健康，品質良好與否影響國民之幸福，不容水質發生問題才想辦法補救，否則損害已然發生，補救可能相當困

難。政府應有能力預見其重要產，預警其危險性，並在未發生之前採行預防方式管理，建立預警功能，發展危機規劃系統，制定風險應變計畫，防免水質發生品質之危機。

公共政策（Public Policy）係指政府機關為解決穩定公共議題或解決滿足公共需求，經由評估、分析、決定及採取之特定作為或不作為，以及具體推展之活動，當政策決定時，政府機關將以法律、法規、行政規則、命令、計畫、方案等方式出現，據以推動。因水源、水質中央管理監督機關甚多，需由行政院或指定之層級統合，擬定具體可行之政策[30]，不宜由某一主管機關獨辦主其事，否則統合困難性高，成效必不彰。

(一)中央應有前瞻性統合政策，防杜污染風險源

自來水質之品質與安全，是每個人日常生活所依賴之必要元素，政府有義務將之列為施政之重要課題。而且負責供水之台水公司與臺北市自來水事業處僅係以經營自來水為目的之事業（自來水法第17條），本身並非行政機關，無任何行政權力，有關水源、自來水質之保護及確保，需行政主管機關展現權力作用，依法有效執行運作，是以應有全面性之政策賴以推行。

由於地面水與地下水之管制、管理之法律分散在環保、水利、飲水、國土保護等法律體系下，其主管機關亦分散在不同部會，依當前政府組織改造以觀，要統一為單一部會主政，有其困難性，因此，政府需有跨部會之統合，全面性及前瞻性之政策解決相關問題。

在政府之制定前，需考量下列問題：(1)安全品質部分：政策之編擬確定，以維護水源水質為目標，針對現存問題，執行所生缺失，深入探究，提出解決方案。(2)法令部分：法律完備，法規周全，行政規則明確，各法令間協合可行，且無矛盾衝突之處。(3)主管機關方面：不

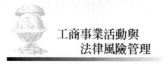

能本位主義，需跨部會合作，本行政協助精神通力合作，並有跨部會執行小組，經常聯繫，協助發揮互補功能，解決水質安全問題。(4)執行方面：法律規範固需嚴密，主要乃在充分執行，各機關相互配合，依法徹底執行。(5)永續發展方面[31]：重視水是人類重要資源，有效率用水，節約省水，生態維護、水資源保存等。

　　從當前行政機關制定之政策過程，大抵考慮政策制定依據、規範內容、政策審議及政策調整與終止等面向[32]。但其核心事項在於現有破壞影響水質現象之遏阻，改善不良水質之具體對策，國民生活水準提升趨勢之需求，永續經營理念等，政府應列為政策重心。

(二)嚴格執行水源保護法令，減少污染風險源

　　自來水法第11條明定劃定水質水量保護區，禁止濫伐、濫墾、變更河道、土石採取、排放超過標準之工廠、家庭廢水、污染性工廠、設置垃圾掩埋廠、焚化爐、傾倒污染水源水質物品、養豬、營利飼養家畜、家禽、建高爾夫球場等違害水質與水量之行為，甚且要拆除有違害水質水量之原有建物與土地利用（第12條）。凡在水質水量保護區內，妨害水量之涵養、流通或污染水質，經制止不理者，處以一年以下徒刑、拘役或罰金（第96條）。主管機關對此水源之保護規範應嚴格執行，確保水質免受污染。

　　又飲用水管理條例第5條對於水源之管理，亦有類同自來水法第11條不得有污染水源水質行為之規定，其有違反者，處以10萬元至100萬元之罰鍰，並通知禁止該行為（第20條）。經禁止為該行為而不遵行者，處以刑責（第16條第1項第1款），是以主管機關有嚴密執法之職責。

　　當前污染防治法律愈來愈周密，其中有相當多之法規均與水源、水質、水量之保護有關聯，水污染防治法對於地面水、地下水、地面水

體、地下水體等均有保護規定，並有防治措施；違反者，有民事、刑事及行政責任。土壤及地下水污染整治法對於地下水有保護規定，要求有管制及防治措施，各級主管機關應進行調查評估，整治後應有措施及督導；違犯者，有法律責任。因部分地區採行海水淡化工程提供自來水，海洋污染防治機關亦應依該法採行保護，防止防制污染等措施。

有關土石採取、山坡地開發利用、農村山地使用等，散見在土石採取法、山坡地保育利用條例、水土保持法、農業發展條例等，各主管機關對於影響水源、集水區，及水質品質等開發、整治、利用、墾植等行為，均應依法執行其職權，盡其應有之職責。森林法第10條規定，位於水庫集水區、溪流水源地帶等，限制採伐森林，以確保水源水質。國家公園法對於在國家公園區域內禁止有污染水質之行為（第13條第3款），違反者有行政罰（第25條）。

臺灣有部分水庫之蓄水為自來水之水源，依水利法第54條之1規定，禁止在水庫、蓄水範圍內棄置廢土、廢棄物、採取土石、飼養牲畜、養殖、種植植物、排放不合規定之污水，違反者處以罰鍰（第92條之2第5款、第93條之2第1、2、4款）。又毒性化學物質管理法、環境用藥管理法、廢棄物清理法、資源回收再利用法等，涉及水源、水質之安全，主管機關均應依法認真執行。又殯葬、火化、骨灰處置存放、樹葬，以及殯葬設施之地點、方式等，均涉及環境維護，其與水源及水質有關時，主管機關需審慎管理核定及督導。

自來水質之保護與保育之法律尚屬周全，而未能發揮其效能，原因之一在於部分主管機關缺乏嚴正之觀念與決心，導致法律威信低落，間接養成人民不守法之觀念，如此積非成是，迫使主管機關企圖以修法來改善，形成「不守法→修法→不守法→再修法」之循環。改進之道，應建立主管機關與公務員「執法從嚴」之決心，公正嚴明執行，使自來水質之保護法律得以貫徹[33]。

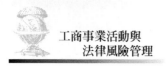

(三)各主管機關密切合作，無縫接軌執行職務

有關自來水之水源或來自天然地面水或地下水，涉及之法律殊多，已如前述，而且各法令有其主管機關分掌其職務規範，各有其職責，而且執行過程有其執行公務重點、處理作業流程、辦理事務模式，以及執行文化與思維；加上承受外來壓力，如民意代表、有力人士、上級關說、輿論力量等，以致執行之力道不同、有強有弱，加上其相關聯之公務與法令執行亦出現差異性，造成水源保護與違法取締之縫隙[34]。

對於水之污染，包括生活污水、工業廢水及畜牧污水等類，而水中污染物分為有機類化學性污染、無機類化學性污染物、生物類污染物、固體顆粒污染物及放射性污染物，當各類污染水排入水源區域或地下水域，而成為飲用水時，對人體健康造成各類傷害，如DDT、TBT等影響生殖力，鎘污染造成痛痛病（Itai-Itai disease），汞則造成神經中樞之傷害[35]。現行水污染防治法規尚稱完備周全，如相關主管機關間密切合作，加強執行力道，當可作好控制與防範之工作。

政府各單位等，以及各縣市政府主管局處，應體認水源保護之重要，對於本身之公務職掌嚴格推展，依據法令授權與要求全力執行，貫徹法令之目的精神。同時各機關更需密切合作，無縫接軌，例如，經常或定期聯絡，建立公務聯繫機制，檢視現有做法之缺失，定期聯合執行現場調查，稽核與取締，防止關聯業務執行之缺漏空隙，形成保護自來水水質之嚴密法律網。

二、自來水事業應有正確法律風險意識與控管措施

從供水契約以觀，供應之自來水如品質有瑕疵，對身體健康有影響，很明顯係自來水事業之產品與服務對消費者造成之侵權責任，亦有契約不履行之民事責任[36]。而依自來水法及飲用水管理條例等規定，自來水品質有法定標準，如有違反，有民刑事法律責任，已如前述。供應

自來水之企業，除本身必須履行法令規範外，並需引導及督促員工遵行自來水水質相關法令，踐行法律責任，隨時培育員工有正確之法律觀念[37]。當然，自來水事業負責人、主管、員工更應該認識到自己的法律責任，體認法律風險是可以防範，必然利人保己。

法律貴在實踐，公務重在推行。現行自來水品質安全與品質之法律相當明確，自來水從事人員不僅要認真執法，本身更需具備完整之法律知能，方得掌握自來水法令之要求與禁制，以及可能之法律責任風險，避免因不執法或執法不全、不當、不周帶來法律責任，甚而自身有法律責任。

自來水事業為使員工有明確之法律認知，平常即應在業務推動、各項會議及活動中，提醒從事人員注意。而為防日久生怠，必須在相當時間後適時作在職訓練；同時，在員工相關研習、訓練及教育活動中，應安排法律知能講習，教育員工正確之法律風險意識，政風與人事等單位並將既有發生之案例，深入研究，剖析其發生原因及造成不良效應，以及防範要領，提醒從業人員不能重蹈覆轍。

依行政院所屬各機關風險管理及危機處理作業基準第8-27點規定，各機關應建立風險管理專業技術，提升風險管理養成，並應將處理危機之經驗及事實編製知識案例，供學習、檢討、改進之用。是以自來水事業除加強學習訓練外，應設置法律風險知識分享平臺，編寫相關法律風險案例教材或手冊，利於學習、溝通、監督及調整[38]。

風險幾乎無所不在，自來水事業必須研究風險類別與風險暴露，能開發適合自身環境之風險，作好連同法律風險之風險識別、評估、管理，更重要的是不僅在消極之應對與規避風險，而應積極利用風險，亦即在不同風險中選擇及減少風險，承擔另種風險，契合經營目標[39]。從法律風險管理角度，風險可能帶來法律風險，在評量A風險時，應考量其法律責任，而選擇以B風險去對應，減少法律責任。如水中加藥劑是無法避免時，選用C或D藥劑有不同之潛在風險時，以較低之C或D為

準，使法律風險在自己的預測與掌握中。同時，根據多年操作實作經驗，發生法律風險事件之機率可量化管理，分別從各場所、營業區之特殊、單一事件作量化分析與控管，亦得從事業整體性作量化管理，實現法律風險管理效益最大化[40]。

　　自來水事業提供之自來水，有其法律上之責任，因使用自來水之用戶遍及全國各地，牽涉廣泛，必須評量可能出現之風險，制定控制防範策略，防控風險實現。當發現水質有問題或瑕疵時，對使用者之身體健康將造成危害，必須立即採取防止危害發生之措施，如立即停止供水、向用戶廣為宣導、通知用戶停止用水等，以減少危害之發生[41]。

　　由於多數民眾並不瞭解軟水與硬水之分類、特性原因及效益，常以訛傳訛，誤認軟水比硬水好，硬水容易造成結石等病痛，造成諸多不正確之傳述，影響用水之信心；又自來水中常聞到消毒水味道，認為對身體健康有影響，也認為自來水中含有氯，容易產生致癌物質，少用為妙。另認為自來水之水源有污染，不如飲用山泉水為佳。部分民眾則花錢添購逆滲透、太空水、能量水等設備，或購買號稱有相當神秘功效之飲用水等，凡此均會對自來水供應之飲用水減損信賴度。自來水事業應針對上述現象，經由多元、多軌、多層管道與方式向社會宣導，使民眾有充分瞭解，既可使民眾免於花錢購置不必要之設備，更可提升民眾對自來水事業供應之自來水產生信心，斯為風險預防或管理之重要做法。

三、完善水質檢驗制度，為水質安全把關

　　為確保飲用水安全衛生可靠，需有一嚴謹可靠的品保品管單位為水品質把關。台水公司所轄12區管理處檢驗室於1995年即陸續取得環保署認證，並持續辦理證照到期展延認證，努力維持品保品管認證能力，確保水質檢驗數據品質公信力，透過建立完善之檢驗制度，達到保障民眾飲水安全之目標[42]。

四、配合水質標準增修，提升供水品質

(一)配合飲用水水源水質標準進行改善

　　配合行政院環保署「飲用水水源水質標準」訂定，於1998年提出「臺灣省飲用水水源水質整體改善計畫」，針對未符合環保署所訂「飲用水水源水質標準」之地面水源，陸續完成水源水質改善，並依計畫書內容加強淨水操作、維護及管理、水源區污染巡查舉發工作、水質檢驗等，以確保取用水源水質安全。

(二)配合飲用水水質標準，進行淨水程序提升

　　配合行政院環保署「飲用水水質標準」修訂，針對不符水質標準之各區處淨水場，辦理各項水質改善工程，以確保供水安全[43]。

(三)因應未來飲用水標準的增訂預作籌備

　　因應日益多變的水質污染，及愈來愈精密的分析儀器與分析技術，行政院環保署考量飲水途徑暴露於污染物引起的健康風險增加，自2007年起委託康世芳教授團隊執行為期三年的「飲用水水源及水質標準中列管污染物篩選與監測計畫」，共篩選「壬基酚、磷苯二甲酸二（2-乙基己基）酯、雙酚A」等28項國內飲用水尚未列管的新興污染物候選名單列入[44]。

　　目前此28項新興污染物中已有消毒副產物「鹵乙酸類」、揮發性有機物7項：「二氯甲烷、磷-二氯苯、甲苯、二甲苯、順1,2-二氯乙烯、反1,2-二氯乙烯、四氯乙烯」、影響適飲性及感觀物質「鋁」等9項污染物，環保署已於2014年1月9日修正發布列入飲用水水質標準項目內，故飲用水水質標準項目由原來的59項增加為68項。自來水事業應依新標準操作，以確保飲用水之品質。同時也需要蒐集資料，深入研究，強化

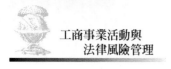

水質之改善[45]。

五、監測設備現代化，建立水質安全多重屏障

展望未來因應環境污染日趨嚴重，新闢優良之水源勢必更加不易，藉由水源污染、淨水處理及供水系統的現代化水質監測系統，做到即時監測、即時應變，建立多重屏障（Multiple Barriers）之觀念將更為重要，方能確保供應之自來水安全衛生[46]。

(一)引進水源端及時自動監測生物養魚箱

為有效保障飲用水水源避免受到污染，參考國外先進國家引進水源端及時自動監測生物養魚箱，即「生物監測系統」。此系統以魚作為生物監測儀主角，魚在監測槽內呼吸活動所產生之生物電流，經由感應電極傳送至電腦判斷，若電腦判斷呼吸波圖呈現異常狀態，即時發出警報，達到預警效果。此外亦附加水溫、溶氧、導電度、濁度、酸鹼度等連續監測儀作連續性之水質監測，瞭解水質變化情形。

(二)地面水源自動監測設備之建置

針對各地面水源淨水場均設置有原水濁度監測儀，用以迅速掌握原水濁度變化，俾立即採取適當之淨水處理模式，提高處理效果。又為因應水源受污染情形，除分別依各水源污染情況之不同，設置各種特殊監測儀器（如化學需氧量、多目標自動監測儀器等）加以監測水源受污染情況外，並為確保國內重要經濟發展，特針對科學園區用水品質增設總有機碳（TOC）連續自動分析儀監測水質。

(三)淨水處理系統監測設備現代化

為掌握淨水處理流程各單元之水質變化狀況，於各主要淨水場沉

澱池、過濾池等處理單元及清水池等位置設置現代化之濁度與餘氯監測儀，隨時掌握淨水場處理流程水質濁度與餘氯狀況，作為適時調整加藥量及變更處理程序之參考，以確保出水水質符合飲用水水質標準。

(四)供水系統監測設備現代科技化

於供水轄區之重要地點設置濁度、餘氯、導電度及pH等監測儀，並將上述監測連線至廠所分區控制室中心內，確實掌握供水轄區水質變化，適時採取應變措施（如破管修理等），確保供水轄區水質安全。

六、防範新科技新藥劑之風險與實現

科技之研發影響及改變人類日常生活應用及工商業發展日益增多、增廣，對自來水水質之改善也大有助益，有關使用在自來水淨化、過濾、混凝、消毒殺菌等化學藥劑也逐漸增加。由於新科技具有相當之風險，包括不確定性、不能掌握性、不能預測性、不安定性及不易控制性，基於正反定律背離原則對之，自來水質改善之化學藥劑，如次氯酸鈉消毒劑、聚氯化鋁混凝劑、聚矽酸鐵等，存有對人體危害之風險[47]，因而自來水事業對於使用之藥劑，需有充分證據證明其危險性低，必可適度掌控及作必要之防範，避免風險實現。

根據研究，三鹵甲烷（THMs）、鹵乙酸（HAAs）等，有致突變性與致癌性之可能，此致癌之鹵化有機物是由水中之有機前質（precurors），如腐植質等，與氯反應所生成者。因此，對於氯在飲用水處理上，於加氯之前盡可能先將有機前質去除，或降低前加氯用量，改為兩段式加藥，以減少消毒副產物產生。又在臺灣地區於2007年將鹵乙酸制列為新興污染物名單之一，台水即委託臺灣大學王根樹團隊進行兩年的「自來水公司各淨水場清水、配水鹵化乙酸含量背景資料調查建立研究暨淨水處理技術與處理成本之評估」，針對85座淨水場，分夏冬兩季

進行清水與配水採樣分析工作。採樣分析結果顯示,清水樣本中HAA$_5$濃度大約分布在0.4-49.3μg/L之間,HAA$_9$濃度約爲0.5-84.4μg/L;而配水樣本中HAA$_5$濃度大約分布在0.6-48.5μg/L之間,HAA$_9$濃度則約爲0.7-84.3μg/L。若以美國環保署之管制標準評量,不論清水或是配水水樣,採樣結果皆能符合五種含鹵乙酸總濃度60μg/L以下之管制標準。

又自來水事業從原水提取至供應自來水爲止,其產製過程複雜,有需運用自然潔淨或物理調處,更常需使用化學類藥劑。除上述THMs及HAAs外,應施作風險管理與控制流程,減少對用戶身體健康傷害之危險。

又爲處理飲用水水質,依飲用水管理條例第13條之規定,所使用之藥劑以經中央主管機關指定公告者爲限。自來水事業單位對於使用之藥劑,需向中央環保機關申請指定公告,中央主管機關必須嚴格把關,對於可能危害人體之藥劑,必須作好風險評估,從嚴審核[48]。不能單憑申請單位填具聲明書,記載:「茲聲明本申請案(申請指定公告飲用水水質處理所使用之藥劑:藥劑名稱),填報資料無虛僞情事。如有不實,願負刑法第214條規定僞造文書刑事責任」,即寬鬆審核。

陸、結語

自來水產業爲提供人民飲用水的最主要來源,對廣大消費者具有其社會責任與義務,而且對自來水用戶而言,水質之安全涉及生命、健康等基本權利保護問題,應設法降至零風險。當民眾權利意識日漸高漲,自來水從業人員必須具備法律風險管理觀念,隨時注意供應優質量足的自來水,而且正本清源的做法爲水質管理與水源保育並進。在水質管理方面,建置現代化處理設備、強化水質監測、檢測與內控管理;水源保育則「從源頭著手」,加強集水區保育、治理與污染防治,減少水源污染,以確保飲用水水源之安全與衛生,防阻品質瑕疵帶來之法律責任。

而且法律風險來自法律規範，從多年來供水與操作之實際經驗，應該可以評估及鑑識其發生法律責任之風險，甚且經由系統化之統計分析，更可得知其發生之機率，是以「法律風險是可以防範的」[49]。

　　台水公司除依法符合現有的各項水質標準規定外，更進一步自許以朝向更佳優質的自來水質為自主管理目標，強力要求同仁有風險管理觀念，防範法律責任發生，本「供水優質，用水安心」策略，提供給民眾安全衛生、可口適飲及健康的飲用水[50]。

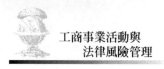
註　釋

* 林正隆，台灣自來水股份有限公司組長。

** 施茂林，亞洲大學財經法律系講座教授、逢甲大學經營管理學院講座教授、中華法律風險管理學會理事長。

* 本文發表於2012年8月份自來水協會會刊，本次出版論文專集前，再作部分整理與修改。

1 施茂林，從塑化劑事件談法律自閉症候群，收錄於亞洲大學財經法律主編法治教育宣導手冊，2012年10月3版，頁13-15。

2 李震山，與時俱進的行政法學——以多元價值及科技發展之影響為例，收錄於施茂林主編「跨世紀法學新思維——法學叢刊創刊五十週年」，2006年1月初版1刷，頁148-151；顧忠華，社會學理論與社會實踐，允晨文化，1999年2月初版，頁142-143。

3 行政院於2005年8月8日頒布「行政機關風險管理推動方案」，2008年12月8日再頒「行政院所屬各機關風險管理及危機處理作業基準」，行政院研考會於2009年3月又頒布「風險管理及危機處理作業手冊」，作為各機關推動風險管理之參據。

4 最新政策分析：概念及實踐（Policy Analysis: Concepts and Practice, 3rd ed.）David L. Weimer、Aidan R. Vining著，陳恆鈞、蔣麗君、韓家瑩、侯淑嫣、周劭彥譯，韋伯文化，2004年10月版。

5 施茂林，法律風險管理體用矩陣與連動議題之研究，收錄於氏編〈法律風險管理跨領域融合新論〉，五南圖書，2013年9月初版1刷，頁12。

6 台灣自來水股份有限公司，台水三十週年專輯，2004年1月初版，頁72-86；台灣自來水股份有限公司，台水四十週年專輯，2014年1月初版，頁16-21，頁74-81；台灣自來水公司網站，http://www.

自來水品質安全與法律風險防範對策

water.gov.tw/；臺北自來水事業處網站，http://www.twd.gov.tw/。

7 台水公司供水及用水里程碑：

	1974 （63年）	1986 （75年）	2001 （90年）	2013 （102年）
供水普及率	41.03%	74.53%	88.68%	91.56%
供水人口	542.2萬人	1,181.3萬人	1,640.4萬人	1,767.1萬人
用水戶數		261.1萬戶	535.0萬戶	628.2萬戶
管線長度			54,006公里	58,944公里

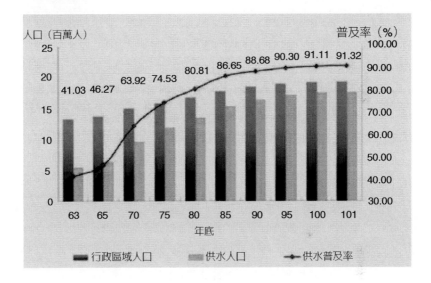

摘引自台灣自來水公司網站/成果績效/經營績效/，http://www.water.gov. tw/；台水四十週年專輯，頁16-21。

8 摘引自行政院環境保護署，安全飲用水手冊第四版，2006年9月，頁6。

9 陳福田，自來水法修正芻議，自來水協會會刊，115期，2010年8月，頁14。

10 摘引自行政院環境保護署飲用水全球資訊網，飲用水宣導資料，

為飲用水水質嚴格把關——落實飲用水管理條例，http://dws.epa.gov.tw/inform/infor03.htm；張怡怡，安全飲用水的要件，收錄於行政院環境保護署飲用水全球資訊網中認證淨水器專刊第三篇，http://dws.epa.gov.tw/inform/report/p03.htm。

11 行政院環保署/環保法規查詢系統/飲用水管理/飲用水質標準，http://ivy5.epa.gov.tw/epalaw/search/LordiDispFull.aspx?ltype=09&lname=0040

12 行政院環境保護署飲用水水質管制標準，可分類如下：

1	細菌性標準2項：大腸桿菌、總菌落數。
2	物理性標準3項：臭度、濁度、色度。
3	化學性標準61項，又可細分成以下三類： (1)影響健康物質44項：砷、鉛、硒、鉻、鎘、鋇、銻、鎳、汞、氰鹽、亞硝酸鹽氮、總三鹵甲烷、鹵乙酸類、溴酸鹽、亞氯酸鹽15項揮發性有機物及13項農藥、戴奧辛。 (2)可能影響健康物質5項：氟鹽、硝酸鹽氮、銀、銦、鉬。 (3)影響適飲性物質12項：鐵、錳、銅、鋅、硫酸鹽、酚類、陰離子界面活性劑、氯鹽、氨氮、總硬度、總溶解固體量、鋁。
4	總計飲用水水質標準計68項
	其他物質2項：自由有效餘氯、pH值。

依據此標準，自來水取水及淨水程序，從供水至用戶外線，均需符合上開標準，否則消費用戶用水不合標準時，自來水事業將有法律責任。

13 蘇文斌，現代風險管理，朝陽科技大學，2009年11月，頁14；朱愛群，政府風險管理與危機處理：實例系統分析，中央警察大學出版社，2011年8月初版，頁229-230。

14 黃明陽，消費者保護法入門，臺灣商務印書館，2006年3月初版1刷，頁20；蕭宏恩、吳志鴻、潘玉愛、黃鼎元，科技倫理——走在鋼索上的幸福，新文京開發，2006年8月25日初版，頁124-

126。

15 台灣自來水公司供應之自來水，是否有國家賠償法第2條之適用？
按公務員於執行職務所行使之公權力，係指公務員居於國家機關
之地位，行使法治權作為之行為，台灣自來水公司為公司組織之
公營事業機構，供應自來水之行為屬私經濟行為，並非公權力之
行使，尚無國家賠償法之適用，參照最高法院80台上字第525號判
決，83台上525號判決，法務部歷年之法律見解，如76年8月17日
法76律字第9672號函、79年2月22日法79律字第2243號函、81年5
月11日法81律字第06909號函、88年10月30日法88律041682號函。
葉百修，國家國償法，收錄於翁岳生編〈行政法下〉，元照出
版，2006年10月，3版1刷，頁590。

16 陳端、周林毅，風險評估與決策管理，五南圖書，2007年3月初版
1刷，頁24-27。

17 當時有廢溶劑處理業者承包長興化工公司之廢溶劑，竟未依約送
至處理工廠，而排放至旗山溪，造成高屏地區200萬人以上用水發
生問題。臺灣高雄地方法院檢察署立即指派檢察官指揮司法警察
積極偵辦，將長興化工公司相關人員依殺人未遂等提起公訴，全
國地檢署也先後結合各地環保機關瞭解清查產生廢溶劑工廠之去
處及承包業者之處理流程，適時發生之嚇阻效果。參見臺灣高雄
地方法院檢察署偵辦旗山溪廢溶劑案件專案報告，2000年10月20
日，頁8-14。

18 近年來，臺灣地區陸續發現有工廠將生產過程產出之廢水、廢溶
劑偷偷排入水溝，慢慢滲透至地下，甚而強行灌注地下，造成地
面水或地下水源之污染。例如，1994年RCA含氯有機溶劑打入地
下水，近年來之鎘米、塑化劑、日月光排放強酸廢水，一再出現
工業污染事件。近如2013年12月份彰化地檢署偵辦彰化縣祥賀公
司等電鍍污水排放案，電鍍廠商埋暗管排放廢水，沿線農民抽取

大竹排水水源灌溉，以致農地遭到污染，最後根據刑法第190條之
1的「放流毒物及有害健康之物罪」偵辦，將八名業者收押。參見
臺灣彰化地檢署彰化縣祥賀等10家電鍍業者涉嫌違反刑法放流毒
物及有害健康之物一案偵辦過程。另環保單位也以違反水污染防
治法，開出停工處分，及行政裁罰並追討業者不當利得。2011年
4月台中市潭子及北屯區地下水檢測發現遭到三氯乙烯污染，疑
似加工區或其他工廠排放廢水造成污染，中市環保局已公告該地
區為地下水污染管制範圍，限制管制區內的地下水不得飲用和使
用，受影響戶數約近千戶，並依據「土壤及地下水污染整治法」規
定，要求經濟部加工出口區管理處臺中分處提出改善措施計畫。另
環保署於2011年8月12日發布「地下水污染事件提供民眾必要替代
飲水或接裝自來水作業要點」，本要點係為儘速處理地下水污染事
件中使用地下水民眾之緊急供水問題，維護民眾飲水安全，確保國
民健康，要求地下水污染者提供替代飲水，並訂定求償機制，要求
地下水污染者應負擔相關費用，以確保未來有類似事件發生時，
可以更周全的維護民眾用水權益。參見臺中高等行政法院行政100
年度訴字第406號判決。又全臺156個大大小小之工業區與聚落，
工業廢水與灌溉用水在同一溪流，不肖工廠常偷排廢水或偷埋暗
管，而企業在心態上只一心追求獲利，無力投注環保，環保團體
再三抨擊罰則過輕，主管機關稽查無力，業者沒在怕，需修法重
罰，加強稽查。參見《聯合晚報》2014年7月7日A4版。

19 杜文苓，高科技產業與環境政策的挑戰，收錄於余致力主編〈世
新五十學術參考書——新世紀公共政策理論與實務〉，世新大
學，2006年10月初版，頁162-163。

20 吳建誼、丁望賢，環境荷爾蒙——壬基苯酚與雙酚A在臺灣水環
境中之分析與流布調查，環境檢驗雙月刊，33期，2000年11月，
頁6-12。

21 趙浩然、張簡國平、陳福安、鄒粹軍、陳冠中、林志忠等，自來水中環境荷爾蒙調查研究，台灣自來水公司委託研究案，計畫執行單位：屏東科技大學，2011年7月，頁13-18。

22 李貞慧，水公司水庫表水及其淨水場原、清水中微囊藻毒之調查研究，台灣自來水公司，2009年，頁1。

23 黃敏恭，台水經營理念之認知與實踐，自來水協會會刊，115期，2010年8月，頁10。

24 張碧芬、邱子權，論飲用水安全管理，環境檢驗通訊雜誌，25期，1999年7月，資料來源：http://dws.epa.gov.tw/drinkwater/mains/m06.htm；行政院環境保護署，安全飲用水手冊第四版，2006年9月，頁9-10。

25 行政院環境保護署，飲用水管理相關法彙編，2006年10月，頁57-62。

26 行政院於2013年11月4日審議通過台灣自來水公司所提「降低漏水率計畫」，預計於十年內投入795.96億元，其中固定資產投資編列645億元辦理汰換舊漏管線6,000公里及建置3,428個分區計量管網；其餘為經常門預算150.96億元，由台水公司相關費用科目預算支應，辦理地理資訊系統建置、檢漏作業、修漏作業及擴大民間參與技術服務等工作，主要目標為加強自來水管網改善及管線汰換維護工作，並藉由擴大運用民間資源，積極逐年降低漏水率，由2013年19.55%，2016年降至17%以下，2021年降至15%以下，本計畫完成後預估可降低5.30%漏水率，即每天約減少45.74萬立方公尺漏水量，亦相當於152萬人每日用水量。台水公司依據國際間採用之「水壓管理」、「修漏之速度及品質」、「主動漏水防治」、「管線及資產管理」等四大執行策略，加強水量計維護、加速修漏時效及品質、積極推動分區計量管網建置、提升檢漏技術及引進先進測漏儀器、加強水壓管理及水壓水量合

理管控,以逐步降低漏水率。參見台灣自來水公司,「降低漏水率計畫(2013至2022年)」,2013年11月,頁8、14、53;中華民國經濟部,行政院審議通過「降低漏水率計畫(2013至2022年)」──台水公司持續積極改善自來水漏水問題,發布單位:自來水公司,2013年11月18日即時新聞。

27 摘引自行政院環境保護署,安全飲用水手冊第四版,2006年9月,頁26-436。

28 宋明哲,風險管理新論:全方位與整合,五南圖書,2012年10月6版1刷,頁102-104。

29 鄭燦堂,風險管理理論與實務,五南圖書,2010年10月3版,頁79、103。

30 吳定,公共政策辭典,五南圖書,2005年10月3版,頁96-97。

31 聯合國於1987年推動永續發展政策,世界主要國家均主動落實推行。2002年地球高峰會議推行全球未來五十年永續發展五大焦點議題,包括水、能源、健康、農業、生物多樣性,透過生態效率(Eco-Efficiency)與清潔生產(Cleaner Production),加強綠色競爭力,達永續生存與發展目標。參見陳秋陽主編,綠色科技管理,東南科技大學,2008年1月初版,頁41以下。

32 詹中原,新公共政策──史、哲學、全球化,華泰文化,2003年12月初版,頁384。

33 施茂林,後90年代台灣法治建設工程──描繪孫中山先生法治思想之體現,收錄於蔣先進、馮鏡華主編〈孫中山法治思想研究(二)〉,廣東人民出版社,2011年3月1版,頁13、33。

34 水質之品質與環境污染防治有密切關係,而環保署法令固多,但存在諸多問題,如各機關協調不良、執法力道不足、執行效果有限、中央與地方調節失效、整體成效不佳、技術與法律不易調和、司法效能有限等,為提高水質之保護效果,各機關緊密合

作，無縫執行，才能收到預定目標。參見宋明哲，風險管理新論：全方位與整合，五南圖書，2012年10月6版1刷，頁586-587。

35 張漢昌，廢水污染防治，新文京出版，2008年6月初版2刷，頁2、3、21。

36 鄭燦星，財產風險管理：理論與實務，五南圖書，2012年9月初版1刷，頁206-207。

37 吳松齡，企業診斷，五南圖書，2010年11月初版1刷，頁398。

38 張智聖，政府作為與法律風險管理——以國家賠償為中心，收錄於唐淑美主編〈法律風險管理〉，亞洲大學，2011年7月2版，頁358-359。

39 盧林主編，制度轉型及風險管理，上海人民出版社，2009年8月版，頁7-8。

40 白濤，企業法律風險的量化研究，發表於中國法律諮詢中心、亞洲大學等合辦2010年兩岸法律風險管理研討會，2010年10月26日，亞洲大學研討會論文集，頁13-17。

41 陳麗潔主編，企業法律風險管理的創新與實踐：用管理的方法解決法律問題，中國法律出版社，2009年4月1版1刷，頁66-68；包慶華，企業生產管理法律風險與防範策略，中國法律出版社，2009年1月1版1刷，頁329、341。

42 吳美惠，水質環保業務興革策略，台灣自來水公司，2007年4月17日，頁4-7。

43 改善水質之具體方式，如：

(1)行政院環保署於2005年5月30日修正公告飲用水水質標準，其中總溶解固體量及總硬度標準由現行600及400毫克／公升加嚴為500及300毫克／公升。為落實本公司「質優量足」之供水目標，針對總溶解固體量及總硬度之改善，以延管供水及增設高級淨水處理設備改善因應，提升民眾生活用水品質。

自來水品質安全與法律風險防範對策

(2)加強辦理各項淨水設備改善及水質改善工程，如澎湖七美、馬公一帶總溶解固體量及氯鹽偏高部分，辦理鹽井水淡化逆滲透（Reverse Osmosis, RO）或海水淡化機組興建等。

(3)為提升大高雄地區自來水，除由環保署及農委會辦理高屏溪攔河堰上游之離牧政策，並成立高屏溪管理委員會外，經濟部水利署完成南化水庫與高屏溪攔河堰連通管計畫，台水公司亦將取水口上移至高屏溪攔河堰後，原水水質氨氮含量與淨水場加氯率同步降低，水源水質已明顯提升，並辦理之「大高雄地區自來水後續改善工程計畫」，包括澄清湖、拷潭、翁公園、鳳山等淨水場增設臭氧、活性碳及結晶軟化或薄膜等高級處理設備、澄清湖底泥清除、供水管線抽換清洗、清水池清洗、用戶水表清洗等其他配合措施，更進一步提升大高雄地區的自來水品質。

44 第一階段28項新增未列管污染物候選清單（CCL_1）：

類別	中文名稱	英文名稱
致病性微生物原蟲	糞便性大腸桿菌群	Fecal Coliform
	大腸桿菌	Escherichia coli
	隱孢子蟲	Cryptosporidium
	梨形鞭行蟲	Giardia Lamblia
生物代謝產物	微囊藻毒─LR型	Microcystins-LR
消毒副產物	鹵乙酸類	Haloacetic acids（HAAs）
	醛類	Aldehyde
農藥	陶斯松	Chlorpyrifos
	大滅松	Dimethoate
	福瑞松	Phorate
	托福松	Terbufos

類別	中文名稱	英文名稱
揮發性有機物	二氯甲烷	Dichloromethane
	1,1-二氯乙烷	1,1-Dichloroethane
	1,2-二氯丙烷	1,2-Dichloropropane
	順1,2-二氯乙烯	Cis-1,2-dichloroethene
	反1,2-二氯乙烯	Trans-1,2-dichloroethene
	四氯乙烯	tetrachloroethene
	一氯苯	Chlorobenzene
	1,2-二氯苯	1,2-Dichlorobenzene
	1,4-二氯苯	1,4-Dichlorobenzene
	甲苯	Toluene
	乙苯	Ethylbenzene
	二甲苯	Xylene
	苯乙烯	Styrene
金屬	鋁	Aluminum
持久性難分解有機物	壬基酚	Nonylphenol
	鄰苯二甲酸（2-乙基己基）酯	Di-(2-ethylhexyl)phthalate
	雙酚A	Bisphenol A

摘引自行政院環境保護署飲用水全球資訊網/飲用水質管理，http://dws.epa.gov.tw/qual/q05.htm；參考資料來源，康世芳、張怡怡、蔣本基教授、王根樹，飲用水水源及水質標準中列管污染物篩選與監測計畫(1/3)（計畫編號：EPA-96-U1J1-02-102），行政院環保署2007年專案研究計畫，執行單位：淡江大學水資源及環境工程學系，2007年，頁3-1～13；康世芳、蔣本基、張怡怡、張簡國平、李家偉，飲用水水源及水質標準中列管污染物篩選與監測計畫(3/3)，執行單位：淡江大學水資源及環境工程學系，2009年12月，頁6-7～15。

45 針對新興污染物，台水公司早已陸續進行因應，除分析技術的建
立外，亦進行全公司水源及淨水場背景調查。如2006年開始即陸
續委託國內各大專院校及研究單位，進行相關新興污染物的調查
及分析技術，如「本公司各淨水場清水配水鹵化乙酸含量背景資
料調查建立暨淨水處理技術與處理成本之評估分析」、「自來水
中有機物致突變性調查分析」、「水庫水質優氧化相關參數合
理性研究」、「水公司各淨水場清、配水含鋁量分析調查及最適
化處理之研究」、「飲用水水質標準未列管之農藥檢驗計畫」、
「飲用水中揮發性有機物含量分析研究」、「自來水中環境荷爾
蒙調查研究計畫」等等。

46 葉宣顯，漫談國內淨水程序，國立成功大學校刊第211期，2004
年，頁11-13；吳美惠，水質環保業務興革策略報告，台灣自來水
公司，2007年4月17日，頁11-14。

47 施茂林，科技發展與法律風險規劃探微，收錄第二屆皖台科技論
壇組織委員會編印〈第二屆皖台科技論壇論文集〉，2012年5月，
頁13；唐淑美，論新興生物科技之法律風險──從「臺灣生物資
料庫」建置之窘境談起，收錄於氏編〈法律風險管理〉，亞洲大
學，2011年7月2版，頁448-449。

48 行政院環境保護署依照飲用水管理條例第13條之規定，曾先後頒
布飲用水水質處理藥劑申請指定公告作業要點、飲用水水質處理
藥劑申請指定公告審核表填表說明、飲用水水質處理所使用藥劑
公告。

49 張國峰，法律風險可以防範，中國財政經濟出版社，2008年3月1
版1刷，頁259-260。

50 施茂林，控管法律風險，優質處理公務策略，中興大學國家政策
與公共行政研究所專題演講，2010年5月22日。

Chapter *15*

土地共有物分割案件中法律風險評斷

徐榮貴[*]

摘要

　　土地共有的原因，大都是來自家族親屬關係之繼承或贈與，經過數十年甚至百年後，因共有人之死亡及財產繼承，土地面積不變，但共有人數卻愈來愈多，及都市計畫發布後街道開闢、不規則的分割共有地，使得共有地在都市中變成亂象，導致土地荒廢且不能合法開發利用，除耗費土地資源外，更影響都市景觀。

　　共有地經分割後，往往把原本可以規劃成大樓的土地，卻只消極的把土地細分成各別獨棟的透天土地，甚至有些還變成瑣碎、無法建築使用的畸零地，只解決了共有的問題，卻降低了土地的價值而不自知，共有人的利益也因此大幅縮水。

　　本研究採實證判決分析該法，除參考判決書及裁判主文外，亦在裁判分割之程序運作過程從中觀察，並由過去所承辦案件實際面臨的問題及實施裁判分割訴訟所產生的問題中發現，協議分割與裁判分割的過程中，極少有專業的參與，以至於問題叢生。本研究嘗試以建築師專業規劃的角度，透過實際分割案例的研究，來探討共有土地透過法律程序冗長的過程後，其實只消極解決了土地共有的問題，反而製造了其他建築相關如碎地、未面臨建築線、不能合法申請建築等更複雜的新問題。如果共有物分割能夠結合建築師的規劃專業，在協議分割或裁判分割中，發揮專業參與的功能，則必能減少很多共有物的不當分割及錯誤判決，避免土地資源的浪費及錯誤使用，並減少法院的案量。

關鍵詞：共有、共有土地、共有物分割、建築師

壹、前言

　　臺灣都市中矗立著一些高樓大廈和豪宅別墅，偶爾也會見到一片片雜亂無章的建築，有些在大馬路邊，有些則暗藏在大樓背後的巷弄之間，與現代化的都市往往形成強烈對比，經調閱土地謄本及相關資料後才明白，原來這些土地大多數是為共有。

　　土地共有的原因，大都是來自家族親屬關係之繼承或贈與，經過數十年、甚至百年後，因原持有人之死亡及財產繼承，土地面積不變，但共有人數卻愈來愈多，有時候增加到數百人、甚至數千人，導致土地荒廢且不能合法開發利用。其中因無權占有、違章建築及住戶或共有人偏執的持有觀念，使得該土地弊端叢生，除耗費土地資源外，更影響都市景觀，房屋殘破不堪，居住、安全及環境衛生都很差，已經變成現代化都市中的毒瘤，隱藏著許多的社會問題和無奈又無助的持分弱勢族群。

　　擁有共有土地的地主，大都有苦難言，明明擁有土地卻難以成交買賣，當家庭面臨經濟困難時卻求售無門的窘境。當筆者經過研究後發現，部分共有的土地，依照土地法第79條之1於政府登記列管十五年後，將可公開標售。弱勢共有人在缺乏專業法令知識及經濟能力有限的情形下，就這樣失去了這份原本應該屬於自己所有的土地權利。這也是本人希望以建築師的角度，由過去實際分割案例，透過法律、訴訟執行後的結果，來探討共有土地透過法律訴訟程序後，是否已經真正解決上述的問題，還是又再次製造了其他問題及風險。

　　協議分割、裁判分割（原物分割和變價分割）都是消滅土地共有的法律方法，但法院判決的結果，未必符合眾多共有人內心的期待。法院審理及判決都不委請專業的建築師適時提供方案——符合建築的分割方案及變價分割的價值分析，供法官參考；同時也很少人去探討如何確保法官裁定的分割方案是否適當、可行、符合建築法規的議題。尤其過

去某些分割案例，產生了碎地，必須再次與鄰地合併才能建築，使得部分共有人對法院的裁判是否恰當並符合公平正義的原則，對其實用性、合理性產生了疑慮，亦也造就人民透過訴訟解決時所產生的風險大增。事實上，共有地經分割後，往往把原本可以規劃成大樓的土地，卻只消極的把土地細分成各別獨棟的透天土地，甚至有些還變成瑣碎、無法建築使用的畸零地，只消極的解決共有問題，卻降低了土地的價值而不自知，共有人的利益也相對大幅縮水。法官作裁決，必然有相當多複雜的考量因素。本研究希望透過建築師的專業，從部分判決實例中，找出問題癥結並以建築師的角度，提供不同的專業看法與建議，希望將來在分割共有物實務中，能修法納入建築師的專業建議，使共有土地有更正面積極且符合經濟效益、並具價值的分割，而不是只作消極的權利分配、解決共有關係。

共有地因為世代交替，背後隱藏了許多複雜因素，例如，少數人不同意或因占有而惡意阻撓開發、或移居海外行蹤不明的共有人、或其中共有人死亡後未辦理繼承及抵押權設定等因素，造成土地無法更新使用。若想要有效處理，勢必訴諸於情、理、法原則，可先向直轄市、縣（市）不動產糾紛調處委員會申請調解，為防兩造發生不必要的衝突，雙方意見充分溝通，並極力促成協議；若雙方協議不成，最終仍需以訴訟方式來解決共有地的問題。

將依實務上共有物分割、法院的判決書作依據，並且：

1. 以實際案例的裁判主文作分析。
2. 以建築師的角度及建築相關法令，解釋實際判決不合理的原因。
3. 提出相對合理的解釋。
4. 提供建議作為法官將來辦案的參考及修法建議。

法律經濟是從效率觀點觀察法律結果，而傳統法學著重於公平、正義。從共有土地裁判分割訴訟中，如何有效率並且符合公平正義法則，

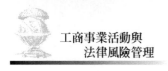
其間折衝即是現代法律經濟與傳統法律原則之平衡調和表現。正義與效率都是人類演化過程，爲繁衍所發展出的概念，連結正義和效率，也即連結了法律學與經濟學。

從上述說明，已闡述有關共有土地之分割存有諸多法律問題，也存有相當多的法律風險，不予釐清，難以作妥善之處理。本文針對上述問題，藉由各案例進一步瞭解，裁判分割在法院審理時是否應該要求共有人，分割方案需委請建築師繪製，並檢討容易疏漏的事項，綜合都市環境及建築、經濟（估價）、地政、法律學者看法，再從實際案例中印證，透過實際案例的分析，找出眞正的問題，避免再衍生碎地及不當分割的問題，並以實際價值計算及建築師的配置方案，解釋高等法院原物分割優先原則的錯誤，希望能創造全體共有人的最大利益並有效的利用土地資源，以及促進都市健全發展。能否借重建築師的專業，積極解決共有土地分割的議題，這就是本論文的研究目的。

貳、共有物分割說明解析

一、共有之意義

土地所有權的狀況，大致可以分爲單獨所有與共有兩種。單獨所有是指土地的所有權僅歸一個人所屬，而共有則是指兩人以上共同所有的。共有之型態有分別共有、公同共有、準共有等三種。分別共有，民法第817條第1項規定：數人按其應有部分，對於一物有所有權者，爲共有人；另依照民法第817條第2項規定：各共有人之應有部分不明者，推定其爲均等，此謂之分別共有。

二、分別共有之意義

分別共有之重要特徵爲共有人應有部分的存在，應有部分是指共有

人對共有物所有權行使權利之比例，因分別共有是由數人共享所有權之範圍以作爲行使權利之依據。而民法上之共有，就依所有權作爲量的分割，而非就所有權去作質的分割，故將所有權爲抽象的、分數的量上劃分，而將之分屬於各共有人。簡言之，應有部分亦即係各共有人對於共有物所有權在分量上應享有之部分，通常此應有部分係以分數表示之，此項分數表示即登記方式，土地登記規則第43條訂有明文。

三、共有發生之原因

東方人在土地的觀念上，始終受「有土斯有財」的觀念影響。自先民來臺，族群便常常因爲生存紛爭、相繼爭奪土地屯墾耕種，並以「家族群聚」的型態存在，以凝聚力量並保護墾地不受侵犯。經過數十年、甚至百年後，在臺灣土地私有的制度下，便產生了很多的「祭祀公業」及共有土地。土地就象徵財富與地位，變賣土地對早期臺灣人而言，普遍都認爲是敗家的行爲，在這樣的思維及社會輿論的壓力下，很少人敢公然變賣家產。因此，形成了土地面積不變、但是持有人卻愈來愈多的共有土地，其中的原因大部分是來自宗族及親屬關係之間的繼承問題。

四、共有之型態

共有的型態有下列兩種：

(一)基於法律之規定

依民法1151條未分割之遺產及公同共有、民法第667條因合夥關係、民法1017條夫妻財產制（婚前婚後之財產）。

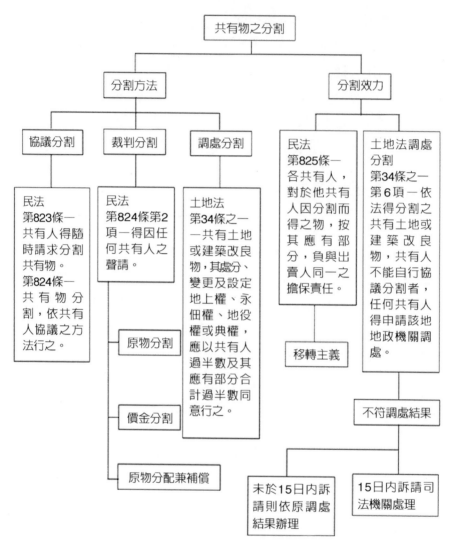

圖15-1　分別共有分割體系圖

(二)基於民俗習慣

祭祀公業（最高法院39年台上字第364號判例）、神明會（72年台
上字第1174號判例）、祭田（大理院18年上字第34號判例）、祭產（司

法院院字第895號解釋）。

分別共有在民法第817條至826條內容有詳細的規定，分別共有土地在地政登記上是以持分百分比的型態存在，個人雖擁有土地百分比的面積，而實際在土地上並無任何固定位置。因爲經年累月的共有，衍生很多複雜的問題，常伴隨著老建物未拆除、而占用及違章建築林立、新舊並存的奇特景觀，在都市中到處可見。

五、分別共有土地的買賣

分別共有土地常常交易冷淡，甚至很少、也很難買賣成交，能成交的土地買賣，幾乎都是共有人數較少而且沒有共有人占用的問題。而共有人數多達數十人甚至上百人或上千人的土地，常因爲家族內親屬關係聚合分散，世代意見紛歧、未辦理繼承、或抵押權設定、或限制登記及違法占用等問題，即使地段位在精華地區，也常令買家退卻、乏人問津。

一般共有土地的買賣常見下列情形：

1. 共同承受一單獨土地：例如，甲、乙、丙、丁四人共同承受，因贈與或繼承所取得單獨一筆地號之土地。

2. 共同承買共有土地全部（指數人共同享有一物所有權之狀態）：例如，甲、乙、丙、丁四人共同承買，因給付買賣價金所取得A、B、C、D四人之共有土地之全部土地。

3. 共同承受分別共有土地之應有部分：例如，甲、乙、丙、丁四人共同承受因贈與或繼承所取得A、B、C、D四人其中一人A之分別共有土地之應有部分土地。

4. 單獨承買單獨土地之一部分共有地：例如，甲一人承買，因給付買賣價金，所取得單獨一筆地號之土地A、B、C、D四人之其中A、B兩人的共有土地之部分土地。

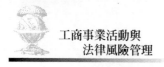

5. 單獨承買分別共有土地之應有部分：例如，甲一人承買，因給付買賣價金，所取得A、B、C、D四人其中一人A之分別共有土地之應有部分土地。

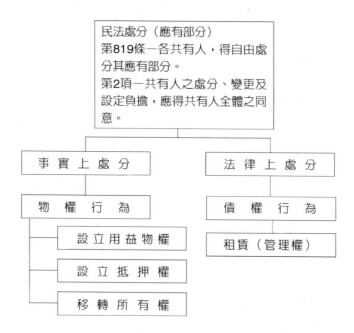

圖15-2　共有物之處分行為

　　按民法上處分之概念，可二分為事實上之處分及法律上之處分。事實上之處分者，乃指就權利標的物加以物質的變形、改造或毀損之行為，例如，拆屋重建。法律上之處分者，則以權利變動為直接或間接內容之法律行為，包括處分行為及負擔行為。處分行為又包括物權行為及準物權行為，前者例如所有權移轉、所有權拋棄、抵押權設定，後者例如債權讓與等；負擔行為例如買賣、互易等。

六、共有物分割的原則

共有物分割方法應採取原物分配或變價分配，或者採原物分配兼變價分配，孰優孰劣各有所據。於立法目的一般有經濟效益、制度成本、精神價值，以及公共利益等為其考量因素。共有土地之分割規劃應顧慮之事項，除應考量整體土地合理利用外，也應考量當事人對與土地的特殊感情並尊重民間習慣。

實務上原物分割的原則及注意事項如下：(1)顧及均衡原則；(2)確定共有人應分得之範圍，如面積多寡、交通、位置等；(3)儘量避免細分；(4)各共有人分得部分之經濟效益並兼顧公平之原則；(5)物之使用目的或共有人意願。

實務上變價分割的原則及注意事項如下：(1)非不能以原物分配時，不得據為變價分割；(2)各共有人分得之土地面積過小，顯然不能作任何用途，徒損土地之經濟效用，得以變價分割；(3)地形狹長，留設通路過寬，造成共有人巨大損失，得為變價分割；(4)不能為原物分配時，得為變價分割。

另最高法院90年台上字第1607號判決意旨見解認為：「按法院裁判分割共有物，需斟酌各共有人之利害關係，使用情形，共有物之性質及價值、經濟效用、符合公平經濟原則，其分割方法，始得謂之適當。又分割共有物，固不受分管契約之拘束，惟儘量依各共有人使用現狀定分割方法，以維持現狀，減少共有人所受損害，當不失為裁判分割斟酌之一種。」（最高法院51年台上字第271號判例）

七、共有物分割之類型與方式

分別共有土地之分割類型有兩種：(1)協議分割；(2)裁判分割（原物分割，變價分割）。

在2009年7月23日前為舊法的分割方式，而舊法條文中的第824條規

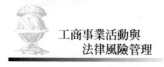

定：共有物之分割，依共有人協議之方法行之。分割之方法，不能協議決定者，法院得因任何共有人之聲請，命為下列之分配：（舊法條文）

1. 原物分配：以原物分配於各共有人。將共有物之全部依現狀，按共有人之應有部分比例，分配給各共有人。

2. 變價分配：變賣共有物，以價金分配於各共有人。以原物為分配時，如共有人中，有不能按其應有部分受分配者，得以金錢補償之（民法第824條第3項）。係指法院將共有物全部變賣後，將賣得價金按各共有人應有部分比例分配予各共有人。

3. 原物分配兼金錢補償：係指當法院以原物分配予各共有人時，其中有部分共有人未按其應有部分不足之分配，而命其他共有人以金錢補償之。

在2009年7月23日後為新法的分割方式，因舊法之裁判分割方法過於簡單與僵化，實務上又作繭自縛，對民法第824條第2項作相當限縮之解釋，所以在2009年1月23日民法物權編修法，將民法第824條修正為：共有物之分割，依共有人協議之方法行之。分割之方法不能協議決定或於協議決定後因消滅時效完成，經共有人拒絕履行者，法院得因任何共有人之請求，命為下列之分配：

1. 以原物分配於各共有人。但各共有人受原物之分配顯有困難者，得將原物分配於部分共有人。

2. 原物分配顯有困難時，得變賣共有物，以價金分配於各共有人；或以原物之一部分分配於各共有人，他部分變賣，以價金分配於各共有人。以原物為分配時，如共有人中有未受分配，或不能按其應有部分受分配者，得以金錢補償之。以原物為分配時，因共有人之利益或其他必要情形，得就共有物之一部分仍維持共有。共有人相同之數不動產，除法令另有規定外，共有人得請求合併分割。共有人部分相同之相鄰數不動產，各該不動產均具應有部分之共有人，經各不動產應有部分過半數共

有人之同意，得適用前項規定，請求合併分割。但法院認合併分割為不適當者，仍分別分割之。變賣共有物，除買受人為共有人外，共有人有依相同條件優先承買之權，有兩人以上願優先承買者，以抽籤定之。

共有物的分割方式，一般而言，法院可作混合式的分割，簡單分類為以下八種方式：

1. 以原物分割，以全部共有人按其應有部分分得共有物。

2. 將原物分配予各共有人，以金錢補償未能按其應有部分獲分配之共有人。

3. 將原物分配予部分共有人，未獲原物分配之共有人以金錢補償。

4. 將原物之部分分配予各共有人，他部分變賣以價金分配於各共有人，此即原物分配與價金分配併用之分割方法。

5. 變賣共有物，以價金分配予各共有人，即變價分割。

6. 共有物部分維持共有，他部分予以分割。

7. 共有人相同之數，除法令另有規定，得聲請合併分割。

8. 共有人部分相同之相鄰數不動產，各該不動產均具應有部分之共有人，經各不動產應有部分過半數共有人之同意，得聲請合併分割。法院仍不得恣意選擇分割方式，且應斟酌共有人之利害關係、共有物之性質、價格及利用效益，以謀各共有人之最大利益。

八、分割之請求及其限制

在民法條文裡，對共有物的分割作了一些條文請求與限制，如下：

1. 依據民法第823條第1項：各共有人，除法令另有規定外，得隨

　　時請求分割共有物。但因物之使用目的不能分割或契約訂有不分割之期限者，不在此限。

2. 依據民法第823條第2項：前項約定不分割之期限，不得逾五年；逾五年者，縮短為五年。但共有之不動產，其契約訂有管理之約定時，約定不分割之期限，不得逾三十年；逾三十年者，縮短為三十年。前項情形，如有重大事由，共有人仍得隨時請求分割。

3. 依據民法第829條：公同關係存續中，各公同共有人，不得請求分割其公同共有物。

九、分別共有土地之分割

　　共有土地分割請求權乃各共有人得隨時以一方之意思表示，請求他共有人終止共有關係之權利。此項權利雖名為請求權，條文亦規定為請求，但非請求他共有人同意為分割行為之權利，此項請求權行使之結果，足使他共有人負有與之協議分割方法之義務，於不能為分割協議時，得以訴請法院定其分割方法，亦即因共有人之意思表示，即足以使共有人間發生應依一定方法分割共有土地之法律關係，故為形成權。此項請求權與共有關係相依存，於共有關係中隨時存在，而無消滅時效之問題，此亦因其性質上為形成權，自無消滅時效之適用。

十、兩筆以上之共有土地合併分割

　　實務上在共有土地要請求准予合併分割時所要的條件如下列四項：

1. 共有人相同。
2. 共有人之應有部分於每筆土地皆相同。
3. 共有之數筆土地相比鄰。

4. 數筆土地之地目相同。

若以普通共同訴訟方式合併訴請分割的話，倘除共有人相同外，其餘有一要件不符合，則該筆土地僅得以普通共同訴訟之客觀合併方式訴請分割。所謂訴訟之客觀合併是指於同一程序中，合併主張數個訴訟標的及（或）數項訴訟之聲明，於分割方案中需另表明該筆土地之分割方法，並與其他土地一同計算補償金額明細。倘數筆土地之共有人有差異，則該筆共有人不同之土地，即無法和其他土地以普通共同訴訟之客觀合併方式訴起分割，僅得另行起訴解決共有之狀態。惟於協議分割並無以上之限制，僅需全體共有人同意即可。

十一、協議分割與裁判分割專業之參與

(一)協議分割

依法律規定，各共有人得隨時請求分割共有物（民法第823條第1項）。但共有的關係，常常都是隱藏各類複雜的問題，一般人如果不具土地、建築、法律、稅務等相關知識，恐怕是一頭霧水、抓不到頭緒。若能聯合共有人達成共識及協議，私下委託專業的建築師、估價師、代書或律師代為處理，瞭解共有的所有關係並計算各共有人之權利價值，再依各自不同之權力價值，繪製基地分割圖，以公平正義的原則，合理分配共有人之位置，透過各地區的調解委員會，就能完成分割的協議，並不需要透過法院，這是協議分割與裁判分割最大的不同。

但是目前之所以有這麼多的問題，就是缺乏專業的參與，尤其分割不以整體建築配置及價值優先考量，卻單獨以土地持有面積或居住現況作為分配或分割，這是代書或律師所作的分割方案，罔顧整體性、未來性及價值性，並且缺乏建築設計的專業所導致的結果。唯有將土地分割結合建築規劃，才能真正解決問題。

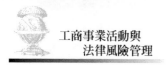
(二)裁判分割（原物分割及變價分割）

　　各地的地方法院日理萬機，訴訟事件如車水馬龍，而共有物分割雖屬於非訟事件，但常常都是讓法官最為頭疼的案子。因為共有人數眾多、共有人權利及死亡繼承、移民海外等瑣碎問題，常讓法官大費周章，而且審判期間相對拉長，原物分割如能私下達成分割協議，法院只單獨處理無法達成協議的案件，不能達成協議，到法院就只有執行變價分割一途，則必能大大減少法院的案量，縮短辦案時間，讓原物分割私下達成協議，或經由不動產調解委員會，透過專業協助達成協議。而變價分割，法官所需要的土地價值評估，則必須委託建築師，依照土地所在位置，綜合所有影響因素及建築土地的行情，計算評估出共有地的價值，供法官作為變價參考。

表15-1　協議分割與裁判分割（原物分割、裁判分割）之比較表

比較分 割方法	審酌因素	審酌因素	改善對策
協議分割	1.是否委託建築師或代書、律師製作分割方案 2.土地使用現狀、面積 3.鑑界申請及現場測量 4.是否可以合併後再分割 5.共有人繼續持有的意願 6.預定分配位置及面積 7.評估變價分割(蓋大樓或是透天何者較優)	1.屬裁判分割前之私下協議，可不必經過法院 2.申請地區調解委員會調解 3.缺乏建築師參與、分割方案不夠周全，缺乏專業法規知識，大多數共有人亦不知方案是否可行 4.缺乏律師參與、共有人訴諸於情理卻不懂法理，易引起共有人吵鬧不休，無法在有效期間內達成共識	1.提高不動產調解委員會之調解效率，導入各專業領域人員協助審理共有土地相關問題及爭議，如減少碎地或無法建築的畸零地產生 2.透過不動產調解委員會的調解，可以有效減少裁判分割之案量及法官之工作量 3.建議修法，配合土地法第34-1條出席人員或面積達2/3即可開始協議，無須

比較分割方法	審酌因素	審酌因素	改善對策
協議分割	8.共有人意願調查 9.分割後是否臨路並可指定建築線 10.最小寬度及深度是否符合避免形成畸零地 11.是否符合該區土地使用管制之規定及相關建築法規	5.無估價師的價值分析及評估計算說明，共有人相互爭奪較佳的地段位置，互不退讓，分割方案爭執不斷 6.常受有心人士操弄	全員到齊。 4.納入專業的建築師繪製分割方案，並製作價值分析評估 5.法院只處理變價分割
原物分割	1.是否委託建築師還是代書、律師製作分割方案 2.土地使用現狀及面積 3.鑑界申請及現場測量 4.是否可以合併後再分割 5.持分少的是否願意接受現金補償或繼續共有 6.預定分配位置及面積 7.分割後是否臨路並可指定建築線 8.最小寬度及深度是否符合避免形成畸零地 9.是否符合該區土地使用管制之規定	1.法官徵詢共有人意見 2.法官有自由裁量權，不受當事人提議之拘束 3.最高法院最希望之分割方式 4.最容易造成碎地，因為遷就舊有建築物及個人持分面積，常常只解決共有關係，但卻在未來製造了無法建築的大問題 5.判決結果可作部分分割，部分繼續維持共有 6.依共有人的意願，並配合法院審理及建築估價相關專業與公平處理，迅速結案	1.法院依各共有土地持分之權利價值及所有權人地上物占有之位置給於原位置分配 2.由法院指定之估價師提供不動產估價報告書，並依分配位置的權利價值決定找補方案 3.若分割未能考慮周全符合建築法規的方案大都只能終結共有關係，常常造成畸零地及未面臨道路等問題，應考慮逕為變價分割 4.消極解決共有關係對土地價值發揮及都市發展缺乏積極作為
變價分割	1.委託建築師還是代書、律師製作分割方案較佳 2.土地使用現狀及面積	1.法官有自由裁量權，不受當事人提議之拘束 2.地形畸零無法分割或分割後面積窄小	法官除了應該兼顧大部分共有人的利益之外，也應該衡量都市未來發展。只要是以公益為出發點，變價

比較分割方法	審酌因素	審酌因素	改善對策
變價分割	3.鑑界申請及現場測量 4.共有人數及分配面積 5.共有人太多或分配後面積太小無法建築 6.評估變價分割土地價值 7.與鄰地合併可能性分析 8.原物分割無法達成	無法建築 3.共有人眾多，很難公平分配或分割 4.共有人或原告之提議 5.地上還有建築物屬於共有狀態	是為所有共有人創造最大價值，並解決土地共有的社會問題，而不是只是變賣他人財產，職務執行上，不應有道德上的心結。 變價分割是最公平、最有利、最快的解決方法。

參、由裁判分割共有物實例中排除風險驗證與建築師參與的必要性

一、法院、原告、被告對共有土地採取特定分割方式之原因探討及判決結果之法律風險

「分割共有物」是普通法院民事案件之大宗，依據司法院的統計，從2007年至2009年，地方一審法院每年處理上千餘件分割共有物的案件。民法第824條給予更多分割共有物之彈性，但法院仍以原物分割優先。而實際運用之分割方案遠比法條所記載還多，共有地增加「綜合式」分割方式，法院雖傾向採用變價分割以避免產生面積狹小之畸零地，但偶爾仍會發生。

分割共有物事件上訴到高等法院者不多，大多數分割共有物爭議較不會進入高等法院，且多數是裁定駁回。分析共有物分割爭議，法官之決策行為對實務之影響。分割共有物訴訟之原告、被告，最常提出哪些

考量因素，以支持其所聲明之分割方式？對於採用原物分割有一定困難之建築物，法院又是如何處理？法院採取原物分割是否常產生畸零地？原告與有陳述意見之被告對於分割方式其實有共識，而現有使用狀況、防止土地細分、地上物、公平分配，這幾種考量因素較常被原、被告所援引。在涉及數筆土地之分割爭議，原物分割與變價分割之間取捨時，法院在下列情形會傾向採用原物分割：被告人數較少、原告偏好原物分割、持份最小之土地可達最小建築面積。然而，在少數原物分割之案件，持份最小之土地未達最小建築面積時，常產生畸零地，而其他被告仍會作不同主張。

表15-2　法院、原告、被告對共有土地採取特定分割方式之原因

1	法院、原告、被告對共有土地採取特定分割方式之原因及考量因素	提出特定原因之頻率		
		法院	原告	被告
2	考量現有使用狀況（如：依據分管契約）	286 (48.7%)	114 (19.4%)	124(21.1%)
3	為免土地過於細分或產生畸零地，不利日後土地之開發、使用，影響土地價值	171(29.1%)	97 (16.5%)	57(9.7%)
4	避免產生面積不方正之土地	147(25.0%)	35 (6.0%)	33(5.6%)
5	避免產生袋地	149(25.3%)	46 (7.8%)	43(7.3%)
6	通行（權）考量	101(17.2%)	29 (5.0%)	42(7.2%)
7	其他增減土地價值之考量	46(7.8%)	11 (1.9%)	12(2.0%)
8	便利土地使用	44(7.5%)	26 (4.4%)	24(4.1%)
9	地上物考量（如：他種分割將導致地上物拆除）	156(26.6%)	81 (13.8%)	115(19.6%)
10	建物老舊、不值得保存	38(6.5%)	11 (1.9%)	6(1.0%)
11	原被告意願	290(49.4%)	98(16.7%)	83(14.1%)
12	不想繼續保持共有	18(3.0%)	18 (3.0%)	12 (2.0%)
13	節省程序費用	9(1.5%)	4(0.7%)	2(0.3%)

14	避免（部分）共有人搬遷之勞力費用	0(0.0%)	0 (0.0%)	3(0.5%)
15	地形限制	26(4.4%)	4 (0.7%)	1(0.2%)
16	受限於公法規範（如：地目或建築法規之規定）	25(4.3%)	23 (3.9%)	16(2.7%)
17	家族情感因素（如：家族族人多居住於此，或埋葬於斯）	26(4.4%)	30(5.1%)	42(7.2%)
18	公平分配考量（如：採取某種分割方式才能讓共有人都鄰近灌溉水道、道路等）	290(49.4%)	93(15.9%)	124(21.1%)
19	合併分割可使分割後之土地無交通問題，價值上升、形狀方正等等	38(6.5%)	14 (2.4%)	6(1.0%)
20	分割後得以與相鄰地合併使用，增加分得土地之經濟價值	58(9.9%)	27 (4.6)	24(4.1%)
21	其他原因	53(9.0%)	20 (3.4%)	52(8.9%)

（分割共有物判決之實證研究，張永健，頁24。以上資料是2008年至2010年間，全國各地方法院之分割共有物判決，隨機取樣四分之一的統計表。）

　　針對單筆土地會產生如此繁多之分割方式，法院大多偏向多數共有人意願。其中3、4、5項，爲避免土地過於細分或產生畸零地、不方正之地或是袋地，不利日後土地之開發、使用，影響土地價值。法院及共有人都有注意到這樣的問題，在實務分割上卻還是常常產生問題，其中的關係，可能就是原物分割，爲了遷就現有建築物或原有住戶並留設通路後，不可避免而產生的問題。

　　土地愈碎愈難利用，法院應該還是儘量避免「碎『地』萬分」。美國知名財產法學者暨哥倫比亞大學法學院不動產法律講座教授Michael Heller，在其名著《The Gridlock Economy》（《僵局經濟》），該書提出「反資源共享的悲劇」（Tragedy of the Anticommons）之理論，其認爲資源與權利之私有化，通常有助創造財富，但其權利分散在太多人手上時，反而讓人無法充分利用資源與行使權利，合作窒礙難行，財富無從產生，因而產生各種僵局（Gridlock），僵局破壞市場、妨礙創新，

這就是反資源共享的悲劇。故其一再強調：權利分散容易、合併難；土地分割容易、匯集難。畸零地一旦形成，其所有人無法開發又求售無門，只能任土地荒蕪。但若碎地剛好變成某開發案關鍵的最後一片拼圖，則碎地所有人作勢拿翹、獅子大開口，或成億元戶，或做釘子戶，阻礙有效率的開發。

分析原告與被告主張特定分割方式之論理原因，如：防止土地細分、依據分管契約、維繫家族情感等等。探討法院就分割方式之選擇、偏好、原因。法院服膺「分割方式法定原則」？分割共有物訴訟中，法院得「本其自由裁量權為公平合理之分配，不受當事人聲明、主張或分管約定之拘束。僅有原物分割、變價分割、一部原物一部變價這三種分割方式。最高法院的判例要旨要求原審法院斟酌、顧及、衡酌、兼顧各式各樣的考量，例如，使用現狀、公平原則、利益原則、經濟原則、社會利益、利害關係、使用情形、共有物之性質及價值、經濟效用等經共有物分割判決之實證。因此，最高法院的見解，事實審法院的自由裁量權主要是在「分配方式」，而不是「分割方式」。對於分割方式，最高法院就事實審儘量避免變價分割，或用「原物分割＋不足分配之補償」等方式。相較於土地之原物分割，建築物之原物分割顯然有許多現實困難：判決原物分割，將使已經在法院訴訟之共有人，繼續共居、共用其他公共空間，日後交惡難免。

二、實際案例分析

〈案例一〉臺灣彰化地方法院裁判書

【裁判字號】92年度訴字第412號【裁判日期】920531【裁判案由】分割共有物地號；彰化市南興段908地號地目建　土地面積：6,116平方公尺

分割後筆數53筆（含共同持分道路2筆）

1. 爭議說明

(1)原告

原告起訴主張，坐落彰化縣彰化市南興段第908地號、地目建、面積6,116平方公尺土地（下稱系爭土地）為兩造所共有，各共有人應有部分之比例，如附表一所示。系爭土地原共有人陳文基已於1995年1月27日死亡，其繼承人被告H○○○、酉○○、宇○○、戌○○、亥○○迄未辦理繼承登記，爰請求其等辦理繼承登記。兩造就系爭土地並無因物之使用目的不能分割之情事，亦未有不分割之協議，而且就分割方法不能達成協議，爰依民法第823條第1項、第824條第2項規定，請求判決分割等語。並聲明：(一)被告H○○○、酉○○、宇○○、戌○○、亥○○應就其被繼承人陳文基所遺系爭土地，應有部分66324分之790辦理繼承登記。(二)系爭土地應予分割，其分割方法如附圖所示（略）。(三)訴訟費用由兩造按應有部分之比例負擔。

(2)被告

(a)被告丁○○等23人均稱：不同意分割，且不同意原告之分割方案。

(b)被告J○○等2人均稱：不同意分割。

(c)被告癸○○等2人均稱：同意分割，但不同意原告分割方案。

(d)被告A○○等6人同意分割。

(e)被告宇○○等3人，分割與否沒意見。

(f)被告i○○等5人均稱，同意分割，同意原告之分割方案。

(g)其餘被告經合法通知，未於言詞辯論期日到場，亦未提出書狀作何聲明或陳述。

2. 法官判決結果

(1)按共有人因共有物分割之方法不能協議決定，而提起分割共有

物之訴，應由法院斟酌共有物之性質、共有人之意願、全體共有人之利益、經濟效用等因素，秉持公平原則，而爲適當之分配。查系爭土地之分割方法，原告主張之分割方案，於參酌各共有人之意見後，經多次修改，大致符合地上建物使用現況，客觀上對各共有人無不利之處，被告亦大都陳稱同意依該方案分割或未到庭表示反對。

(2)又分割共有物之訴，以原物爲分配時，故原物分割而應以金錢爲補償者，倘分得價值較高及分得價值較低之共有人均爲多數時，該每一分得價值較高之共有人即應就其補償金額對於分得價值較低之共有人全體爲補償，並依各該短少部分之比例，定其給付金額，方符共有物原物分割爲共有物應有部分互相移轉之本旨（最高法院85年台上字第2676號判例意旨參照）。經查，系爭土地依附圖所示方案分割結果，因兩造未完全依其應有部分比例分得土地，且各自分得土地因其位置所臨馬路之寬度不一，其價值顯有差別，故各共有人分得之土地實際價值，與其所應分配之價值，尙有差距，依上揭說明，自應依民法第824條第3項之規定，互爲補償，始符公允。

(3)本件依原告聲請由華聲企業發展鑑定顧問有限公司審酌當地里鄰環境、交通情況、公共設施、使用現狀、經濟發展程度及房地產交易現況等因素，鑑定結果認兩造依附圖所示方案爲分割，其分割後實際分得之土地價值，相較於分割前應有部分價值，確有增減之情形，應以金錢互爲補償。

3. 不合理之處

(1)不符合建築規劃原則：經查判決分割後之地籍，凌亂無規則章法，完全比照原有建築物，而作原物分割。現代的建築規劃，姑且不談美感與價位，是豪宅還是好窄，不論使用的機能性，

居住、停車、出入都是必備的空間，因此，即使只是考慮透天別墅的簡單規劃，也會有最基本的面寬和深度，更何況土地要與建建築物，還必須符合當地的土地使用分區管制規定，留設空地比、前院、後院或鄰棟間隔等等，這些分割尺寸，如果沒有透過建築師規劃並一一檢討法規，很容易就形成畸零地，變成無法建築的土地。本案雖經過分割，但是地籍凌亂無規則可循，即使再透過建築師規劃，也很難再作出適當、合宜、有價值的建築配置。

(2)地籍地界的角度無邏輯可循：地籍線全都凌亂不堪，沒有一條界線是垂直道路，而且前後及左右的地籍線都不平行，建築很難規劃及配置。

(3)分割後形成畸零地：寬度與深度凌亂而且嚴重不足，地形畸零情況嚴重。原物分配的結果，遷就舊有建築物，消極的滿足了既有的居住者或使用者的產權分配，卻漠視未來重建社區的價值、居住品質、都市景觀等等。依照彰化縣畸零地使用自治條例第3條之規定，本自治條例所稱面積狹小基地，指建築基地深度及寬度任一項未達下列規定者：

表15-3　一般建築用地

基地情形 （公尺）	使用分區或 使用地別	甲、乙種建築用地、住宅區	商業區	丙種建築用地及風景區	丁種建築用地及工業區	其他使用分區
正面路寬七公尺以下	最小寬度	3.0	3.5	6.0	7.0	3.5
	最小深度	12.0	11.0	20.0	16.0	12.0
正面路寬超過七公尺至十五公尺	最小寬度	3.5	4.0	6.0	7.0	4.0
	最小深度	14.0	15.0	20.0	16.0	16.0

基地情形 （公尺）	使用分區或 使用地別	甲、乙種建 築用地、住 宅區	商業區	丙種建築 用地及 風景區	丁種建築 用地及 工業區	其他使用 分區
正面路寬超 過十五公尺 至二十五公 尺	最小寬度 最小深度	4.0 16.0	4.5 15.0	6.0 20.0	7.0 16.0	4.5 17.0
正面路寬超 過二十五公 尺	最小寬度 最小深度	4.0 16.0	4.5 18.0	6.0 20.0	7.0 16.0	4.5 18.0

依照上開規定判決分割之土地許多均不符合最小基地之規定，畸零的土地或建築物，短暫看起來使用沒有問題，但將來卻必須與臨地合併，才能合法建築。如果透過建築師的專業，先作建築規劃後確定每一戶的面寬、深度、臨接道路、停車空間安排等之後，再作土地分割，就不至於產生這樣錯誤的分割方案。

〔本件判決分割後，衡之土地面寬（法定面寬）、深度（法定深度）、面臨道路（指定建築線）綜合檢討表，53戶中僅剩14戶得以合法申請建築，其餘均有法令上之問題。〕

(4)分割後共有19筆土地都沒有面臨道路，將來興建建築物，必須經過他共有人，開立土地使用權同意書，同意供通行使用後，土地才得以面臨道路並指定建築線後才能申請新建。因為缺乏建管法令的認知，再次製造了新的問題，雖然分割後有了獨立的產權，卻依然無法建築。

(5)缺乏土地價值評估資料：這是一件完全依照共有人的要求而作成的原物分割判決，沒有專業者的參與，完全依照現況作分割，不考慮未來的使用，捨棄了最珍貴的土地資源，只盲目且

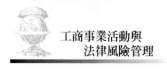
短視近利的作共有物分割。法官應該以更宏觀、具有遠見的視野，對共有人提出適當的規勸，並引導專業人員參與，作好分割方案建議及分割價值評估，以便共有人能有正確選擇的機會，而不是只一味消極的、只顧做好產權分割及為了快速結案，卻讓往後的人承受更多、更難解決的新問題。

4. 判決不合理之原因探討

(1)分割方案完全遷就新舊、占有建築物

原物分割，大都依照現有建築物，無論是舊有或是沒有執照的新違建，消極的只作裁定分割，完全依照共有人或是原告提出的要求。

(2)分割不受建築法規之管制

不論地籍分割或是共有物分割，都不受建築法規的管制，這是很奇怪的現象。建管法規明列畸零地的定義及標準，可供分割的重要參考依據；然而，實務上的地籍分割卻似乎無法可管，以致於不斷衍生層出不窮的問題。

(3)地方法院判決依高等法院的原物分割優先原則

原物分割大都只消極、短暫的替共有人作權利合理分配，即使已完成產權分配，卻是製造了更多新的問題與對立，因為不是在作價值分割，而只是在作權利分配，並沒有真正積極的替共有人徹底解決問題並創造土地的價值。這樣消極的分割方式，卻是高等法院所屬意的最佳分割方式，真是令人匪夷所思，無法理解。

(4)未能即時將專業導入、做好專業分工

只考慮土地權利的分配，而不是土地價值的創造，未能考量全盤的計畫、配合地區未來發展及土地未來的價值。共有人或原告缺乏建築與土地的專業觀念，既然共有人已經願意作價錢補償，為何不能整塊土

地統一規劃後，一次解決所有現在及未來的問題，把整體價值提高，再作分配及補償。以建築師的眼光來看，其實差別只是在於，規劃後再分割、或是分割後再規劃的問題。雖然只是規劃步驟前後不同的差別，卻會產生完全不同的分割方案及完全不同的價值。

(5)法官對建築的專業度不夠

法官對六法全書的法律條文非常熟悉，但對跨行業的建築法或土地法並不清楚，對土地的價值、地籍的分割與建築規劃更不在行。國內又沒有設立專業法庭的機構，以致於對共有物的分割判決結果，琳瑯滿目。共有土地的問題相當複雜，而土地分割的適當與否，與將來的建築規劃又息息相關。建築師的規劃模式與協議分割方案恰恰相反，通常建築師會先把整體的建築規劃配置做完後，經過多次圖面及法規的檢討，確認建築的規劃配置確實可行無誤後，才會依據建築配置圖，將土地作分割並計算面積。而國內的原物分割，則恰好與建築師的規劃方法相反，只考慮土地分割，卻不考慮建築的問題，本末倒置，以致於問題叢生。

(6)法官的消極心態

法院訴訟的案件如車水馬龍，法官常常都感覺壓力沉重，偏偏法院本身也有針對法官辦案效率的紀錄及評比，而共有物的分割案件，又常常牽涉到為數眾多的共有人紛爭，光只是人員資料、地籍資料的核對工作就已經吃不消，其中又常伴隨著死亡繼承、未辦繼承等繁瑣的問題，每一個細節又都必須一一比對，透過多次開庭協調意見，並不斷詢問後才能作成裁決，工作實在是繁複不堪。因為共有物分割的繁雜，所以有些法官、甚至律師，都非常不願意承接這樣的案件，以致於都消極面對並希望能快速結案。至於判決結果如何、是否符合公平正義、真正發揮土地的價值，對法官而言都不是那麼重要了，重要的是法官都希望能迅速結案，免得影響考績、升等及評比。

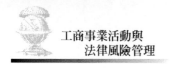
5. 不合理判決導致的結果

(1)浪費了土地資源並降低資產價值

　　基地未作全盤規劃的結果，白白浪費了寶貴的土地資源，讓土地的價值嚴重下降。法官與代書或律師、估價師與共有人都不明白，原物分割後，土地的價值會嚴重下降，與不當分割息息相關。現代的建築設計，不論是設計理念或是建築材料的使用或是結構安全的要求，都一直在改變與進步。然而，地籍分割是良好建築的基礎，錯誤的地籍分割，不僅無法讓建築師發揮設計的想法、建設優質的生活環境，還製造了新的土地問題，影響土地的未來發展，並嚴重降低土地的價值，浪費土地資源。

(2)製造了更多的畸零地及土地再合併的紛爭

　　分割後的土地，寬度或深度不足。依據畸零地管理規則，必須合併成可以建築的土地，才得以建築。由於都是面寬或深度不足的合併，可能兩戶合併，也可能三塊合併，甚至需要更多戶的合併，才能建築成一戶，這樣的情形，勢必造成部分共有人必須忍痛出售土地，才能達成合法建築的目的，共有人的紛爭恐怕是更加嚴重，或是因為彼此都互不相讓，再次讓土地遙遙無期的繼續荒廢，不僅降低自身土地的價值，也影響了相鄰土地的價值。政府立法為解決共有土地的難題、改善人民生活環境的美意，因為不當判決分割的結果，完全背道而馳。

(3)分割後的土地未臨道路，製造了新的對立

　　臺灣的地籍分割，原本就非常紛亂，而共有物分割，又是人數眾多並且複雜，常常為了各自的利益而僵持不下。在煩擾的法院環境中，即使法官頭腦清明，並且有注意到土地必須有通路連接、必須面對馬路的問題，也還是常常讓分割後的土地，未面臨道路而不自知，導致日後共有人因為未面臨道路、不得建築的糾紛和爭鬥。

6. 建築師規劃方案

(1)本案依原物分割,扣除兩條基地內通路後,計分割成51塊土地單元,但能夠合法建築的則僅有14戶。37戶不是畸零地、就是未面臨道路,無法指定建築線,故無法合法申請建築。

(2)建築師依建築規劃的方式,將共有土地適當規劃及分割,道路、停車、建築物合理面寬及深度、棟距、迴車道等等都一併考慮、規劃成55戶透天別墅,建築物面寬×深度最小的是4.5m×10.5m,最大的是6m×8.5m,有14戶可當店面使用,其餘41戶都是土地最小面寬4.5m、深度17m以上,戶戶都可以合法建築且符合現代設計風格的別墅。

(3)建築規劃完成後,不會產生碎地,家家戶戶建築與土地都方正寬敞,面臨道路,前院可以停車,還有後院,採光通風良好,居住功能完全。

(4)面積不足分配的原地主,可以用補足價差的方式買到足夠的土地,留在原生長的地方留地蓋屋,不需因土地分割而變賣家產。

〈案例二〉臺灣臺中地方法院臺中簡易庭裁判書

【裁判字號】92年度中簡字第136號　　【裁判日期】920503
【裁判案由】分割共有物

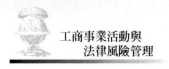

分割共有物

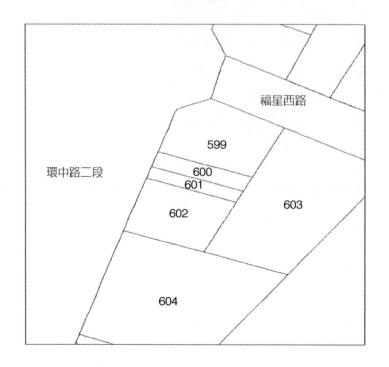

地號：臺中市西屯區福興段601地號　　　　　　地目：建

土地面積：109.68平方公尺　　　基地面寬：4米，深度：24米

分割後筆數1筆可供興建類型：透天店面　　　共有人數：106人

使用分區：第二種住宅區　　　建蔽率：60%，容積率：220%

基地環境：比鄰土地（非共有土地）及周圍環境可供發展開發興
建之規模，包含：601、600、599、602、603地號等五筆土地開發
面積規模可達2,582平方公尺。分割後地籍圖：599、600、601、
602、603等五筆地號地籍圖

1. 爭議說明

兩造共有臺中市西屯區福星段第601地號，面積109.68平方公尺土

地，准予變價方式分割，所得價金由原告、被告按原應有部分比例分配。

　　原告：持分人數眾多，個人分得面積很小，要求准予變價分割。

　　被告：被告廖錦輝等人應就其被繼承人共有系爭土地之應有部分辦理繼承登記，倘土地所有人欲訴請分割共有物，即非先訴請共有物之被繼承人之繼承人辦理繼承登記，不得為之。

　　審判長偏向裁定：變價拍賣（拍賣後剩餘1人）

2. 法官判決結果

(1)共有人數多達106人，各共有人之單獨應有部分之面積過小，不適於再分割建築。

(2)共有土地現況為空地，沒有建物占有及補償的相關問題。

(3)無法調解予以變價拍賣，所得價金平均分配各共有人。

3. 判決是否合理

(1)共有人

　　基於土地共有人之立場，持分之共有人總計106人，任誰都不肯相讓。如果共有人中有人願意優先承買，該共有土地就會減少持分人。大部分共有人都認為，自己持分的面積太小，即使擁有全部持分，該地也僅能興建一戶面寬不到4m的透天別墅（土地面寬4m，扣除碰撞間隔5cm及模版的厚度6cm，僅剩389cm寬度），居住上並不適當，也不具投資價值，因此共有人沒有人反對。

(2)法官

　　共有人中權利範圍最多者為被告廖錦輝等36人，若以原物分割方式為之，則分得之面積約僅24.37平方公尺（即7.37坪）；最小者為被告廖美霞等2人，分得之面積僅約1.52平方公尺，均未達最小建築面積而顯難供建築使用。以原物分配顯有困難且將減損其價值，自不適以原物

分割爲其分割方法。且如採原物分割之方式，勢必徒增畸零地之產生，無助於所有人充分利用系爭土地之目的，反而限制所有人對此土地之使用，有礙兩造及整體社會物盡其用。綜上諸情，本院審酌系爭土地屬建築用地，面積僅109.68平方公尺，共有人及其繼承人合計高達106人等一切情狀，並參酌上開判例意旨所示，認爲原告請求變賣系爭土地，以價金分配於兩造之分割方法，誠屬最妥適公允且不得不然之分割方法，並能徹底解決共有關係。從而兩造共有之系爭土地，自應以變價方式爲分割共有物之方法。

(3) 建築師

該土地面寬4m、深度24m，地形方正。依臺中市畸零地管理辦法，面臨25m以上道路之最小面寬與深度都剛好符合法令規定，不屬於畸零地，但已不能再分割；如果再分割，則分割後全部都會變成畸零地。法官變價的判決是明智的，不但符合建築管理的規定，也讓所有的共有人獲得最大的利益，並一次解決共有的問題。因爲本案的變價分割，使得周邊的土地出現了整合的契機。

4. 判決導致的結果

(1) 601地號若無法變價分割，勢必造成整塊角地，不能大規模開發的主要因素，也影響地方建設與都市景觀、公平正義、讓經濟發展停滯，違背了廉能政府爲國民服務的宗旨。

(2) 該土地比鄰土地（非共有土地）及周圍環境可供發展之整合開發興建之規模，包含：601、600、599、602、603地號等五筆土地，土地開發面積可達2,582平方公尺。由於601的變價分割，解決了土地常年共有的問題，所有權人將僅剩一人。聯合其餘四塊土地可以興建大樓，將享有開放空間、地下室停車獎勵、容積移轉、公益空間等容積優惠。整合後的土地，具有符合容積獎勵的規模（>1,500m²），也因此可以開挖地下室供作停車

使用，間接提高土地的價值。

(3)該地透過變價分割，土地的拍賣價錢，推論將會以市價拍出，打破共有地交易冷清、幾乎無人成交並很難售出的窘境，共有人也因此將獲得更大的財富和利益。

(4)透過容積之計算結果以整合後之土地2,582平方公尺（781坪）為基地面積，計算出基礎容積＋獎勵容積後，可以興建的總銷售面積6,345.92坪（地下三樓），假設每坪以目前當地之住宅售價單價23萬元計算，營建成本則以每坪8萬元計算，興建利潤以總銷的30%計算，得到下列結果：

(a)總銷售金額＝6,345.92坪×23萬／坪＝145,956萬（14.5956億）

(b)營建成本＝8萬／坪×6,345.92=50,767萬（5.0767億）

(c)開發利潤＝145,956×0.3＝43,786萬（4.3786億）

(d)土地價值＝(a)−(b)−(c)＝145,956−50,767−43,786＝51,403萬，折合單坪土地地價＝51,403/781＝65.82萬／坪

‧假設601等五筆土地整合成功，整筆土地售出給建築開發商，將可以每坪以接近65.82萬元的售價售出。

‧601假設不參加整合，則僅能蓋一戶面寬不到4m的透天，興建地上四層，沒有地下室，總建坪面積102.33坪的別墅（109.68×2.2＋8×4＋25＋40）×0.3025＝102.33坪

‧如果以整合成功後之比例計算，則601整合後分配面積可達269.48坪（781：33.17＝6345.02：X，X＝6345.02×33.17/781＝269.48坪），將比單獨興建多出269.48−102.33＝167.15坪。

‧總樓地板面積的整合效益驚人，所以，獨棟透天地價比較便宜，是市場上常見的狀況，差別在於基地的規模，能不能符合興建大樓的獎勵條件，才能享有容積獎勵及地下室提供作停車空間的獎勵優惠。

三、建築師參與分割共有物的必要（協議分割、裁判分割）

(一)專業參與協助、有效促成協議分割，減少法院訴訟案量

將建築師列入不動產調解委員會之調解委員，因為是經過國家高等考試及格，具有社會公信力，對建築規劃及建築法規最為專業，應該最能取得諸多共有人的信任，在協議分割的過程中，發揮專業協助的角色。如果能借重建築師的專長，則不論是繪製或評估分割方案的優劣，建築法規檢討或價值計算分析，都能在分割共有物中發揮專業協助的功能，有效促成協議分割，充分發揮調解委員會的調解功能，減少法院訴訟案量。

(二)建築法規專業諮詢者

無論是在協議分割的過程或是裁判分割的階段，建築師都能替共有人或法官提供專業的法規諮詢。協議分割或是裁判分割中的分割方案選擇，常常是共有人最在意、法官最需要小心的部分，經常是法官最不熟悉的部分、共有人意見僵持的地方。僵持，是因為牽涉到分配後，共有人土地所在的位置、形狀、面積都會有各自不同的意見，各執己利的結果，因此才會產生很多不同的分割方案。而法官在兩方堅持中，不但要能定奪合理分配的方式，還要兼顧土地分割後，是否面臨道路、可以指定建築線，或是否造成畸零地的建築相關問題，才會有時候顧此失彼。如果將建築師列為專業諮詢者，則必能減輕法官的失誤判斷及心理負擔，並居中為共有人提供解釋，幫助分割方案的調整和選擇。

(三)製作合適可行的分割方案

建築師作建築規劃的方式，通常是完成基地整體的考量，計算土地實際的價值、容積及可興建之最大銷售面積、產品定位、大樓或是透

天別墅、使用者的需求、道路留設、當地土地使用管制辦法及建管相關規定等，知道了土地的價值及區域地點的特色，才能決定產品並將土地價值充分表現。有了這些前置步驟，土地才能開始作規劃，並作建築物的配置安排。如果是以大樓的方式作爲規劃的目的，土地就不需要作分割，而是應該作地籍合併的動作。只有土地準備以透天別墅的方式規劃，才會在所有建築配置完成、檢討建管法令、確定無誤、可以銷售後，依據建築規劃圖作地籍分割。裁判分割或協議分割，土地的分割是在建築的規劃之前，不僅與規劃的步驟顛倒，並且幾乎都是由沒有實際規劃經驗的地政士或律師，完成共有物分割方案，眞正有經驗能作規劃的建築師，參與的時間通常都是已經完成地籍分割，無法改變已經分割的事實。原物分割與協議分割常常都有奇怪的問題發生，就是因爲規劃與分割的步驟本末倒置的結果。只有具有規劃能力的建築師，才能製作合適、可行、有利的分割方案。

(四)計算並評估共有土地的價值

土地的價值與房價一直都是相互影響的，而建築師能依據建管的法令、容積的優惠、土地本身的條件，計算出可以興建的最大銷售坪數，並依據附近房價行情、營建成本、合理利潤、品牌效應等因素，計算出土地合理的價格，加以分析規劃，究竟是大樓或是透天別墅產品，何者最佳、最適合該共有土地，主動分析得到實際數字與規劃結果，這應該才是共有人與法官最需要積極瞭解、卻無法得到的資料，因爲建築師未能及時參與，沒人能提供專業資料。

(五)變價分割評估建議

法官對於共有人眾多、但持分面積很少的共有物分割案，考慮分割後也無法建築，而理所當然的做出變價分割的判決。但對於面積較大，

當其中的共有人，持分的面積可以獨立興建一棟透天別墅時，法官又都會以高等法院的原物分割優先原則作為判決依據。當然這樣的判決，最能符合部分共有人的期待，但卻未必符合所有共有人的利益，其中的差異就在是興建透天？還是大樓？是否分割後還能享有容積獎勵的優惠？分割是否能反映土地的價值，讓土地能賣得好價錢？建築師能夠精準的計算出土地的相對價值，供法官及共有人瞭解，並提供作方案選擇的真實依據。

　　當法官面臨變價分割的決定時，常常在心理上面臨道德良知的衝突。有些法官認為不應該以法律變價的方式，變賣他人財產，變價的方式有違道德良知，這樣的想法是因為缺乏專業的數據支持，並缺乏遠見的狹隘看法。當建築師詳實提出計算數字，清楚的告知共有人，原物分割與變價分割的價值巨大差異時，法官可能不需費心，共有人也能清楚的知道自己應該作何種有利的選擇。建築師以實際的數據計算結果，主動幫助共有人找出有利的分割方案，法官也無須因為變價分割而內心掙扎，建築師的變價分割評估建議，會讓共有人自己作最有利的選擇。

肆、結語與建議

一、結語

　　從許多共有物分割後的結果得知，幾乎都沒有建築師的專業介入，參與共有物分割，以致於產生一些分割後無法作建築規劃的土地，無論是面積狹小、寬度或深度不足、未臨接道路、無法指定建築線、地形畸零，或未符合建築法令的規定或當地土管規定等等，除了降低土地的價值外，最嚴重的是造成日後土地不能合法興建的問題。分別共有土地透過共有物分割，只讓土地從共有變成獨立私有，產權雖然獲得暫時的解決，但是有些不當分割，一般人看來似乎是解決了眼前的問題，但

以專業的建築師看來，不當分割其實是嚴重降低了土地的價值，並且是日後糾紛爭端的原因，很多人根本不知道自己分得的土地，其實未來根本不能合法申請建築，土地價值大幅降低。

　　本研究以建築師對土地的規劃實務為基礎，法令為依據，並以建築師從事多年的規劃設計經驗，面對共有土地透過共有物分割後，產生的諸多問題及爭端，綜合研究後，提出專業的建議及看法如下：

(一)不動產糾紛調處委員會之專業調處委員應遴聘建築師擔任

　　共有物分割如果可以在協議分割階段獲得共識，就能透過不動產調處委員會成功調處，此制度將獲致良好效果。然直轄市縣（市）不動產糾紛調處委員會設置及調處辦法第12條之規定，依所轄之行政區域分設區域性不動產糾紛調處委員會，置委員七人，其中一人為主任委員，由直轄市或縣（市）政府地政業務主管兼任，其餘委員分別就下列人員派兼或遴聘之：

1. 直轄市、縣（市）地政事務所主任一人。
2. 鄉（鎮、市、區）調解委員會主席一人。
3. 具有地政、營建及法律等專門學識經驗之人士各一人。
4. 地方公正人士一人。

　　上開雖有營業專業之名額，但詳察各地委員會的實際名單，幾乎鮮少有建築師位在其中，原因可能是委員會是義務性質，不具任何酬勞，並且也是區公所指派地方有名望的人士擔任。建議委員會的組成，應該加強專業人員的專業度及名額，才能瞭解複雜的共有土地問題，並能真正幫共有人徹底解決問題。

(二)落實專業簽證的制度

　　分割方案及價值評估，必須由建築師簽證，專業的土地及建築問題，由法院委託估價師及建築師簽證負責，績效良好。每年法院都可以

遴選有經驗、有熱誠的建築師來參與共有物分割業務,相信一定可以減少法官在不同專業上錯誤判斷,更積極有效的解決共有土地的問題。

　　建議在協議分割時就將建築師的專業即時導入,建築師可以在受委託之後,深入現場並調閱相關資料,召開會議,瞭解共有人的意願。再以專業的眼光提出看法,並以計算後的實際數字,研判應該以何種分割方式,會是對共有人最有價值、最為有利,出具相關評估報告,供共有人作為討論及選擇的依據。若能在此階段,及時提供給共有人最為需要的價值評估及分析報告,以建築設計及建管法規為基礎,繪製成實際可行的分割方案,供作選擇,如果能獲得共有人的共識、作成決議,就無須大費周章、對簿公堂。

(三)修法將土地分割納入縣市建築管理自治條例管制

　　土地分割與建管法令脫離,造成土地的分割不受建管法令的管制,然而當土地要做建築使用時,又必須檢討土地是否畸零,面寬與深度、角度是否符合規定,是否臨路等等,這樣的脫鉤行為,才會導致土地分割時畸零地的產生,不但降低了土地的價值,並且還必須與鄰地合併才能建築。法律只消極解決了共有變私有的問題,卻又製造了新的對立與仇恨糾結,立法的美意與實際執行的結果大異其趣。建議將土地分割納入縣市建築管理自治條例管制,以減少人為的疏失。

(四)委請建築師做專業證人,提供專家證詞

　　專業證人的角色,必須依個人的專業,提供公正誠實的證據或報告。如果分割方案或價值評估不是委任建築師製作,當法官認為有疑義必須有專業的第三者提供驗證或說明時,可以委請建築師做專業證人(Expert Witness),提供專家證詞15(Testimony By Experts),供法官作為辦案及判決的參考。

(五)法院應該放棄原物分割優先原則

　　有了建築師的專業介入，法官與共有人可以更放心，不必再擔心分割後的土地是否可以建築，或是分割後形成畸零地，大幅降低土地的價值（如實例一）。然而，共有土地上常會有新舊建物占用及通路等等的相關問題，假使共有人數眾多，往往會使分割方案變得很複雜、很棘手，即便是專業的建築師也很難作出可行的方案，更何況是沒有受過專業建築規劃訓練的代書或是律師。

　　實務上，原物分割適合共有人數很少、每個共有人可以分配的面積都在40坪以上的情況。當共有人數眾多、分配的面積很不一致時，建議應委託建築師以實際可行的規劃經驗、考慮當地法令規定，盡所能地為共有土地量身訂做合適、合法的建築方案，以作為土地實際可行的分割基礎，並依照基地的特色規劃出幾種可能的建築配置方式後，再作地籍分割方案，以便共有人可以知道分配後的面積及位置，方便方案選擇及事前協調，更能讓法官一目了然，迅速結案。所以，高等法院不論案件單純或複雜，一貫的原物優先判決原則及強硬立場，實在很令人懷疑，更令人百思不得其解其理由及原因，既然原物分割問題重重，為何還是堅持原物分割優先原則！

(六)修法，讓法院只處理變價分割

　　綜合各種分割方式，都是為了幫助共有土地的共有人，儘量提供合情、合理、合法、合適、徹底的解決方式。然而，每一種分割方式似乎都有美中不足的地方。變價分割雖然令人感覺不近情理，但卻是能真正一次解決共有、畸零地分割或通路等等的問題，也不會有分配位置的糾紛、建築物占用的問題。最重要的，變價分割是真正公平的讓所有共有人獲得土地的最大價值分配，不論持分多寡，拍賣後每個共有人都能享受最大的利益（參閱案例二）。變價拍賣後就不會再因土地共有的問

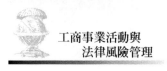

題，影響都市景觀及發展。

　　當原物分割＋價值分配也無法完全有效解決共有物分割時，建議完全採用變價分割方式，處理共有物分割。由於共有人人數愈多，建築師在基地規劃上愈難找到完善的原物分割方案；而變價分割則讓共有人按應有部分獲得拍定價額，並且拍賣價格幾乎接近市價，共有人不論持分多或少，都可以獲得最大利益。共有人人數多寡，並不會影響分配價額之難度，最後結果也可使得拍定人可以更有效率的作整體開發，或繼續整合變價後周邊的土地，有效促進經濟的發展及改善都市景觀。

　　如果讓法院只處理變價分割案件，則不願意作變價分割的共有土地，勢必必須透過調解委員會完成協議分割；而協議分割如果是由調解委員會主導，並委託專業的建築師作分割方案及價值評估，並需要建築師簽證，由專業介入代為尋求解決方法並參與處理的結果，必能協助調解委員會解決共有物分割的諸多問題，必能減少法院共有物的爭訟事件，並真正積極徹底的解決土地共有的問題。

二、建議

　　本文案例即為土地分割案件中所面臨的隱性風險加以探討說明，當法院受理一件分割案件時，審理上僅由法官、原告、被告或律師進行程序，三方間大多均無土地及建築相關之背景。雖我國民事訴訟程序係採當事人進行主義，惟分割共有物案件法院不受當事人之聲明拘束而為判決，然仍無法期待原被告間有各類背景之專業知識，而就所主張之事項法院判決時，法院亦不一定會針對各種法規而面面俱到的審酌，就此產生之相關風險甚大。而本文中之案例即一為分割失敗之案例，就第一審地方法院之判決有諸多問題，使共有人雖涉訟分割共有物，造就更多問題。故為促進當事人間之最大利益為考量，針對共有物分割之案件應由專業第三方即建築師之適時地介入，並即時給予專業之評估，防止不應

發生之風險，方能促進土地最大利用價值，並得兼顧當事人間之利益，亦促使法院不致作出不正確之判決。

翻閱諸多研究論文，對於共有物分割，幾乎沒有專業的建築師作過相關的研究。本人因為接觸共有土地的機緣，才能進一步深入瞭解共有土地許多複雜的問題及共有人的辛酸，以及共有土地透過共有物分割後，產生的諸多分割不合理的現象與分割後衍生新的建築相關問題。

共有土地在臺灣為數眾多，分布在都市與非都市之中，如若無法妥善處理，勢必一直都是都市裡的落後象徵，非但影響了共有人自己的居住安全和健康，更相對影響了周邊的環境與房價。一些土地的整合，也常因為共有土地卡在中間而造成整合中斷，影響區域環境的發展甚鉅。因此，對於共有物分割，目前法律的規定是否是最適合的方法？法官的判決是否合適？還有沒有需要修正的地方？或是還有沒有更簡單方便的解決方法？地政和法律的瑣碎流程，是否需要簡化及改善，以減少訴訟的時間？而後續之拆屋還地，牽涉到的人性問題及法律層面，如何取得平衡？相關問題重重，值得後進學子再努力深入研究。

本研究藉由實際的判例，以建築師的規劃專業及計算後的數字檢驗，並解釋判決究竟是不合理或是合理，並對目前共有物分割欠缺的專業介入，提出實務上的見解與看法，希望藉此篇研究能達到拋磚引玉的效果。更期待將來更多學子或同業的深入研究，共同來為我們一起生活的這塊土地盡一分綿薄之力。

參考文獻

* 建築師事務所所長、茂邑都市更新股份有限公司董事長

1. 陳明燦、林志昌，共有土地判決分割之法律經濟分析，月旦民商法雜誌，13期，頁80-97（2006年9月）。

2. 陳明燦，共有土地分割效力之探析——簡論民法第八二四條之一，台灣法學雜誌，149期，頁84-89（2010年4月）。

3. 吳明軒，試論不動產分割之訴，月旦法學雜誌，81期，頁77-91（2002年2月）。

4. 鄭冠宇，民法物權編關於「共有」部分之修正簡析，月旦法學雜誌，168期，頁59-62（2009年5月）。

5. 蘇永欽，收錄於「走入新世紀的私法自治」，頁32（2002）（引用最高法院51年台上字第271號判例、74年第一次民事庭會議決議（二））。

6. 蘇永欽，再談共有物分割的問題，尋找新民法，頁466（2008）（引用最高法院80年台上字1109號判決、88年台上字1887號判決）。

7. 蘇永欽，全輸的共有物分割制度，台灣法學雜誌，155期，頁38（2010年7月）（討論最高法院98年度台上字第2058號）。

8. 溫豐文，共有物裁判分割之方法/最高院九八台上二零五八，台灣法學雜誌，160期，頁169-172（2010年9月）。

9. 陳明燦，數人共有數筆土地之分割問題——最高法院九七年台上字第一零一三號判決，台灣法學雜誌，118期，頁196-201（2008年12月）。

10. 最高法院51年台上字第271號判例：共有物分割之方法，需先就原物分配，於原物分配有困難時，則予變賣，以價金分配於各共有

人。而就原物分配時，如發現共有人中有不能按其應有部分受分配者，亦得以金錢補償之，並非定出於變賣之一途。

11. 謝在全，民法物權論（上），頁558，2010年5版。

12. 張永健，分割共有物判決之實證研究，頁34。

13. 資料來源：司法統 http://www.judicial.gov.tw/juds/index1.htm 法源法律網之裁判書查詢系統http://fyjud.lawbank.com.tw/index4. aspx

14. 鄭冠宇，民法物權，頁291（2010）。引用最高法院96年度台上字第2251號、99年度台上字第1791號、97年度台上字第1816號判決。

15. 引用最高法院100年度台上字第327號、98年度台上字第2058號、98年度台上字第223號、97年度台上字第2637號、96年度台上字第2924號、96年度台上字第879號、95年度台上字第2386號、95年度台上字第1975號、94年度台上字第1768號、94年度台上字第1091號判決。

16. 引用最高法院97年度台上字第598號、98年度台上字第706、96年度台上字第879號、95年度台上字第1527號、94年度台上字第1768號判決。

17. 引用最高法院97年度台上字第2637號、98年度台上字第223號、98年度台上字第2058號判決。

18. 美國聯邦證據規則702條，「專家證詞」必須符合以下條件：

(1)The testimony is based upon sufficient facts or data.

(2)The testimony is the product of reliable principles and methods.

(3)The witness has applied the principles and methods reliably to the facts of the case.

Chapter *16*

從法律風險控管論多元化糾紛解決機制

蔡文斌[*]

摘要

法律風險如同颱風，若不作好控管，可能釀成災害。

本文從法律風險控管角度，嘗試就訴訟外的糾紛解決機制，以臺灣地區相關規定，參酌外國與大陸地區的相關規定，尤其是最近的「兩岸投資保障協議」予以析述比較。

本文強調，訟則終凶。如何妥適運用訴訟外紛爭解決的機制，作好法律風險控管，值得研究。

本文結論指出，無論是哪一種模式的訴訟外紛爭解決機制，最終都是司法最終決定，但司法審查密度不一。

關鍵詞：法律風險控管、訴訟外紛爭解決機制、兩岸投保協議、司法最終決定

壹、問題意識

中華法律風險管理學會施理事長茂林對於控管法律風險，避免法律責任上身之道，曾提出八個控管觀念，分別是：(1)正視法律存在；(2)儘量認識法律；(3)提高視野高度思維；(4)評估法律風險頻率；(5)採取法律風險避讓；(6)借重法律專業人才；(7)瞭解消費資訊，保護相關事證；(8)體現風險控制六字箴言，即：用「多少」金錢處理？情感互動的「深淺」與權位職務的「大小」[1]。

日常生活中常會有各種糾紛，常要面對法律風險的控管。而這些糾紛，經常要採取訴訟途徑才能獲得解決。

訴訟途徑，主要是民事、刑事與行政三種訴訟。在制度設計上，有一元訴訟與二元訴訟制度：前者是普通法院內分設民事庭、刑事庭與行政庭，例如大陸；後者則在普通法院外，另有行政法院的系統，臺灣屬

之[2]。

　　至於訴訟途徑以外之糾紛處理，有訴訟外的糾紛處理機制（Alternative Dispute Resolution, ADR）。在臺灣，法制上有仲裁、調解、協議、和解、調處、調協、裁決、破產、公司重整、公司清算、債務協商與評議等。

　　近年來，大陸大力提倡調解制度，頗有績效。此外，大陸流行「信訪」制度，也是一種ADR機制，類似明、清兩朝的風聞查案。1995年，國務院發布《信訪條例》；2005年修正後，有較明確的定義。信訪是申訴的一種，類似臺灣的請願或陳情，與公民的申訴，一般係向作出決定的行政機關的上級機關申訴，稱為復議，有所不同。

　　2012年8月9日，第八次江陳會簽署的「海峽兩岸投資保障和促進協議」（以下簡稱「兩岸投保協議」），已於2013年2月1日生效。該協議對臺商在大陸投資權益提供制度化保障，有多元化糾紛解決的機制，值得研究。

　　上述糾紛解決機制，對法律爭議的處理，途徑多元。但訟則終凶，爰本文以訴訟途徑以外的糾紛解決為研究的主題，併論法律風險之控管。

貳、訴訟外糾紛處理機制：ADR——以臺灣的ADR為中心

一、仲裁

(一)商務仲裁

1. 仲裁是訴訟外糾紛處理機制之一，很多先進國家流行此一機制。但臺灣的仲裁，被懷疑存在抬面下的活動，部分行政機關

相當排斥。

2. 當事人雙方，依事前、事中或事後協議的仲裁條款，各自推舉仲裁人。兩位仲裁人，再公推一位主任仲裁人；無法公推時，由法院選定。仲裁人執行仲裁職務，不得枉法，否則依刑法會被判處一年以上七年以下有期徒刑。

3. 仲裁，不僅國內仲裁，也有國際仲裁。

4. 兩岸仲裁制度比較[3]：

表16-1　兩岸仲裁制度比較表

	臺　灣	中國大陸
仲裁範圍	商務爭議	合同糾紛和財產權益糾紛，但不包括婚姻、收養、監護、扶養、繼承糾紛，也不包括行政爭議。
過程	仲裁判斷→仲裁判斷書	仲裁裁決→仲裁裁決書
涉外和涉內仲裁	中華仲裁協會、臺灣營建仲裁協會、中華工程仲裁協會。	原則上，涉外糾紛由中國國際經濟貿易仲裁委員會和中國海事仲裁委員會負責；涉內仲裁由省市仲裁委員會負責。另有個別勞動爭議調解仲裁。
仲裁員的產生	採登記制	由仲裁委員會聘任
當事人無法同意第三位仲裁員時	由法院選定	由仲裁委員會主任指定
調解的適用	可以自行和解。另必須雙方當事人同意，仲裁人才可進行調解。	仲裁庭可以主動調解，無須當事人同意。
調解書效力	與仲裁判斷書相同	與仲裁裁決書相同
或裁或審原則	採行	採行
仲裁不公開原則	採行	採行
簡易仲裁程序	有	有
撤銷仲裁判斷	三級三審	一級一審

(二)特種仲裁

1. 證券仲裁

證券交易法第166條規定：「依本法所爲有價證券交易所生之爭議，當事人得依約定進行仲裁。但證券商與證券交易所或證券商相互間，不論當事人間有無訂立仲裁契約，均應進行仲裁。（第1項）前項仲裁，除本法規定外，依仲裁法之規定。（第2項）」，針對證券交易所生的私法性質爭議。

2. 期貨仲裁

期貨交易法第109條規定：「依本法所爲期貨交易所生之爭議，當事人得依約定進行仲裁。（第1項）前項仲裁，除本法另有規定外，依商務仲裁條例之規定。（第2項）」，採任意仲裁。

3. 政府採購仲裁

依政府採購法第85條之1規定：「機關與廠商因履約爭議未能達成協議者，得以下列方式之一處理：向採購申訴審議委員會申請調解。（第1款）向仲裁機構提付仲裁。（第2款）（第1項）前項調解屬廠商申請者，機關不得拒絕；工程採購經採購申訴審議委員會提出調解建議或調解方案，因機關不同意致調解不成立者，廠商提付仲裁，機關不得拒絕。（第2項）採購申訴審議委員會辦理調解之程序及其效力，除本法有特別規定者外，準用民事訴訟法有關調解之規定。（第3項）履約爭議調解規則，由主管機關擬定，報請行政院核定後發布之。（第4項）」，就履約爭議未能協議者，得提付仲裁。

4. 勞資爭議仲裁

勞資爭議處理法第25條規定：「勞資爭議調解不成立者，雙方當事人得共同向直轄市或縣（市）主管機關申請交付仲裁。但調整事項之勞資爭議，當事人一方爲團體協約法第10條第2項規定之機關（構）、學

校時，非經同條項所定機關之核可，不得申請仲裁。（第1項）勞資爭議當事人之一方爲第54條第2項之勞工者，其調整事項之勞資爭議，任一方得向直轄市或縣（市）申請交付仲裁；其屬同條第3項事業調整事項之勞資爭議，而雙方未能約定必要服務條款者，任一方得向中央主管機關申請交付仲裁。（第2項）勞資爭議經雙方當事人書面同意，得不經調解，逕向直轄市或縣（市）主管機關申請交付仲裁。（第3項）調整事項之勞資爭議經調解不成立者，直轄市或縣（市）主管機關認有影響公眾生活及利益情節重大，或應目的事業主管機關之請求，得依職權交付仲裁，並通知雙方當事人。（第4項）」

5. 貿易仲裁

貿易法第26條規定：「出進口人應本誠信原則，利用仲裁、調解或和解程序，積極處理貿易糾紛。（第1項）主管機關應積極推動國際貿易爭議之仲裁制度。（第2項）」

(三)仲裁機構

目前除依仲裁法成立已久的中華仲裁協會以外，另有臺灣營建仲裁協會、中華工程仲裁協會。此外，原本有中華勞資爭議仲裁協會，但停止運作中。

二、調解

(一)鄉鎮市調解

依據：鄉鎮市調解條例第1條：「鄉、鎮、市公所應設調解委員會，辦理下列調解事件：民事事件。（第1款）告訴乃論之刑事事件。（第2款）」第10條：「聲請調解，由當事人向調解委員會以書面或言詞爲之。言詞聲請者，應製作筆錄；書面聲請者，應按他造人數提出繕

本。（第1項）前項聲請，應表明調解事由及爭議情形。（第2項）第1
條所定得調解事件已在第一審法院辯論終結者，不得聲請調解。（第3
項）」第23條：「調解，除勘驗費應由當事人核實開支外，不得徵收任
何費用，或以任何名義收受報酬。」第27條：「調解經法院核定後，當
事人就該事件不得再行起訴、告訴或自訴。（第1項）經法院核定之民
事調解，與民事確定判決有同一之效力；經法院核定之刑事調解，以給
付金錢或其他代替物或有價證券之一定數量爲標的者，其調解書得爲執
行名義。（第2項）」

(二)勞資爭議調解

依據：勞資爭議處理法第6條：「權利事項之勞資爭議，得依本法
所定之調解、仲裁或裁決程序處理之。（第1項）法院爲審理權利事項
之勞資爭議，必要時應設勞工法庭。（第2項）權利事項之勞資爭議，
勞方當事人提起訴訟或依仲裁法提起仲裁者，中央主管機關得給予適當
扶助；其扶助業務，得委託民間團體辦理。（第3項）前項扶助之申請
資格、扶助範圍、審核方式及委託辦理等事項之辦法，由中央主管機
關定之。（第4項）」第7條：「調整事項之勞資爭議，依本法所定之調
解、仲裁程序處理之。（第1項）前項勞資爭議之勞方當事人，應爲工
會。但有下列情形者，亦得爲勞方當事人：未加入工會，而具有相同
主張之勞工達10人以上。（第1款）受僱於僱用勞工未滿10人之事業單
位，其未加入工會之勞工具有相同主張者達三分之二以上。（第2款）
（第2項）」第19條：「依前條規定作成之調解方案，經勞資爭議雙方
當事人同意在調解紀錄簽名者，爲調解成立。但當事人之一方爲團體協
約法第10條第2項規定之機關（構）、學校者，其代理人簽名前，應檢
附同條項所定有核可權機關之同意書。」第23條：「勞資爭議經調解成
立者，視爲爭議雙方當事人間之契約；當事人一方爲工會時，視爲當事

人間之團體協約。」或第44條第6項：「裁決當事人就同一爭議事件達成和解或經法定調解機關調解成立者，裁決委員會應作成不受理之決定。」

(三)民事訴訟程序之調解

依民事訴訟法第403條至第426條進行並成立之訴訟上調解。另依家事事件法第23條，家事事件原則上於起訴前，強制應先經調解。

(四)仲裁程序中之調解

依仲裁法第45條：「未依本法訂立仲裁協議者，仲裁機構得依當事人之聲請，經他方同意後，由雙方選定仲裁人進行調解。調解成立者，由仲裁人作成調解書。（第1項）前項調解成立者，其調解與仲裁和解有同一效力。但需聲請法院為執行裁定後，方得為強制執行。（第2項）」

(五)政府採購履約爭議之調解

依政府採購法第85條之1至之4。

(六)著作權爭議之調解

依著作權法第82條第1項，由著作權專責機關設置著作權審議及調解委員會，對使用報酬爭議之調解，或著作權或製版權爭議之調解。

(七)消費爭議之調解

依消費者保護法第45條之2、同條之3及第46條成立之調解。消費者保護法第五章第一節有申訴與調解的機制。申訴未獲妥適處理，可以申請調解。2013年9月修正公布的「消費爭議調解辦法」有更具體的規

定[4]。此外，實務上，亦有消費爭議以仲裁方式處理之例。

(八)三七五減租條例之調解

依耕地三七五減租條例第26條：「出租人與承租人間因耕地租佃發生爭議時，應由當地鄉（鎮、市、區）公所耕地租佃委員會調解；調解不成立者，應由直轄市或縣（市）政府耕地租佃委員會調處；不服調處者，由直轄市或縣（市）政府耕地租佃委員會移送該管司法機關，司法機關應即迅予處理，並免收裁判費用。（第1項）前項爭議案件非經調解、調處，不得起訴；經調解、調處成立者，由直轄市或縣（市）政府耕地租佃委員會給予書面證明。（第2項）」，耕地租佃爭議，應先經調解。

(九)性騷擾事件之調解

依性騷擾防治法第16條：「性騷擾事件雙方當事人得以書面或言詞向直轄市、縣（市）主管機關申請調解；其以言詞申請者，應製作筆錄。（第1項）前項申請應表明調解事由及爭議情形。（第2項）有關第1項調解案件之管轄、調解案件保密、規定期日不到場之效力、請求有關機關協助等事項，由中央主管機關另以辦法定之。（第3項）」，性騷擾事件雙方當事人得向主管機關申請調解。

(十)其他

電路布局權爭端之調解，依積體電路電路布局保護法第36條第1項。另針對新興的網際網路交易，經建會已委託資策會研究相關爭端解決之機制。

三、協議

(一)強制協議先行

國家賠償，依國家賠償法第10條，係強制協議先行[5]。國家賠償法是公法，早期臺灣行政訴訟不發達，國家賠償訴訟由普通法院審理。

(二)任意協議

例如，民法第824條第1項，共有物分割，依共有人協議之方法行之[6]。又如，政府採購法第85條之1，機關與廠商因履約爭議得進行協議。另如，依訴願法第84條，受理訴願機關於訴願決定理由中，載明由原行政處分機關與訴願人進行協議，嗣經達成協議者。再如，民事訴訟法第376條之1，保全證據期日就訴訟標的、事項成立之協議。此外，依公害糾紛處理法第38條，在裁決程序中成立之協議；依大量解僱勞工保護法第7條，經協商委員會協商達成之協議，亦屬之。

四、和解

(一)仲裁程序之和解

依仲裁法第44條：「仲裁事件，於仲裁判斷前，得為和解。和解成立者，由仲裁人作成和解書。（第1項）前項和解，與仲裁判斷有同一效力。但需聲請法院為執行裁定後，方得為強制執行。（第2項）」

(二)勞資爭議仲裁程序進行中之和解

依勞資爭議處理法第36條：「勞資爭議當事人於仲裁程序進行中和解者，應將和解書報仲裁委員會及主管機關備查，仲裁程序即告終結；其和解與依本法成立之調解有同一效力。」或同法第44條第6項：「裁決當事人就同一爭議事件達成和解或經法定調解機關調解成立者，裁決

委員會應作成不受理之決定。」

(三)破產程序之和解

依破產法第27條至第40條有法院之和解制度，同法第41條至第49條有商會之和解制度。

(四)民事訴訟之和解

依民事訴訟法第377條至第380條或家事事件法第45條第1項進行並成立之訴訟上和解[7]。

(五)訴願進行中之和解

訴願法未規定，多數說主張可以和解，而以公益為判準。

(六)行政訴訟之和解

依行政訴訟法第219條至第228條。

五、調處

(一)土地法第34條之1第6項：「依法得分割之共有土地或建築改良物，共有人不能自行協議分割者，任何共有人得申請該管直轄市，縣（市）政府地政機關調處。」

(二)建築法第45條：「前條基地所有權人與鄰接土地所有權人於不能達成協議時，得申請調處，直轄市、縣（市）（局）政府應於收到申請之日起一個月內予以調處；調處不成時，基地所有權人或鄰接土地所有權人得就規定最小面積之寬度及深度範圍內之土地按徵收補償金額預繳承買價款申請該管地方政府徵收後辦理出售。徵收之補償，土地以市價為準，建築物以重建價

格爲準，所有權人如有爭議，由標準地價評議委員會評定之。（第1項）徵收土地之出售，不受土地法第25條程序限制。辦理出售時應予公告30日，並通知申請人，經公告期滿無其他利害關係人聲明異議者，即出售予申請人，發給權利移轉證明書；如有異議，公開標售之。但原申請人有優先承購權。標售所得超過徵收補償者，其超過部分發給被徵收之原土地所有權人。（第2項）第1項範圍內之土地，屬於公有者，准照該宗土地或相鄰土地當期土地公告現值讓售鄰接土地所有權人。（第3項）」，公權力就畸零地之使用介入成立之調處。

(三)依公害糾紛處理法第28條：「調處成立者，應製作調處書，於調處成立之日起7日內，將調處書送請管轄法院審核。（第1項）前項調處書，法院認其與法令無牴觸者，應儘速核定，發還調處委員會送達當事人。（第2項）法院因調處程序或內容與法令牴觸，未予核定之事件，應將其理由通知調處委員會。但其情形可以補正者，應定期間先命補正。（第3項）」，成立並經法院核定之調處。

(四)依醫療法第99條第1項第3款，由直轄市或縣（市）衛生主管機關醫事審議委員會調處成立之醫療爭議[8]。

(五)依證券投資人及期貨交易人保護法第22條及第25條、第26條成立並經法院核定之調處。

(六)依民用航空法第47條第1項：「乘客於運送中或於運送完成後，與航空器運送人發生糾紛者，民航局應協助調處之。」乘客糾紛之調處。

(七)依耕地三七五減租條例第26條：「出租人與承租人間因耕地租佃發生爭議時，應由當地鄉（鎮、市、區）公所耕地租佃委員會調解；調解不成立者，應由直轄市或縣（市）政府耕地租佃委員會調處；不服調處者，由直轄市或縣（市）政府耕地租

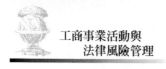
佃委員會移送該管司法機關，司法機關應即迅予處理，並免收裁判費用。（第1項）前項爭議案件非經調解、調處，不得起訴；經調解、調處成立者，由直轄市或縣（市）政府耕地租佃委員會給予書面證明。（第2項）」，調解不成，應進行調處；調處不成，才可訴訟。

(八)依金融消費者保護法第23條：「爭議處理機構處理評議之程序、評議期限及其他應遵行事項之辦法，由主管機關定之。（第1項）金融消費者申請評議後，爭議處理機構得試行調處；當事人任一方不同意調處或經調處不成立者，爭議處理機構應續行評議。（第2項）爭議處理機構處理調處之程序、調處人員應具備之資格條件、迴避、調處期限及其他應遵行之事項，由爭議處理機構擬定，報請主管機關核定。（第3項）第15條第5項及第19條第2項有關評議之規定，於調處準用之。（第4項）調處成立者應作成調處書；調處書之作成、送達、核可及效力，準用第28條及第30條規定。（第5項）金融消費者已依其他法律規定調處或調解不成立者，得於調處或調解不成立之日起60日內申請評議。（第6項）」進行之調處。

六、調協

依破產法第129條至第137條成立之調協。

七、裁決

依公害糾紛處理法第33條至第40條，或勞資爭議處理法第39條至第48條成立並經法院審核之裁決。

八、破產

依破產法。

九、公司重整

依公司法第282條至第314條。

十、公司清算

依公司法第322條至第356條。

十一、債務協商

依消費者債務清理條例第151條：「債務人對於金融機構負債務者，在聲請更生或清算前，應向最大債權金融機構請求協商債務清償方案，或向其住、居所地之法院或鄉、鎮、市、區調解委員會聲請債務清理之調解。（第1項）債務人為前項請求或聲請，應以書面為之，並提出財產及收入狀況說明書、債權人及債務人清冊，及按債權人之人數提出繕本或影本。（第2項）第43條第2項、第5項及第6項規定，於前項情形準用之。（第3項）債權人為金融機構者，於協商或調解時，由最大債權金融機構代理其他金融機構。但其他金融機構以書面向最大債權金融機構為反對之表示者，不在此限。（第4項）債權人為金融機構、資產管理公司或受讓其債權者，應提出債權說明書予債務人，並準用第33條第2項第1款至第4款規定。（第5項）債務人請求協商或聲請調解後，任一債權金融機構對債務人聲請強制執行，或不同意延緩強制執行程序，視為協商或調解不成立。（第6項）協商或調解成立者，債務人不得聲請更生或清算。但因不可歸責於己之事由，致履行有困難者，不在此限。（第7項）第75條第2項規定，於前項但書情形準用之。（第8項）本條例施行前，債務人依金融主管機關協調成立之中華民國銀行

公會會員，辦理消費金融案件無擔保債務協商機制與金融機構成立之協商，準用前兩項之規定。（第9項）」，卡債族對金融機構應先經協商程序。

十二、評議

依教師法第29條至第32條教師申訴或再申訴之評議，及金融消費者保護法第13條至第30條由爭議處理機構成立並經法院核可之評議。

參、行政上的訴訟外糾紛處理機制：ADRA

一、1990年，美國國會通過行政爭議解決法（Administrative Dispute Resolution Act，簡稱ADRA），鼓勵ADR方式解決行政爭議[9]。該法已編入聯邦行政程序法（APA）第4章，571-584節。

二、大陸：

(一)仲裁法第3條第2項：依法應當由行政機關處理的行政爭議，不能仲裁。

(二)大陸1999年的行政復議法未規定可否調解。人民法院在行政訴訟中亦不適用調解的原則。

三、臺灣行政程序法：

行政過程之和解：依行政程序法第136條：「行政機關對於行政處分所依據之事實或法律關係，經依職權調查仍不能確定者，爲有效達成行政目的，並解決爭執，得與人民和解，締結行政契約，以代替行政處分。」

四、臺灣行政訴訟先行程序

訴願法第1條：「人民對於中央或地方機關之行政處分，認爲違法或不當，致損害其權利或利益者，得依本法提起訴願。但法律另有規定

者，從其規定。（第1項）各級地方自治團體或其他公法人對上級監督機關之行政處分，認為違法或不當，致損害其權利或利益者，亦同。（第2項）」

(一)訴願即大陸的復議、日本的聲明不服。

(二)臺灣在訴願之前有不少「聲明異議[10]」，係本條第1項但書的特別規定，也是行政程序法第109條的「訴願先行程序」。在聲明異議階段，可以消弭不少官民糾紛。以稅捐爭議為例，稅捐訴願前，得申請復查（稅捐稽徵法第35條第1項）；復查之前，可先請求查對更正（稅捐稽徵法第17條、所得稅法第81條第2項）。

(三)訴願是準司法程序，但仍定性為行政程序。承前述，訴願進行中，仍可和解。

五、行政合同是重塑政府職能的新方式[11]：

(一)行政合同在法國、德國、日本、臺灣很盛行。

(二)臺灣稱行政合同為行政契約。學理上慣稱公法上契約[12]。

(三)大陸在改革開放以後，行政合同也迅速發展起來。涉及人事、經濟等諸多領域，甚至計畫生育方面，也創造性地運用行政合同形式。大陸行政程序法尚未出台（「出台」即臺灣的公布施行），法律上尚無正式的「行政合同」；惟大陸自1999年開始施行的「合同法」中，國家重大建設工程合同是典型的行政合同。

(四)臺灣行政程序法見第135條至第137條、第146條至第147條。

(五)稅務協談：臺灣財政部於1989年發布「稅捐稽徵機關稅務案件作業要點」，此一行政命令讓稅務機關與納稅義務人有稅務和解的機會[13]。

六、行政程序的過程，不論行政相對人是否立在平等的地位，只要是「裁量權未收縮至零」，都可以用契約來處理繁雜的行政

事務。

肆、ADR在昆大麗的實踐──中國大陸的實證觀察

一、楔子

2013年9月2日至9日，中華法律風險管理學會理事長施茂林率領25人參訪團，到雲南昆明，參加2013年兩岸法律風險管理研討會。本次是第四屆舉辦。本次臺灣參訪團成員，有校長、教授、庭長、律師、退休法官、會計師、企業家與寶眷。筆者承命擔任臺灣參訪團秘書長。

施茂林理事長在擔任檢察官與法官時，就很重視紛爭的有效解決。法務部長任內（2005年2月1日至2008年5月19日），更身體力行，強化法律宣導，提倡法律風險管理。

2009年7月，施理事長發起創辦中華法律風險管理學會。2010年起，並與中國法學會所屬中國法律諮詢中心熱絡往來。當年10月，在臺灣舉辦第一屆研討會，兩岸專家學者齊聚一堂，為法律風險管理激盪腦力，成果非凡。

2011年7月31日至8月7日，第二屆研討會在北京與內蒙古呼和浩特舉行，時任臺灣高等法院臺中分院院長陳宗鎮、臺灣臺中地方法院院長李彥文等均同行。筆者亦參與盛會，曾於7月31日在北京中國法學會發表「訴訟外解決紛爭途徑探索」的論文。

2012年11月，第三屆研討會在臺灣舉辦，臺北（東吳大學）、臺中（亞洲大學）、臺南（成功大學）三場次。筆者曾任臺南場主持人之一，並與世一出版公司莊朝根董事長共同宴請兩岸與會專家學者。

二、第四屆研討會

本次第四屆研討會於2013年9月3日假雲南大學舉行。中國法學會法

律諮詢中心主任（並爲法律風險管理研究中心主任）趙曉謙率5位高階幹部全程參與，並陪同至昆明、大理、麗江與香格里拉參訪旅遊。

2013年9月3日上午，第四屆研討會在雙方領導與貴賓致詞後，共舉辦兩個場次的研討，由專家學者提出十篇論文並進行討論。主辦方中國法律諮詢中心、臺灣中華法律風險管理學會、雲南省法學會與雲南大學並印製大小兩冊論文集。

臺灣臺中地方法院陳學德庭長提出「醫療風險與糾紛解決之道」的論文。近年來，臺中地方法院由調解庭陳庭長主持下，推動醫療糾紛強制調解，成果斐然，甫於9月1日獲得司法院蘇永欽副院長與各界的肯定。臺灣高等法院陳宗鎮院長並將協調臺北、士林與新北三個地方法院比照推行。

筆者以2011年7月在北京發表的論文爲基礎，加強論述2013年2月生效的「海峽兩岸投資保障和促進協議」，論文題目是「從法律風險控管論多元化糾紛解決機制」。

三、參訪昆明中院

9月3日下午，到昆明中級人民法院參訪，該院鄭平副院長率庭長多人熱情接待。鄭副院長特別說明該院人民陪審員的運作情形，在彙報中也舉例認同法律的風險管理。

施茂林理事長致詞肯定昆明中院「司法爲民」，尤其是重視少數民族權益的精神。理事長更舉例闡述風險管理的理念與實際做法。同行的臺灣大學管理學院商學研究所江烔聰教授（現任中華談判管理學會理事長），則從談判的角度、析述風險管理。

筆者藉機請教鄭副院長，關於審判委員會的運作，與行政庭在審理中是否有調解或和解的機制？

該兩問題，筆者於2013年7月中旬隨同兩岸經貿交流權益促進會到

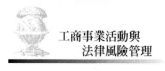

上海，參加第十三屆滬台經貿法律與實務研討會並參訪，曾偕李永然律師、張熙懷檢察官、杜啓堯會計師等，拜會上海市中級人民法院，已提出就教於該院領導。

關於審判委員會，前次，上海中院副院長創造性模糊地答覆。此次，昆明中院鄭副院長則贊同筆者指出的，臺灣憲法規定「法官」依法獨立審判，大陸憲法則是人民「法院」依法審判。鄭副院長答覆時，定性審判委員會是一種法官會議，其目的是在防止個別法官的誤判。

至於行政訴訟中是否有調解或和解的機制，因為大陸現行行政復議法與行政訴訟法不同於臺灣的訴願法與行政訴訟法，沒有和解的明文。實務上，上海與昆明兩中級法院均承認，偶有以撤回訴訟變相和解的案例。

座談後，參訪昆明中院400人座法庭過程，該院一位庭長告訴筆者，行政訴訟不可出賣政府機關的權力，行政和解絕對不可行！筆者差點回覆他，乾脆廢除行政復議（大陸稱訴願為復議）與行政訴訟算了。簡單地說，行政處分（大陸稱具體行政行為）若屬違法，若是越權或濫權則視同違法，均在公益大於私益的權衡下，應准許和解或調解。

四、ADR在大理

2013年9月5日，我方參訪團到大理市司法局拜會。大陸方安排參觀法律支援與法律諮詢的單位。

大理市政法委書記張慶紅曾任基層檢察長，不久前轉任以黨領政的政法委書記（相當臺灣的執政黨縣市黨部主委，權限比縣市長大）。她扼要致詞後，指定承辦科長向我方彙報大理市法律支援與法律諮詢的概況。

施茂林理事長致詞肯定並指出，臺灣有多元的法律扶助，而法律風險管理，就是因為風險無所不在，如何防患法律的風險發生，當然需要

更多的法律扶助與法律諮詢。

筆者發言說明，1970年代初期，美國亞洲基金會（The Asia Foundation）贊助中國比較法學會推廣成立臺北、臺中、臺南三個平民法律服務中心。上世紀結束前，司法院政策決定，由政府逐年編列新臺幣100億元，成立財團法人法律扶助基金會。嗣依法律扶助法制定有基金會捐助及組織章程。現在臺灣各地都有法扶分會的設立，都是由各地律師公會的律師，支援擔任扶助律師。上述捐助及組織章程規定，無資力者，得申請法律扶助。臺灣的法律扶助，希望將公平與正義帶給不民。

五、ADR在麗江

2013年9月6日上午，我方參訪麗江市大延鎮司法所，所長彙報調解情形。據稱，大延古鎮的調解，與大陸各省市及基層鄉鎮村里一樣，僅限定民事糾紛，有撰狀服務。所長強調，大陸調解成功率很高（大延鎮成功率為97%！）。大陸基層的調解，還包括司法鑑定。

接待我方參訪團的麗江市政法委書記施靜春，身兼麗江市法學會會長，她曾任雲南高級人民法院法官近二十年。拜會時，時間逼近午餐時間，施理事長簡單發抒此行的心得，並互贈紀念品後，主客雙方都沒有駕車的壓力下，在好菜好酒中，兩岸進行另類的法律風險管理交流。

六、香格里拉經驗

2013年9月7日午後，自麗江兼程趕赴香格里拉。途經雲南大學旅遊學院，我憶起9月3日上午發表論文時，破題指出，前一日在四川航空班機上，有報導提及雲南大學旅遊學院四年級生，不滿要自麗江校區遷回昆明校本部，正醞釀抗爭。我說明，這種情形就是一種臺灣憲法講的請願權、或臺灣行政程序法說的陳情，也是大陸「信訪條例」形容的人民的上訪權利。這種不滿情緒就是訴訟前的紛爭，如何化解紛爭，也就是

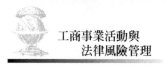
我論文的課題。

9月7日晚，宿香格里拉，難得夢見金庸武俠小說中的段譽、蕭峰與黃蓉、楊過等人物。翌晨早餐，團隊寒暄，竟然發現在休息站休息約十分鐘內，有5位團員共購入劣質（與真品價差30倍）的瑪咖，共約人民幣3萬元。上當者都很懊惱，有主張不計較，花錢買經驗；有主張應要求商家給個說法。

承蒙陪同的大陸方領導的協助，我方參訪團5位上當者，在離開香格里拉前一刻，終於與惡質的商家達成和解，減少損失至最低限度。

我方參訪團彼此謔稱，「香格里拉被騙記」是很實際的法律風險管理個案。

七、感想

(一)這些年來，大陸的調解制度有長足的進展，主因是前國家領導人胡錦濤主席在任內相當重視，尤其他促成「中華人民共和國人民調解法」於2010年8月出台。大陸各地的訴訟外紛爭解決，有法可依後，真正能及時解決民間糾紛，維護社會和諧穩定。

不過，承上述，大陸的調解只限於民事爭議；反觀臺灣，則包括告訴乃論的刑事案件，也可經由調解化解爭端。近年來，法務部提倡「修復式司法」，積極要讓加害人與被害人對話、進而和解，更讓臺灣的ADR耳目一新。

(二)返臺在昆明長水機場候機時，與同團的許幸惠律師（最高法院退休法官，夫君為已故前臺中市張子源市長）閒聊，赫然發覺，原來1980年代，蔣經國總統看到總統府隔壁的法院有不少人出入，像菜市，他指示林洋港、李登輝等，研究疏減訟源。李登輝在臺灣省主席任內，曾聘張子源律師為有給職聘問，編

制助理，指定張律師專案研究。不多久，張律師將他在英國劍橋大學與日本名古屋名城大學研究美、日、英等國與臺灣的調解制度，獲得名城大學博士學位，並提出專案報告，再促成1982年12月鄉鎮市調解條例的大幅修法。自該時起，臺灣的調解功能開始有長足的發長。原來占臺灣ADR主軸的鄉鎮市調解，有如此一段歷史，值得敘及。

伍、兩岸投保協議的具體規定

一、在爭端解決機制部分，考量兩岸經貿交流所發生糾紛，可能存在於私人與私人間（P to P），也可能存在於私人與地主國間（P to G）。「兩岸投保協議」將臺商投資人對投資人（P to P）、投資人對政府（P to G）與政府對政府（G to G）的爭端解決機制都列入，已較最初的談判在範圍上更廣，分述如下[14]：

（一）P to P（People to People）部分

投資人間商務糾紛方面（P to P）：依「兩岸投保協議」第14條第4款：「商務糾紛的當事雙方可選擇兩岸的仲裁機構及當事雙方同意的仲裁地點……」的規定，未來臺商在中國大陸如果是因為投資產生的商務糾紛爭端，不論對方是自然人、企業、公管事業或是其他組織，只要經雙方當事人同意，均可以請求「仲裁」。並可依仲裁機構的規則，選擇仲裁機構中具有公信力及專業能力的仲裁人，而不受仲裁人國籍的限制；尤其可以依相關仲裁規則，雙方合意到「兩岸以外的第三地」進行仲裁。

（二）P to G（People to Government）部分

在投資人與投資地政府爭端解決方面（P to G）：通常是私企業在糾紛過程中，碰上政府公權力介入，像是扣留、查封、不

當徵收或是強制拆遷等。依「兩岸投保協議」第13條第1款，救濟管道包括雙邊「協商」、由上一級政府出面「協調」、由「兩岸經濟合作委員會」之投資工作小組「協處」、由公正第三方為有糾紛的雙方進行「調解」、行政救濟或司法途徑等五種解決方式，較現行臺商在中國大陸可尋求的管道為多。就中，「協調」、「協處」、「調解」是中國大陸與其他國家所簽署投保協議中額外增加的紛爭解決途徑，對臺商而言，可選擇對其最有利的方式來解決投資爭端。

(三) G to G（Government to Government）部分

政府對政府（G to G）方面：依「兩岸投保協議」第12條規定，就依據「海峽兩岸經濟合作架構協議」（Economic Co-operation Framework Agreement，簡稱ECFA）第10條（爭端解決）規定處理。而「兩岸經濟合作委員會」業已於2011年2月22日召開第一次例會，並於委員會下設置貨品貿易、服務貿易、投資、爭端解決、產業合作、海關合作等六個工作小組。

二、上述「兩岸投保協議」的訴訟外糾紛解決機制，不但P to P部分的仲裁，有更多元的設計；P to G的部分，則在調解外，新增「協調」與「協處」的渠道。「協處」即協助處理，有盡力「喬」、盡力弭平爭議之用意。此外，G to G的部分，如何化解爭端，仍有待觀察。

陸、司法最終決定

一、司法是否講最後一句話

(一) 臺灣的訴訟外爭議處理，均受到司法權的制約，只是司法審查密度較低而已。

(二) 大陸憲法規定，全國人大常委會監督最高人民法院、最高人民檢察院的工作。行政訴訟法亦規定，人民法院不受理公民、法人或者其他組織對法律規定由行政機關最終裁決的具體行政行為提起的訴訟。在大陸，基本上並不認同司法最終決定。

二、但以反傾銷、反補貼行政行為為例，最高人民法院在2003年頒布「關於審理反傾銷行政案件應用法律若干問題的規定」和「關於審理反補貼行政案件應用法律若干問題的規定」，允許法院對國務院主管部門的反傾銷、反補貼行政行為進行司法審查。這是因為大陸履行WTO成員國的義務，依據WTO的規定，行政行為應受司法制約。

柒、結語

施茂林教授曾指出，「法律風險如同颱風侵襲，不來則已，一來禍害無窮。要擺脫法律風險陰影，作好法律風險管理，實為行進道路之唯一安全出路[15]。」

一、傳統中國認為訟則終凶，常認為訴訟就是對抗，就會傷及和氣。兩岸同受儒家文化影響，同樣重視訴訟外糾紛解決的機制。訴訟外解決糾紛，包括訴訟前與訴訟中，有很多模式足以替代訴訟。

二、兩岸的訴訟外糾紛解決機制，在「兩岸投保協議」增加「協商」、「協調」、「協處」三個名詞，讓本已多元的機制，更加多元。

三、訴訟外糾紛處理機制，有私法與公法兩個面向。私法上，公益、私益等量齊觀，兼籌並顧；公法上，則考量公益大於私益。

四、私法上的ADR，調解、協議、和解、調處，詞異實用。公法
上的ADRA，臺灣創造一堆訴願前的聲明異議名詞，同是濾嘴
的功能，程序、用語，都有很大的調整空間。

五、私法行爲都可由法院作最終裁決。公法行爲影響人民的權益更
大，不應該藉口公共利益不准司法權介入，問題只在司法審
查的強度。

參考文獻

1. 李永然、黃介南，兩岸投資保障協議下的兩岸仲裁，第十三屆滬台經貿法律理論與實務研討會，2013年7月19日。

2. 施茂林，法律風險管理矩陣與連動議題之研究，2011年兩岸法律風險管理研討會（論文集），2011年7月31日。

3. 徐榮貴，上地共有物分割案件中法律風險評斷，2013年兩岸法律風險管理研討會論文集，2013年8月6日。

4. 黃錦堂，行政契約法主要適用問題之研究，台灣行政法學會學術研討會論文集（2001），台灣行政法學會，2002年6月初版。

5. 楊偉東，行政爭端解決體系化之構思，台灣行政法學會東亞行政法學術研討會論文集（2008），台灣行政法學會，2009年7月初版。

6. 蔡文斌，行政訴訟先行程序研究，中國政法大學出版社，2001年10月第1版。

7. 蔡文斌，評契約在行政中的運用，2001年海峽兩岸行政法學術研討會實錄，東南大學出版社，2002年6月第1版。

8. 薛西全，兩岸仲裁法理論與實務，弘揚圖書公司，2011年5月初版。

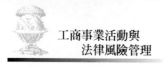
註 釋

* 蔡文斌，中國政法大學法學博士，公道法律事務所主持律師、成
功大學兼任副教授、中華法律風險管理學會理事。

※感謝匿名審稿人指正之意見，本文已參酌修正，惟文責仍應由
筆者承當。

1 參見施理事長茂林教授2010年7月17日在臺中文化中心演講「談法
律風險預測與控管」之演講稿。

2 但依2011年11月新修正的法院組織法第14條，地方法院除民事
庭、刑事庭外，也設置行政訴訟庭。

3 參薛西全，兩岸仲裁法理論與實務，弘揚圖書公司，2011年5月初
版。

4 關於小額消費爭議，若當事人一方無正當理由，不於調解期日到
場，得作成調解方案，俾更有效解決爭議。

5 正研議修正為任意協議先行。

6 共有物分割的法律風險，徐榮貴建築師曾撰「土地共有物分割案
件中法律風險評斷」，具體建議應由建築師參與共有物之分割，
詳參《2013年兩岸法律風險管理研討會論文集》，2013年8月6
日，頁195-226。

7 為鼓勵成立訴訟上的和解，近年來民事訴訟法修法，若成立和
解，可退還訴訟費用三分之二，運作成效良好。

8 2012年8月起，筆者以消費者代表身分獲聘參與臺南市政府衛生局
的醫療糾紛調解。調解成立之比率約30%。

9 楊偉東，行政爭端解決體系化之構思，台灣行政法學會東亞行政
法學術研討會論文集（2008），台灣行政法學會，2009年7月初
版。

10 蔡文斌，行政訴訟先行程序研究，中國政法大學出版社，2001年10月第1版。

11 蔡文斌，評契約在行政中的運用，2001年海峽兩岸行政法學術研討會實錄，東南大學出版社，2002年6月第1版。

12 黃錦堂，行政契約法主要適用問題之研究，台灣行政法學會學術研討會論文集（2001），台灣行政法學會，2002年6月初版。

13 此種行政和解類似公法上契約，實踐上則認為仍可進行行政爭訟。詳參最高法院99年度判字第1095號、100年度判字第532號判決。

14 詳參李永然、黃介南，兩岸投資保障協議下的兩岸仲裁，第十三屆滬台經貿法律理論與實務研討會，2013年7月19日。

15 施茂林，法律風險管理體用矩陣與連動議題之研究，2011年兩岸法律風險管理研討會（論文集），2011年7月31日。

從法律風險控管論多元化糾紛解決機制

國家圖書館出版品預行編目資料

工商事業活動與法律風險／施茂林等合著. --
初版. -- 臺北市：五南，2014.11
面； 公分
ISBN 978-957-11-7880-6（平裝）

1.商事法 2.風險管理

587.19 103020987

1FTM

工商事業活動與法律風險管理

作 者 ─ 施茂林 廖大穎 朱從龍 陳彥良 劉 喜
李禮仲 陳俊仁 蘇怡慈 郭土木 鄭克盛
方國輝 姚信安 卓俊雄 江朝聖 林正隆
徐榮貴 蔡文斌

主 編 ─ 施茂林

編輯主編 ─ 侯家嵐

文字編輯 ─ 劉芸蓁

封面設計 ─ 盧盈良

出 版 者 ─ 五南圖書出版股份有限公司

發 行 人 ─ 楊榮川

總 經 理 ─ 楊士清

總 編 輯 ─ 楊秀麗

地 址：106台北市大安區和平東路二段339號4樓

電 話：(02)2705-5066 傳 真：(02)2706-6100

網 址：https://www.wunan.com.tw

電子郵件：wunan@wunan.com.tw

劃撥帳號：01068953

戶 名：五南圖書出版股份有限公司

法律顧問 林勝安律師

出版日期 2014年11月初版一刷
2025年 1月初版四刷

定 價 新臺幣640元